DÉCOUVREZ LE LANGAGE

JAVASCRIPT

DANS LA MÊME COLLECTION

A. Bacco. – **Développez votre site web avec le framework Symfony3.**
N° 14403, 2016, 536 pages.

M. Chavelli. – **Découvrez le framework PHP Laravel.**
N° 14398, 2016, 336 pages.

R. De Visscher. – **Découvrez le langage Swift.**
N° 14397, 2016, 128 pages.

M. Lorant. – **Développez votre site web avec le framework Django.**
N° 21626, 2015, 285 pages.

E. Lalitte. – **Apprenez le fonctionnement des réseaux TCP/IP.**
N° 21623, 2015, 300 pages.

M. Nebra, M. Schaller. – **Programmez avec le langage C++.**
N° 21622, 2015, 674 pages.

SUR LE MÊME THÈME

P. Martin, J. Pauli, C. Pierre de Geyer, É. Daspet. – **PHP 7 avancé.**
N° 14357, 2016, 732 pages.

R. Goetter. – **CSS 3 Flexbox.**
N° 14363, 2016, 152 pages.

E. Biernat, M. Lutz. – **Data science : fondamentaux et études de cas.**
N° 14243, 2015, 312 pages.

B. Philibert. – **Bootstrap 3 : le framework 100 % web design.**
N° 14132, 2015, 318 pages.

C. Delannoy. – **Le guide complet du langage C.**
N° 14012, 2014, 844 pages.

Johann Pardanaud
Sébastien de la Marck

DÉCOUVREZ LE LANGAGE

JAVASCRIPT

EYROLLES

ÉDITIONS EYROLLES
61, bd Saint-Germain
75240 Paris Cedex 05
www.editions-eyrolles.com

Avant-propos

Depuis sa création, le JavaScript n'a cessé de croître en popularité. Longtemps relégué au simple rang de « langage de scripts basiques », il est devenu ces dernières années un langage absolument incontournable pour toute personne s'intéressant à la création de sites web. Il est désormais entré dans la cour des grands, aux côtés d'HTML, de CSS 3 et de PHP.

Le JavaScript est donc devenu un acteur majeur dans la création de sites web. Il a été popularisé par des sites sociaux comme Facebook ou Twitter, qui en font une utilisation massive afin d'améliorer le confort de navigation des utilisateurs : moins de rechargement de pages, interactivité... Le JavaScript a aussi gagné en popularité grâce aux *frameworks* comme jQuery ou Angular.js. Ces frameworks apportent des fonctionnalités en plus, tout en simplifiant et en accélérant le développement de scripts. Cependant, si l'on veut pouvoir tirer parti de ces framewoks, il faut connaître le langage sur lequel ils s'appuient : le JavaScript.

Beaucoup de développeurs apprennent à utiliser jQuery ou Angular.js sans connaître le JavaScript. C'est comme conduire une voiture sans connaître le Code de la route : gare aux accidents ! Les frameworks permettent de faire de grandes choses, mais pas tout ! C'est pourquoi il faut souvent sortir des sentiers battus et mettre les mains dans le JavaScript.

Dans ce livre, nous mettons un point d'honneur à vous enseigner le JavaScript tel que nous aurions voulu qu'il nous soit enseigné. Apprendre JavaScript n'est pas simple ! Bien qu'inspiré de grands langages comme le C, c'est un langage pourvu d'une logique qui lui est propre et que vous ne retrouverez que dans peu d'autres langages. Mais peu importe, ce langage est formidable et passionnant, et offre des possibilités de moins en moins limitées, tant et si bien qu'il devient utilisable ailleurs que dans les pages HTML ! En effet, le JavaScript peut être employé pour réaliser des extensions pour les navigateurs, des programmes et même de la programmation pour serveurs.

Structure de l'ouvrage

Le plan de ce livre a été conçu pour faciliter votre apprentissage du JavaScript. Voici le chemin que nous allons parcourir :

- **Les bases du JavaScript :** cette partie sera consacrée à l'apprentissage des bases du langage. Nous passerons en revue tout ce qui concerne les particularités du langage et nous reprendrons toutes les notions de programmation afin que les débutants en programmation ne soient pas perdus. À la fin de cette partie, vous serez invités à réaliser une application capable d'afficher un nombre en toutes lettres ; elle réutilisera l'ensemble des notions que vous aurez acquises et mettra votre capacité de réflexion à rude épreuve.
- **Modeler les pages web :** après une première partie consacrée aux bases, vous serez ici plongés dans la modélisation de pages web « dynamiques ». Le dynamisme est une notion importante du JavaScript, c'est cela qui permet à l'utilisateur d'interagir avec votre page. Vous découvrirez aussi comment modifier le contenu d'une page web, créer et manipuler des événements et modifier le style CSS de vos éléments HTML. Comme dans la première partie, un TP est destiné à vous faire travailler sur ce que vous aurez appris au cours de votre lecture.
- **Les objets et les design patterns :** une fois les connaissances nécessaires en termes d'interaction avec une page web et les utilisateurs acquises, vous pourrez alors vous investir dans une utilisation un peu plus avancée du JavaScript. Vous y découvrirez comment créer des objets évolués et quels sont les objets natifs les plus intéressants à manipuler. Vous serez aussi initiés au traitement avancé des chaînes de caractères, des nombres et des tableaux, et vous apprendrez à gérer le temps et les images.
- **L'échange de données avec Ajax :** nous aborderons ici la notion d'échange de données entre un client et un serveur et étudierons les diverses possibilités qui s'offrent à nous afin de faire communiquer nos scripts avec un serveur sans pour autant devoir recharger la page web. Un point sera fait sur les structures de données afin que vous sachiez sous quelle forme transférer vos données et vous découvrirez comment réaliser un système d'upload de fichier. La partie se terminera avec la création d'un système d'autocomplétion, chose qui vous resservira très certainement.
- **JavaScript et HTML 5 :** vous avez maintenant terminé votre apprentissage sur tout ce qui était essentiel au JavaScript, dans cette partie nous irons donc un peu plus loin et explorerons la manière dont le HTML 5 permet au JavaScript d'aller encore plus loin. Nous ferons avant tout un point sur ce qu'apporte le HTML 5 par rapport au JavaScript puis nous nous pencherons sur quelques points essentiels, à savoir : la manipulation des balises < audio >, <video > et < canvas >, la gestion des fichiers et la mise en place d'un système de Drag & Drop.
- **Annexes :** vous trouverez ici de quoi approfondir vos connaissances en termes de débogage de code et vous découvrirez les closures qui, bien qu'un brin complexes, vous apporteront un confort appréciable dans votre manière de développer. L'ultime chapitre vous donnera un récapitulatif de certains points essentiels du JavaScript et vous montrera que ce langage peut se rendre très utile même en dehors des navigateurs web.

Comment lire ce livre ?

Suivez l'ordre des chapitres

Lisez ce livre comme on lit un roman. Il a été conçu pour cela.

Contrairement à beaucoup de livres techniques où il est courant de lire en diagonale et de sauter certains chapitres, il est ici fortement recommandé de suivre l'ordre du livre, à moins que vous ne soyez déjà un peu expérimenté.

Pratiquez en même temps

Pratiquez régulièrement. N'attendez pas d'avoir fini de lire ce livre pour allumer votre ordinateur.

http://odyssey.sdlm.be/javascript.htm

Des exercices interactifs sont proposés à la fin de certains chapitres.

Les compléments web

Pour télécharger le code source des exemples de cet ouvrage, veuillez-vous rendre à cette adresse : http://www.editions-eyrolles.com/dl/0014399.

Remerciements

Nous tenons à remercier les personnes qui ont contribué de près ou de loin à l'écriture de ce cours. Sans elles, ce cours aurait eu du mal à voir le jour !

Commençons par trois accros du JavaScript :

Yann Logan – Golmote (*https://openclassrooms.com/membres/golmote-13169*) –, pour ses relectures et ses conseils avisés.

Xavier Montillet – xavierm02 (*https://openclassrooms.com/membres/xavierm02-20626*) –, pour ses remarques sur tout ce qui nous semblait négligeable mais qui importait beaucoup au final !

Benoît Mariat – restimel (*https://openclassrooms.com/membres/restimel-61309*) –, qui a activement participé aux débuts quelque peu chaotiques du cours.

Merci encore à vous trois, on se demande toujours ce qu'on aurait fait sans vous !

S'ensuivent certaines personnes d'OpenClassrooms :

Jonathan Baudoin – John-John (*https://openclassrooms.com/membres/john-john-35734*) –, qui a supporté nos coups de flemme pendant plus d'un an !

Pierre Dubuc – karamilo (*https://openclassrooms.com/membres/karamilo-40796*) –, pour nous avoir lancés dans ce projet immense et nous avoir aidés à mettre en place les premiers chapitres du cours.

Mathieu Nebra – M@teo21 (*https://openclassrooms.com/membres/mateo21*) –, sans qui ce cours n'aurait jamais vu le jour puisqu'il est le créateur du Site du Zéro OpenClassrooms.

Merci aussi à nos familles respectives, qui nous ont encouragés pendant plus d'un an et demi !

Merci à vous tous !

Table des matières

Première partie

Les bases du JavaScript

Comme tout langage de programmation, le JavaScript possède quelques particularités : sa syntaxe, son modèle d'objet, etc. En clair, tout ce qui permet de différencier un langage d'un autre. D'ailleurs, vous découvrirez rapidement que le JavaScript est un langage relativement spécial dans sa manière d'aborder les choses. Cette partie est indispensable pour tout débutant en programmation et même pour ceux qui connaissent déjà un langage de programmation car les différences avec les autres langages sont nombreuses.

1 Introduction au JavaScript

Avant d'entrer directement dans le vif du sujet, ce chapitre va vous apprendre ce qu'est le JavaScript, ce qu'il permet de faire, quand il peut ou doit être utilisé et comment il a considérablement évolué depuis sa création en 1995.

Nous aborderons aussi plusieurs notions de bases telles que les définitions exactes de certains termes.

Qu'est-ce que le JavaScript ?

Le JavaScript est un langage de programmation de scripts orienté objet. Dans cette description un peu barbare se trouvent plusieurs éléments que nous allons décortiquer.

Un langage de programmation

Un langage de programmation est un langage qui permet aux développeurs d'écrire du code source qui sera analysé par l'ordinateur.

Un développeur, ou un programmeur, est une personne qui développe des programmes. Ça peut être un professionnel (un ingénieur, un informaticien ou un analyste programmeur) ou bien un amateur.

Le code source est écrit par le développeur. C'est un ensemble d'actions, appelées « instructions », qui vont permettre de donner des ordres à l'ordinateur afin de faire fonctionner le programme. Le code source est quelque chose de caché, un peu comme un moteur dans une voiture : le moteur est caché, mais il est bien là, et c'est lui qui fait en sorte que la voiture puisse être propulsée. Dans le cas d'un programme, c'est pareil : c'est le code source qui régit le fonctionnement du programme.

En fonction du code source, l'ordinateur exécute différentes actions, comme ouvrir un menu, démarrer une application, effectuer une recherche, etc., soit tout ce que l'ordinateur est capable de faire. Il existe énormément de langages de programmation (un bon nombre d'entre eux sont listés sur la page suivante : *http://fr.wikipedia.org/wiki/Cat%C3%A9gorie%3ALangage_de_programmation*).

Programmer des scripts

Le JavaScript permet de programmer des scripts. Comme nous venons de le voir, un langage de programmation permet d'écrire du code source qui sera analysé par l'ordinateur. Il existe trois manières d'utiliser du code source.

- Langage compilé : le code source est donné à un programme appelé « compilateur » qui va lire le code source et le convertir dans un langage que l'ordinateur sera capable d'interpréter : c'est le langage binaire, fait de 0 et de 1. Les langages comme le C ou le C++ sont des langages dits compilés.
- Langage précompilé : ici, le code source est compilé partiellement, généralement dans un code plus simple à lire pour l'ordinateur, mais qui n'est pas encore du binaire. Ce code intermédiaire devra être lu par ce qu'on appelle une « machine virtuelle » qui exécutera ce code. Les langages comme le C# ou le Java sont dits précompilés.
- Langage interprété : dans ce cas, il n'y a pas de compilation. Le code source reste tel quel, et si l'on veut l'exécuter, on doit le fournir à un interpréteur qui se chargera de le lire et de réaliser les actions demandées. Éventuellement, pour obtenir de significatifs gains de performances, le code peut être compilé à la volée (*http://fr.wikipedia.org/wiki/Compilation_%C3%A0_la_vol%C3%A9e*) pendant son exécution. C'est aujourd'hui ce que font la plupart des interpréteurs JavaScript.

Les scripts sont majoritairement interprétés. Et quand on dit que le JavaScript est un langage de scripts, cela signifie qu'il s'agit d'un langage interprété ! Il est donc nécessaire d'utiliser un interpréteur pour faire fonctionner du code JavaScript, ce que vous faites fréquemment car il est inclus dans votre navigateur web !

En effet, chaque navigateur possède un interpréteur JavaScript propre :

- pour Internet Explorer, il s'agit de *Chakra* (l'interpréteur JavaScript des versions antérieures à IE 9 est *JScript*) ;
- pour Mozilla Firefox, l'interpréteur se nomme *SpiderMonkey ;*
- pour Google Chrome, il s'agit de *V8*.

Un langage orienté objet

Intéressons-nous maintenant à la notion « orienté objet ». Ce concept est assez compliqué à définir à ce stade, il sera approfondi par la suite, notamment dans la deuxième partie du livre. Sachez toutefois qu'un langage de programmation orienté objet est un langage qui contient des éléments, appelés « objets », lesquels possèdent des caractéristiques spécifiques et peuvent être utilisés de différentes manières. Le langage fournit des objets de base comme des images, des dates, des chaînes de caractères, etc., mais il est également possible de créer soi-même des objets pour se faciliter la vie et obtenir un code source plus clair (donc plus facile à lire) et une manière de programmer beaucoup plus intuitive (et donc plus logique).

Il est probable que vous n'ayez rien compris à ce passage si vous n'avez jamais fait de programmation, mais ne vous en faites pas : vous comprendrez bien assez vite comment tout cela fonctionne.

Le JavaScript, le langage de scripts

Le JavaScript est majoritairement utilisé sur Internet, conjointement avec les pages web HTML dans lesquelles il est inclus (ou dans un fichier externe). Le JavaScript permet de « dynamiser » une page HTML en ajoutant des interactions avec l'utilisateur, des animations, de l'aide à la navigation. Par exemple :

- afficher/masquer du texte ;
- faire défiler des images ;
- créer un diaporama avec un aperçu « en grand » des images ;
- créer des infobulles.

Le JavaScript est un langage dit *client-side*, c'est-à-dire que les scripts sont exécutés par le navigateur de l'internaute (le client). Cela diffère des langages de scripts dits *server-side* qui sont exécutés par le serveur web. C'est le cas des langages comme le PHP (*https://openclassrooms.com/courses/concevez-votre-site-web-avec-php-et-mysql*).

Cette distinction est importante car la finalité des scripts client-side et server-side n'est pas la même. Un script server-side va s'occuper de « créer » la page web qui sera envoyée au navigateur. Ce dernier va alors afficher la page, puis exécuter les scripts client-side tels que le JavaScript. Voici un schéma reprenant ce fonctionnement :

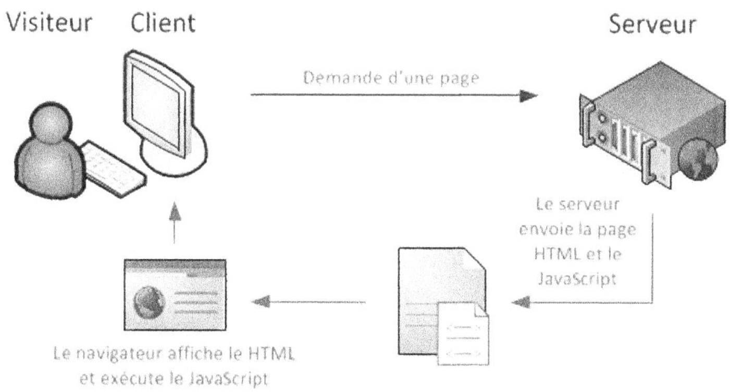

JavaScript est un langage dit client-side,
c'est-à-dire interprété par le client (le navigateur)

Le JavaScript, pas que le Web

Si le langage JavaScript a été conçu pour être utilisé conjointement avec le HTML, il a depuis évolué vers d'autres destinées. En effet, il est régulièrement utilisé pour réaliser des extensions pour différents programmes : Chrome et Firefox possèdent tous deux un panel gigantesque d'extensions en partie codées en JavaScript.

Mais là où le JavaScript a su grandement évoluer ces dernières années, c'est dans la possibilité d'être exécuté sur n'importe quelle machine. Quelques projets permettent d'utiliser le JavaScript en dehors de votre navigateur, le plus connu est sans nul doute Node.js (*https://openclassrooms.com/informatique/cours/des-applications-ultra-rapides-avec-node-js*).

Le JavaScript peut aussi être utilisé pour réaliser des applications. L'interface de Firefox est notamment développée avec ce langage mais cela reste une implémentation bien particulière à la société Mozilla. Cependant, il vous est tout à fait possible aujourd'hui de créer une application en JavaScript grâce à Node.js et si vous souhaitez y ajouter une interface, d'autres projets venant se greffer à Node vous faciliteront la tâche, tel qu'Electron (*http://electron.atom.io/*) ou NW.js (*https://github.com/nwjs/nw.js*).

Petit historique du langage

Brendan Eich, le papa de JavaScript

En 1995, Brendan Eich travaillait chez Netscape Communication Corporation, la société qui éditait le célèbre navigateur Netscape Navigator, alors principal concurrent d'Internet Explorer.

Brendan développe le LiveScript, un langage de scripts qui s'inspire du langage Java, et qui est destiné à être installé sur les serveurs développés par Netscape. Netscape se met à développer une version client du LiveScript, qui sera renommée JavaScript en hommage au langage Java créé par la société Sun Microsystems. En effet, à cette époque, le langage Java était de plus en plus populaire, et appeler le LiveScript « JavaScript » était une manière de faire de la publicité à la fois au Java et au JavaScript lui-même. Mais attention, au final, ces deux langages sont radicalement différents ! N'allez pas confondre le Java et le JavaScript car ils n'ont clairement pas le même fonctionnement.

Le JavaScript sort en décembre 1995 et est embarqué dans le navigateur Netscape 2. Le langage est alors un succès, si bien que Microsoft développe une version semblable, appelée JScript, qu'il embarque dans Internet Explorer 3, en 1996.

Netscape décide d'envoyer sa version de JavaScript à l'ECMA International (*European Computer Manufacturers Association* à l'époque, aujourd'hui *European Association for Standardizing Information and Communication Systems*) pour que le langage soit standardisé, c'est-à-dire pour qu'une référence du langage soit créée et qu'il puisse ainsi être utilisé par d'autres personnes et embarqué dans d'autres logiciels. L'ECMA International standardise le langage sous le nom d'ECMAScript (*http://fr.wikipedia.org/wiki/ECMAScript*).

Depuis, les versions de l'ECMAScript ont évolué. La version la plus connue et mondialement utilisée est la version ECMAScript 5, parue en décembre 2009.

L'ECMAScript et ses dérivés

L'ECMAScript est la référence de base dont découlent des implémentations. On peut évidemment citer le JavaScript, qui est implémenté dans la plupart des navigateurs, mais aussi :

- JScript (*http://fr.wikipedia.org/wiki/JScript*), qui est l'implémentation embarquée dans Internet Explorer. C'est aussi le nom de l'ancien interpréteur d'Internet Explorer ;
- JScript.NET, qui est embarqué dans le framework .NET de Microsoft ;
- ActionScript (*http://fr.wikipedia.org/wiki/ActionScript*), qui est l'implémentation faite par Adobe au sein de Flash ;
- EX4 (*http://fr.wikipedia.org/wiki/E4X*), qui est l'implémentation de la gestion du XML d'ECMAScript au sein de SpiderMonkey, l'interpréteur JavaScript de Firefox.

La plupart de ces implémentations sont quelque peu tombées en désuétude hormis le JavaScript qui a su se frayer une place de choix.

Les versions du JavaScript

Les versions du JavaScript sont basées sur celles de l'ECMAScript (ES). Ainsi, il existe :

- ES 1 et ES 2, qui sont les prémices du langage JavaScript ;
- ES 3 (sorti en décembre 1999) ;
- ES 4, qui a été abandonné en raison de modifications trop importantes qui ne furent pas appréciées ;
- ES 5 (sorti en décembre 2009), la version la plus répandue et utilisée à ce jour ;
- ES 6 finalisé en décembre 2014 et dont l'implémentation avait déjà été commencée avant cette date au sein de plusieurs navigateurs.

Ce cours portera sur la version 5 de l'ECMAScript, la version 6 n'étant pas encore très bien supportée à l'heure où nous écrivons ces lignes.

Un logo inconnu

Il n'y a pas de logo officiel pour représenter le JavaScript. Cependant, le logo suivant est beaucoup utilisé par la communauté, surtout depuis sa présentation à la JSConf EU de 2011. Vous pourrez le trouver à cette adresse : *https://github.com/voodootikigod/logo.js* sous différents formats. N'hésitez pas à en abuser en cas de besoin.

Ce logo non officiel est de plus en plus utilisé.

En résumé

- Le JavaScript est un langage de programmation interprété, c'est-à-dire qu'il a besoin d'un interpréteur pour pouvoir être exécuté.
- Le JavaScript est utilisé majoritairement au sein des pages web mais son utilisation en guise de serveur ou d'application commence à se répandre.
- Tout comme le HTML, le JavaScript est généralement exécuté par le navigateur de l'internaute : on parle d'un comportement client-side, par opposition au server-side lorsque le code est exécuté par le serveur.
- Le JavaScript est standardisé par l'ECMA International sous le nom d'ECMAScript, qui constitue la référence du langage.
- La dernière version standardisée du JavaScript est basée sur l'ECMAScript 5, sorti en 2009. Mais sa nouvelle version, ECMAScript 6, prend du terrain.

QCM
(*http://odyssey.sdlm.be/javascript/01/partie1/chapitre1/qcm.htm*)

2 Premiers pas en JavaScript

Comme indiqué précédemment, le JavaScript est un langage essentiellement utilisé avec le HTML. Vous allez donc apprendre dans ce chapitre comment intégrer ce langage à vos pages web, découvrir sa syntaxe de base et afficher un message sur l'écran de l'utilisateur.

Afin de ne pas vous laisser dans le vague, vous découvrirez aussi à la fin de ce chapitre quelques liens qui pourront probablement vous être utiles durant la lecture de ce cours.

Concernant l'éditeur de texte à utiliser (dans lequel vous allez écrire vos codes JavaScript), celui que vous avez l'habitude d'utiliser avec le HTML supporte très probablement le JavaScript aussi. Dans le cas contraire, voici quatre éditeurs que nous vous conseillons :

- Sublime Text (*http://www.sublimetext.com/*), qui a su faire ses preuves ;
- Atom (*https://atom.io/*) ou Brackets (*http://brackets.io/*), qui sont deux éditeurs relativement récents, écrits en HTML et JavaScript (reposant sur Node.js) ;
- WebStorm (*https://www.jetbrains.com/webstorm/*), ou la version supportant également le PHP si besoin, PhpStorm (*https://www.jetbrains.com/phpstorm/*).

Afficher une boîte de dialogue

Hello world!

Ne dérogeons pas à la règle traditionnelle qui veut que tous les tutoriels de programmation commencent par afficher le texte « Hello world! » (« Bonjour tout le monde ! » en français) à l'utilisateur. Voici un code HTML simple **contenant** une instruction (nous allons y revenir) JavaScript, placée au sein d'un élément `<script>` :

```
<!DOCTYPE html>
<html>
 head
     title Hello World!  title
  head

 body

     script

          alert('Hello world!')

      script

  body
  html
```

Essayez le code (*http://course.oc-static.com/ftp-tutos/cours/javascript/part1/chap2/ex1.html*).

Saisissez ce code dans un fichier HTML et ouvrez ce dernier avec votre navigateur habituel :

Une boîte de dialogue s'ouvre, elle affiche le texte « Hello world! ».

Le lien mentionné précédemment vous permet de tester le code. Vous constaterez rapidement que ce ne sera pas toujours le cas car mettre en ligne tous les codes n'est pas forcément nécessaire, surtout quand il s'agit d'afficher une simple phrase.
Nous avons décidé de vous fournir des liens d'exemples quand le code nécessitera une interaction de la part de l'utilisateur. Ainsi, les codes ne contenant qu'un simple calcul ne demandant aucune action de la part de l'utilisateur, par exemple, ne seront pas mis en ligne. En revanche, le résultat de chaque code sera toujours affiché dans les commentaires de ce dernier.

Les nouveautés

Dans le code HTML donné précédemment, on remarque quelques nouveautés.

Tout d'abord, un élément `<script>` est présent : c'est lui qui contient le code JavaScript que voici :

```
alert('Hello world!')
```

Il s'agit d'une instruction, c'est-à-dire une commande, un ordre, ou plutôt une action que l'ordinateur va devoir réaliser. Les langages de programmation sont constitués d'une suite d'instructions qui, mises bout à bout, permettent d'obtenir un programme ou un script complet.

Dans cet exemple, il n'y a qu'une instruction : l'appel de la fonction `alert()`.

La boîte de dialogue alert()

`alert()` est une instruction simple, appelée « fonction », qui permet d'afficher une boîte de dialogue contenant un message. Ce message est placé entre apostrophes, elles-mêmes placées entre les parenthèses de la fonction `alert()`.

> Ne vous en faites pas pour le vocabulaire. Cette notion de fonction sera détaillée par la suite. Pour l'instant, retenez que l'instruction `alert()` sert juste à afficher une boîte de dialogue.

La syntaxe du JavaScript

Les instructions

La syntaxe du JavaScript n'est pas compliquée. De manière générale, les instructions doivent être séparées par un point-virgule qu'on place à la fin de chaque instruction :

```
instruction_1;
instruction_2;
instruction_3;
```

En réalité le point-virgule n'est pas obligatoire si l'instruction qui suit se trouve sur la ligne suivante, comme dans notre exemple. En revanche, si vous écrivez plusieurs instructions sur une même ligne, comme dans l'exemple suivant, le point-virgule est fortement recommandé. Dans le cas contraire, l'interpréteur risque de ne pas comprendre qu'il s'agit d'une autre instruction et retournera une erreur.

```
Instruction_1; Instruction_2;
Instruction_3;
```

> Vous l'aurez compris, il existe deux écoles : celle avec les points-virgules et celle sans points-virgules. Dans ce cours, nous les utiliserons en permanence et vous êtes fortement encouragés à faire de même.

Les espaces

Le JavaScript n'est pas sensible aux espaces. Cela veut dire que vous pouvez aligner des instructions comme vous le voulez, sans que cela gêne en rien l'exécution du script. Par exemple, ceci est correct :

```
instruction_1
     instruction_1_1
     instruction_1_2
instruction_2        instruction_3
```

Indentation et présentation

En informatique, l'indentation consiste à structurer le code pour le rendre plus lisible. Les instructions sont hiérarchisées en plusieurs niveaux et on utilise des espaces ou des tabulations pour les décaler vers la droite et ainsi créer une hiérarchie. Voici un exemple de code indenté :

```
function toggle(elemID) {
    var elem = document getElementById(elemID)

    if (elem style display === 'block') {
        elem style display = 'none'
    } else {
        elem style display = 'block'
    }
}
```

Ce code est indenté de quatre espaces, c'est-à-dire que le décalage est chaque fois un multiple de quatre. Un décalage de quatre espaces est courant, tout comme un décalage de deux. Il est possible d'utiliser des tabulations pour indenter du code, qui ont l'avantage d'être affichées différemment suivant l'éditeur utilisé. Ainsi, si vous transmettez votre code à quelqu'un, l'indentation qu'il verra dépendra de son éditeur et il ne sera pas perturbé par une indentation qu'il n'apprécie pas (par exemple, indentation de deux espaces au lieu de quatre). Cependant, d'une manière générale, les espaces sont utilisés.

Voici le même code, non indenté. Vous constatez que l'indentation est une aide à la lecture :

```
function toggle(elemID) {
var elem = document getElementById(elemID)

if (elem style display === 'block') {
elem style display = 'none'
} else {
elem style display = 'block'
}
}
```

La présentation des codes est également importante, un peu comme si vous rédigiez une lettre : cela ne se fait pas n'importe comment. Il existe des règles prédéfinies à respecter pour organiser votre code de façon claire. Dans le code indenté précédent, vous pouvez voir qu'il y a des espaces un peu partout pour aérer le code et qu'il y a une seule instruction par ligne (à l'exception des `if else`, mais nous verrons cela plus tard). Certains développeurs écrivent leur code comme ceci :

```
function toggle(elemID){
    var elem=document.getElementById(elemID);
    if(elem.style.display==='block'){
        elem.style.display='none';
    }else{elem.style.display='block';}
}
```

Vous conviendrez, comme nous, que c'est tout de suite moins lisible, non ? Gardez à l'esprit que votre code doit être propre, même si personne d'autre n'y touche. En effet, vous pouvez laisser le code de côté quelque temps sans travailler dessus et le reprendre par la suite, et là, bonne chance pour vous y retrouver !

Les commentaires

Les commentaires sont des annotations ajoutées par le développeur pour expliquer le fonctionnement d'un script, d'une instruction ou même d'un groupe d'instructions. Ils ne gênent pas l'exécution d'un script.

Il existe deux types de commentaires : les commentaires de fin de ligne et les commentaires multilignes.

Commentaires de fin de ligne

Ils servent à commenter une instruction. Un tel commentaire commence par deux barres obliques *(slashs)* :

```
instruction_1; // Ceci est ma première instruction
instruction_2;
// La troisième instruction ci-dessous :
instruction_3;
```

Le texte placé dans un commentaire est ignoré lors de l'exécution du script, ce qui veut dire que vous pouvez mettre ce que bon vous semble en commentaire, même une instruction (qui ne sera évidemment pas exécutée) :

```
instruction_1; // Ceci est ma première instruction
instruction_2;
// La troisième instruction ci-dessous pose problème, je l'annule temporairement
// instruction_3;
```

Commentaires multilignes

Ce type de commentaire permet les retours à la ligne. Un commentaire multiligne commence par les caractères `/*` et se termine par `*/` :

```
/* Ce script comporte 3 instructions :
      - Instruction 1 qui fait telle chose
      - Instruction 2 qui fait autre chose
      - Instruction 3 qui termine le script
*/
instruction_1;
instruction_2;
instruction_3; // Fin du script
```

Remarquez qu'un commentaire multiligne peut aussi être affiché sur une seule ligne :

```
instruction_1; /* Ceci est ma première instruction */
instruction_2;
```

Les fonctions

Dans l'exemple du « Hello world! », nous avons utilisé la fonction `alert()`. Nous reviendrons en détail sur le fonctionnement des fonctions, mais pour les chapitres suivants, il sera nécessaire de connaître sommairement leur syntaxe.

Une fonction se compose de deux choses : son nom, suivi d'un couple de parenthèses (une ouvrante et une fermante) :

```
myFunction(); // « function » veut dire « fonction » en anglais
```

Entre les parenthèses se trouvent les arguments, qu'on appelle aussi « paramètres ». Ceux-ci contiennent des valeurs qui sont transmises à la fonction (pour cet exemple, les mots « Hello world! ») :

```
alert('Hello world!');
```

Emplacement du code dans la page

Les codes JavaScript sont insérés au moyen de l'élément `<script>`. Ce dernier possède un attribut `type` qui sert à indiquer le type de langage que l'on va utiliser. Dans notre cas, il s'agit de JavaScript, mais il pourrait s'agir d'un autre langage, comme du VBScript (*http://fr.wikipedia.org/wiki/VBScript*), bien que ce soit extrêmement rare.

En HTML 4 et XHTML 1.x, l'attribut `type` est obligatoire, contrairement à l'HTML 5. C'est pourquoi les exemples de cet ouvrage, en HTML 5, ne comporteront pas cet attribut.

Si vous n'utilisez pas le HTML 5, sachez que l'attribut `type` prend comme valeur `text/javascript`, qui est en fait le type MIME d'un code JavaScript.

Le type MIME (*http://fr.wikipedia.org/wiki/Type_MIME*) est un identifiant qui décrit un format de données. Ici, avec `text/javascript`, il s'agit de données textuelles et c'est du JavaScript.

Le JavaScript « dans la page »

Pour placer du code JavaScript directement dans votre page web, rien de plus simple. Procédez comme pour l'exemple du Hello world!, c'est-à-dire placez le code au sein de l'élément `<script>` :

```
<!DOCTYPE html>
<html>
<head>
    <title>Hello World!</title>
</head>

<body>

    <script>

        alert('Hello world!');

    </script>

</body>
</html>
```

L'encadrement des caractères réservés

Si vous utilisez les normes HTML 4.01 et XHTML 1.x, il est souvent nécessaire d'utiliser des commentaires d'encadrement pour que votre page soit conforme à ces normes. En revanche, ils sont inutiles avec HTML 5.

Les commentaires d'encadrement permettent d'isoler le code JavaScript pour que le validateur du W3C (*World Wide Web Consortium*, *http://validator.w3.org/*) ne l'interprète pas. Si par exemple votre code JavaScript contient des chevrons < et >, le validateur va croire qu'il s'agit de balises HTML mal fermées et donc il va invalider la page. Ce n'est pas grave en soi, mais une page sans erreur, c'est toujours mieux !

Les commentaires d'encadrement ressemblent à des commentaires HTML et se placent comme ceci :

```
<body>
    <script>
    <!--

        valeur_1 > valeur_2;

    //-->
    </script>
</body>
```

Le JavaScript externe

Il est possible, et même conseillé, d'écrire le code JavaScript dans un fichier externe, portant l'extension `.js`. Ce fichier est ensuite appelé depuis la page web au moyen de l'élément `<script>` et de son attribut `src` qui contient l'URL du fichier `.js`.

```
alert('Hello world!');
<!DOCTYPE html>
<html>
<head>
    <title>Hello World!</title>
</head>

<body>

    <script src="hello.js"></script>

</body>
</html>
```

On suppose ici que le fichier `hello.js` se trouve dans le même répertoire que la page web.

Il vaut mieux privilégier un fichier externe plutôt que d'inclure le code JavaScript directement dans la page, pour la simple et bonne raison que le fichier externe est mis en cache par le navigateur et n'est donc pas rechargé à chaque chargement de page, ce qui accélère l'affichage de cette dernière.

Positionner l'élément <script>

La plupart des cours sur JavaScript, et des exemples donnés un peu partout, montrent qu'il faut placer l'élément `<script>` au sein de l'élément `<head>` quand on l'utilise pour charger un fichier JavaScript. C'est correct, mais il y a mieux !

Une page web est lue par le navigateur de façon linéaire, c'est-à-dire qu'il lit d'abord le `<head>`, puis les éléments de `<body>` les uns à la suite des autres. Si vous appelez un fichier JavaScript dès le début du chargement de la page, le navigateur va donc charger ce fichier, et si ce dernier est volumineux, le chargement de la page s'en trouvera ralenti. C'est normal puisque le navigateur va charger le fichier avant de commencer à afficher le contenu de la page.

Pour pallier ce problème, il est conseillé de placer les éléments `<script>` juste avant la fermeture de l'élément `<body>`, comme ceci :

```
<!DOCTYPE html>
<html>
<head>
    <title>Hello World!</title>
</head>

<body>

    <p>
    <!--

        Contenu de la page web

        ...

    -->
    </p>

    <script>
        // Un peu de code JavaScript...
    </script>

    <script src="hello.js"></script>

</body>
</html>
```

Il est à noter que certains navigateurs modernes chargent automatiquement les fichiers JavaScript en dernier, mais ce n'est pas toujours le cas. C'est pour cela qu'il vaut mieux s'en tenir à cette méthode.

Quelques aides

Les documentations

Pendant la lecture de ce livre, il se peut que vous ayez besoin de plus de renseignements sur divers points abordés. Normalement, toutes les informations nécessaires sont fournies mais vous pouvez avoir envie de vous documenter davantage. Nous vous conseillons de consulter le Mozilla Developer Network (*https://developer.mozilla.org/fr/JavaScript/R%C3%A9f%C3%A9rence_JavaScript*), site web regroupant de nombreux documents listant tout ce qui constitue un langage de programmation (instructions, fonctions, etc.). Généralement, tout est trié par catégories et quelques exemples sont fournis. Mais gardez bien à l'esprit que les documentations n'ont aucun but pédagogique, elles ont pour seule fonction de lister tout ce qui fait un langage, sans trop s'étendre sur les explications. Donc si vous recherchez comment utiliser une certaine fonction (comme `alert()`) c'est très bien. Mais ne vous attendez pas à apprendre les bases du JavaScript grâce à ce genre de site. C'est possible, mais suicidaire, surtout si vous débutez en programmation.

Tester rapidement certains codes

Au cours de votre lecture, vous trouverez de nombreux exemples de codes, certains d'entre eux sont mis en ligne sur OpenClassrooms (il n'est pas possible de tout mettre en ligne, il y a trop d'exemples). Généralement, les exemples mis en ligne sont ceux qui requièrent une action de la part de l'utilisateur. Toutefois, si vous souhaitez en tester d'autres, nous vous conseillons le site suivant : jsFiddle (*http://jsfiddle.net/*).

Ce site est très utile car il vous permet de tester des codes en passant directement par votre navigateur web. Vous n'avez donc pas besoin de créer un fichier sur votre PC pour tester un petit code de quelques lignes.

Pour l'utiliser, rien de plus simple : vous copiez le code que vous souhaitez tester, puis vous le collez dans la section JavaScript située en bas à gauche de la page. Cliquez ensuite sur le bouton ***Run*** en haut à gauche. Le code sera immédiatement exécuté dans la section ***Result*** en bas à droite. Essayez donc avec le code suivant :

```
alert('Bien, vous savez maintenant utiliser le site jsFiddle !');
```

En résumé

- Les instructions doivent être séparées par un point-virgule.
- Un code JavaScript bien présenté est plus lisible et plus facilement modifiable.
- Il est possible d'inclure des commentaires au moyen des caractères `//`, `/*` et `*/`.
- Les codes JavaScript se placent dans une balise `<script>`.
- Il est possible d'inclure un fichier JavaScript grâce à l'attribut `src` de la balise `<script>`.

QCM
(*http://odyssey.sdlm.be/javascript/02/partie1/chapitre2/qcm.htm*)

Questionnaire didactique
(*http://odyssey.sdlm.be/javascript/03/partie1/chapitre2/questionnaire.htm*)

3

Les variables

Nous abordons enfin le premier chapitre technique de cet ouvrage ! Tout au long de sa lecture, vous allez découvrir l'utilisation des variables, les différents types principaux qu'elles peuvent contenir et surtout comment faire vos premiers calculs. Vous serez aussi initiés à la concaténation et à la conversion des types. Et enfin, un élément important de ce chapitre, vous allez apprendre à utiliser une nouvelle fonction qui vous permettra d'interagir avec l'utilisateur !

Qu'est-ce qu'une variable ?

Pour faire simple, une variable est un espace de stockage sur votre ordinateur permettant d'enregistrer tout type de donnée, que ce soit une chaîne de caractères, une valeur numérique ou bien des structures un peu plus particulières.

Déclarer une variable

Tout d'abord, qu'est-ce que « déclarer une variable » veut dire ? Il s'agit tout simplement de lui réserver un espace de stockage en mémoire, rien de plus. Une fois la variable déclarée, vous pouvez commencer à y stocker des données sans problème.

Pour déclarer une variable, il vous faut d'abord lui trouver un nom. Il est important de préciser que le nom d'une variable ne peut contenir que des caractères alphanumériques (*http://fr.wikipedia.org/wiki/Alphanum%C3%A9rique*), autrement dit les lettres de A à Z et les chiffres de 0 à 9 ; l'underscore (_) et le dollar ($) sont aussi acceptés. Autre chose : le nom de la variable ne peut pas commencer par un chiffre et ne peut pas être constitué uniquement de mots-clés utilisés par le JavaScript. Par exemple, vous ne pouvez pas créer une variable nommée `var` car vous allez constater que ce mot-clé est déjà utilisé. En revanche vous pouvez créer une variable nommée `var_`.

Concernant les mots-clés utilisés par le JavaScript, on peut les appeler les « mots réservés », tout simplement parce que vous n'avez pas le droit d'en faire usage en tant que noms de variables. Vous trouverez sur cette page (en anglais) tous les mots réservés par le JavaScript *https://developer.mozilla.org/en/JavaScript/Reference/Reserved_Words*.

Pour déclarer une variable, il vous suffit d'écrire la ligne suivante :

```
var myVariable;
```

Le JavaScript étant un langage sensible à la casse, faites bien attention à ne pas vous tromper sur les majuscules et les minuscules utilisées. Dans l'exemple suivant, nous avons bel et bien trois variables différentes déclarées :

```
var myVariable;
var myvariable;
var MYVARIABLE;
```

Le mot-clé `var` indique que vous déclarez une variable. Une fois celle-ci déclarée, il ne vous est plus nécessaire d'utiliser ce mot-clé pour cette variable et vous pouvez y stocker ce que vous souhaitez :

```
var myVariable;
myVariable = 2;
```

Le signe = sert à attribuer une valeur à la variable (ici, 2). Quand on donne une valeur à une variable, on dit qu'on fait une « affectation », car on affecte une valeur à la variable.

Il est possible de simplifier ce code en une seule ligne :

```
var myVariable = 5.5; // Comme vous pouvez le constater, les nombres
                      // à virgule s'écrivent avec un point.
```

De même, vous pouvez déclarer et assigner des variables sur une seule et même ligne :

```
var myVariable1, myVariable2 = 4, myVariable3;
```

Ici, nous avons déclaré trois variables en une ligne mais seulement la deuxième s'est vu attribuer une valeur.

Quand vous utilisez une seule fois l'instruction `var` pour déclarer plusieurs variables, vous devez placer une virgule après chaque variable (et son éventuelle attribution de valeur) et vous ne devez utiliser le point-virgule (qui termine une instruction) qu'à la fin de la déclaration de toutes les variables.

Et enfin une dernière chose qui pourra vous être utile de temps en temps :

```
var myVariable1, myVariable2;
myVariable1 = myVariable2 = 2;
```

Les deux variables contiennent maintenant le nombre 2 ! Vous pouvez faire la même chose avec autant de variables que vous le souhaitez.

Les types de variables

Le JavaScript est un langage typé dynamiquement : généralement, toute déclaration de variable se fait avec le mot-clé `var` sans distinction du contenu. Avec certains autres langages, par exemple le C (*https://openclassrooms.com/courses/apprenez-a-programmer-en-c*), il est en revanche nécessaire de préciser quel type de contenu la variable va devoir contenir.

En JavaScript, nos variables sont typées dynamiquement, ce qui veut dire qu'on peut y mettre du texte en premier lieu, puis l'effacer et y mettre un nombre quel qu'il soit, et ce, sans contraintes.

Commençons tout d'abord par voir quels sont les trois types principaux en JavaScript :

- Le type numérique (`number`) : il représente tout nombre, que ce soit un entier, un nombre négatif, scientifique, etc. Il s'agit du type utilisé pour les nombres.
  Pour assigner un type numérique à une variable, il vous suffit d'écrire le nombre seul : `var number = 5;`
  Tout comme de nombreux langages, le JavaScript reconnaît plusieurs écritures pour les nombres :
  – l'écriture décimale : `var number = 5.5;`
  – l'écriture scientifique : `var number = 3.65e+5;`
  – l'écriture hexadécimale : `var number = 0x391;`
  Ainsi, il existe pas mal de façons d'écrire les valeurs numériques.
- Les chaînes de caractères (`string`) : ce type représente n'importe quel texte. On peut l'assigner de deux façons différentes :

```
var text1 = "Mon premier texte"; // Avec des guillemets
var text2 = 'Mon deuxième texte'; // Avec des apostrophes
```

  Il est important de préciser que si vous écrivez `var myVariable = '2';`, le type de cette variable est une chaîne de caractères et non pas un type numérique.
  Une autre précision importante : si vous utilisez les apostrophes pour « encadrer » votre texte et que vous souhaitez utiliser des apostrophes dans ce même texte, il vous faudra alors « échapper » vos apostrophes de cette façon :

```
var text = 'Ça c\'est quelque chose !';
```

Dans le cas contraire, JavaScript croira que votre texte s'arrête à l'apostrophe contenue dans le mot « c'est ». À noter que ce problème est identique pour les guillemets. En ce qui nous concerne, nous utilisons généralement les apostrophes mais quand le texte en contient trop, alors les guillemets peuvent être bien utiles. À vous de voir comment vous souhaitez présenter vos codes.

- Les booléens (`boolean`) : les booléens sont un type bien particulier que nous étudierons de façon plus détaillée au chapitre suivant. Pour le moment, disons qu'il s'agit d'un type pouvant avoir deux états : vrai (`true`) ou faux (`false`). Ces deux états s'écrivent de la façon suivante :

```
var isTrue = true;
var isFalse = false;
```

Il existe d'autres types, nous les étudierons le moment venu.

Tester l'existence de variables avec typeof

Il se peut que vous ayez un jour ou l'autre besoin de tester l'existence d'une variable ou de vérifier son type. Dans ce cas, l'instruction `typeof` est très utile. Voici comment l'utiliser :

```
var number = 2;
alert(typeof number); // Affiche : « number »

var text = 'Mon texte';
alert(typeof text); // Affiche : « string »

var aBoolean = false;
alert(typeof aBoolean); // Affiche : « boolean »
```

Simple non ? Et maintenant voici comment tester l'existence d'une variable :

```
alert(typeof nothing); // Affiche : « undefined »
```

Voilà un type de variable très important ! Si l'instruction `typeof` vous renvoie `undefined`, cela signifie que votre variable est inexistante ou qu'elle est déclarée mais ne contient rien.

Les opérateurs arithmétiques

Maintenant que vous savez déclarer une variable et lui attribuer une valeur, nous pouvons entamer la partie concernant les opérateurs arithmétiques. Vous verrez plus tard qu'il existe plusieurs sortes d'opérateurs mais dans l'immédiat nous voulons faire des calculs. Nous allons donc nous intéresser exclusivement aux opérateurs arithmétiques. Ces derniers sont à la base de tout calcul et sont au nombre de cinq :

Opérateur	Signe
addition	+
soustraction	-
multiplication	*
division	/
modulo	%

Le modulo correspond au reste d'une division. Par exemple, si vous divisez 5 par 2, le modulo vaut 1.

Quelques calculs simples

Effectuer des calculs en programmation est presque aussi simple que sur une calculatrice :

```
var result = 3 + 2;
alert(result); // Affiche : « 5 »
```

Vous savez faire des calculs avec deux nombres, c'est bien. Mais avec deux variables contenant elles-mêmes des nombres, c'est mieux :

```
var number1 = 3, number2 = 2, result;
result = number1 * number2;
alert(result); // Affiche : « 6 »
```

On peut aller encore plus loin en écrivant des calculs impliquant plusieurs opérateurs ainsi que des variables :

```
var divisor = 3, result1, result2, result3;

result1 = (16 + 8) / 2 - 2 ; // 10
result2 = result1 / divisor;
result3 = result1 % divisor;

alert(result2); // Résultat de la division : 3,33
alert(result3); // Reste de la division : 1
```

Vous remarquerez que nous avons utilisé des parenthèses pour le calcul de la variable `result1`. Elles s'utilisent comme en mathématiques : le navigateur calcule ainsi en premier 16 + 8, puis divise le résultat par 2.

Simplifier encore plus les calculs

Par moment, vous aurez besoin d'écrire ce genre d'instructions :

```
var number = 3;
number = number + 5;
alert(number); // Affiche : « 8 »
```

Ce n'est pas spécialement long ou compliqué à faire, mais cela peut devenir très vite rébarbatif. Il existe une solution plus simple pour ajouter un nombre à une variable :

```
var number = 3;
number += 5;
alert(number); // Affiche : « 8 »
```

Ce code a exactement le même effet que le précédent mais est plus rapide à écrire.

À noter que ces instructions ne s'appliquent pas uniquement aux additions, elles fonctionnent avec tous les autres opérateurs arithmétiques : `+=`, `-=`, `*=`, `/=` et `%=`.

Initiation à la concaténation et à la conversion des types

Certains opérateurs ont des particularités cachées. Prenons l'opérateur `+`: en plus des additions, il permet de faire ce qu'on appelle des « concaténations » entre des chaînes de caractères.

La concaténation

Une concaténation consiste à ajouter une chaîne de caractères à la fin d'une autre, comme dans cet exemple :

```
var hi = 'Bonjour', name = 'toi', result;
result = hi + name;
alert(result); // Affiche : « Bonjourtoi »
```

Ce code va afficher la phrase « Bonjourtoi ». Vous remarquerez qu'il n'y a pas d'espace entre les deux mots car la concaténation respecte scrupuleusement ce que vous avez écrit dans les variables. Pour ajouter un espace, insérez-en un avant ou après l'une des variables, comme ceci : `var hi = 'Bonjour ';`.

Par ailleurs, vous souvenez-vous de l'addition suivante ?

```
var number = 3;
number += 5;
```

Vous pouvez faire la même chose avec les chaînes de caractères :

```
var text = 'Bonjour ';
text += 'toi';
alert(text); // Affiche « Bonjour toi ».
```

Interagir avec l'utilisateur

La concaténation est le bon moment pour introduire votre toute première interaction avec l'utilisateur grâce à la fonction `prompt()`. Voici comment l'utiliser :

```
var userName = prompt('Entrez votre prénom :');
alert(userName); // Affiche le prénom entré par l'utilisateur
```

(Essayez le code : *http://learn.sdlm.be/js/part1/chap3/ex1.html*)

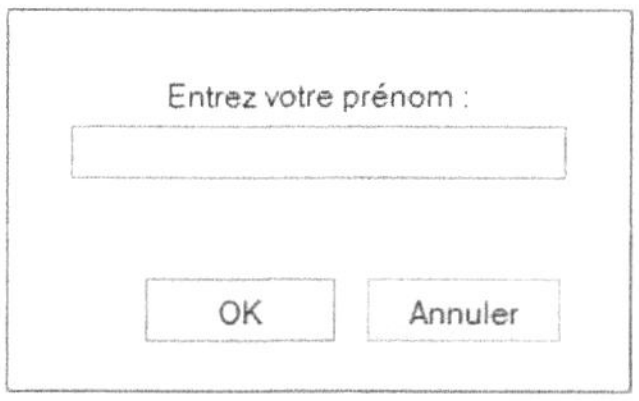

Un aperçu de la fonction prompt()

La fonction `prompt()` s'utilise comme `alert()` mais elle présente une petite particularité. Elle renvoie ce que l'utilisateur a écrit sous la forme d'une chaîne de caractères. Voilà pourquoi on écrit de cette manière :

```
var text = prompt('Tapez quelque chose :');
```

Ainsi, le texte tapé par l'utilisateur se retrouvera directement stocké dans la variable `text`.

Maintenant, nous pouvons essayer de dire bonjour à nos visiteurs :

```
var start = 'Bonjour ', name, end = ' !', result;

name   = prompt('Quel est votre prénom ?');
result = start + name + end;
alert(result);
```

(Essayez le code : *http://learn.sdlm.be/js/part1/chap3/ex2.html*)

À noter que nous concaténons ici des chaînes de caractères entre elles, mais vous pouvez très bien concaténer une chaîne de caractères et un nombre de la même manière :

```
var text = 'Voici un nombre : ', number = 42, result;

result = text + number;
alert(result); // Affiche : « Voici un nombre : 42 »
```

Convertir une chaîne de caractères en nombre

Essayons maintenant d'effectuer une addition avec des nombres fournis par l'utilisateur :

```
var first, second, result;

first  = prompt('Entrez le premier chiffre :');
second = prompt('Entrez le second chiffre :');
result = first + second;

alert(result);
```

(Essayez le code : *http://learn.sdlm.be/js/part1/chap3/ex3.html*)

Si vous avez essayé ce code, vous avez sûrement remarqué qu'il y a un problème. Admettons que vous ayez tapé deux fois le chiffre 1, le résultat sera 11… Pourquoi ? La réponse a déjà été donnée quelques lignes plus haut : « Elle renvoie ce que l'utilisateur a écrit sous forme d'une chaîne de caractères ».

Ainsi, tout ce qui est écrit dans le champ de texte de `prompt()` est récupéré sous forme d'une chaîne de caractères, que ce soit un chiffre ou non. Du coup, si vous utilisez l'opérateur +, vous ne ferez pas une addition mais une concaténation !

C'est là que la conversion des types intervient. Le concept est simple : il suffit de convertir la chaîne de caractères en nombre. Pour cela, vous allez avoir besoin de la fonction `parseInt()` qui s'utilise de cette manière :

```
var text = '1337', number;

number = parseInt(text);
alert(typeof number); // Affiche : « number »
alert(number); // Affiche : « 1337 »
```

Maintenant que vous savez comment vous en servir, on va pouvoir l'adapter à notre code :

```
var first, second, result;

first = prompt('Entrez le premier chiffre :');
second = prompt('Entrez le second chiffre :');
result = parseInt(first) + parseInt(second);

alert(result);
```

(Essayez le code : *http://learn.sdlm.be/js/part1/chap3/ex4.html*)

Désormais, si vous écrivez deux fois le chiffre 1, vous obtiendrez bien 2 comme résultat.

Convertir un nombre en chaîne de caractères

Pour clore ce chapitre, nous allons voir comment convertir un nombre en chaîne de caractères. Il est déjà possible de concaténer un nombre et une chaîne sans conversion mais pas deux nombres, car ceux-ci s'ajouteraient à cause de l'emploi du signe +. C'est pourquoi il est nécessaire de convertir un nombre en chaîne. Voici comment faire :

```
var text, number1 = 4, number2 = 2;
text = number1 + '' + number2;
alert(text); // Affiche : « 42 »
```

Qu'avons-nous fait ? Nous avons juste ajouté une chaîne de caractères vide entre les deux nombres, ce qui aura eu pour effet de les convertir en une chaîne de caractères.

En résumé

- Une variable permet de stocker une valeur.
- On utilise le mot-clé `var` pour déclarer une variable, et on utilise le signe = pour affecter une valeur à la variable.
- Les variables sont typées dynamiquement, ce qui signifie qu'il est inutile de spécifier le type de contenu que la variable va contenir.
- Grâce à différents opérateurs, on peut effectuer des opérations entre les variables.
- L'opérateur + permet de concaténer des chaînes de caractères, c'est-à-dire de les mettre bout à bout.
- La fonction `prompt()` permet d'interagir avec l'utilisateur.

QCM
(*http://odyssey.sdlm.be/javascript/04/partie1/chapitre3/qcm.htm*)

Questionnaire didactique
(*http://odyssey.sdlm.be/javascript/05/partie1/chapitre3/questionnaire.htm*)

Déclarer et initialiser une variable
(*http://odyssey.sdlm.be/javascript/06/partie1/chapitre3/variable.htm*)

Déclarer et initialiser deux variables
(*http://odyssey.sdlm.be/javascript/07/partie1/chapitre3/variables.htm*)

4 Les conditions

Dans le chapitre précédent, vous avez appris à créer et modifier des variables. C'est déjà bien mais malgré tout, on se sent encore un peu limité dans nos codes. Dans ce chapitre, vous allez donc découvrir les conditions de tout type et surtout vous rendre compte que les possibilités pour votre code seront déjà bien plus ouvertes car vos conditions vont influer directement sur la façon dont va réagir votre code à certains critères.

En plus des conditions, vous allez aussi pouvoir approfondir vos connaissances sur un fameux type de variable : le booléen.

La base de toute condition : les booléens

Dans ce chapitre, nous allons aborder les conditions, mais pour cela il nous faut tout d'abord revenir sur un type de variable dont nous vous avons parlé au chapitre précédent : les booléens.

À quoi vont-ils nous servir ? À obtenir un résultat `true` (vrai) ou `false` (faux) lors du test d'une condition.

Pour ceux qui se posent la question, une condition est une sorte de « test » permettant de vérifier qu'une variable contient bien une certaine valeur. Bien sûr, les comparaisons ne se limitent pas aux variables seules, mais pour le moment nous allons nous contenter de ça, ce sera largement suffisant pour commencer.

Tout d'abord, de quoi sont constituées les conditions ? De valeurs à tester et de deux types d'opérateurs : un logique et un de comparaison.

Les opérateurs de comparaison

Comme leur nom l'indique, ces opérateurs vont permettre de comparer diverses valeurs entre elles. Il en existe huit :

Opérateur	Signification
`==`	égal à
`!=`	différent de
`===`	contenu et type égal à
`!==`	contenu ou type différent de
`>`	supérieur à
`>=`	supérieur ou égal à
`<`	inférieur à
`<=`	inférieur ou égal à

Nous n'allons pas illustrer chacun d'entre eux par un exemple, mais nous allons au moins vous montrer comment les utiliser afin que vous puissiez essayer les autres :

```
var number1 = 2, number2 = 2, number3 = 4, result;

result = number1 == number2; // On spécifie deux variables avec l'opérateur
                             // de comparaison entre elles
alert(result); // Affiche « true », la condition est donc vérifiée car les
               // deux variables contiennent bien la même valeur

result = number1 == number3;
alert(result); // Affiche « false », la condition n'est pas vérifiée car 2
               // est différent de 4

result = number1 < number3;
alert(result); // Affiche « true », la condition est vérifiée car 2 est
               // bien inférieur à 4
```

Comme vous le voyez, le principe n'est pas bien compliqué : il suffit d'écrire deux valeurs avec l'opérateur de comparaison souhaité entre les deux et un booléen est retourné. Si celui-ci est `true` alors la condition est vérifiée, si c'est `false` elle ne l'est pas.

Lorsqu'une condition renvoie `true`, on dit qu'elle est « vérifiée ».

Les opérateurs === et !== peuvent être difficiles à comprendre pour un débutant. Afin que vous ne soyez pas perdus, voyons leur fonctionnement avec quelques exemples :

```
var number = 4, text = '4', result;

result = number == text;
alert(result); // Affiche  « true » alors que « number » est un nombre et
               // « text » une chaîne de caractères

result = number === text;
alert(result); // Affiche « false » car cet opérateur compare aussi les
               // types des variables en plus de leurs valeurs
```

Avez-vous cerné leur principe ? Les conditions « normales » effectuent des conversions de type pour vérifier les égalités. Ainsi, si vous voulez différencier le chiffre 4 d'une chaîne de caractères contenant le chiffre 4, vous devrez utiliser l'opérateur ===.

Vous disposez à présent de tous les outils dont vous avez besoin pour réaliser quelques expérimentations. Passons maintenant à la suite.

Les opérateurs logiques

Pourquoi ces opérateurs sont-ils dits « logiques » ? Car ils fonctionnent sur le même principe qu'une table de vérité (*http://fr.wikipedia.org/wiki/Table_de_v%C3%A9rit%C3%A9*) en électronique. Avant de décrire leur fonctionnement, il nous faut d'abord les lister, ils sont au nombre de trois :

Opérateur	Type de logique	Utilisation
`&&`	ET	`valeur1 && valeur2`
`||`	OU	`valeur1 || valeur2`
`!`	NON	`!valeur`

L'opérateur ET

Cet opérateur vérifie la condition lorsque toutes les valeurs qui lui sont passées valent `true`. Si une seule d'entre elles vaut `false`, alors la condition ne sera pas vérifiée.

```
var result = true && true;
alert(result); // Affiche : « true »

result = true && false;
alert(result); // Affiche : « false »

result = false && false;
alert(result); // Affiche : « false »
```

L'opérateur OU

Cet opérateur est plus « souple » car il renvoie `true` si une des valeurs qui lui est soumise contient `true`, qu'elles que soient les autres valeurs.

```
var result = true || true;
alert(result); // Affiche : « true »

result = true || false;
alert(result); // Affiche : « true »

result = false || false;
alert(result); // Affiche : « false »
```

L'opérateur NON

Cet opérateur se différencie des deux autres car il ne prend qu'une seule valeur à la fois. S'il se nomme « NON » c'est parce que sa fonction est d'inverser la valeur qui lui est passée. Ainsi, `true` deviendra `false` et inversement.

```
var result = false;

result = !result; // On stocke dans « result » l'inverse de « result »,
                  // c'est parfaitement possible
alert(result); // Affiche « true » car on voulait l'inverse de « false »

result = !result;
alert(result); // Affiche « false » car on a inversé de nouveau
               // « result », on est donc passé de « true » à « false »
```

Combiner les opérateurs

Nous voici presque à la fin de la partie concernant les booléens. Rassurez-vous, la suite du chapitre sera plus simple. Toutefois, avant de continuer, il faudrait s'assurer que vous avez bien compris que tous les opérateurs mentionnés précédemment peuvent se combiner entre eux.

Tout d'abord un petit résumé à lire attentivement : les opérateurs de comparaison acceptent chacun deux valeurs en entrée et renvoient un booléen, tandis que les opérateurs logiques acceptent plusieurs booléens en entrée et renvoient un booléen.

Nous pouvons donc coupler les valeurs de sortie des opérateurs de comparaison avec les valeurs d'entrée des opérateurs logiques.

```
var condition1, condition2, result;

condition1 = 2 > 8; // false
condition2 = 8 > 2; // true

result = condition1 && condition2;
alert(result); // Affiche « false »
```

Il est bien entendu possible de raccourcir le code en combinant tout cela sur une seule ligne (comme ce sera le cas pour toutes les conditions dans ce tutoriel) :

```
var result = 2 > 8 && 8 > 2;
alert(result); // Affiche « false »
```

Voilà tout pour les booléens et les opérateurs conditionnels, nous allons enfin pouvoir commencer à utiliser les conditions comme il se doit.

La condition if else

Nous abordons enfin les conditions, ou plus exactement les structures conditionnelles. Nous parlerons par la suite de « condition » simplement, plus rapide à écrire et à lire.

Avant toute chose, précisons qu'il existe trois types de conditions. Nous allons commencer par `if else` qui est la condition la plus utilisée.

La structure if pour dire « si »

Mais à quoi sert une condition ? Nous venons d'étudier les opérateurs conditionnels qui permettent d'obtenir un résultat, pourquoi s'intéresser aux conditions ?

Effectivement, nous arrivons à obtenir un résultat sous la forme d'un booléen, mais c'est tout. Maintenant, il serait bien que ce résultat puisse influer sur l'exécution de notre code. Nous allons tout de suite entrer dans le vif du sujet avec un exemple très simple :

```
if (true) {
    alert("Ce message s'est bien affiché.");
}

if (false) {
    alert("Pas la peine d'insister, ce message ne s'affichera pas.");
}
```

Tout d'abord, étudions la syntaxe d'une condition, qui comprend :

- la structure conditionnelle `if` ;
- des parenthèses qui contiennent la condition à analyser, ou plus précisément le booléen retourné par les opérateurs conditionnels ;
- des accolades qui permettent de définir la portion de code qui sera exécutée si la condition se vérifie (à noter que nous plaçons ici la première accolade à la fin de la première ligne de condition, mais vous pouvez très bien la placer où bon vous semble).

Comme vous pouvez le constater, le code d'une condition est exécuté si le booléen reçu est `true` alors que `false` empêche l'exécution du code.

Et vu que nos opérateurs conditionnels renvoient des booléens, nous allons donc pouvoir les utiliser directement dans nos conditions :

```
if (2 < 8 && 8 >= 4) { // Cette condition renvoie « true », le code est
                       // donc exécuté
    alert('La condition est bien vérifiée.');
}

if (2 > 8 || 8 <= 4) { // Cette condition renvoie « false », le code
                       // n'est donc pas exécuté
    alert("La condition n'est pas vérifiée mais vous ne le saurez pas vu
que ce code ne s'exécute pas.");
}
```

Jusqu'à présent nous décomposions toutes les étapes d'une condition dans plusieurs variables. Nous vous conseillons désormais de tout mettre sur une seule et même ligne car ce sera plus rapide à écrire pour vous et plus facile à lire pour tout le monde.

Petit intermède : la fonction confirm()

Afin d'aller un petit peu plus loin dans le cours, nous allons apprendre à utiliser une fonction bien pratique : `confirm()`. Son utilisation est simple : on lui passe en paramètre une chaîne de caractères qui sera affichée à l'écran et elle retourne un booléen en fonction de l'action de l'utilisateur.

```
if (confirm('Voulez-vous exécuter le code JavaScript de cette page ?')) {
    alert('Le code a bien été exécuté !');
}
```

(Essayez le code : *http://learn.sdlm.be/js/part1/chap4/ex1.html*)

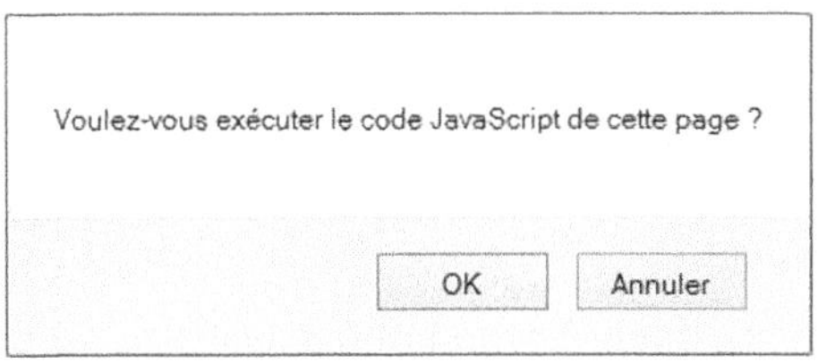

Un aperçu de la fonction confirm()

Comme vous pouvez le constater, le code s'exécute lorsque vous cliquez sur le bouton ***OK*** (la fonction renvoie `true`) et il ne s'exécute pas lorsque vous cliquez sur ***Annuler*** (elle renvoie `false`). Cette fonction est très pratique à utiliser avec les conditions.

Nous pouvons maintenant revenir à nos conditions.

La structure else pour dire « sinon »

Admettons maintenant que vous souhaitiez exécuter un code suite à la vérification d'une condition et exécuter un autre code si elle n'est pas vérifiée. Il est possible de le faire avec deux conditions `if` mais il existe une solution beaucoup plus simple : la structure `else` :

```
if (confirm('Pour accéder à ce site, vous devez avoir 18 ans ou plus,
cliquez sur "OK" si c\'est le cas.')) {
    alert('Vous allez être redirigé vers le site.');
}

else {
    alert("Désolé, vous n'avez pas accès à ce site.");
}
```

(Essayez le code : *http://learn.sdlm.be/js/part1/chap4/ex2.html*)

Comme vous pouvez le constater, la structure `else` permet d'exécuter un certain code si la condition n'a pas été vérifiée, et vous allez rapidement vous rendre compte qu'elle vous sera très utile à de nombreuses occasions.

Pour indenter vos structures `if else`, il est conseillé de procéder de la façon suivante :

```
if ( /* condition */ ) {
    // Du code…
} else {
    // Du code…
}
```

Ainsi, la structure `else` suit directement l'accolade de fermeture de la structure `if`, pas de risque de se tromper quant au fait de savoir quelle structure `else` appartient à quelle structure `if`. Et c'est un peu plus « propre » à lire. Mais rien ne vous oblige à adopter cette présentation, il s'agit juste d'un conseil.

La structure else if pour dire « sinon si »

Vous savez à présent exécuter du code si une condition se vérifie et si elle ne se vérifie pas, mais il serait bien de savoir fonctionner de la façon suivante :

- une première condition est à tester ;
- une seconde condition est présente et sera testée si la première échoue ;
- si aucune condition ne se vérifie, la structure `else` fait alors son travail.

Ce cheminement est bien pratique pour tester plusieurs conditions à la fois et exécuter leur code correspondant. La structure `else if` permet cela :

```
var floor = parseInt(prompt("Entrez l'étage où l'ascenseur doit se rendre
(de -2 à 30) :"));

if (floor == 0) {
```

```
    alert('Vous vous trouvez déjà au rez-de-chaussée.');
} else if (-2 <= floor && floor <= 30) {
    alert("Direction l'étage n°" + floor + ' !');
} else {
    alert("L'étage spécifié n'existe pas.");
}
```

(Essayez le code : *http://learn.sdlm.be/js/part1/chap4/ex3.html*)

À noter que la structure `else if` peut être utilisée plusieurs fois de suite. Pour fonctionner, elle a uniquement besoin d'une condition avec la structure `if` juste avant elle.

La condition switch

Nous venons d'étudier le fonctionnement de la condition `if else` qui est très utile dans de nombreux cas. Toutefois, elle n'est pas très pratique pour faire du cas par cas ; c'est là qu'intervient `switch`.

Prenons un exemple : nous avons un meuble avec quatre tiroirs contenant chacun des objets différents, et il faut que l'utilisateur puisse connaître le contenu du tiroir dont il saisit le chiffre. Si nous voulions le faire avec `if else`, ce serait assez long et fastidieux :

```
var drawer = parseInt(prompt('Choisissez le tiroir à ouvrir (1 à 4) :'));
if (drawer == 1) {
    alert('Contient divers outils pour dessiner : du papier, des crayons, etc.');
} else if (drawer == 2) {
    alert('Contient du matériel informatique : des câbles, des composants, etc.');
} else if (drawer == 3) {
    alert('Ah ? Ce tiroir est fermé à clé ! Dommage !');
} else if (drawer == 4) {
    alert('Contient des vêtements : des chemises, des pantalons, etc.');
} else {
    alert("Info du jour : le meuble ne contient que 4 tiroirs et, jusqu'à preuve du contraire, les tiroirs négatifs n'existent pas.");
}
```

C'est long, non ? Et en plus ce n'est pas très adapté à ce qu'on souhaite faire. Le plus gros problème est de devoir réécrire à chaque fois la condition. Voyons maintenant la syntaxe avec `switch`, plus facile :

```
var drawer = parseInt(prompt('Choisissez le tiroir à ouvrir (1 à 4) :'));

switch (drawer) {
    case 1:
        alert('Contient divers outils pour dessiner : du papier, des
crayons, etc.');
    break;

    case 2:
        alert('Contient du matériel informatique : des câbles, des
composants, etc.');
    break;

    case 3:
        alert('Ah ? Ce tiroir est fermé à clé ! Dommage !');
    break;

    case 4:
        alert('Contient des vêtements : des chemises, des pantalons,
etc.');
    break;

    default:
        alert("Info du jour : le meuble ne contient que 4 tiroirs et,
jusqu'à preuve du contraire, les tiroirs négatifs n'existent pas.");
}
```

(Essayez le code : *http://learn.sdlm.be/js/part1/chap4/ex4.html*)

Comme vous pouvez le constater, le code n'est pas spécialement plus court mais il est déjà mieux organisé et donc plus compréhensible. Détaillons maintenant son fonctionnement.

- On écrit le mot-clé `switch` suivi de la variable à analyser entre parenthèses et d'une paire d'accolades.
- Dans les accolades se trouvent tous les cas de figure pour notre variable, définis par le mot-clé `case` suivi de la valeur qu'il doit prendre en compte (cela peut être un nombre mais aussi du texte) et d'un deux-points.
- Tout ce qui suit le deux-points d'un `case` sera exécuté si la variable analysée par le `switch` contient la valeur du `case`.
- À la fin de chaque `case`, on écrit l'instruction `break` pour « casser » le `switch` et ainsi éviter d'exécuter le reste du code qu'il contient.
- Enfin, on écrit le mot-clé `default` suivi d'un deux-points. Le code qui suit cette instruction sera exécuté si aucun des cas précédents n'a été exécuté. Attention, cette partie est optionnelle, vous n'êtes pas obligés de l'intégrer à votre code.

Dans l'ensemble, vous n'aurez pas de mal à comprendre le fonctionnement du `switch`. En revanche, l'instruction `break` vous posera peut-être problème, (je vous invite donc à essayer le code sans cette instruction, *http://course.oc-static.com/ftp-tutos/cours/javascript/part1/chap4/ex5.html*)

Vous commencez à comprendre le problème ? Sans l'instruction `break`, vous exécutez tout le code contenu dans le `switch` à partir du `case` que vous avez choisi. Ainsi, si vous choisissez le tiroir n°2, c'est comme si vous exécutiez ce code :

```
alert('Contient du matériel informatique : des câbles, des composants, etc.');
alert('Ah ? Ce tiroir est fermé à clé ! Dommage !');
alert('Contient des vêtements : des chemises, des pantalons, etc.');
alert("Info du jour : le meuble ne contient que 4 tiroirs et, jusqu'à preuve du contraire, les tiroirs négatifs n'existent pas.");
```

Dans certains cas, ce système peut être pratique mais cela reste extrêmement rare.

Avant de clore cette partie, il est nécessaire que vous compreniez un point essentiel : un `switch` permet de faire une action en fonction d'une valeur mais aussi en fonction du type de la valeur (comme l'opérateur ===), ce qui veut dire que ce code n'affichera jamais « Bravo ! » :

```
var drawer = prompt('Entrez la valeur 1 :');

switch (drawer) {
    case 1:
        alert('Bravo !');
    break;

    default:
        alert('Perdu !');
}
```

En effet, nous avons retiré la fonction `parseInt()` de notre code, ce qui veut dire que nous passons une chaîne de caractères à notre `switch`. Puisque ce dernier vérifie aussi les types des valeurs, le message « Bravo ! » ne sera jamais affiché.

En revanche, si nous modifions notre premier `case` pour vérifier une chaîne de caractères plutôt qu'un nombre alors nous n'avons aucun problème :

```
var drawer = prompt('Entrez la valeur 1 :');

switch (drawer) {
    case '1':
        alert('Bravo !');
    break;

    default:
        alert('Perdu !');
}
```

Les ternaires

Et voici enfin le dernier type de condition, les ternaires. Vous allez voir qu'elles sont très particulières, tout d'abord parce qu'elles sont très rapides à écrire (mais peu lisibles) et surtout parce qu'elles renvoient une valeur.

Pour que vous puissiez bien comprendre dans quel cas de figure vous pouvez utiliser les ternaires, nous allons commencer par un petit exemple avec la condition `if else` :

```
var startMessage = 'Votre catégorie : ',
    endMessage,
    adult = confirm('Êtes-vous majeur ?');

if (adult) { // La variable « adult » contient un booléen, on peut donc
             // directement la soumettre à la structure if
             // sans opérateur conditionnel
    endMessage = '18+';
} else {
    endMessage = '-18';
}

alert(startMessage + endMessage);
```

(Essayez le code : *http://learn.sdlm.be/js/part1/chap4/ex6.html*)

Comme vous pouvez le constater, le code est plutôt long pour un résultat assez moindre. Avec les ternaires, vous pouvez simplifier votre code de façon substantielle :

```
var startMessage = 'Votre catégorie : ',
    endMessage,
    adult = confirm('Êtes-vous majeur ?');

endMessage = adult ? '18+' : '-18';

alert(startMessage + endMessage);
```

Comment fonctionnent les ternaires ? Pour le comprendre, il faut analyser la ligne 5 du code précédent : `endMessage = adult ? '18+' : '-18';`

Si l'on décompose cette ligne, on trouve :

- la variable `endMessage` va accueillir le résultat de la condition ternaire ;
- la variable `adult` va être analysée par la condition ternaire ;
- un point d'interrogation suivi d'une valeur (un nombre, du texte, etc.) ;
- un deux-points suivi d'une seconde valeur et enfin le point-virgule marquant la fin de la ligne d'instructions.

Le fonctionnement est simple : si la variable `adult` vaut `true`, la valeur retournée par la condition ternaire sera celle écrite juste après le point d'interrogation ; si elle vaut `false`, la valeur retournée sera celle indiquée après le deux-points.

Pas très compliqué, n'est-ce pas ? Les ternaires sont des conditions très simples et rapides à écrire, mais elles ont la mauvaise réputation d'être assez peu lisibles (on ne les remarque pas facilement dans un code de plusieurs lignes). Beaucoup de personnes en déconseillent l'utilisation. Pour notre part, nous vous conseillons plutôt de vous en servir car elles sont très utiles. Si vous épurez bien votre code, les ternaires seront facilement visibles. Voici un exemple de code à éviter :

```
alert('Votre catégorie : ' + (confirm('Êtes-vous majeur ?') ? '18+' : '-18'));
```

Notre code initial faisait onze lignes, ici tout est condensé en une seule ligne. Toutefois, il faut reconnaître que ce code est très peu lisible. Les ternaires sont très utiles pour raccourcir des codes mais il ne faut pas pousser leurs capacités à leur paroxysme afin de ne pas vous retrouver avec un code que vous ne saurez plus lire vous-même.

Bref, les ternaires c'est bon, mangez-en ! Mais pas jusqu'à l'indigestion !

Les conditions sur les variables

Le JavaScript est un langage assez particulier dans sa syntaxe, comme vous vous en rendrez compte par la suite si vous connaissez déjà un autre langage plus « conventionnel ». Le cas particulier que nous allons étudier ici concerne le test des variables : il est possible de tester si une variable possède une valeur sans même utiliser l'instruction `typeof`.

Tester l'existence de contenu d'une variable

Pour tester si une variable contient une valeur, il faut tout d'abord savoir que tout se joue au niveau de la conversion des types. Vous savez déjà que les variables peuvent être de plusieurs types : nombres, chaînes de caractères, etc. Nous allons découvrir ici que le type d'une variable (quel qu'il soit) peut être converti en booléen même si à la base on possède un nombre ou une chaîne de caractères.

Voici un exemple simple :

```
var conditionTest = 'Fonctionnera ? Fonctionnera pas ?';

if (conditionTest) {
    alert('Fonctionne !');
} else {
    alert('Ne fonctionne pas !');
}
```

(Essayez le code : *http://learn.sdlm.be/js/part1/chap4/ex7.html*)

Le code affiche le texte « Fonctionne ! ». Pourquoi ? Tout simplement parce que la variable `conditionTest` a été convertie en booléen et que son contenu est évalué comme étant vrai (`true`).

Qu'est-ce qu'un contenu vrai ou faux ? Il suffit simplement de lister les contenus faux pour le savoir : un nombre qui vaut zéro ou une chaîne de caractères vide. Ces deux cas sont les seuls à être évalués comme étant à `false`. Il est aussi possible d'évaluer des attributs, des méthodes, des objets, etc. Nous verrons cela plus tard.

Bien entendu, la valeur `undefined` est aussi évaluée à `false`.

Le cas de l'opérateur OU

L'opérateur OU est un cas particulier également. En plus de sa fonction principale, il permet de renvoyer la première variable possédant une valeur évaluée à `true`.

```
var conditionTest1 = '', conditionTest2 = 'Une chaîne de caractères';

alert(conditionTest1 || conditionTest2);
```

(Essayez le code : *http://learn.sdlm.be/js/part1/chap4/ex8.html*)

Ce code retourne la valeur « Une chaîne de caractères » car l'opérateur OU retourne la valeur de la première variable dont le contenu est évalué à `true`. Ceci est extrêmement pratique ! Tâchez de vous en rappeler car nous allons nous en resservir fréquemment !

Un petit exercice pour la forme !

Maintenant que vous avez appris à vous servir des conditions, il serait intéressant de faire un petit exercice pour que vous puissiez vous entraîner.

Présentation de l'exercice

Nous allons ici essayer d'afficher un commentaire selon l'âge de la personne.

Tranche d'âge	Exemple de commentaire
1 à 17 ans	« Vous n'êtes pas encore majeur. »
18 à 49 ans	« Vous êtes majeur mais pas encore senior. »
50 à 59 ans	« Vous êtes senior mais pas encore retraité. »
60 à 120 ans	« Vous êtes retraité, profitez de votre temps libre ! »

Le déroulement du code sera le suivant.

1. L'utilisateur charge la page web.
2. Il est ensuite invité à saisir son âge dans une fenêtre d'interaction.
3. Une fois l'âge renseigné, un commentaire apparaît.

L'intérêt de cet exercice n'est pas spécialement d'afficher un commentaire pour chaque tranche d'âge, mais surtout de vous faire utiliser la structure conditionnelle la plus adaptée et que vous puissiez préparer votre code à toutes les éventualités.

Correction

Voici le code attendu :

```
var age = parseInt(prompt('Quel est votre âge ?')); // Ne pas oublier : il
// faut "parser" (cela consiste à analyser) la valeur renvoyée par prompt()
// pour avoir un nombre !


if (age <= 0) { // Il faut bien penser au fait que l'utilisateur peut
                // rentrer un âge négatif

    alert("Oh vraiment ? Vous avez moins d'un an ? C'est pas très
crédible =p");

} else if (1 <= age && age < 18) {

    alert("Vous n'êtes pas encore majeur.");

} else if (18 <= age && age < 50) {

    alert('Vous êtes majeur mais pas encore senior.');

} else if (50 <= age && age < 60) {

    alert('Vous êtes senior mais pas encore retraité.');

} else if (60 <= age && age <= 120) {

    alert('Vous êtes retraité, profitez de votre temps libre !');

} else if (age > 120) { // Ne pas oublier les plus de 120 ans, ils n'existent
                        // probablement pas mais on le met dans le doute

    alert("Plus de 120 ans ?!! C'est possible ça ?!");

} else { // Si prompt() contient autre chose que les intervalles de
         // nombres ci-dessus alors l'utilisateur a écrit n'importe quoi

    alert("Vous n'avez pas entré d'âge !");

}
```

(Essayez le code : *http://learn.sdlm.be/js/part1/chap4/ex9.html*)

Aviez-vous envisagé toutes les éventualités ? J'ai un doute pour la condition de la structure `else` ! En effet, l'utilisateur peut choisir de ne pas saisir un nombre mais un mot ou une phrase quelconque. Dans ce cas, la fonction `parseInt()` ne va pas réussir à trouver de nombre et va donc renvoyer la valeur `NaN` (évaluée à `false`) qui signifie *Not a Number*. Nos différentes conditions ne se vérifieront donc pas et la structure `else` sera finalement exécutée, avertissant ainsi l'utilisateur qu'il n'a pas renseigné un nombre.

Pour ceux qui ont choisi d'utiliser les ternaires ou les `switch`, nous vous conseillons de relire un peu ce chapitre car ils ne sont clairement pas adaptés à ce type d'utilisation.

En résumé

- Une condition retourne une valeur booléenne : `true` ou `false`.
- De nombreux opérateurs existent afin de tester des conditions et ils peuvent être combinés entre eux.
- La condition `if else` est la plus utilisée et permet de combiner les conditions.
- Quand il s'agit de tester une égalité entre une multitude de valeurs, la condition `switch` est préférable.
- Les ternaires sont un moyen concis d'écrire des conditions `if else` et présentent l'avantage de retourner une valeur.

QCM
(*http://odyssey.sdlm.be/javascript/08/partie1/chapitre4/qcm.htm*)

Questions ouvertes
(*http://odyssey.sdlm.be/javascript/10/partie1/chapitre4/questions.htm*)

Écrire une condition
(*http://odyssey.sdlm.be/javascript/11/partie1/chapitre4/condition.htm*)

Écrire une condition sous forme de ternaire
(*http://odyssey.sdlm.be/javascript/12/partie1/chapitre4/ternaire.htm*)

5

Les boucles

Les programmeurs sont réputés pour être des gens fainéants, ce qui n'est pas totalement faux puisque le but de la programmation est de faire exécuter des choses à un ordinateur pour ne pas les faire soi-même. Dans ce chapitre, nous allons voir comment répéter des actions pour ne pas avoir à écrire plusieurs fois les mêmes instructions. Mais avant cela, nous nous intéresserons à l'incrémentation.

L'incrémentation

Considérons le calcul suivant :

```
var number = 0;

number = number + 1;
```

La variable `number` contient la valeur 1. Mais l'instruction permettant d'ajouter 1 est assez lourde à écrire et, souvenez-vous, nous sommes des fainéants. Le JavaScript, comme d'autres langages de programmation, permet ce que l'on appelle l'« incrémentation », ainsi que son contraire, la « décrémentation ».

Le fonctionnement

L'incrémentation permet d'ajouter une unité à un nombre au moyen d'une syntaxe courte. À l'inverse, la décrémentation permet de soustraire une unité.

```
var number = 0;

number++;
```

```
alert(number); // Affiche : « 1 »

number--;
alert(number); // Affiche : « 0 »
```

Il s'agit donc d'une méthode assez rapide pour ajouter ou soustraire une unité à une variable (on dit « incrémenter » et « décrémenter »), et cela nous sera particulièrement utile tout au long de ce chapitre.

L'ordre des opérateurs

Il existe deux manières d'utiliser l'incrémentation en fonction de la position de l'opérateur ++ (ou --). On a vu qu'il pouvait se placer après la variable, mais il peut aussi se placer avant. Voici un exemple :

```
var number_1 = 0;
var number_2 = 0;

number_1++;
++number_2;

alert(number_1); // Affiche : « 1 »
alert(number_2); // Affiche : « 1 »
```

Les variables `number_1` et `number_2` ont toutes deux été incrémentées. Quelle est donc la différence entre les deux procédés ?

La différence réside dans la priorité de l'opération, ce qui a de l'importance si vous voulez récupérer le résultat de l'incrémentation. Dans l'exemple suivant, `++number` retourne la valeur de `number` incrémentée, c'est-à-dire 1.

```
var number = 0;
var output = ++number;

alert(number); // Affiche : « 1 »
alert(output); // Affiche : « 1 »
```

Maintenant, si on place l'opérateur après la variable à incrémenter, l'opération retourne la valeur de `number` avant qu'elle ne soit incrémentée :

```
var number = 0;
var output = number++;

alert(number); // Affiche : « 1 »
alert(output); // Affiche : « 0 »
```

Ici donc, l'opération `number++` a retourné la valeur de `number` non incrémentée.

La boucle while

Une boucle est une structure analogue aux structures conditionnelles vues dans le chapitre précédent sauf qu'il s'agit ici de répéter une série d'instructions. La répétition se fait jusqu'à ce qu'on dise à la boucle de s'arrêter. À chaque fois que la boucle se répète, on parle d'« itération » (qui est en fait un synonyme de répétition).

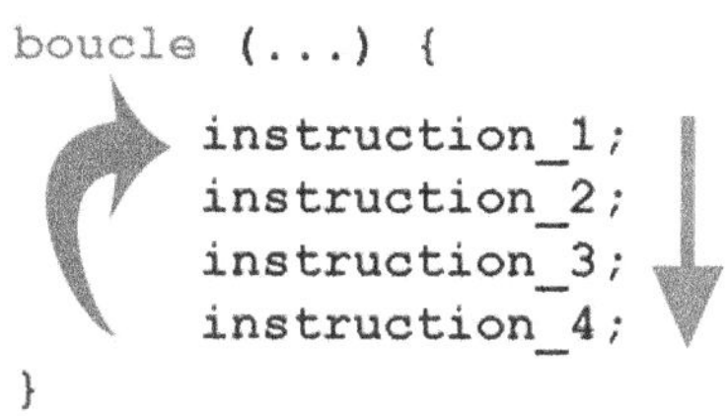

Fonctionnement de la boucle while

Pour faire fonctionner une boucle, il est nécessaire de définir une condition. Tant que celle-ci est vraie (`true`), la boucle se répète. Dès que la condition est fausse (`false`), la boucle s'arrête.

Voici un exemple de la syntaxe d'une boucle `while` :

```
while (condition) {
    instruction_1;
    instruction_2;
    instruction_3;
}
```

Répéter tant que...

La boucle `while` se répète tant que la condition est validée. Cela veut donc dire qu'il faut s'arranger, à un moment, pour que la condition ne soit plus vraie, sinon la boucle se répéterait à l'infini, ce qui serait fâcheux.

En guise d'exemple, nous allons incrémenter un nombre, qui vaut 1, jusqu'à ce qu'il vale 10 :

```
var number = 1;

while (number < 10) {
    number++;
}

alert(number); // Affiche : « 10 »
```

Au départ, number vaut 1. Arrive ensuite la boucle qui va demander si number est strictement plus petit que 10. Comme c'est vrai, la boucle est exécutée et number est incrémenté. À chaque fois que les instructions présentes dans la boucle sont exécutées, la condition de la boucle est réévaluée pour savoir s'il faut réexécuter la boucle ou non. Dans cet exemple, la boucle se répète jusqu'à ce que number soit égal à 10. Si number vaut 10, la condition number < 10 est fausse et la boucle s'arrête. Quand la boucle s'arrête, les instructions qui suivent la boucle (la fonction alert() dans notre exemple) sont exécutées normalement.

Exemple pratique

Imaginons un petit script qui va demander à l'internaute son prénom, ainsi que les prénoms de ses frères et sœurs. Cela ne semble pas compliqué à faire puisqu'il s'agit d'afficher une boîte de dialogue à l'aide de prompt() pour chaque prénom. Seulement, comment savoir à l'avance le nombre de frères et sœurs ?

Nous allons utiliser une boucle while, qui va demander, à chaque passage dans la boucle, un prénom supplémentaire. La boucle ne s'arrêtera que lorsque l'utilisateur choisira de ne plus entrer de prénom.

```
var nicks = '',
    nick,
    proceed = true;

while (proceed) {
    nick = prompt('Entrez un prénom :');

    if (nick) {
        nicks += nick + ' '; // Ajoute le nouveau prénom ainsi qu'une
                             // espace juste après
    } else {
        proceed = false; // Aucun prénom n'a été entré, donc on fait en
                         // sorte d'invalider la condition
    }
}

alert(nicks); // Affiche les prénoms à la suite
```

(Essayez le code : *http://course.oc-static.com/ftp-tutos/cours/javascript/part1/chap5/ex1.html*)

La variable proceed est ce que l'on appelle une « variable témoin » ou une « variable de boucle ». Elle n'intervient pas directement dans les instructions de la boucle, elle sert uniquement à tester la condition. Nous avons choisi de la nommer proceed, qui signifie « poursuivre » en anglais.

À chaque passage dans la boucle, un prénom est demandé et enregistré temporairement dans la variable nick. On effectue alors un test sur nick pour savoir si elle contient quelque chose, et dans ce cas, on ajoute le prénom à la variable nicks. Remarquez que nous ajoutons aussi un espace, pour séparer les prénoms. En revanche, si nick contient la valeur null – ce qui veut dire que l'utilisateur n'a pas entré de prénom ou a cliqué sur le bouton ***Annuler*** –, on change la valeur de proceed en false, ce qui invalidera la condition et empêchera la boucle de refaire une itération.

Quelques améliorations

Utilisation de break

Dans l'exemple des prénoms, nous utilisons une variable de boucle pour pouvoir arrêter la boucle. Cependant, il existe un mot-clé pour arrêter la boucle d'un seul coup. Ce mot-clé est `break`, il s'utilise exactement comme dans la structure conditionnelle `switch` vue au chapitre précédent. Voici donc le même code que précédemment en utilisant `break` :

```
var nicks = '',
    nick;

while (true) {
    nick = prompt('Entrez un prénom :');

    if (nick) {
        nicks += nick + ' '; // Ajoute le nouveau prénom ainsi qu'une
                             // espace juste après
    } else {
        break; // On quitte la boucle
    }
}

alert(nicks); // Affiche les prénoms à la suite
```

(Essayez le code : *http://course.oc-static.com/ftp-tutos/cours/javascript/part1/chap5/ex2.html*)

Utilisation de continue

Cette instruction est plus rare, car les opportunités de l'utiliser ne sont pas toujours fréquentes. `continue`, un peu comme `break`, permet de mettre fin à une itération mais elle ne provoque pas la fin de la boucle : l'itération en cours est stoppée et la boucle passe à l'itération suivante.

La boucle do while

La boucle `do while` ressemble très fortement à la boucle `while` sauf que dans ce cas, la boucle est toujours exécutée au moins une fois. Avec une boucle `while`, si la condition n'est pas valide, la boucle n'est pas exécutée. Avec `do while`, la boucle est exécutée une première fois, puis la condition est testée pour savoir si la boucle doit continuer.

Voici la syntaxe d'une boucle `do while` :

```
do {
    instruction_1;
    instruction_2;
    instruction_3;
} while (condition);
```

On note donc une différence fondamentale dans l'écriture par rapport à la boucle `while`, ce qui permet de bien faire la différence entre les deux. Cela dit, l'utilisation des boucles `do while` n'est pas très fréquente, et il est fort possible que vous n'en ayez jamais l'utilité car généralement les programmeurs utilisent une boucle `while` normale, avec une condition qui fait que celle-ci est toujours exécutée une fois.

La syntaxe de la boucle `do while` comporte un point-virgule après la parenthèse fermante du `while` !

La boucle for

La boucle `for` ressemble dans son fonctionnement à la boucle `while`, mais son architecture paraît compliquée au premier abord. La boucle `for` est en réalité une boucle qui fonctionne assez simplement, mais qui semble très complexe pour les débutants en raison de sa syntaxe. Une fois que vous la maîtriserez, il y a fort à parier que c'est celle que vous utiliserez le plus souvent.

Le schéma d'une boucle `for` est le suivant :

```
for (initialisation; condition; incrémentation) {
    instruction_1;
    instruction_2;
    instruction_3;
}
```

Dans les parenthèses de la boucle, on ne trouve pas uniquement la condition, mais trois blocs : `initialisation`, `condition` et `incrémentation`. Ces trois blocs sont séparés par un point-virgule ; c'est un peu comme si les parenthèses contenaient trois instructions distinctes.

for, la boucle conçue pour l'incrémentation

La boucle `for` possède donc trois blocs qui la définissent. Le bloc d'incrémentation va être utilisé pour incrémenter une variable à chaque itération de la boucle. De ce fait, la boucle `for` est très pratique pour compter ainsi que pour répéter la boucle un nombre défini de fois.

Dans l'exemple suivant, on va afficher cinq fois une boîte de dialogue à l'aide de `alert()`, qui affichera le numéro de chaque itération :

```
for (var iter = 0; iter < 5; iter++) {
    alert('Itération n°' + iter);
}
```

Dans le premier bloc, initialisation, on initialise une variable appelée `iter` qui vaut 0 ; le mot-clé `var` est requis, comme pour toute initialisation. Dans le bloc condition, on indique que la boucle continue tant que `iter` est strictement inférieure à 5. Enfin, dans le bloc d'incrémentation, on indique que `iter` sera incrémentée à chaque itération terminée.

Cependant, le résultat affiche uniquement « Itération n°4 » à la fin et il n'y a pas d'itération n°5. C'est tout à fait normal, pour deux raisons : le premier tour de boucle porte l'indice 0, donc si on compte de 0 à 4, il y a bien 5 tours : 0, 1, 2, 3 et 4. Ensuite, l'incrémentation n'a pas lieu avant chaque itération, mais à la fin de chacune. Donc, le tout premier tour de boucle est effectué avec `iter` qui vaut 0, avant d'être incrémentée.

Reprenons notre exemple

Nous allons réécrire notre exemple des prénoms en tenant compte des points que nous venons de voir, tout en montrant qu'une boucle `for` peut être utilisée sans incrémentation :

```
for (var nicks = '', nick; true;) {
    nick = prompt('Entrez un prénom :');

    if (nick) {
        nicks += nick + ' ';
    } else {
        break;
    }
}

alert(nicks);
```

(Essayez le code : *http://course.oc-static.com/ftp-tutos/cours/javascript/part1/chap5/ex3.html*)

Dans le bloc d'initialisation (le premier), on commence par initialiser nos deux variables. Dans le bloc de condition (le deuxième), on indique simplement `true`. On termine par le bloc d'incrémentation et… il n'y en a pas besoin ici, puisqu'il est inutile d'incrémenter. On le fera pour un autre exemple juste après. Ce troisième bloc est vide, mais il est tout de même requis. C'est pour cela que nous devons quand même mettre le point-virgule après le deuxième bloc (la condition).

Modifions maintenant la boucle de manière à compter combien de prénoms ont été enregistrés. Pour ce faire, nous allons créer une variable de boucle, nommée `i`, qui sera incrémentée à chaque passage de boucle.

> Les variables de boucles `for` sont généralement nommées `i`. Si une boucle se trouve dans une autre boucle, la variable de cette boucle sera nommée `j`, puis `k` et ainsi de suite. C'est une sorte de convention qu'on retrouve dans la majorité des langages de programmation.

```
for (var i = 0, nicks = '', nick; true; i++) {
    nick = prompt('Entrez un prénom :');

    if (nick) {
        nicks += nick + ' ';
    } else {
        break;
    }
}

alert('Il y a ' + i + ' prénoms :\n\n' + nicks);
```

(Essayez le code : *http://course.oc-static.com/ftp-tutos/cours/javascript/part1/chap5/ex4.html*)

La variable de boucle a été ajoutée dans le bloc d'initialisation. Le bloc d'incrémentation a lui aussi été modifié : on indique qu'il faut incrémenter la variable de boucle `i`. Ainsi, à chaque passage dans la boucle, `i` est incrémentée, ce qui va nous permettre de compter assez facilement le nombre de prénoms ajoutés.

Les caractères `\n` permettent d'ajouter des sauts de ligne (deux dans le code précédent).

Portée des variables de boucles

En JavaScript, il est déconseillé de déclarer des variables au sein d'une boucle (entre les accolades), pour une raison logique : il n'est pas nécessaire de déclarer une même variable à chaque passage dans la boucle ! Il est conseillé de déclarer les variables directement dans le bloc d'initialisation, comme montré dans les exemples de ce livre. Mais attention : une fois que la boucle est exécutée, la variable existe toujours, ce qui explique que dans l'exemple précédent on puisse récupérer la valeur de `i` une fois la boucle terminée. Ce comportement est différent de celui de nombreux autres langages, dans lesquels une variable déclarée dans une boucle est « détruite » une fois la boucle exécutée.

Priorité d'exécution

Les trois blocs qui constituent la boucle `for` ne sont pas exécutés en même temps :

- initialisation : ce bloc est exécuté juste avant que la boucle ne démarre. C'est comme si les instructions d'initialisation avaient été écrites juste avant la boucle, un peu comme pour une boucle `while` ;
- condition : ce bloc est exécuté avant chaque passage de boucle, exactement comme la condition d'une boucle `while` ;
- incrémentation : ce bloc est exécuté après chaque passage de boucle. Cela signifie que si vous ajoutez un `break` dans une boucle `for`, le passage dans la boucle lors du `break` ne sera pas comptabilisé.

La boucle `for` est très utilisée en JavaScript, bien plus que la boucle `while`. Comme nous le verrons par la suite, le fonctionnement même du JavaScript fait que la boucle `for` est nécessaire dans la majorité des cas comme la manipulation des tableaux ainsi que des objets. Nous étudierons aussi une variante de la boucle `for`, appelée `for in`, que nous ne pouvons pas aborder maintenant car elle ne s'utilise que dans certains cas spécifiques.

En résumé

- L'incrémentation est importante au sein des boucles. Incrémenter ou décrémenter signifie ajouter ou soustraire une unité à une variable. Le comportement d'un opérateur d'incrémentation est différent s'il se place avant ou après la variable.
- La boucle `while` permet de répéter une liste d'instructions tant que la condition est vérifiée.
- La boucle `do while` est une variante de `while` qui sera exécutée au moins une fois, peu importe la condition.
- La boucle `for` est une boucle utilisée pour répéter une liste d'instructions un certain nombre de fois. C'est donc une variante très ciblée de la boucle `while`.

QCM
(*http://odyssey.sdlm.be/javascript/13/partie1/chapitre5/qcm.htm*)

Questionnaire didactique
(*http://odyssey.sdlm.be/javascript/14/partie1/chapitre5/questionnaire.htm*)

Écrire une boucle while
(*http://odyssey.sdlm.be/javascript/15/partie1/chapitre5/while.htm*)

Écrire une boucle while qui exécute un prompt()
(*http://odyssey.sdlm.be/javascript/16/partie1/chapitre5/prompt.htm*)

6 Les fonctions

Voici un chapitre très important, tant par sa longueur que par les connaissances qu'il permet d'acquérir ! Vous allez y découvrir ce que sont exactement les fonctions et comment en créer vous-mêmes. Vous verrez comment gérer vos variables dans les fonctions, utiliser des arguments, retourner des valeurs, créer des fonctions dites « anonymes », etc., soit tout ce dont vous avez besoin pour créer des fonctions utiles !

Concevoir des fonctions

Dans les chapitres précédents vous avez découvert quatre fonctions : `alert()`, `prompt()`, `confirm()` et `parseInt()`. En les utilisant, vous avez pu constater que chacune d'entre elles permet de réaliser une action précise, reconnaissable par un nom explicite.

Pour faire simple, si l'on devait associer une fonction à un objet, cela pourrait être le moteur d'une voiture : vous tournez la clé pour démarrer le moteur et celui-ci fait déplacer tout son mécanisme pour renvoyer sa force motrice vers les roues. C'est pareil avec une fonction : vous l'appelez en lui passant éventuellement quelques paramètres, et elle exécute le code qu'elle contient puis renvoie un résultat en sortie.

Le plus gros avantage d'une fonction est que vous pouvez exécuter un code assez long et complexe juste en appelant la fonction qui le contient. Cela réduit considérablement votre code et le simplifie d'autant plus ! Seulement, vous êtes bien limités en utilisant seulement les fonctions natives du JavaScript. C'est pourquoi il est possible d'en créer, pour répondre à vos besoins spécifiques.

Quand on parle de fonction ou de variable native, il s'agit d'un élément déjà intégré au langage que vous utilisez. Ainsi, l'utilisation des fonctions `alert()`, `prompt()`, `confirm()`, etc., est permise car elles existent déjà de façon native.

Créer sa première fonction

Voici le code permettant d'écrire une fonction :

```
function myFunction(arguments) {
    // Le code que la fonction va devoir exécuter
}
```

Décortiquons un peu tout ça et analysons ce code :

- le mot-clé `function` est présent à chaque déclaration de fonction, c'est lui qui permet de dire « Voilà, j'écris ici une fonction ! » ;
- vient ensuite le nom de votre fonction, ici `myFunction` ;
- s'ensuit un couple de parenthèses contenant ce qu'on appelle des « arguments », qui fournissent des informations à la fonction lors de son exécution (par exemple, les paramètres de la fonction `alert()` qui contiennent ce que vous voulez afficher à l'écran) ;
- et vient enfin un couple d'accolades contenant le code que votre fonction devra exécuter.

Il est important de préciser que tout code écrit dans une fonction ne s'exécutera que si vous appelez cette dernière (« appeler une fonction » signifie « exécuter »). Sinon le code qu'elle contient ne s'exécutera jamais.

Bien entendu, tout comme les variables, les noms de fonctions sont limités aux caractères alphanumériques (dont les chiffres) et aux deux caractères suivants : _ et $.

Maintenant que vous connaissez un peu le principe d'une fonction, voici un petit exemple :

```
function showMsg() {
    alert('Et une première fonction, une !');
}

showMsg(); // On exécute ici le code contenu dans la fonction
```

(Essayez le code : *http://course.oc-static.com/ftp-tutos/cours/javascript/part1/chap6/ex1.html*)

Dans ce code, nous pouvons voir la déclaration d'une fonction `showMsg()` qui exécute elle-même une autre fonction qui n'est autre que `alert()` avec un message prédéfini.

Bien sûr, tout code écrit dans une fonction ne s'exécute pas immédiatement, sinon l'intérêt serait nul. C'est pourquoi à la fin du code, on appelle la fonction afin de l'exécuter, ce qui affiche le message souhaité.

Un exemple concret

Comme mentionné précédemment, l'intérêt d'une fonction réside notamment dans le fait de ne pas avoir à réécrire plusieurs fois le même code. Nous allons ici étudier un cas intéressant où l'utilisation d'une fonction va se révéler utile :

```
var result;

result = parseInt(prompt('Donnez le nombre à multiplier par 2 :'));
alert(result * 2);

result = parseInt(prompt('Donnez le nombre à multiplier par 2 :'));
alert(result * 2);
```

Comme vous pouvez le constater, nous avons écrit deux fois le même code, ce qui nous donne un résultat peu efficace. Nous pouvons envisager d'utiliser une boucle mais si nous voulons afficher un texte entre les deux opérations, la boucle devient inutilisable :

```
var result;

result = parseInt(prompt('Donnez le nombre à multiplier par 2 :'));
alert(result * 2);

alert('Vous en êtes à la moitié !');

result = parseInt(prompt('Donnez le nombre à multiplier par 2 :'));
alert(result * 2);
```

La solution ici consiste donc à faire appel au système des fonctions de cette façon :

```
function byTwo() {
    var result = parseInt(prompt('Donnez le nombre à multiplier par 
2 :'));
    alert(result * 2);
}

byTwo();

alert('Vous en êtes à la moitié !');

byTwo();
```

(Essayez le code : *http://course.oc-static.com/ftp-tutos/cours/javascript/part1/chap6/ex2.html*)

Qu'avons-nous changé ? Nous avons tout d'abord créé une fonction qui contient le code à exécuter deux fois (ou autant de fois qu'on le souhaite). Ensuite, nous avons déclaré la variable `result` directement dans la fonction (nous détaillerons bientôt ce point) et surtout nous avons appelé deux fois notre fonction plutôt que de réécrire le code qu'elle contient.

Voilà l'utilité basique des fonctions : éviter la répétition d'un code. Mais leur utilisation peut être largement plus poussée, continuons donc sur notre lancée !

La portée des variables

Vous savez désormais créer une fonction basique mais pour le moment, vous ne pouvez rien faire de bien transcendant. Si vous souhaitez créer des fonctions vraiment utiles, vous devez apprendre à utiliser les arguments et les valeurs de retour. Mais avant cela, nous allons tout d'abord étudier dans le détail les fonctions.

La portée des variables

Derrière ce titre se cache un concept assez simple à comprendre mais pas forcément à mettre en pratique car on peut facilement être induit en erreur si on ne fait pas attention. Tout d'abord, nous allons commencer par faire un constat assez flagrant à l'aide de deux exemples :

```
var ohai = 'Hello world !';

function sayHello() {
    alert(ohai);
}

sayHello();
```

(Essayez le code : *http://course.oc-static.com/ftp-tutos/cours/javascript/part1/chap6/ex3.html*)

Ici, pas de problème : nous déclarons une variable dans laquelle nous stockons du texte, nous créons une fonction qui se charge de l'afficher à l'écran et enfin nous exécutons cette dernière. Nous allons maintenant légèrement modifier l'ordre des instructions. Le résultat devrait normalement rester le même :

```
function sayHello() {
    var ohai = 'Hello world !';
}

sayHello();

alert(ohai);
```

(Essayez le code : *http://course.oc-static.com/ftp-tutos/cours/javascript/part1/chap6/ex4.html*)

Vous n'obtenez rien ? Ce n'est pas surprenant car il s'est produit ce qu'on appelle une erreur : le code s'est arrêté car il ne peut pas exécuter ce que vous lui avez demandé. L'erreur en question nous indique que la variable `ohai` n'existe pas au moment de son affichage avec la fonction `alert()`, alors que nous avons pourtant bien déclaré cette variable dans la fonction `sayHello()`.

Pour que cela fonctionne, vous devez déclarer la variable `ohai` en dehors de la fonction. Voilà tout le concept de la portée des variables : toute variable déclarée dans une fonction n'est utilisable que dans cette même fonction ! Ces variables spécifiques à une seule fonction sont appelées « variables locales ».

Lorsqu'une variable n'est accessible que dans une partie de votre code, on dit qu'elle se trouve au sein d'un « scope ». Retenez bien ce terme, il vous servira à l'avenir.

Les variables globales

Contrairement aux variables locales, celles déclarées en dehors d'une fonction sont appelées « variables globales » car elles sont accessibles partout dans votre code, y compris à l'intérieur de vos fonctions.

À ce propos, que se produirait-il si nous créions une variable globale nommée `message` et une variable locale du même nom ?

```
var message = 'Ici la variable globale !';

function showMsg() {
    var message = 'Ici la variable locale !';
    alert(message);
}

showMsg();

alert(message);
```

(Essayez le code : *http://course.oc-static.com/ftp-tutos/cours/javascript/part1/chap6/ex5.html*)

Quand on exécute la fonction, la variable locale prime sur la variable globale de même nom, pendant tout le temps de l'exécution de la fonction. Mais une fois la fonction terminée (et donc la variable locale détruite) c'est la variable globale qui reprend ses droits.

Il existe une solution pour utiliser la variable globale dans une fonction malgré la création d'une variable locale de même nom, mais nous étudierons cela bien plus tard car ce n'est actuellement pas de votre niveau.

À noter que, dans l'ensemble, il est plutôt déconseillé de créer des variables globales et locales de même nom, cela est souvent source de confusion.

Les variables globales ? Avec modération !

Maintenant que vous savez faire la différence entre les variables globales et locales, nous allons voir à quel moment il convient d'utiliser l'une ou l'autre. Car malgré le côté pratique des variables globales (elles sont accessibles partout), elles sont parfois à proscrire car elles peuvent rapidement vous perdre dans votre code (et engendrer des problèmes si vous souhaitez le partager, mais vous découvrirez cela par vous-mêmes). Voici un exemple de ce qu'il ne faut pas faire :

```
var var1 = 2,
    var2 = 3;

function calculate() {
    alert(var1 * var2); // Affiche : « 6 » (sans blague ?!)
}

calculate();
```

Dans ce code, vous pouvez voir que les variables `var1` et `var2` ne sont utilisées que pour la fonction `calculate()`, or il s'agit ici de variables globales. Sur le principe, cette façon de faire est absurde : étant donné que ces variables ne servent qu'à la fonction `calculate()`, autant les déclarer dans la fonction de la manière suivante :

```
function calculate() {
    var var1 = 2,
        var2 = 3;
    alert(var1 * var2);
}

calculate();
```

Ainsi, ces variables n'iront pas interférer avec d'autres fonctions qui peuvent utiliser des variables de même nom. Et surtout, cela reste quand même plus logique !

Les variables globales sont parfois décriées à tort. Lorsqu'elles sont utilisées à bon escient, elles peuvent être très pratiques.

La partie concernant la portée des variables est terminée. Cela peut vous paraître simple au premier abord, mais il est facile de se faire piéger. Effectuez tous les tests qui vous passent par la tête afin de bien explorer toutes les possibilités et les éventuels pièges.

Les arguments et les valeurs de retour

Nous allons à présent étudier les arguments et les valeurs de retour. Ils permettent de faire communiquer vos fonctions avec le reste de votre code. Ainsi, les arguments permettent d'envoyer des informations à votre fonction, tandis que les valeurs de retour représentent tout ce qui est retourné par votre fonction une fois que celle-ci a fini de travailler.

Les arguments

Créer et utiliser un argument

Comme nous venons de le voir, les arguments sont des informations envoyées à une fonction. Ces informations peuvent servir à beaucoup de choses, libre à vous de les utiliser comme vous le souhaitez. D'ailleurs, vous avez déjà envoyé des arguments à certaines fonctions, par exemple avec la fonction `alert()` :

```
// Voici la fonction alert sans argument, elle n'affiche rien :
alert();

// Et avec un argument, elle affiche ce que vous lui envoyez :
alert('Mon message à afficher');
```

Selon les fonctions, il sera parfois inutile de spécifier des arguments ou alors vous devrez en indiquer un, voire plusieurs. Il existe aussi des arguments facultatifs que vous n'êtes pas obligés de spécifier.

Pour créer une fonction avec un argument, il vous suffit d'écrire votre code de la façon suivante :

```
function myFunction(arg) { // Vous pouvez mettre une espace entre le nom
                           // de la fonction et la parenthèse ouvrante si
                           // vous le souhaitez, la syntaxe est libre !
    // Votre code...
}
```

Ainsi, si vous passez un argument à cette même fonction, vous retrouverez dans la variable `arg` ce qui a été passé en paramètre. Exemple :

```
function myFunction(arg) { // Notre argument est la variable « arg »
    // Une fois que l'argument a été passé à la fonction, vous allez le
    // retrouver dans la variable « arg »
    alert('Votre argument : ' + arg);
}

myFunction('En voilà un beau test !');
```

(Essayez le code : *http://course.oc-static.com/ftp-tutos/cours/javascript/part1/chap6/ex6.html*)

Encore mieux ! Puisqu'un argument n'est qu'une simple variable, vous pouvez très bien lui passer ce que vous souhaitez, tel que le texte écrit par un utilisateur :

```
function myFunction(arg) {
    alert('Votre argument : ' + arg);
}

myFunction(prompt('Que souhaitez-vous passer en argument à la
fonction ?'));
```

(Essayez le code : *http://course.oc-static.com/ftp-tutos/cours/javascript/part1/chap6/ex7.html*)

Vous serez peut-être étonnés de voir la fonction `prompt()` s'exécuter avant la fonction `myFunction()`. Ceci est parfaitement normal, car ce code s'exécute comme suit.

1. La fonction `myFunction()` est déclarée, son code est donc enregistré en mémoire mais ne s'exécute pas tant qu'on ne l'appelle pas.
2. À la dernière ligne, nous faisons appel à `myFunction()` mais en lui passant un argument. La fonction va donc attendre de recevoir tous les arguments avant de s'exécuter.
3. La fonction `prompt()` s'exécute, puis renvoie la valeur entrée par l'utilisateur. Ce n'est qu'une fois cette valeur renvoyée que la fonction `myFunction()` va pouvoir s'exécuter car tous les arguments auront enfin été reçus.
4. Pour finir, la fonction `myFunction()` s'exécute.

Lorsque nous indiquons que nous passons des valeurs en paramètres d'une fonction, cela signifie que ces valeurs deviennent les arguments de cette fonction, tout simplement. Ces deux manières de désigner les choses sont couramment utilisées, mieux vaut donc savoir ce qu'elles signifient.

La portée des arguments

Si nous avons étudié précédemment la portée des variables, cela n'était pas pour rien : elle s'applique aussi aux arguments. Ainsi, lorsqu'une fonction reçoit un argument, celui-ci est stocké dans une variable dont vous avez choisi le nom lors de la déclaration de la fonction. Voici ce qui se passe quand un argument est reçu dans la fonction :

```
function scope(arg) {
    // Au début de la fonction, la variable « arg » est créée avec le
    // contenu de l'argument qui a été passé à la fonction

    alert(arg); // Nous pouvons maintenant utiliser l'argument comme
                // souhaité : l'afficher, le modifier, etc.

    // Une fois l'exécution de la fonction terminée, toutes les variables
    // contenant les arguments sont détruites
}
```

Ce fonctionnement est exactement le même que lorsque vous créez une variable dans la fonction : elle ne sera accessible que dans cette fonction et nulle part ailleurs. Les arguments sont propres à leur fonction, ils ne serviront à aucune autre fonction.

Les arguments multiples

Si votre fonction a besoin de plusieurs arguments pour fonctionner, il faudra les écrire de la façon suivante :

```
function moar(first, second) {
    // On peut maintenant utiliser les variables « first » et « second »
    // comme on le souhaite :
    alert('Votre premier argument : ' + first);
    alert('Votre deuxième argument : ' + second);
}
```

Comme vous pouvez le constater, les différents arguments sont séparés par une virgule, comme lorsque vous voulez déclarer plusieurs variables avec un seul mot-clé `var`. Pour exécuter notre fonction, il ne nous reste plus qu'à passer les arguments souhaités à notre fonction, de cette manière :

```
moar('Un !', 'Deux !');
```

Bien sûr, nous pouvons toujours faire interagir l'utilisateur sans problème :

```
moar(prompt('Entrez votre premier argument :'), prompt('Entrez votre deuxième
argument :'));
```

(Essayez le code complet : *http://course.oc-static.com/ftp-tutos/cours/javascript/part1/chap6/ex8.html*)

Vous remarquerez d'ailleurs que la lisibilité de cette ligne de code n'est pas très bonne. Pour notre part, nous aurions plutôt tendance à écrire ceci :

```
moar(
    prompt('Entrez votre premier argument :'),
    prompt('Entrez votre deuxième argument :')
);
```

C'est plus propre, non ?

Les arguments facultatifs

Admettons que nous voulions créer une fonction basique pouvant accueillir un argument mais que celui-ci ne soit pas spécifié à l'appel de la fonction. Que se passera-t-il ?

```
function optional(arg) {
    alert(arg); // On affiche l'argument non spécifié pour voir ce qu'il
                // contient
}

optional();
```

(Essayez le code : *http://course.oc-static.com/ftp-tutos/cours/javascript/part1/chap6/ex9.html*)

Nous obtenons comme résultat `undefined`, ce qui est parfaitement normal. En effet, la variable `arg` a été déclarée par la fonction mais pas initialisée car vous ne lui avez pas passé d'argument. Le contenu de cette variable est donc indéfini.

Mais à quoi peut bien servir un argument facultatif ?

Prenons un exemple concret : imaginez qu'on décide de créer une fonction qui affiche à l'écran une fenêtre demandant d'inscrire quelque chose (comme la fonction `prompt()`). La fonction possède deux arguments : le premier doit contenir le texte à afficher dans la fenêtre, le second (qui est un booléen) autorise ou non l'utilisateur à quitter la fenêtre sans entrer de texte. Voici la base de la fonction :

```
function prompt2(text, allowCancel) {
      // Le code… qu'on ne créera pas :p
}
```

L'argument `text` est évidemment obligatoire vu qu'il existe une multitude de possibilités. En revanche, l'argument `allowCancel` est un booléen, il n'y a donc que deux possibilités :

- à `true`, l'utilisateur peut fermer la fenêtre sans entrer de texte ;
- à `false`, l'utilisateur est obligé d'écrire quelque chose avant de pouvoir fermer la fenêtre.

Comme la plupart des développeurs souhaitent généralement que l'utilisateur entre une valeur, on peut considérer que la valeur la plus utilisée sera `false`.

Et c'est là que l'argument facultatif entre en scène : il est évidemment facultatif mais il possède généralement une valeur par défaut si l'argument n'a pas été renseigné. Dans notre cas, ce sera `false`. Ainsi, on peut donc améliorer notre fonction de la façon suivante :

```
function prompt2(text, allowCancel) {

     if (typeof allowCancel === 'undefined') {
     // Souvenez-vous de typeof, pour vérifier le type d'une variable
         allowCancel = false;
     }

     // Le code… qu'on ne créera pas =p
}

prompt2('Entrez quelque chose :');
// On exécute la fonction seulement avec le 1er argument, pas besoin du 2e
```

De cette façon, si l'argument n'a pas été spécifié pour la variable `allowCancel` (comme dans cet exemple), on attribue la valeur `false` à cette dernière. Bien sûr, les arguments facultatifs ne possèdent pas obligatoirement une valeur par défaut, mais au moins vous saurez comment faire si vous en avez besoin.

Petit piège à éviter : inversons le positionnement des arguments de notre fonction (le second passe en premier). L'argument facultatif est donc en premier et l'argument obligatoire en seconde position. La première ligne de notre code est donc modifiée de cette façon :

```
function prompt2(allowCancel, text) {
```

Imaginons maintenant que l'utilisateur de notre fonction ne souhaite remplir que l'argument obligatoire. Il va donc écrire ceci :

```
prompt2('Le texte');
```

Finalement son texte va se retrouver dans la variable `allowCancel` au lieu de la variable `text` ! Et il n'existe aucune solution pour résoudre ce problème. Vous devez impérativement mettre les arguments facultatifs de votre fonction en dernière position.

Les valeurs de retour

Ces valeurs sont retournées avec une fonction. Souvenez-vous des fonctions `prompt()`, `confirm()` et `parseInt()`, chacune d'entre elles renvoyait une valeur, généralement stockée dans une variable. Nous allons donc apprendre à faire exactement la même chose ici mais pour nos propres fonctions.

Il est tout d'abord important de préciser que les fonctions ne peuvent retourner qu'une seule et unique valeur chacune. Il est possible de contourner légèrement le problème en renvoyant un tableau ou un objet (voir chapitres 7, 17 et 23).

Pour que notre fonction retourne une valeur, il suffit d'utiliser l'instruction `return` suivie de la valeur à retourner. Exemple :

```
function sayHello() {
    return 'Bonjour !'; // L'instruction « return » suivie d'une valeur,
                        // cette dernière est renvoyée par la fonction
}

alert(sayHello()); // Ici on affiche la valeur retournée par la fonction
                   // sayHello()
```

Maintenant, essayons d'ajouter une ligne de code après la ligne contenant notre `return` :

```
function sayHello() {
    return 'Bonjour !';
    alert('Attention ! Le texte arrive !');
}

alert(sayHello());
```

(Essayez le code : *http://course.oc-static.com/ftp-tutos/cours/javascript/part1/chap6/ex10.html*)

Comme vous pouvez le constater, notre premier `alert()` ne s'est pas affiché. Cela s'explique par la présence du `return` : cette instruction met fin à la fonction, puis retourne la valeur. Pour ceux qui n'ont pas compris, la fin d'une fonction est tout simplement l'arrêt de cette dernière à un point donné (dans notre cas, à la ligne du `return`) avec, éventuellement, le renvoi d'une valeur.

Ce fonctionnement explique d'ailleurs pourquoi on ne peut pas faire plusieurs renvois de valeurs pour une même fonction : si on écrit deux `return` à la suite, seul le premier sera exécuté puisqu'il aura déjà mis un terme à l'exécution de la fonction.

L'utilisation des valeurs de retour est bien plus simple que celle des arguments mais elle est vaste. Entraînez-vous à les utiliser car elles sont très utiles !

Les fonctions anonymes

Ces fonctions particulières sont extrêmement importantes en JavaScript et vous serviront pour beaucoup de choses : les objets, les événements, les variables statiques, les closures, etc. Nous étudierons ces éléments par la suite, vous ne pourrez pas vous en servir pleinement pour le moment. Cependant, nous allons ici nous pencher sur leur fonctionnement.

Les fonctions anonymes : les bases

Comme leur nom l'indique, ces fonctions spéciales sont anonymes car elles ne possèdent pas de nom. Voilà la seule et unique différence avec une fonction traditionnelle. Pour déclarer une fonction anonyme, il vous suffit de faire comme pour une fonction classique mais sans indiquer de nom :

```
function (arguments) {
    // Le code de votre fonction anonyme
}
```

Mais si cette fonction n'a pas de nom, comment faire pour l'exécuter ? Il existe de très nombreuses façons, mais pour le moment nous allons nous limiter à une seule solution : assigner notre fonction à une variable. Nous verrons les autres solutions dans les chapitres suivants.

Pour assigner une fonction anonyme à une variable, rien de plus simple :

```
var sayHello = function() {
    alert('Bonjour !');
};
```

Ainsi, il ne nous reste plus qu'à appeler notre fonction par le biais du nom de la variable à laquelle nous l'avons affectée :

```
sayHello(); // Affiche : « Bonjour ! »
```

(Essayez le code complet : *http://course.oc-static.com/ftp-tutos/cours/javascript/part1/chap6/ex11.html*)

On peut dire, en quelque sorte, que la variable `sayHello` est devenue une fonction ! En réalité, ce n'est pas le cas, nous devrions plutôt parler de « référence », concept que nous aborderons plus tard.

Retour sur l'utilisation des points-virgules

Vous aurez peut-être remarqué le point-virgule après l'accolade fermante de la fonction, dans le code précédent. Or il s'agit d'une fonction, donc normalement nous ne devrions pas en avoir besoin… Mais si !

En JavaScript, il faut savoir distinguer les structures et les instructions dans le code. Ainsi, les fonctions, les conditions, les boucles, etc., sont des structures, tandis que tout le reste (assignation de variable, exécution de fonction, etc.) constitue des instructions.

Si nous écrivons :

```
function structure() {
    // Du code…
}
```

Il s'agit d'une structure seule, pas besoin de point-virgule. Alors que si j'écris :

```
var instruction = 1234;
```

Il s'agit d'une instruction permettant d'assigner une valeur à une variable, le point-virgule est donc nécessaire.

Maintenant, si j'écris de cette manière :

```
var instruction = function() {
    // Du code…
};
```

Il s'agit d'une instruction assignant une structure à une variable, le point-virgule est donc toujours nécessaire car, malgré la présence d'une structure, l'action globale reste bien une instruction.

Les fonctions anonymes : isoler son code

Une utilisation intéressante des fonctions anonymes est l'isolement d'une partie du code afin d'éviter qu'elle n'affecte tout le reste.

Ce principe peut s'apparenter au système de *sandbox* (http://fr.wikipedia.org/wiki/Sandbox_%28s%C3%A9curit%C3%A9_informatique%29) mais en beaucoup moins poussé. Ainsi, il est possible de créer une zone de code isolée permettant la création de variables sans aucune influence sur le reste du code. L'accès au code situé en dehors de la zone isolée reste toujours partiellement possible (ce qui fait donc qu'on ne peut pas réellement parler de sandbox), ce qui peut s'avérer très utile. Découvrons tout cela grâce à quelques exemples.

Commençons par créer une première zone isolée :

```
// Code externe

(function() {

    // Code isolé

})();

// Code externe
```

La syntaxe peut vous sembler étrange, nous allons donc la détailler pas à pas.

Tout d'abord, nous distinguons une fonction anonyme :

```
function() {
    // Code isolé
}
```

Viennent ensuite deux paires de parenthèses : la première encadre la fonction et la seconde suit la première :

```
(function() {
    // Code isolé
})()
```

La présence de ces parenthèses s'explique par le fait qu'une fonction, lorsqu'elle est déclarée, n'exécute pas immédiatement le code qu'elle contient mais attend d'être appelée. Or, nous souhaitons exécuter ce code immédiatement. La solution consiste donc à utiliser ce couple de parenthèses.

Pour expliquer simplement, prenons l'exemple d'une fonction nommée :

```
function test() {
    // Du code…
}

test();
```

Comme vous pouvez le constater, pour exécuter la fonction `test()` immédiatement après sa déclaration, nous avons dû l'appeler par la suite. Il est possible de supprimer cette étape en utilisant le même couple de parenthèses que pour les fonctions anonymes :

```
(function test() {
    // Code.
})();
```

Le premier couple de parenthèses permet de dire « je désigne cette fonction » pour que l'on puisse ensuite indiquer, avec le second couple de parenthèses, que l'on souhaite l'exécuter. Le code évolue donc de cette manière :

```
// Ce code :
(function test() {

})();

// Devient :

(test)();

// Qui devient :

test();
```

Pour une fonction nommée, la solution sans ces deux couples de parenthèses est plus propre. Pour une fonction anonyme, nous n'avons pas le choix : nous ne pouvons plus appeler une fonction anonyme une fois qu'elle est déclarée (sauf si elle a été assignée à une variable), c'est pourquoi nous devons utiliser les parenthèses.

> Les fonctions immédiatement exécutées se nomment des *Immediately-Invoked Function Expression* (IIFE, abréviation que nous utiliserons désormais).

Une fois les parenthèses ajoutées, la fonction (qui est une structure) est exécutée. Nous obtenons donc une instruction à laquelle il convient d'ajouter un point-virgule :

```
(function() {
    // Code isolé
})();
```

Et voilà enfin notre code isolé !

Vous pourriez penser qu'il s'agit uniquement d'une IIFE. En quoi ce code est-il isolé ?

La fonction anonyme fonctionne exactement comme une fonction classique, sauf qu'elle ne possède pas de nom et qu'elle est exécutée immédiatement. Ainsi, la règle de la portée des variables s'applique aussi à cette fonction anonyme.

L'intérêt de cet « isolement de code » concerne donc la portée des variables : vous pouvez créer autant de variables que vous le souhaitez dans cette fonction, avec les noms de votre choix, tout sera détruit une fois que votre fonction aura fini de s'exécuter. Voici un exemple (lisez bien les commentaires) :

```
var test = 'noir'; // On crée une variable « test » contenant le mot « noir »

(function() { // Début de la zone isolée

    var test = 'blanc'; // On crée une variable du même nom avec le
                        // contenu « blanc » dans la zone isolée

    alert('Dans la zone isolée, la couleur est : ' + test);

})(); // Fin de la zone isolée. Les variables créées dans cette zone sont
      // détruites.

alert('Dans la zone non-isolée, la couleur est : ' + test); // Le texte
// final contient bien le mot « noir » vu que la « zone isolée » n'a aucune
// influence sur le reste du code
```

(Essayez le code : *http://course.oc-static.com/ftp-tutos/cours/javascript/part1/chap6/ex12.html*)

Pour finir, nous pouvons ajouter que les zones isolées sont pratiques (vous découvrirez vite pourquoi) mais parfois, nous aimerions enregistrer dans le code global une des valeurs générées dans une zone isolée. Pour cela, il vous suffit de procéder de la même façon qu'avec une fonction classique, c'est-à-dire comme ceci :

```
var sayHello = (function() {

    return 'Yop !';

})();

alert(sayHello); // Affiche : « Yop ! »
```

Ce chapitre sur les fonctions est terminé. Il est très important aussi je vous conseille de le lire plusieurs fois si vous n'avez pas encore tout compris et surtout exercez-vous.

En résumé

- Il existe des fonctions natives, mais il est aussi possible d'en créer, avec le mot-clé `function`.
- Les variables déclarées avec `var` au sein d'une fonction ne sont accessibles que dans cette fonction.
- Il faut éviter le plus possible d'avoir recours aux variables globales.
- Une fonction peut recevoir un nombre défini ou indéfini de paramètres. Elle peut aussi retourner une valeur ou ne rien retourner.
- Les fonctions qui ne portent pas de nom sont des fonctions anonymes et servent à isoler une partie du code.

QCM
(*http://odyssey.sdlm.be/javascript/17/partie1/chapitre6/qcm.htm*)

Questionnaire didactique
(*http://odyssey.sdlm.be/javascript/18/partie1/chapitre6/questionnaire.htm*)

Déclarer une fonction
(*http://odyssey.sdlm.be/javascript/19/partie1/chapitre6/fonction.htm*)

Écrire une fonction pour comparer deux nombres
(*http://odyssey.sdlm.be/javascript/20/partie1/chapitre6/fonction-max.htm*)

Écrire une fonction qui demande un nombre à l'utilisateur
(*http://odyssey.sdlm.be/javascript/21/partie1/chapitre6/fonction-int.htm*)

7

Les objets et les tableaux

Les objets sont une notion fondamentale en JavaScript. Dans ce chapitre, nous verrons comment les utiliser, ce qui nous permettra d'aborder les tableaux, un type d'objet bien particulier et très courant en JavaScript. Nous découvrirons comment créer des objets simples et des objets littéraux, qui vont se révéler rapidement indispensables.

Introduction aux objets

Comme il a été dit précédemment, le JavaScript est un langage orienté objet, ce qui signifie qu'il dispose d'objets.

Un objet est un concept, une idée ou une chose. Il possède une structure qui lui permet de fonctionner et d'interagir avec d'autres objets. Le JavaScript met à notre disposition des objets natifs, c'est-à-dire des objets directement utilisables. Vous avez déjà manipulé de tels objets sans le savoir : un nombre, une chaîne de caractères ou même un booléen.

S'agit-il de variables ? Oui, mais en réalité, une variable contient surtout un objet. Par exemple, nous créons une chaîne de caractères comme ceci :

```
var myString = 'Ceci est une chaîne de caractères';
```

La variable `myString` contient un objet, lequel représente une chaîne de caractères. C'est la raison pour laquelle on dit que le JavaScript n'est pas un langage typé, car les variables contiennent toujours la même chose : un objet, qui peut être de nature différente (un nombre, un booléen...).

Outre les objets natifs, le JavaScript nous permet de fabriquer nos propres objets. Nous verrons cela dans un prochain chapitre car la création d'objets est plus compliquée que l'utilisation des objets natifs.

Le JavaScript n'est pas un langage orienté objet du même style que le C++, le C# ou le Java. Le JavaScript est un langage orienté objet par prototype. Si vous avez déjà des notions de programmation orientée objet, vous constaterez quelques différences au sein de ce chapitre. Mais les principaux changements viendront par la suite, lors de la création d'objets.

Que contiennent les objets ?

Les objets contiennent trois choses distinctes :

- un constructeur ;
- des propriétés ;
- des méthodes.

Le constructeur

Le constructeur est un code qui est exécuté quand on utilise un nouvel objet. Il permet d'effectuer des actions comme définir diverses variables au sein même de l'objet (par exemple le nombre de caractères d'une chaîne de caractères). Tout cela est fait automatiquement pour les objets natifs, nous en reparlerons quand nous aborderons l'orienté objet.

Les propriétés

Toute valeur va être placée dans une variable au sein de l'objet : c'est ce que l'on appelle une « propriété ». Une propriété est une variable contenue dans l'objet, elle contient des informations nécessaires au fonctionnement de ce dernier.

Les méthodes

Il est possible de modifier l'objet grâce aux méthodes, qui sont des fonctions contenues dans l'objet et qui permettent de réaliser des opérations sur son contenu. Par exemple, dans le cas d'une chaîne de caractères, il existe une méthode qui permet de la passer en majuscules.

Exemple d'utilisation

Nous allons créer une chaîne de caractères et afficher ensuite le nombre de caractères qu'elle contient puis la transformer en majuscules.

```
var myString = 'Ceci est une chaîne de caractères';
// On crée un objet String

alert(myString.length);
// On affiche le nombre de caractères, au moyen de la propriété « length »

alert(myString.toUpperCase());
// On récupère la chaîne en majuscules, avec la méthode toUpperCase()
```

(Essayez le code : *http://course.oc-static.com/ftp-tutos/cours/javascript/part1/chap7/ex1.html*)

On remarque quelque chose de nouveau dans ce code : la présence d'un point. Ce dernier permet d'accéder aux propriétés et aux méthodes d'un objet. Ainsi, quand nous écrivons `myString.length`, nous demandons au JavaScript de fournir le nombre de caractères contenus dans `myString`. La propriété `length` contient ce nombre, qui a été défini quand nous avons créé l'objet. Ce nombre est également mis à jour lorsque nous modifions la chaîne de caractères :

```
var myString = 'Test';
alert(myString.length); // Affiche : « 4 »

myString = 'Test 2';
alert(myString.length); // Affiche : « 6 » (l'espace est un caractère)
```

(Essayez le code : *http://course.oc-static.com/ftp-tutos/cours/javascript/part1/chap7/ex2.html*)

Il en va de même pour les méthodes : avec `myString.toUpperCase()`, nous demandons au JavaScript de changer la casse de la chaîne, ici, tout mettre en majuscules. À l'inverse, la méthode `toLowerCase()` permet de tout mettre en minuscules.

Objets natifs déjà rencontrés

Nous avons déjà rencontré trois types d'objets natifs :

- `number` : l'objet qui gère les nombres ;
- `boolean` : l'objet qui gère les booléens ;
- `string` : l'objet qui gère les chaînes de caractères.

Nous allons maintenant découvrir l'objet `Array` qui permet de gérer les tableaux (*array* signifie « tableau » en anglais).

Les tableaux

Dans l'un des exemples du chapitre sur les boucles, il était question de demander à l'utilisateur les prénoms de ses frères et sœurs. Les prénoms étaient concaténés dans une chaîne de caractères, puis affichés. Cette méthode de stockage ne permettait pas grand-chose, sauf réafficher les prénoms tels quels.

C'est dans un tel cas que les tableaux entrent en jeu. Il s'agit d'une variable qui contient plusieurs valeurs, appelées « items ». Chaque item est accessible au moyen d'un indice (*index* en anglais), dont la numérotation commence à partir de 0. Voici un schéma représentant un tableau qui stocke cinq items :

Indice	0	1	2	3	4
Donnée	Valeur 1	Valeur 2	Valeur 3	Valeur 4	Valeur 5

Les indices

Comme indiqué dans le tableau précédent, la numérotation des items commence à 0. Ceci est très important car il y aura toujours un décalage d'une unité : l'item 1 porte l'indice 0, l'item 5 porte l'indice 4... Vous devrez donc faire très attention à ne pas vous emmêler les pinceaux, sans quoi cela sera problématique.

Déclarer un tableau

On utilise bien évidemment `var` pour déclarer un tableau, mais la syntaxe pour définir les valeurs est spécifique :

```
var myArray = ['Sébastien', 'Laurence', 'Ludovic', 'Pauline', 'Guillaume'];
```

Le contenu du tableau se définit entre crochets et chaque valeur est séparée par une virgule. Les valeurs sont introduites comme pour des variables simples, c'est-à-dire qu'il faut des guillemets ou des apostrophes pour définir les chaînes de caractères :

```
var myArray_a = [42, 12, 6, 3];
var myArray_b = [42, 'Sébastien', 12, 'Laurence'];
```

On peut schématiser le contenu du tableau `myArray` ainsi :

Indice	0	1	2	3	4
Donnée	Sébastien	Laurence	Ludovic	Pauline	Guillaume

L'index 0 contient « Sébastien », tandis que l'index 2 contient « Ludovic ».

La déclaration par le biais de crochets est la syntaxe courte. Il se peut que vous rencontriez un jour une syntaxe plus longue, vouée à disparaître :

```
var myArray = new Array('Sébastien', 'Laurence', 'Ludovic', 'Pauline',
'Guillaume');
```

Le mot-clé new de cette syntaxe demande au JavaScript de définir un nouveau tableau dont le contenu se trouve en paramètre (un peu comme une fonction). Nous étudierons l'utilisation de ce mot-clé au chapitre 17 (« Objet constructeur »). Cette syntaxe est assez dépréciée, péférez celle qui comporte les crochets.

Récupérer et modifier des valeurs

Comment récupérer la valeur de l'index 1 de mon tableau ? Rien de plus simple, il suffit de spécifier l'index voulu, entre crochets, comme ceci :

```
var myArray = ['Sébastien', 'Laurence', 'Ludovic', 'Pauline', 'Guillaume'];

alert(myArray[1]); // Affiche : « Laurence »
```

Sachant cela, il est facile de modifier le contenu d'un item du tableau :

```
var myArray = ['Sébastien', 'Laurence', 'Ludovic', 'Pauline', 'Guillaume'];

myArray[1] = 'Clarisse';

alert(myArray[1]); // Affiche : « Clarisse »
```

(Essayez le code : *http://course.oc-static.com/ftp-tutos/cours/javascript/part1/chap7/ex3.html*)

Opérations sur les tableaux

Ajouter et supprimer des items

La méthode push() permet d'ajouter un ou plusieurs items à un tableau :

```
var myArray = ['Sébastien', 'Laurence'];

myArray.push('Ludovic'); // Ajoute « Ludovic » à la fin du tableau
myArray.push('Pauline', 'Guillaume'); // Ajoute « Pauline » et
                                      // « Guillaume » à la fin du tableau
```

Comme dit précédemment, les méthodes sont des fonctions et elles peuvent donc recevoir des paramètres. Ici, push() peut recevoir un nombre illimité de paramètres, chacun d'entre eux représentant un item à ajouter à la fin du tableau.

La méthode unshift() fonctionne comme push(), excepté que les items sont ajoutés au début du tableau. Cette méthode n'est pas très fréquente mais peut être utile.

Les méthodes shift() et pop() retirent respectivement le premier et le dernier élément du tableau.

```
var myArray = ['Sébastien', 'Laurence', 'Ludovic', 'Pauline', 'Guillaume'];

myArray.shift(); // Retire « Sébastien »
myArray.pop(); // Retire « Guillaume »

alert(myArray); // Affiche « Laurence,Ludovic,Pauline »
```

(Essayez le code : *http://course.oc-static.com/ftp-tutos/cours/javascript/part1/chap7/ex4.html*)

Chaînes de caractères et tableaux

Les chaînes de caractères possèdent une méthode `split()` qui permet de les découper en un tableau, en fonction d'un séparateur. Prenons l'exemple suivant :

```
var cousinsString = 'Pauline Guillaume Clarisse',
    cousinsArray = cousinsString.split(' ');

alert(cousinsString);
alert(cousinsArray);
```

La méthode `split()` va couper la chaîne de caractères à chaque fois qu'elle va rencontrer un espace. Les portions ainsi découpées sont placées dans un tableau, ici `cousinsArray`.

> Remarquez que lorsque vous affichez un tableau via `alert()`, les éléments sont séparés par des virgules et il n'y a pas d'apostrophes ou de guillemets. Ceci vient de l'utilisation de `alert()` qui, pour afficher un objet (un tableau, un booléen, un nombre...), le transforme en une chaîne de caractères grâce à une méthode nommée `toString()`.

L'inverse de `split()`, c'est-à-dire créer une chaîne de caractères depuis un tableau, se nomme `join()` :

```
var cousinsString_2 = cousinsArray.join('-');

alert(cousinsString_2);
```

(Essayez le code complet : *http://course.oc-static.com/ftp-tutos/cours/javascript/part1/chap7/ex5.html*)

Ici, une chaîne de caractères va être créée et les valeurs de chaque item seront séparées par un tiret. Si vous ne spécifiez aucun séparateur, les chaînes de caractères seront collées les unes aux autres.

> Comme vous pouvez le constater, une méthode peut très bien retourner une valeur, tout comme le ferait une fonction indépendante d'un objet. D'ailleurs, on constate que `split()` et `join()` retournent toutes les deux le résultat de leur exécution, elles ne l'appliquent pas directement à l'objet.

Parcourir un tableau

Soyez attentifs, cette partie est très importante ! Parcourir un tableau est quelque chose que vous allez faire très fréquemment en JavaScript, surtout plus tard, quand nous verrons comment interagir avec les éléments HTML.

« Parcourir un tableau » signifie passer en revue chaque item du tableau pour, par exemple, afficher les items un à un, les modifier ou exécuter des actions en fonction de leur contenu.

Dans le chapitre sur les boucles, nous avons étudié la boucle `for`, que nous allons utiliser pour parcourir les tableaux. La boucle `while` peut aussi être utilisée, mais `for` est plus adaptée. Nous aborderons aussi une variante de `for` : la boucle `for in`.

Parcourir avec for

Reprenons le tableau avec les prénoms :

```
var myArray = ['Sébastien', 'Laurence', 'Ludovic', 'Pauline', 'Guillaume'];
```

Le principe pour parcourir un tableau est simple : il faut faire autant d'itérations qu'il y a d'items. Le nombre d'items d'un tableau se récupère avec la propriété `length`, exactement comme pour le nombre de caractères d'une chaîne de caractères. À chaque itération, nous avançons d'un item dans le tableau, en utilisant la variable de boucle `i` : à chaque itération, elle s'incrémente, ce qui permet d'avancer dans le tableau item par item. Voici un exemple :

```
for (var i = 0; i < myArray.length; i++) {

    alert(myArray[i]);

}
```

(Essayez le code complet : *http://course.oc-static.com/ftp-tutos/cours/javascript/part1/chap7/ex6.html*)

Nous commençons par définir la variable de boucle `i`. Ensuite, nous réglons la condition pour que la boucle s'exécute jusqu'à atteindre le nombre d'items. `myArray.length` représente le nombre d'items du tableau, c'est-à-dire cinq.

Le nombre d'items est différent des indices. S'il y a cinq items, comme ici, les indices vont de 0 à 4. Autrement dit, le dernier item possède l'indice 4, et non 5. C'est très important pour la condition, car on pourrait croire à tort que le nombre d'items est égal à l'indice du dernier item.

Attention à la condition

Nous avons volontairement mal rédigé le code précédent. En effet, dans le chapitre sur les boucles, nous avons dit que le deuxième bloc d'une boucle `for`, le bloc de condition, était exécuté à chaque itération. Ici, ça veut donc dire que `myArray.length` est utilisé à chaque itération, ce qui, à part ralentir la boucle, n'a que peu d'intérêt puisque le nombre d'items du tableau ne change normalement pas (dans le cas contraire, n'utilisez pas la solution qui suit).

L'astuce est de définir une seconde variable, dans le bloc d'initialisation, qui contiendra la valeur de `length`. On utilisera cette variable pour la condition :

```
for (var i = 0, c = myArray.length; i < c; i++) {

    alert(myArray[i]);

}
```

Nous utilisons `c` comme nom de variable, qui signifie *count* (compter), mais vous pouvez utiliser ce que vous voulez.

> Notez cependant que ceci n'est qu'un conseil, le ralentissement de la boucle dû à l'utilisation de la propriété `length` est extrêmement minime, surtout sur les navigateurs récents. Vous êtes libres de faire comme bon vous semble, dans l'absolu vous ne ressentirez jamais la différence, c'est plutôt une question de présentation du code.

Les objets littéraux

S'il est possible d'accéder aux items d'un tableau via leur indice, il peut être pratique d'y accéder au moyen d'un identifiant. Par exemple, dans le tableau des prénoms, l'item appelé `sister` pourrait retourner la valeur « Laurence ».

Pour ce faire, nous allons créer un tableau sous la forme d'un objet littéral. Voici un exemple :

```
var family = {
    self: 'Sébastien',
    sister: 'Laurence',
    brother: 'Ludovic',
    cousin_1: 'Pauline',
    cousin_2: 'Guillaume'
};
```

Cette déclaration va créer un objet analogue à un tableau, à la différence que chaque item sera accessible au moyen d'un identifiant, ce qui donne schématiquement ceci :

Identifiant	`self`	`sister`	`brother`	`cousin_1`	`cousin_2`
Donnée	Sébastien	Laurence	Ludovic	Pauline	Guillaume

La syntaxe d'un objet

Quelques petites explications s'imposent sur les objets, et tout particulièrement sur leur syntaxe. Nous avons vu précédemment que pour créer un tableau vide, il suffit d'écrire :

```
var myArray = [];
```

Pour les objets, c'est à peu près pareil sauf qu'on met des accolades à la place des crochets :

```
var myObject = {};
```

Pour définir dès l'initialisation les items à ajouter à l'objet, il suffit d'écrire :

```
var myObject = {
    item1: 'Texte 1',
    item2: 'Texte 2'
};
```

Comme l'indique ce code, il suffit de saisir l'identifiant souhaité suivi d'un deux-points et de la valeur à lui attribuer. La séparation des items se fait comme pour un tableau, avec une virgule.

Accès aux items

Revenons à notre objet littéral : ce que nous avons créé est un objet, et les identifiants sont en réalité des propriétés, exactement comme la propriété `length` d'un tableau ou d'une chaîne de caractères. Pour récupérer le nom de la sœur, il suffit donc d'écrire :

```
family.sister;
```

Il existe une autre manière, semblable à celle qui permet d'accéder aux items d'un tableau en connaissant l'indice, sauf qu'ici on va simplement spécifier le nom de la propriété :

```
family['sister'];
```

Cela va nous être particulièrement utile si l'identifiant est contenu dans une variable, comme ce sera le cas avec la boucle que nous allons voir après. Exemple :

```
var id = 'sister';

alert(family[id]); // Affiche : « Laurence »
```

Cette façon de faire convient également aux propriétés de tout objet. Ainsi, si notre tableau se nomme `myArray`, nous pouvons faire `myArray['length']` pour récupérer le nombre d'items.

Ajouter des items

Ici, pas de méthode `push()` car elle n'existe tout simplement pas dans un objet vide, il faudrait pour cela un tableau. En revanche, il est possible d'ajouter un item en spécifiant un identifiant qui n'est pas encore présent. Par exemple, si nous voulons ajouter un oncle dans le tableau, nous écrirons :

```
family['uncle'] = 'Didier'; // « Didier » est ajouté et est accessible via
                            // l'identifiant « uncle »
```

ou alors :

```
family.uncle = 'Didier'; // Même opération mais d'une autre manière
```

Parcourir un objet avec for in

Il n'est pas possible de parcourir un objet littéral avec une boucle `for`. Ceci est tout à fait normal puisqu'une boucle `for` est surtout capable d'incrémenter une variable numérique, ce qui ne nous est d'aucune utilité dans le cas d'un objet littéral car nous devons posséder un identifiant. En revanche, la boucle `for in` se révèle très intéressante.

La boucle `for in` est l'équivalent de la boucle `foreach` du PHP : elle est très simple et ne sert qu'à une seule chose : parcourir un objet.

Le fonctionnement est quasiment le même que pour un tableau, excepté qu'ici il suffit de fournir une « variable clé » qui reçoit un identifiant (au lieu d'un index) et de spécifier l'objet à parcourir :

```
for (var id in family) { // On stocke l'identifiant dans « id » pour par
                         // courir l'objet « family »

    alert(family[id]);

}
```

(Essayez le code complet : *http://course.oc-static.com/ftp-tutos/cours/javascript/part1/chap7/ex7.html*)

Pourquoi ne pas appliquer le `for in` sur les tableaux avec index ?

Parce que les tableaux se voient souvent attribuer des méthodes supplémentaires par certains navigateurs ou certains scripts tiers utilisés dans la page, ce qui fait que la boucle `for in` va les énumérer en même temps que les items du tableau.

Il y a aussi un autre facteur important à prendre en compte : la boucle `for in` est plus gourmande qu'une boucle `for` classique.

Utilisation des objets littéraux

Les objets littéraux ne sont pas souvent utilisés mais peuvent se révéler très utiles pour ordonner un code. On les utilise aussi dans les fonctions : avec `return`, elles ne savent retourner qu'une seule variable. Si on veut retourner plusieurs variables, il faut les placer dans un tableau et retourner ce dernier. Mais il est plus commode d'utiliser un objet littéral.

L'exemple classique est la fonction qui calcule des coordonnées d'un élément HTML sur une page web. Il faut ici retourner les coordonnées `x` et `y`.

```
function getCoords() {
    /* Script incomplet, juste pour l'exemple */

    return {
        x: 12,
        y: 21
};
}

var coords = getCoords();

alert(coords.x); // 12
alert(coords.y); // 21
```

La valeur de retour de la fonction `getCoords()` est mise dans la variable `coords`, et l'accès à `x` et `y` en est simplifié.

Exercice récapitulatif

Le chapitre 9 contient un TP, c'est-à-dire un travail pratique. Cela dit, avant de le commencer, nous vous proposons un petit exercice qui reprend de manière simple ce que nous avons vu dans ce chapitre.

Énoncé

Dans le chapitre sur les boucles, nous avions utilisé un script pour demander à l'utilisateur les prénoms de ses frères et sœurs. Les prénoms étaient alors stockés dans une chaîne de caractères. Pour rappel, voici ce code :

```
var nicks = '',
    nick;

while (true) {
    nick = prompt('Entrez un prénom :');

    if (nick) {
```

```
        nicks += nick + ' '; // Ajoute le nouveau prénom ainsi qu'une
                             // espace juste après
    } else {
        break; // On quitte la boucle
    }
}

alert(nicks); // Affiche les prénoms à la suite
```

Ce que nous vous demandons ici, c'est de stocker les prénoms dans un tableau. Pensez à la méthode `push()`. À la fin, il faudra afficher le contenu du tableau, avec `alert()`, seulement si le tableau contient des prénoms. En effet, il est inutile de l'afficher s'il ne contient rien. Pour l'affichage, séparez chaque prénom par une espace. Si le tableau ne contient rien, faites-le savoir à l'utilisateur, toujours avec `alert()`.

Correction

```
var nicks = [], // Création du tableau vide
    nick;

while (nick = prompt('Entrez un prénom :')) { // Si la valeur assignée à
// la variable « nick » est valide (différente de « null ») alors la boucle
// s'exécute
    nicks.push(nick); // Ajoute le nouveau prénom au tableau
}

if (nicks.length > 0) { // On regarde le nombre d'items
    alert(nicks.join(' ')); // Affiche les prénoms à la suite
} else {
    alert('Il n\'y a aucun prénom en mémoire !');
}
```

(Essayez le code : *http://course.oc-static.com/ftp-tutos/cours/javascript/part1/chap7/ex8.html*)

Nous avons donc repris le code donné dans l'énoncé et nous l'avons modifié pour y faire intervenir un tableau : `nicks`. À la fin, nous vérifions si le tableau contient des items, avec la condition `nicks.length > 0`. Le contenu du tableau est alors affiché avec la méthode `join()`, qui permet de spécifier le séparateur. En effet, si nous avions exécuté `alert(nicks)`, les prénoms auraient été séparés par une virgule.

En résumé

- Un objet contient un constructeur, des propriétés et des méthodes.
- Les tableaux sont des variables qui contiennent plusieurs valeurs, chacune étant accessible au moyen d'un indice.
- Les indices d'un tableau sont toujours numérotés à partir de 0. Ainsi, la première valeur porte l'indice 0.
- Des opérations peuvent être réalisées sur les tableaux, comme ajouter des items ou en supprimer.
- Pour parcourir un tableau, on utilise généralement une boucle `for`, puisqu'on connaît, grâce à la propriété `length`, le nombre d'items du tableau.
- Les objets littéraux sont une variante des tableaux où chaque item est accessible via un identifiant et non un indice.

QCM
(*http://odyssey.sdlm.be/javascript/22/partie1/chapitre7/qcm.htm*)

Questionnaire didactique
(*http://odyssey.sdlm.be/javascript/23/partie1/chapitre7/questionnaire.htm*)

Écrire une boucle for pour parcourir un tableau
(*http://odyssey.sdlm.be/javascript/24/partie1/chapitre7/for.htm*)

Écrire un objet littéral et le parcourir avec for in
(*http://odyssey.sdlm.be/javascript/25/partie1/chapitre7/litteral.htm*)

8

Déboguer le code

Créer des scripts paraît facile au premier abord, mais on finit toujours par tomber sur le même problème : le code ne fonctionne pas ! On peut alors dire qu'il y a un bogue, c'est-à-dire une erreur dans le code qui fait qu'il s'exécute mal ou ne s'exécute tout simplement pas.

Dans ce chapitre, nous allons étudier les différents bogues généralement rencontrés en JavaScript et surtout, nous allons voir comment les résoudre. Pour cela, nous allons utiliser les kits de développement fournis avec n'importe quel navigateur digne de ce nom. Plus particulièrement, nous allons nous pencher sur ceux de Chrome et de Firefox qui sont sensiblement similaires.

En quoi consiste le débogage ?

Les bogues

Avant de parler de débogage, intéressons-nous d'abord aux bogues. Ces derniers sont des erreurs humaines présentes dans le code ; ils ne sont jamais le fruit du hasard. N'essayez pas de vous dire « Je n'en ferai pas », il est impossible de rester concentré au point de ne jamais se tromper sur plusieurs centaines de lignes de code ! Et même si un code de 100 lignes venait à fonctionner du premier coup, vous finirez par vous dire que c'est trop beau pour être vrai et vous partirez à la recherche de bogues qui n'existent peut-être même pas.

Il existe deux principaux types de bogues : ceux que l'interpréteur JavaScript saura vous signaler car ce sont des fautes de syntaxe, et ceux que l'interpréteur ne verra pas car ce sont des erreurs dans votre algorithme.

Pour faire simple, voici un bogue syntaxique :

```
va myVar = 'test; // Le mot-clé « var » est mal orthographié et il manque
                  // une apostrophe
```

Et maintenant un bogue algorithmique :

```
// On veut afficher la valeur 6 avec les nombres 3 et 2
var myVar = 3 + 2;
// Mais on obtient 5 au lieu de 6 car on a fait une addition au lieu
// d'une multiplication
```

Il faut bien se mettre en tête que l'interpréteur JavaScript ne s'intéresse pas aux valeurs retournées par votre code, il veut uniquement exécuter le code. Voici la différence entre le caractère syntaxique et algorithmique d'une erreur : la première empêche le code de s'exécuter tandis que la seconde ne pose aucun problème d'exécution. Pourtant, les deux perturbent le bon déroulement du script.

Le débogage

Comme son nom l'indique, cette technique consiste à supprimer les bogues présents dans un code. Pour chaque type de bogue, vous avez plusieurs solutions spécifiques.

Les bogues syntaxiques sont les plus simples à résoudre, car l'interpréteur JavaScript vous signalera généralement l'endroit où l'erreur est apparue (cette signalisation peut être consultée dans la console de votre navigateur, comme nous le verrons plus loin).

En ce qui concerne les bogues algorithmiques, vous allez devoir faire travailler votre cerveau et chercher tout seul où vous avez bien pu vous tromper. La méthode la plus simple consiste à remonter les couches de votre code pour trouver à quel endroit s'est produite l'erreur.

Par exemple, si vous avez un calcul qui affiche une mauvaise valeur, vous allez immédiatement vérifier ce calcul. Si ce calcul n'est pas en cause mais qu'il fait appel à des variables, alors vous allez vérifier la valeur de chacune de ces variables, etc. De fil en aiguille, vous parviendrez à déboguer votre code.

Pour vérifier les valeurs de vos variables, calculs, etc., vous serez peut-être tentés d'utiliser la fonction `alert()`. Sachez qu'il existe une méthode spécialement adaptée à ce cas de figure, il s'agit de `console.log()`.

Les kits de développement et leur console

Aujourd'hui, chaque navigateur un tant soit peu récent possède un kit de développement. C'est le cas de Chrome, Firefox, Internet Explorer, Safari, Opera, etc. Sans parler des déclinaisons mobiles ! Ces kits permettent de déboguer efficacement les codes, que ce soit pour détecter des erreurs syntaxiques, afficher un grand nombre de valeurs dans la console, consulter le code HTML généré, analyser des requêtes HTTP (entre autres) effectuées par le navigateur, mesurer les performances du code, et bien d'autres choses encore !

Comme il n'est pas possible de parler des fonctionnalités de chaque kit de développement, nous allons nous concentrer sur les plus utilisés, à savoir ceux de Chrome et de Firefox. Nous parlerons généralement de Chrome car le fonctionnement est dans l'ensemble identique sur Firefox. Nous indiquerons les différences le cas échéant.

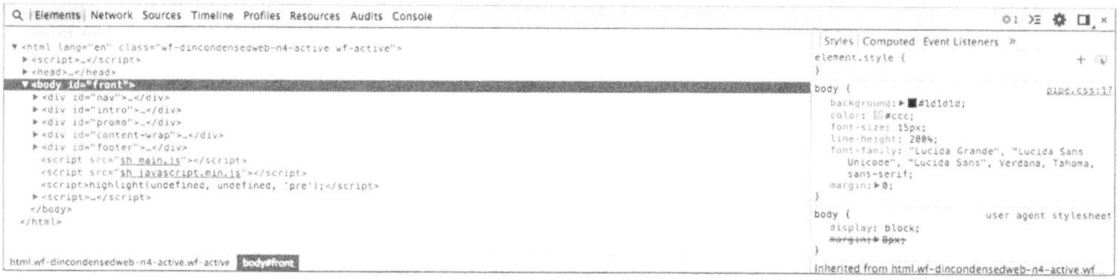

Kit de développement Chrome 34

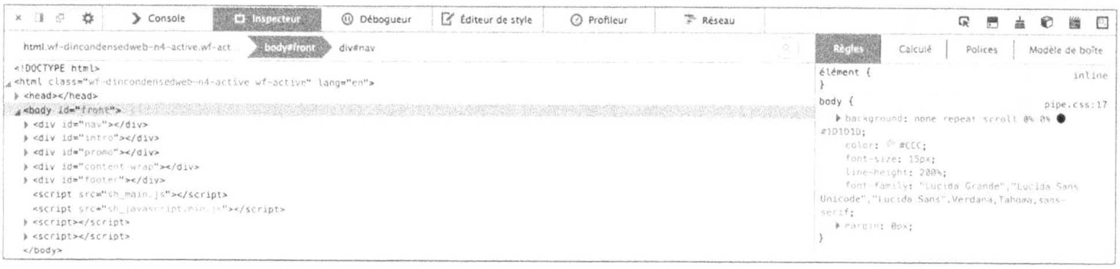

Kit de développement Firefox 29

Dans ce chapitre, nous allons essentiellement nous servir de la console et de quelques autres fonctionnalités. Nous vous présenterons d'autres outils par la suite.

Pour ouvrir le kit de développement, appuyez sur la touche ***F12*** (ou sur la combinaison de touches ***Cmd+Alt+I*** pour les utilisateurs d'OS X). Vous verrez alors apparaître le kit de développement en bas de votre navigateur. Si vous n'y êtes pas déjà, ouvrez la console en cliquant sur l'onglet correspondant en haut du kit.

Maintenant que notre console est ouverte, que pouvons-nous faire avec ? Beaucoup de choses, mais intéressons-nous d'abord à la signalisation des erreurs syntaxiques. Pour cela, créons un code syntaxiquement faux :

```
// Ici nous créons une fonction JavaScript, avec des erreurs de syntaxe.
function test() {
    alert('Hello !');
```

Et incluons-le dans notre code HTML :

```
<script src="votre-fichier.js"></script>
```

(Essayez le code : http://course.oc-static.com/ftp-tutos/cours/javascript/part1/chap8/ex1/index.html)

Dans le cadre du débogage d'erreurs, il est très important de bien externaliser le code JavaScript car l'affichage des erreurs peut être erroné avec Chrome lorsque le code JavaScript est directement intégré au code HTML.

Maintenant, affichez cette page dans votre navigateur et allez consulter la console. L'erreur suivante apparaît :

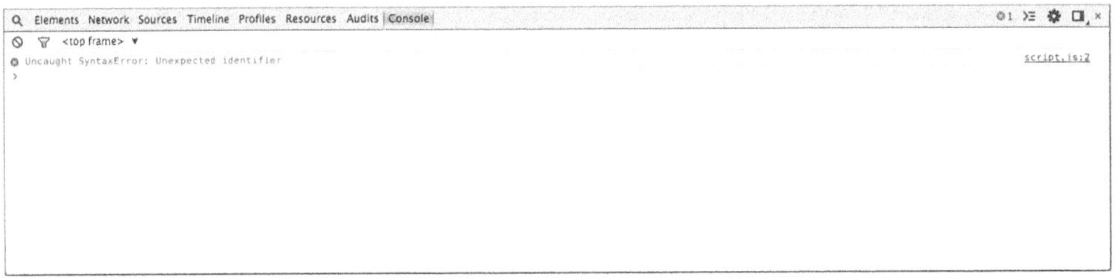

Vous pouvez voir une ligne écrite en rouge mentionnant `SyntaxError`, qui indique une erreur syntaxique. Le texte qui suit n'est qu'une indication sur ce qui a bien pu provoquer cette erreur, ce n'est généralement pas utile de le lire d'autant plus que chaque navigateur peut fournir une indication relativement différente. Par exemple, Firefox indique `SyntaxError: missing ; before statement`.

À droite de ce texte, vous pouvez voir le nom du fichier concerné ainsi que la ligne de code. Cliquez dessus, la ligne qui pose problème s'affiche dans votre navigateur :

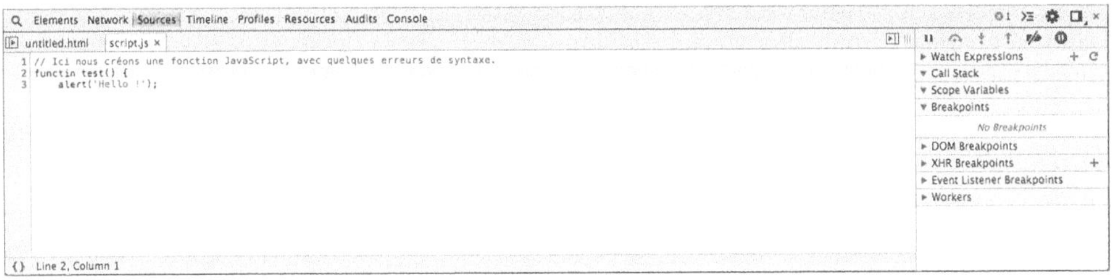

Par ailleurs, notre code contient deux erreurs. Pourquoi n'y en a-t-il qu'une seule qui est affichée ? Tout simplement parce que l'interpréteur JavaScript s'arrête sur la première erreur rencontrée. Essayez de corriger l'erreur actuellement indiquée, le navigateur affichera alors l'erreur suivante sur le navigateur : `Uncaught SyntaxError: Unexpected end of input`. Firefox est un peu plus clair sur ce point, il indique `SyntaxError: missing } after function body`.

Notons que la console permet aussi de repérer d'autres erreurs qui ne sont pas forcément liées au JavaScript (images manquantes, par exemple). Dans l'ensemble, si le comportement de notre page web ne correspond pas à ce que nous attendions, nous pouvons toujours consulter la console avant d'appeler à l'aide. L'origine du problème y est généralement indiquée.

Aller plus loin avec la console

La console est un formidable outil qui permet de faire bien plus que simplement lister les erreurs sur la page. Remplaçons à présent le code JavaScript de notre page de test par celui-ci :

```
for (var i = 0; i < 10; i++) {
    // On affiche les valeurs de notre boucle dans la console.
    console.log('La valeur de notre boucle est : ' + i);
}
```

(Essayez le code : http://course.oc-static.com/ftp-tutos/cours/javascript/part1/chap8/ex2/index.html)

Une fois ce code exécuté, la console devrait afficher ceci :

```
La valeur de notre boucle est : 0 La valeur de notre boucle est : 1
La valeur de notre boucle est : 2 La valeur de notre boucle est : 3
La valeur de notre boucle est : 4 La valeur de notre boucle est : 5
La valeur de notre boucle est : 6 La valeur de notre boucle est : 7
La valeur de notre boucle est : 8 La valeur de notre boucle est : 9
```

La méthode `console.log()` permet d'afficher la valeur d'une variable sans bloquer l'exécution du code, contrairement à la fonction `alert()`. Mais l'intérêt de cette méthode va beaucoup plus loin car elle permet de visualiser le contenu des objets de manière relativement pratique. Essayez donc ce code :

```
// On crée un objet basique.
var helloObject = {
    english: 'Hello',
    french: 'Bonjour',
    spanish: 'Hola'
};

// Et on l'affiche.
console.log(helloObject);

// Tant qu'à faire, on affiche aussi un tableau.
var helloArray = ['Hello', 'Bonjour', 'Hola'];

console.log(helloArray);
```

(Essayez le code : http://course.oc-static.com/ftp-tutos/cours/javascript/part1/chap8/ex3/index.html)

Nous obtenons ceci :

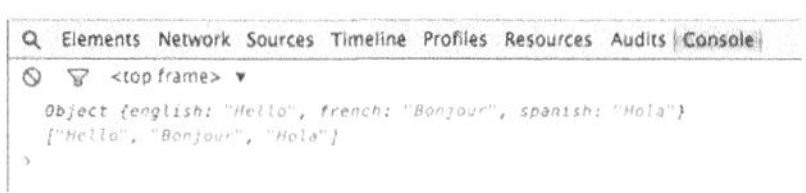

Là où la fonction `alert()` aurait affiché `[object Object`, `console.log()` affiche le contenu de l'objet, ce qui est nettement plus pratique. Cette méthode est utilisable sur tous les types de variables et pourra vous aider de nombreuses fois.

En plus de la méthode `log()`, l'objet `console` en propose d'autres qui permettent de modifier la manière dont vous affichez vos valeurs. Vous pouvez ainsi choisir d'émettre des alertes ou des erreurs avec les méthodes `warn()` et `error()` ou grouper des lignes de résultats avec `group()` et `groupEnd()` (c'est parfois extrêmement pratique). La liste complète des méthodes a été réalisée par Google, vous pouvez la consulter sur la page web dédiée à cette adresse : *https://developers.google.com/chrome-developer-tools/docs/console-api*.

Cependant, gardez bien à l'esprit que toutes ces méthodes sont destinées à déboguer votre code. Elles n'ont rien à faire dans votre code une fois votre site mis en ligne.

Toujours dans l'onglet ***Console*** du kit de développement, vous devriez voir en bas une ligne qui commence par un chevron bleu. Il est possible d'y saisir directement du code, comme nous allons le voir avec cet exemple simple :

```
// On déclare une variable contenant un texte quelconque.
var myVar = 'Hello';

// Toutes les secondes, on affiche le contenu de cette variable dans la
// console.
setInterval(function() {
    console.log(myVar);
}, 1000);
```

(Essayez le code : *http://course.oc-static.com/ftp-tutos/cours/javascript/part1/chap8/ex4/index.html*)

Ne vous préoccupez pas trop de la manière dont fonctionne ce code, nous expliquerons plus tard la fonction `setInterval()`.

Une fois le code exécuté, le contenu de la variable va apparaître toutes les secondes dans la console. Essayez maintenant d'écrire `myVar = 'Bonjour';` dans la console et de valider avec la touche ***Entrée***. Le texte affiché devrait alors changer. Cet exemple vous montre qu'il est possible, grâce à la console, d'agir sur votre code pendant son exécution ! Attention cependant, la console ne peut agir que sur les variables qui sont globales.

Utiliser les points d'arrêt

Lorsque vous développez, il peut arriver que vous rencontriez un bogue qui ne se produit que pendant une fraction de seconde, ce qui pose problème pour déterminer la source du problème. Dans ce cas, les développeurs utilisent généralement ce qu'on appelle « les points d'arrêt » (*breakpoints* en anglais).

Prenons un autre exemple basé sur des appels de fonctions :

```
// La fonction « a » affiche la valeur qu'elle reçoit de « b ».
function a(value) {
    console.log(value);
}

// La fonction « b » incrémente la valeur reçue par « c » puis la passe
// en paramètre à « a ».
function b(value) {
    a(value + 1);
}

// La fonction « c » incrémente la valeur reçue par la boucle for puis la
// passe en paramètre à « b ».
function c(value) {
    b(value + 1);
}

// Pour chaque itération, cette boucle passe en paramètre la valeur de
// « i » à la fonction « c ».
for (var i = 0; i < 10; i++) {
    c(i);
}
```

(Essayez le code : http://course.oc-static.com/ftp-tutos/cours/javascript/part1/chap8/ex5/index.html)

À chaque itération, la boucle `for` appelle la fonction `c()`, qui appelle la fonction `b()`, qui elle-même appelle la fonction `a()`. Cette suite d'appels de fonctions se nomme une « pile d'exécution », plus fréquemment appelée *call stack*. Grâce aux points d'arrêt, nous allons pouvoir étudier la pile d'exécution de notre code. Pour commencer, ouvrez le kit de développement et cliquez sur l'onglet ***Sources*** pour Chrome, et ***Débogueur*** pour Firefox.

- Chrome vous invitera alors à utiliser le raccourci ***Ctrl+O*** (***Cmd+O*** sous Mac OS X) pour choisir un fichier parmi ceux de votre page web. Choisissez votre fichier JavaScript.
- Firefox affichera directement la liste des fichiers de votre page web dans une colonne nommée ***Sources***. Sélectionnez votre fichier JavaScript.

Vous devriez maintenant avoir l'une des deux interfaces suivantes (selon votre navigateur) :

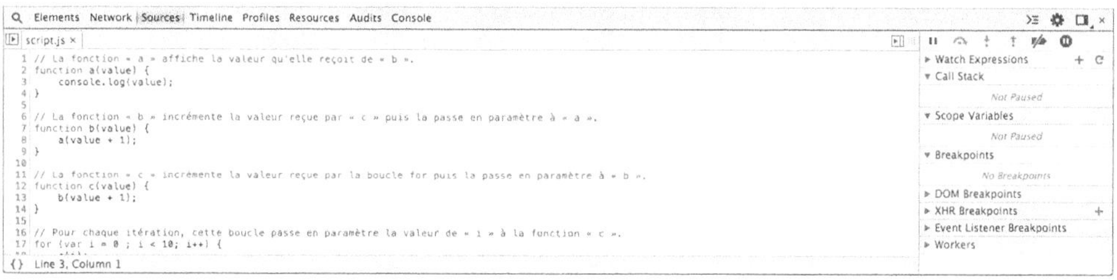

Le débogueur de Chrome

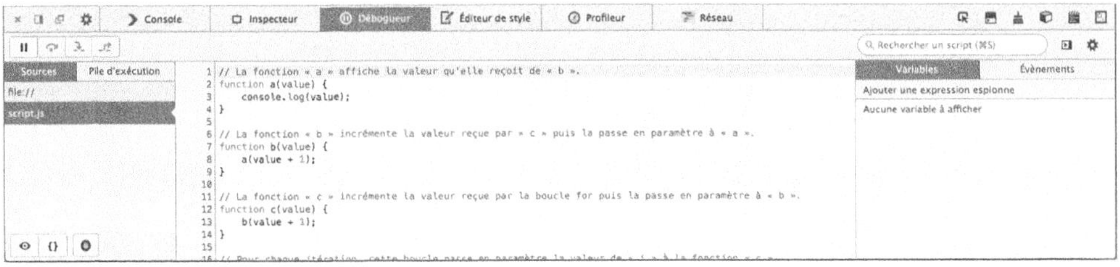

Le débogueur de Firefox

Les points d'arrêt

Il est maintenant temps de placer notre premier point d'arrêt. Sur les captures d'écrans précédentes, vous pouvez voir des numéros de ligne à gauche de votre code. Cliquez sur le numéro de ligne 3, une petite icône apparaît alors, indiquant que vous avez ajouté un point d'arrêt sur cette ligne.

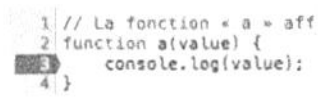

Un point d'arrêt avec Chrome

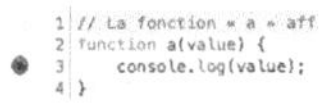

Un point d'arrêt avec Firefox

Un point d'arrêt permet d'indiquer à votre navigateur que vous souhaitez mettre en pause votre code avant l'exécution de la ligne concernée. Notons que les points d'arrêt ne peuvent être placés que sur des lignes comportant des instructions. Il est par exemple impossible d'en placer un sur la déclaration d'une fonction.

Afin que votre point d'arrêt soit pris en compte, vous devez recharger la page. Votre code sera alors mis en pause à la ligne concernée et celle-ci sera surlignée en bleu. Vous pourrez consulter les variables actuellement utilisées au sein du scope actuel (ici, le scope de la fonction `a()`) ainsi que les variables globales.

Dans Chrome, la consultation des variables s'effectue dans la colonne de droite, sous le ruban ***Scope Variables***. Les variables du scope courant se trouvent dans le menu ***Local*** et les variables globales dans le menu ***Global***.

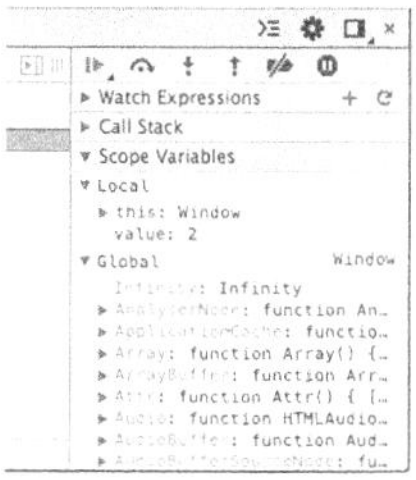

La consultation des variables avec Chrome

Sous Firefox, vous trouverez les variables dans la colonne de droite de l'onglet ***Variables***. Les variables du scope courant se trouvent sous le ruban ***Portée*** [...] (« [...] » désignant généralement le nom de votre fonction), tandis que les variables globales sont sous le ruban ***Portée globale***.

La consultation des variables avec Firefox

Vous pouvez ainsi voir qu'ici, la valeur que notre fonction `a()` s'apprête à afficher est `2`, ce qui est cohérent puisque notre boucle démarre à `0`, tandis que les fonctions `b()` et `c()` incrémente toutes les deux la valeur.

Cependant, cela ne concerne que la première exécution de notre fonction `a()`, qu'en est-il des autres exécutions ? Il suffit pour ça d'indiquer au débogueur que l'exécution du script doit reprendre jusqu'à ce qu'on retombe sur un nouveau point d'arrêt. Pour cela, vous devez cliquer sur le bouton approprié.

Le bouton de Chrome se trouve dans la colonne de droite et est représenté par le symbole .

Le bouton de Firefox se trouve en haut à gauche et est représenté par le symbole 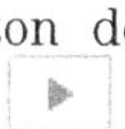.

Une fois la reprise effectuée, votre code sera à nouveau mis en pause au même point d'arrêt car la ligne en question est de nouveau exécutée. La variable `value` aura alors changée, passant de `2` à `3` car la boucle en est à sa deuxième itération. Si vous reprenez l'exécution du code, vous verrez alors la valeur augmenter de nouveau et ainsi de suite jusqu'à la fin de l'exécution du script.

La pile d'exécution

Pour chaque point d'arrêt que vous placez dans votre code, vous pouvez consulter la pile d'exécution. Cette dernière définit par quelles fonctions votre code est passé afin d'atteindre la ligne actuellement mise en pause par votre point d'arrêt. Reprenez la page qui nous a servi pour les points d'arrêt, repositionnez un point d'arrêt sur la ligne 3 et rafraîchissez la page. Une fois l'exécution du script mise en pause, vous pouvez observer la pile d'exécution de votre code.

- Sous Chrome, vous pouvez la consulter dans la colonne de droite sous le ruban ***Call Stack***.

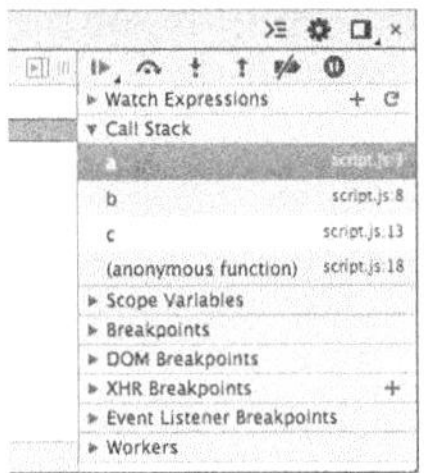

La pile d'exécution sous Chrome

- Sous Firefox, la consultation de la pile d'exécution se fait dans la colonne de gauche, sous l'onglet ***Pile d'exécution***.

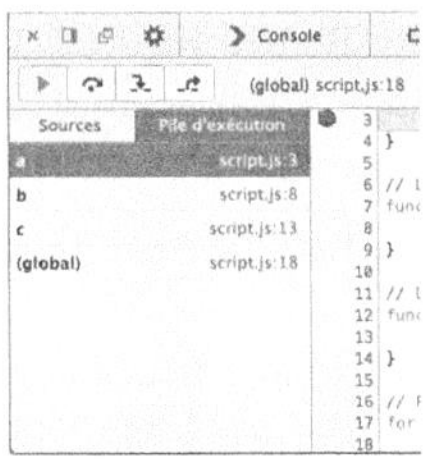

La pile d'exécution sous Firefox

La fonction qui a été exécutée le plus récemment est la première. La dernière représente l'espace global de votre script, avant qu'une première fonction n'ait été exécutée. On voit donc très clairement que notre boucle (qui est exécutée dans l'espace global) a fait appel à la fonction `c()`, qui a fait appel à `b()`, qui a elle-même appelé `a()`.

Un point intéressant concernant cette pile est que vous pouvez cliquer sur chacune de ses étapes et consulter les variables du scope. Si vous cliquez sur l'étape « c » vous pourrez alors consulter la valeur de la variable `value` et bien vérifier qu'elle est à `0` à la première pause du script.

Un autre avantage de cette pile est que parfois, vous ne savez pas par quoi a été déclenchée une partie de votre code. Ceci résout donc ce problème. Cependant, la pile d'exécution n'est pas toujours aussi simple à lire pour deux raisons : sa longueur peut être relativement importante et les fonctions anonymes ne sont pas faciles à identifier, du fait qu'elles sont anonymes !

Une chose importante à avoir en tête lorsque vous créez une fonction anonyme : il est possible de lui donner un nom dans la pile d'exécution afin de mieux vous repérer. Essayez le code suivant en ajoutant un point d'arrêt sur la ligne 3 :

```
// On utilise ci-dessous une IIFE, on déclare donc une fonction anonyme
// qu'on exécute immédiatement.
(function anonymousWasHere() {
    console.log('Hi!');
})();
```

(Essayez le code : *http://course.oc-static.com/ftp-tutos/cours/javascript/part1/chap8/ex6/index.html*)

Vous verrez alors apparaître le nom de la fonction dans la pile d'exécution mais elle ne sera accessible nulle part. Elle reste donc bien anonyme.

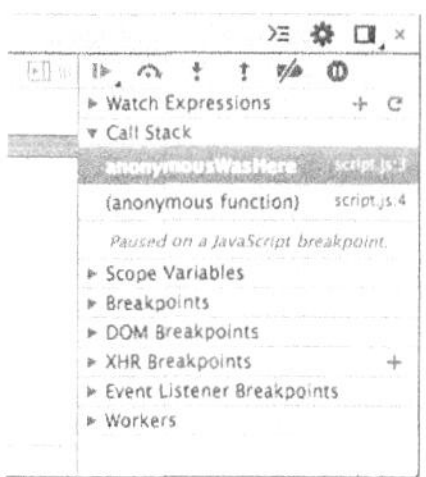

La fonction est anonyme.

Voilà qui clôt ce premier chapitre sur le débogage. De nombreuses autres fonctionnalités sont disponibles dans le panel de débogage de Chrome ou de Firefox et il n'est pas facile de toutes les évoquer en raison de la densité de ce livre. Pour plus d'informations, consultez la page de Google pour Chrome (*https://developers.google.com/chrome-developer-tools/docs/javascript-debugging?hl=FR*) ainsi que celle de Mozilla pour Firefox (*https://developer.mozilla.org/fr/docs/Outils/Debugger*).

En résumé

- Il existe deux types de bogues : les bogues syntaxiques et les bogues algorithmiques, lesquels sont souvent plus compliqués à résoudre.
- Tout navigateur récent et un tant soit peu populaire possède un kit de développement permettant de faciliter le débogage de votre code.
- La console permet d'afficher les erreurs syntaxiques de votre code mais également d'y afficher du texte ou le contenu d'une variable à l'aide de la méthode `console.log()`.
- Il est possible d'exécuter du code dans la console et d'accéder aux variables globales de la page actuelle.
- Les points d'arrêt permettent de mettre en pause votre script à un point précis du code et d'analyser l'état du scope courant ainsi que de l'espace global.
- La pile d'exécution définit par quelles fonctions votre code est passé afin d'atteindre la ligne actuellement mise en pause par un point d'arrêt.

9 TP : convertir un nombre en toutes lettres

Nous arrivons enfin au premier TP de cet ouvrage ! Celui-ci a pour but de vous faire réviser et de mettre en pratique l'essentiel de ce que vous avez appris dans les chapitres précédents. Nous vous conseillons donc fortement de le lire et d'essayer de faire l'exercice proposé. Vous pourrez ainsi réviser l'utilisation des variables, conditions, boucles, fonctions et tableaux. Ce TP vous permettra aussi d'approfondir vos connaissances sur l'identification et la conversion des nombres.

Présentation de l'exercice

Ce TP sera consacré à un exercice bien particulier : la conversion d'un nombre en toutes lettres. Ainsi, si l'utilisateur saisit le nombre « 41 », le script devra retourner ce nombre en toutes lettres : « quarante et un ». Ne vous inquiétez pas, vous en êtes parfaitement capables ! Et nous allons même vous aider un peu avant de vous donner le corrigé.

La marche à suivre

Pour mener à bien votre exercice, voici quelles sont les étapes que votre script devra suivre (vous n'êtes pas obligés de faire comme ça, mais c'est conseillé).

1. L'utilisateur est invité à entrer un nombre compris entre 0 et 999.
2. Ce nombre doit être envoyé à une fonction qui se charge de le convertir en toutes lettres.
3. Cette même fonction doit contenir un système permettant de séparer les centaines, les dizaines et les unités. Ainsi, la fonction doit être capable de voir que le nombre 365 contient trois centaines, six dizaines et cinq unités. Pour obtenir ce résultat, pensez à utiliser le modulo. Exemple : `365 % 10 = 5`.
4. Une fois le nombre découpé en trois chiffres, il ne reste plus qu'à convertir ces derniers en toutes lettres.

5. Lorsque la fonction a fini de s'exécuter, elle renvoie le nombre en toutes lettres.
6. Une fois le résultat de la fonction obtenu, il est affiché à l'utilisateur.
7. Lorsque l'affichage du nombre en toutes lettres est terminé, on redemande un nouveau nombre à l'utilisateur.

L'orthographe des nombres

Nous allons ici écrire les nombres « à la française », c'est-à-dire la version la plus compliquée… Nous vous conseillons de faire de même, cela vous entraînera davantage que l'écriture belge ou suisse. D'ailleurs, puisque l'écriture des nombres en français est assez complexe, nous vous conseillons d'aller faire un petit tour sur cette page, afin de vous remémorer les principales règles : http://www.leconjugueur.com/frlesnombres.php.

Nous allons employer les règles orthographiques en vigueur depuis 1990, nous écrirons donc les nombres de la manière suivante : *cinq-cent-cinquante-cinq*.
Et non pas: *cinq cent cinquante-cinq*.
Vu que nous avons déjà reçu pas mal de reproches sur cette manière d'écrire, nous préférons vous prévenir afin de vous éviter des commentaires inutiles.

Tester et convertir les nombres

Afin que vous puissiez avancer sans trop de problèmes dans la lecture de votre code, il va falloir étudier l'utilisation des fonctions `parseInt()` et `isNaN()`.

Retour sur la fonction parseInt()

Nous allons ici approfondir un peu l'utilisation de `parseInt()` étant donné que vous savez déjà vous en servir. Cette fonction possède en réalité non pas un mais deux arguments. Le second est très utile dans certains cas, comme celui-ci :

```
alert(parseInt('010')); // Affiche « 8 » sur certains navigateurs
```

Sur certains navigateurs, le chiffre affiché par ce code n'est pas 10 comme souhaité mais 8 ! La raison à cela est que la fonction `parseInt()` supporte plusieurs bases arithmétiques (http://fr.wikipedia.org/wiki/Base_%28arithm%C3%A9tique%29). Nous pouvons ainsi lui dire que le premier argument est en binaire. La fonction retournera alors le nombre en base 10 (notre propre base de calcul, le système décimal) après avoir fait la conversion *base 2 (système binaire) → base 10 (système décimal)*. Donc, si nous écrivons :

```
alert(parseInt('100', 2)); // Affiche « 4 »
```

nous obtenons bien le nombre 4 à partir de la base 2.

Mais tout à l'heure, le second argument n'était pas spécifié et pourtant nous avons eu une conversion aberrante. Pourquoi ? Tout simplement parce que si le second argument n'est pas spécifié, la fonction `parseInt()` va tenter de trouver elle-même la base arithmétique du nombre que vous avez passé en premier argument. Ce comportement est stupide vu que la fonction se trompe très facilement. La preuve, notre premier exemple sans le second argument a interprété notre nombre comme étant en base 8 (système octal), simplement parce que la chaîne de caractères commence par un 0.

Pour convertir correctement notre premier nombre, nous devons par conséquent indiquer à `parseInt()` que ce dernier est en base 10, comme ceci :

```
alert(parseInt('010', 10)); // Affiche « 10 »
```

Nous obtenons bien le nombre 10 ! Rappelez-vous bien ce second argument, il vous servira pour le TP et, à n'en pas douter, dans une multitude de problèmes futurs !

La fonction isNaN()

Jusqu'à présent, pour tester si une variable était un nombre, vous utilisiez l'instruction `typeof`, qui n'est pas sans poser problème :

```
var test = parseInt('test'); // Contient au final la valeur « NaN »

alert(typeof test); // Affiche « number »
```

En effet, dans cet exemple, notre variable contient la valeur `NaN` *(Not a Number)* et pourtant l'instruction `typeof` renvoie `number` en guise de type. C'est assez contradictoire, non ? En fait, l'instruction `typeof` est limitée pour tester les nombres. Il est préférable d'utiliser à la place la fonction `isNaN()` *(is Not a Number)* :

```
var test = parseInt('test'); // Contient au final la valeur « NaN »

alert(isNaN(test)); // Affiche « true »
```

Pourquoi obtenons-nous `true` ? Tout simplement parce que `isNaN()` renvoie `true` quand la variable n'est pas un nombre, et `false` dans le cas contraire.

Il est temps de se lancer !

Vous voilà maintenant prêts à vous lancer dans l'écriture de votre code. Nous précisons de nouveau que les nombres à convertir vont de 0 à 999, mais rien ne vous empêche de faire plus si le cœur vous en dit. Évitez de faire moins, vous manqueriez une belle occasion de vous entraîner correctement.

Bon courage !

Correction

Nous espérons que vous avez réussi à obtenir quelque chose d'intéressant, le sujet est certes un peu tordu, mais vos connaissances sont largement suffisantes pour pouvoir le réaliser.

Toutefois, si vous rencontrez un blocage alors que vous avez bien compris ce qui a été dit dans les chapitres précédents, ne vous inquiétez pas. La programmation est un domaine où la logique règne en maîtresse (bon, d'accord, pas tout le temps !), il faut donc de l'expérience pour en arriver à développer de façon logique. Si vous n'avez pas réussi à coder l'exercice aujourd'hui, ce n'est pas un drame ! Faites une pause, essayez de faire des exercices plus simples et revenez ensuite sur celui-ci. Si vous arrivez à lire et comprendre le corrigé suivant, alors vous êtes capables de réaliser cet exercice tout aussi bien que nous, voire mieux !

Le corrigé complet

Précisons tout d'abord que ce code n'est pas universel. Il existe de nombreuses autres façons de coder cet exercice et cette version n'est pas forcément la meilleure. Si vous cherchez à recoder cet exercice après avoir lu le corrigé, ne refaites pas exactement la même chose ! Inventez votre propre solution, innovez selon vos propres idées ! Après tout, on dit qu'il existe autant d'algorithmes que de personnes dans le monde, car chacun possède sa propre façon de penser, alors vous devriez pouvoir réaliser une autre version de ce code en réfléchissant par vous-mêmes !

```
function num2Letters(number) {

    if (isNaN(number) || number < 0 || 999 < number) {
        return 'Veuillez entrer un nombre entier compris entre 0 et 999.';
    }

    var units2Letters = ['', 'un', 'deux', 'trois', 'quatre', 'cinq',
'six', 'sept', 'huit', 'neuf', 'dix', 'onze', 'douze', 'treize', 'qua-
torze', 'quinze', 'seize', 'dix-sept', 'dix-huit', 'dix-neuf'],
        tens2Letters = ['', 'dix', 'vingt', 'trente', 'quarante', 'cin-
quante', 'soixante', 'soixante', 'quatre-vingt', 'quatre-vingt'];

    var units = number % 10,
        tens = (number % 100 - units) / 10,
        hundreds = (number % 1000 - number % 100) / 100;

    var unitsOut, tensOut, hundredsOut;


    if (number === 0) {

        return 'zéro';

    } else {

        // Traitement des unités
```

```
        unitsOut = (units === 1 && tens > 0 && tens !== 8 ? 'et-' : '')
+ units2Letters[units];

        // Traitement des dizaines

        if (tens === 1 && units > 0) {

        tensOut = units2Letters[10 + units];
        unitsOut = '';

        } else if (tens === 7 || tens === 9) {

            tensOut = tens2Letters[tens] + '-' + (tens === 7 && units
=== 1 ? 'et-' : '') + units2Letters[10 + units];
           unitsOut = '';

        } else {

          tensOut = tens2Letters[tens];

        }

        tensOut += (units === 0 && tens === 8 ? 's' : '');

        // Traitement des centaines

        hundredsOut = (hundreds > 1 ? units2Letters[hundreds] + '-' : '')
+ (hundreds > 0 ? 'cent' : '') + (hundreds > 1 && tens == 0 && units ==
0 ? 's' : '');

        // Retour du total

        return hundredsOut + (hundredsOut && tensOut ? '-': '') + tensOut
+ (hundredsOut && unitsOut || tensOut && unitsOut ? '-': '') + unitsOut;
    }

}


    var userEntry;

while (userEntry = prompt('Indiquez le nombre à écrire en toutes lettres
(entre 0 et 999) :')) {

    alert(num2Letters(parseInt(userEntry, 10)));

}
```

(Essayez le code : *http://course.oc-static.com/ftp-tutos/cours/javascript/part1/chap9/TP.html*)

Les explications

Nous allons maintenant analyser ce corrigé afin que vous le compreniez bien.

Le « squelette » du code

Un code doit toujours posséder ce qui peut être appelé un « squelette » autour duquel il peut s'articuler, c'est-à-dire un code contenant les principales structures de votre script (comme un objet, une boucle, une fonction, etc.) que nous allons pouvoir étoffer au fur et à mesure. Dans notre cas, nous avons besoin d'une fonction qui fera la conversion des nombres, ainsi que d'une boucle pour demander à l'utilisateur d'entrer un nouveau nombre sans jamais s'arrêter (sauf si l'utilisateur le demande). Voici ce que ça donne :

```
function num2Letters(number) {
// « num2Letters » se lit « number to letters », le « 2 » est une abréviation
// souvent utilisée en programmation
// Notre fonction qui s'occupera de la conversion du nombre. Elle possède
// un argument lui permettant de recevoir les nombres en question.
}

var userEntry; // Contient le texte entré par l'utilisateur

while (userEntry = prompt('Indiquez le nombre à écrire en toutes lettres
(entre 0 et 999) :')) {
    /*
    Dans la condition de la boucle, on stocke le texte de l'utilisateur
    dans la variable « userEntry ».
    Ce qui fait que si l'utilisateur n'a rien entré (valeur nulle, donc
    équivalente à false) la condition ne sera pas validée.
    Donc la boucle while ne s'exécutera pas et dans le cas contraire la
    boucle s'exécutera.
    */
}
```

L'appel de la fonction de conversion

Notre boucle fonctionne ainsi : on demande un nombre à l'utilisateur, lequel est ensuite envoyé à la fonction de conversion. Voici comment procéder :

```
while (userEntry = prompt('Indiquez le nombre à écrire en toutes lettres
(entre 0 et 999) :')) {

    /*
    On « parse » (en base 10) la chaîne de caractères de l'utilisateur
    pour l'envoyer ensuite
    à notre fonction de conversion qui renverra le résultat à la fonction
    alert().
    */

    alert(num2Letters(parseInt(userEntry, 10)));
}
```

Initialisation de la fonction de conversion

Le squelette de notre code est prêt et la boucle est complète. Il ne nous reste plus qu'à créer la fonction, c'est-à-dire le plus gros du travail. Pour vous expliquer son fonctionnement, nous allons la découper en plusieurs parties. Nous allons ici nous intéresser à l'initialisation, qui concerne la vérification de l'argument `number` et la déclaration des variables nécessaires au bon fonctionnement de notre fonction.

Tout d'abord, nous devons vérifier l'argument reçu :

```
function num2Letters(number) {

     if (isNaN(number) || number < 0 || 999 < number) {
     // Si l'argument n'est pas un nombre (isNaN), ou si le nombre
     // est inférieur à 0, ou s'il est supérieur à 999
          return 'Veuillez entrer un nombre entier compris entre 0 et
999.'; // Alors on retourne un message d'avertissement
     }

}
```

Puis, nous déclarons les variables nécessaires à la bonne exécution de notre fonction :

```
function num2Letters(number) {

     // Code de vérification de l'argument [...]


     /*
     Ci-dessous on déclare deux tableaux contenant les nombres en toutes
     lettres, un tableau pour les unités et un autre pour les dizaines.
     Le tableau des unités va du chiffre 1 à 19 afin de simplifier
     quelques opérations lors de la conversion du nombre en lettres.
     Vous comprendrez ce système par la suite.
     */

          var units2Letters = ['', 'un', 'deux', 'trois', 'quatre', 'cinq',
'six', 'sept', 'huit', 'neuf', 'dix', 'onze', 'douze', 'treize', 'qua-
torze', 'quinze', 'seize', 'dix-sept', 'dix-huit', 'dix-neuf'],
          tens2Letters = ['', 'dix', 'vingt', 'trente', 'quarante', 'cin-
quante', 'soixante', 'soixante', 'quatre-vingt', 'quatre-vingt'];


     /*
     Ci-dessous on calcule le nombre d'unités, de dizaines et de centaines
     à l'aide du modulo.
     Le principe est simple : si on prend 365 % 10 on obtient le reste de
     la division par 10 qui est : 5. Voilà les unités.
     Ensuite, sur 365 % 100 on obtient 65, on soustrait les unités à ce nombre
     65 - 5 = 60, et on divise par 10 pour obtenir 6, voilà les dizaines !
     Le principe est le même pour les centaines sauf qu'on ne soustrait
     pas seulement les unités mais aussi les dizaines.
     */
```

```
    var units = number % 10,
        tens = (number % 100 - units) / 10,
        hundreds = (number % 1000 - number % 100) / 100;


    // Et enfin on crée les trois variables qui contiendront les unités,
    // les dizaines et les centaines en toutes lettres.

    var unitsOut, tensOut, hundredsOut;

}
```

Vous remarquerez que nous avons réduit le code de vérification de l'argument écrit précédemment à un simple commentaire. Nous préférons procéder ainsi pour vous permettre de vous focaliser sur le code actuellement étudié. Ne vous étonnez donc pas de voir des commentaires de ce genre.

Conversion du nombre en toutes lettres

Maintenant que notre fonction est entièrement initialisée, il ne nous reste plus qu'à attaquer le cœur de notre script : la conversion. Comment allons-nous procéder ? Nous avons les unités, dizaines et centaines dans trois variables séparées ainsi que deux tableaux contenant les nombres en toutes lettres. Toutes ces variables vont nous permettre de nous simplifier la vie dans notre code. Par exemple, si l'on souhaite obtenir les unités en toutes lettres, il ne nous reste qu'à faire ceci :

```
unitsOut = units2Letters[units];
```

Si ça paraît aussi simple, c'est parce que notre code a été bien pensé dès le début et organisé de façon à pouvoir travailler le plus facilement possible. Il y a sûrement moyen de faire mieux, mais ce code simplifie quand même grandement les choses, non ? Maintenant, notre plus grande difficulté va être de se plier aux règles orthographiques de la langue française !

Vous aurez sans doute remarqué que nos tableaux ne contiennent pas le chiffre « zéro ». Nous allons l'ajouter à l'aide d'une condition :

```
function num2Letters(number) {

    // Code de vérification de l'argument [...]

    // Code d'initialisation [...]


    if (number === 0) {

        return 'zéro'; // Tout simplement ! Si le nombre vaut « 0 » alors
                       // on retourne « zéro », normal !

    }
}
```

Occupons-nous à présent des unités :

```
function num2Letters(number) {

    // Code de vérification de l'argument [...]

    // Code d'initialisation [...]


    if (number === 0) {

        return 'zéro'; // Tout simplement ! Si le nombre vaut « 0 » alors
                       // on retourne « zéro », normal !

    } else { // Si « number » est différent de « 0 » alors on lance la
             // conversion complète du nombre

        /*
        Ci-dessous on calcule les unités. La dernière partie du code
        (après le +) ne doit normalement pas vous poser de problèmes.
        Mais pour la condition ternaire je pense que vous voyez assez
        peu son utilité. En fait, elle va permettre d'ajouter « et- » à
        l'unité quand cette dernière vaudra 1 et que les dizaines seront
        supérieures à 0 et différentes de 8. Pourquoi ? Tout simplement
        parce qu'on ne dit pas « vingt-un » mais « vingt-et-un », cette
        règle s'applique à toutes les dizaines sauf à « quatre-vingt-un »
        (d'où le « tens !== 8 »).
        */

        unitsOut = (units === 1 && tens > 0 && tens !== 8 ? 'et-' : '')
+ units2Letters[units];

    }
}
```

Afin de simplifier la lecture du code, nous avons placé toutes les conditions ternaires entre parenthèses, même si normalement cela n'est pas vraiment nécessaire.

Viennent ensuite les dizaines. Attention, ça se complique pas mal !

```
function num2Letters(number) {

    // Code de vérification de l'argument [...]

    // Code d'initialisation [...]


    if (number === 0) {

        return 'zéro'; // Tout simplement ! Si le nombre vaut « 0 »
                       // alors on retourne « zéro », normal !
```

```
    } else { // Si « number » est différent de « 0 » alors on lance la
             // conversion complète du nombre


        // Conversion des unités [...]


        /*
        La condition qui suit se charge de convertir les nombres allant
        de 11 à 19. Pourquoi cette tranche de nombres ?
        Parce qu'ils ne peuvent pas se décomposer (essayez de décomposer
        en toutes lettres le nombre « treize », vous nous en direz des
        nouvelles), ils nécessitent donc d'être mis un peu à part. Bref,
        leur conversion en lettres s'effectue donc dans la partie concer-
        nant les dizaines. Ainsi,on va se retrouver avec, par exemple,
        « tensOut = 'treize'; » donc au final, on va effacer la variable
        « unitsOut » vu qu'elle ne servira à rien.
        */

        if (tens === 1 && units > 0) {

            tensOut = units2Letters[10 + units]; // Avec « 10 + units »
                                                 // on obtient le nombre
                                                 // souhaité entre 11 et 19
            unitsOut = ''; // Cette variable ne sert plus à rien, on la vide

        }


        /*
        La condition suivante va s'occuper des dizaines égales à 7 ou 9.
        Pourquoi ? Eh bien un peu pour la même raison que la précédente
        condition : on retrouve les nombres allant de 11 à 19. En effet, on
        dit bien « soixante-treize » et « quatre-vingt-treize » et non pas
        « soixante-dix-trois » ou autre bêtise du genre. Bref, cette condition
        est donc chargée, elle aussi, de convertir les dizaines et les unités.
        Elle est aussi chargée d'ajouter la conjonction « et- » si l'unité
        vaut 1, car on dit « soixante-et-onze » et non pas « soixante-onze ».
        */

    else if (tens === 7 || tens === 9) {

            tensOut = tens2Letters[tens] +'-'+ (tens === 7 && units ===
1 ? 'et-' : '') + units2Letters[10 + units];
            unitsOut = ''; // Cette variable ne sert plus à rien ici non
plus, on la vide

        }


        // Et enfin la condition « else » s'occupe des dizaines qu'on
        // peut qualifier de « normales ».

    else {

            tensOut = tens2Letters[tens];

        }
```

```
            // Dernière étape, « quatre-vingt » sans unité prend un « s » à
            // la fin : « quatre-vingts »

            tensOut += (units === 0 && tens === 8 ? 's' : '');

        }
}
```

Un peu complexe tout ça, n'est-ce pas ? Rassurez-vous, c'était le passage le plus difficile. Attaquons-nous maintenant aux centaines, plus simples :

```
function num2Letters(number) {

    // Code de vérification de l'argument [...]

    // Code d'initialisation [...]


    if (number === 0) {

        return 'zéro'; // Tout simplement ! Si le nombre vaut « 0 »
                       // alors on retourne « zéro », normal !

    } else { // Si « number » est différent de « 0 » alors on lance la
             // conversion complète du nombre


        // Conversion des unités [...]

        // Conversion des dizaines [...]


        /*
        La conversion des centaines se fait en une ligne et trois ter-
        naires. Ces trois ternaires se chargent d'afficher un chiffre si
        nécessaire avant d'écrire « cent » (exemple : « trois-cents »),
        d'afficher ou non la chaîne « cent » (s'il n'y a pas de cen-
        taines, on ne l'affiche pas, normal), et enfin d'ajouter un « s »
        à la chaîne « cent » s'il n'y a ni dizaines, ni unités et que
        les centaines sont supérieures à 1.
        */

        hundredsOut = (hundreds > 1 ? units2Letters[hundreds] + '-' : '')
+ (hundreds > 0 ? 'cent' : '') + (hundreds > 1 && tens == 0 && units ==
0 ? 's' : '');
    }
}
```

Retour de la valeur finale

Une fois que le système de conversion est terminé, il ne nous reste plus qu'à retourner toutes ces valeurs concaténées les unes aux autres avec un tiret.

```
function num2Letters(number) {

    // Code de vérification de l'argument [...]

    // Code d'initialisation [...]


    if (number === 0) {

        return 'zéro'; // Tout simplement ! Si le nombre vaut « 0 »
                       // alors on retourne « zéro », normal !

    } else { // Si « number » est différent de « 0 » alors on lance la
             // conversion complète du nombre


        // Conversion des unités [...]

        // Conversion des dizaines [...]

        // Conversion des centaines [...]


        /*
        Cette ligne de code retourne toutes les valeurs converties en les
        concaténant les unes aux autres avec un tiret. Pourquoi y a-t-il
        besoin de ternaires ? Parce que si l'on n'en met pas, alors on
        risque de retourner des valeurs du genre « -quatre-vingt- » juste
        parce qu'il n'y avait pas de centaines et d'unités.
        */

        return hundredsOut + (hundredsOut && tensOut ? '-': '') + tensOut
+ (hundredsOut && unitsOut || tensOut && unitsOut ? '-': '') + unitsOut;
    }
}
```

Conclusion

Si vous avez trouvé cet exercice difficile, rassurez-vous : il l'est. Il existe certes des codes beaucoup plus évolués et compliqués, mais pour quelqu'un qui débute c'est déjà beaucoup ! Si vous n'avez toujours pas tout compris, je ne peux que vous encourager à relire les explications ou refaire l'exercice. Si, malgré tout, vous n'y arrivez pas, consultez le site OpenClassrooms, dont le forum possède une rubrique consacrée au JavaScript (*https://openclassrooms.com/forum/categorie/javascript*). Vous y trouverez facilement de l'aide, pour peu que vous parveniez à expliquer correctement votre problème.

Deuxième partie

Modeler les pages web

Le JavaScript est un langage qui permet de créer ce qu'on appelle des « pages DHTML ». Ce terme désigne les pages web qui modifient elles-mêmes leur propre contenu sans charger de nouvelle page. C'est cette modification de la structure d'une page web que nous allons étudier dans cette partie.

10 Manipuler le code HTML : les bases

Dans ce premier chapitre consacré à la manipulation du code HTML, nous allons présenter le concept du DOM. Nous étudierons tout d'abord comment naviguer entre les différents nœuds qui composent une page HTML, puis nous aborderons l'édition du contenu d'une page en ajoutant, modifiant et supprimant des nœuds.

Vous allez rapidement constater qu'il est plutôt aisé de manipuler le contenu d'une page web et que cela va devenir indispensable par la suite.

Le Document Object Model

Le *Document Object Model* (DOM) est une interface de programmation pour les documents XML et HTML.

> Une interface de programmation, aussi appelée *Application Programming Interface* (API), est un ensemble d'outils qui permettent de faire communiquer entre eux plusieurs programmes ou, dans le cas présent, différents langages. Le terme API reviendra souvent, quel que soit le langage de programmation que vous apprendrez.

Le DOM est donc une API qui s'utilise avec les documents XML et HTML, et qui va nous permettre, via le JavaScript, d'accéder au code XML et/ou HTML d'un document. C'est grâce au DOM que nous allons pouvoir modifier des éléments HTML (afficher ou masquer un `<div>`, par exemple), en ajouter, en déplacer ou même en supprimer.

> Dans un cours sur le HTML, on parlera de « balises HTML » (une paire de balises en réalité : une balise ouvrante et une balise fermante). En JavaScript, on parlera d'« élément HTML », pour la simple raison que chaque paire de balises (ouvrante et fermante) est vue comme un objet.

Petit historique

À l'origine, quand le JavaScript a été intégré dans les premiers navigateurs (Internet Explorer et Netscape Navigator), le DOM n'était pas unifié, c'est-à-dire que les deux navigateurs possédaient un DOM différent. Pour accéder à un élément HTML, la manière de faire différait donc d'un navigateur à l'autre, ce qui obligeait les développeurs web à coder différemment en fonction du navigateur. En somme, c'était un peu la jungle.

Le W3C a mis de l'ordre dans tout ça et a publié une nouvelle spécification que nous appellerons DOM-1 (pour *DOM Level 1*). Cette nouvelle spécification définit clairement ce qu'est le DOM, et surtout comment un document HTML ou XML est schématisé. Depuis lors, un document HTML ou XML est représenté sous la forme d'un arbre, ou plutôt hiérarchiquement. Ainsi, l'élément`<html>` contient deux éléments enfants : `<head>` et `<body>`, qui à leur tour contiennent d'autres éléments enfants.

La spécification DOM-2 a ensuite vu le jour. La grande nouveauté de cette version 2 est l'introduction de la méthode `getElementById()` qui permet de récupérer un élément HTML ou XML en connaissant son ID.

L'objet window

Avant de véritablement parler du document, c'est-à-dire de la page web, nous allons nous intéresser à l'objet `window`. Il s'agit d'un objet global qui représente la fenêtre du navigateur. C'est à partir de cet objet que le JavaScript est exécuté.

Si nous reprenons notre script « Hello World! » du début, nous avons :

```
<!DOCTYPE html>
<html>
<head>
    <title>Hello World!</title>
</head>

<body>

    <script>

        alert('Hello world!');

    </script>

</body>
</html>
```

Contrairement à ce qui a été dit précédemment, `alert()` n'est pas vraiment une fonction. Il s'agit en réalité d'une méthode appartenant à l'objet `window`. Mais ce dernier est dit implicite, c'est-à-dire qu'il est généralement inutile de le spécifier. Ainsi, ces deux instructions produisent le même effet, à savoir ouvrir une boîte de dialogue :

```
window.alert('Hello world!');
alert('Hello world!');
```

Puisqu'il n'est pas nécessaire de spécifier l'objet `window`, on ne le fait généralement pas sauf si cela est indispensable, par exemple si on manipule des *frames*.

> **!** Ne faites pas de généralisation hâtive : si `alert()` est une méthode de l'objet `window`, toutes les fonctions ne font pas nécessairement partie de l'objet `window`. Ainsi, les fonctions comme `isNaN()`, `parseInt()` ou encore `parseFloat()` ne dépendent pas d'un objet. Ce sont des fonctions globales. Ces dernières sont cependant extrêmement rares. Les quelques fonctions citées dans ce paragraphe représentent près de la moitié des fonctions dites globales, ce qui prouve clairement qu'elles ne sont pas bien nombreuses.

De même, lorsque vous déclarez une variable dans le contexte global de votre script, cette dernière deviendra en réalité une propriété de l'objet `window`. Afin de vous démontrer facilement cela, observez l'exemple suivant :

```
var text = 'Variable globale !';

(function() { // On utilise une IIFE pour « isoler » du code

    var text = 'Variable locale !';

    alert(text); // Forcément, la variable locale prend le dessus

    alert(window.text); // Mais il est toujours possible d'accéder à la
                        // variable globale grâce à l'objet « window »

})();
```

> **!** Si vous tentez d'exécuter cet exemple via le site jsfiddle.net (*http://jsfiddle.net/*), vous risquez d'obtenir un résultat erroné. Il peut arriver que ce genre de site ne permette pas l'exécution de tous les types de codes, en particulier lorsque vous touchez à `window`.

Une dernière chose importante qu'il vous faut mémoriser : toute variable non déclarée (donc utilisée sans jamais écrire le mot-clé `var`) deviendra immédiatement une propriété de l'objet `window`, et ce, quel que soit l'endroit où vous utilisez cette variable ! Prenons un exemple simple :

```
(function() { // On utilise une IIFE pour « isoler » du code

    text = 'Variable accessible !'; // Cette variable n'a jamais été déclarée
                                    // et pourtant on lui attribue une valeur

})();

alert(text); // Affiche : « Variable accessible ! »
```

Notre variable a été utilisée pour la première fois dans une IIFE et pourtant nous y avons accès depuis l'espace global ! Ce fonctionnement s'explique tout simplement parce que le JavaScript va chercher à résoudre le problème que nous lui avons donné : on lui demande d'attribuer une valeur à la variable `text`, il va donc chercher cette variable mais ne la trouve pas, la seule solution pour résoudre le problème qui lui est donné est alors d'utiliser l'objet `window`. Ce qui veut dire qu'en écrivant :

```
text = 'Variable accessible !';
```

le code sera interprété de cette manière si aucune variable accessible n'existe avec ce nom :

```
window.text = 'Variable accessible !';
```

Nous vous montrons cette particularité du JavaScript pour vous déconseiller de l'utiliser ! Si vous n'utilisez jamais le mot-clé `var`, vous allez très vite arriver à de grandes confusions dans votre code (et à de nombreux bogues). Pour déclarer une variable dans l'espace global alors que vous vous trouvez actuellement dans un autre espace (une IIFE, par exemple), spécifiez donc explicitement l'objet `window`. Le reste du temps, pensez bien à écrire le mot-clé `var`.

Le document

L'objet `document` est un sous-objet de `window`, l'un des plus utilisés. Et pour cause, il représente la page web et plus précisément la balise `<html>`. C'est grâce à cet élément que nous allons pouvoir accéder aux éléments HTML et les modifier. Voyons donc comment naviguer dans le document.

Naviguer dans le document

La structure DOM

Comme il a été dit précédemment, le DOM établit le concept de la page web vue comme un arbre, une hiérarchie d'éléments. On peut donc schématiser une page web simple comme ceci :

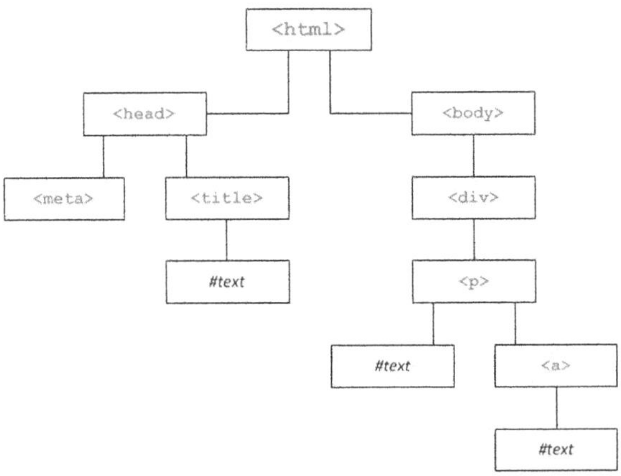

Une page web peut être vue comme un arbre.

Voici le code source de la page :

```
<!doctype html>
<html>
<head>
    <meta charset="utf-8" />
    <title>Le titre de la page</title>
</head>

<body>
    <div>
        <p>Un peu de texte <a>et un lien</a></p>
    </div>
</body>
</html>
```

Le schéma est plutôt simple : l'élément `<html>` contient deux éléments, appelés enfants : `<head>` et `<body>`. Pour ces deux enfants, `<html>` est l'élément parent. Chaque élément est appelé nœud (*node* en anglais). L'élément `<head>` contient lui aussi deux enfants : `<meta>` et `<title>`. `<meta>` ne contient pas d'enfant tandis que `<title>` en contient un, nommé `#text`. Comme son nom l'indique, `#text` est un élément qui contient du texte.

Il est important de bien saisir cette notion : le texte présent dans une page web est vu par le DOM comme un nœud de type `#text`. Dans le schéma précédent, l'exemple du paragraphe qui contient du texte et un lien illustre bien cela :

```
<p>
    Un peu de texte
    <a>et un lien</a>
</p>
```

Si on va à la ligne après chaque nœud, on remarque clairement que l'élément `<p>` comporte deux enfants : `#text` qui contient « Un peu de texte » et `<a>`, qui contient un enfant `#text` représentant « et un lien ».

Accéder aux éléments

L'accès aux éléments HTML via le DOM est assez simple mais reste plutôt limité. En effet l'objet `document` possède trois méthodes principales : `getElementById()`, `getElementsByTagName()` et `getElementsByName()`.

getElementById()

Cette méthode permet d'accéder à un élément en connaissant son ID qui est simplement l'attribut `id` de l'élément. Elle fonctionne de cette manière :

```
<div id="myDiv">
    <p>Un peu de texte <a>et un lien</a></p>
</div>

<script>
    var div = document.getElementById('myDiv');

    alert(div);
</script>
```

(Essayez le code : *http://course.oc-static.com/ftp-tutos/cours/javascript/part2/chap1/ex1.html*)

En exécutant ce code, le navigateur affiche ceci :

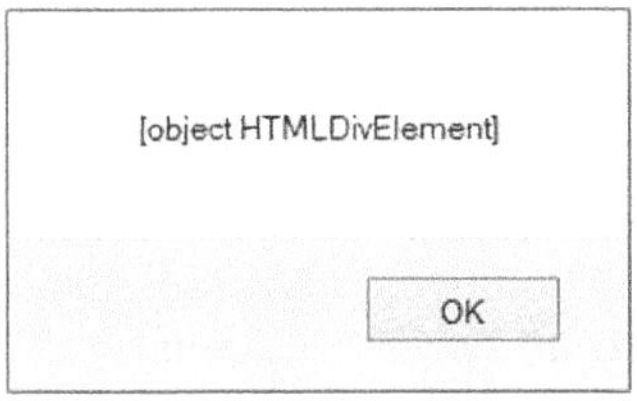

Notre div est bien un objet de type HTMLDivElement.

Il nous dit que `div` est un objet de type `HTMLDivElement`. En clair, c'est un élément HTML qui se trouve être un `<div>`, ce qui nous montre que le script fonctionne correctement.

getElementsByTagName()

Le nom de la méthode `Elements` s'écrit toujours avec un « s » final. C'est une source fréquente d'erreurs.

Cette méthode permet de récupérer, sous la forme d'un tableau, tous les éléments de la famille. Si, dans une page, on veut récupérer tous les `<div>`, il suffit de faire comme ceci :

```
var divs = document.getElementsByTagName('div');

for (var i = 0, c = divs.length ; i < c ; i++) {
    alert('Element n° ' + (i + 1) + ' : ' + divs[i]);
}
```

(Essayez le code : *http://course.oc-static.com/ftp-tutos/cours/javascript/part2/chap1/ex2.html*)

La méthode retourne une collection d'éléments (utilisable de la même manière qu'un tableau). Pour accéder à chaque élément, il est nécessaire de parcourir le tableau avec une petite boucle.

Deux petites astuces :

- cette méthode est accessible sur n'importe quel élément HTML et pas seulement sur l'objet `document` ;
- en paramètre de cette méthode, vous pouvez indiquer une chaîne de caractères contenant un astérisque `*` qui récupérera tous les éléments HTML contenus dans l'élément ciblé.

getElementsByName()

Cette méthode est semblable à `getElementsByTagName()` et permet de ne récupérer que les éléments qui possèdent un attribut `name` que vous spécifiez. L'attribut `name` n'est utilisé qu'au sein des formulaires, et est déprécié depuis la spécification HTML 5 dans tout autre élément qu'un formulaire. Par exemple, vous pouvez vous en servir pour un élément `<input>` mais pas pour un élément `<map>`.

Sachez aussi que cette méthode est dépréciée en XHTML mais qu'elle est standardisée en HTML 5.

Accéder aux éléments grâce aux technologies récentes

Ces dernières années, le JavaScript a beaucoup évolué pour faciliter le développement web. Les deux méthodes que nous allons étudier sont récentes et ne sont pas supportées par les très vieilles versions des navigateurs. Leur support commence à partir de la version 8 d'Internet Explorer, pour les autres navigateurs vous n'avez normalement pas d'inquiétude à avoir.

Ces deux méthodes sont `querySelector()` et `querySelectorAll()` et ont pour particularité de grandement simplifier la sélection d'éléments dans l'arbre DOM grâce à leur mode de fonctionnement. Ces deux méthodes prennent pour paramètre un seul argument : une chaîne de caractères.

Cette chaîne de caractères doit être un sélecteur CSS comme ceux que vous utilisez dans vos feuilles de styles. Exemple :

```
#menu .item span
```

Ce sélecteur CSS stipule qu'on souhaite sélectionner les balises de type `<span>` contenues dans les classes `.item`, elles-mêmes contenues dans un élément dont l'identifiant est `#menu`.

Le principe est plutôt simple mais très efficace. Sachez que ces deux méthodes supportent aussi les sélecteurs CSS 3, bien plus complets. Vous pouvez consulter leur liste sur la spécification du W3C (*http://www.w3.org/Style/css3-selectors-updates/WD-css3-selectors-20010126.fr.html#selectors*).

Voyons les particularités de ces deux méthodes. `querySelector()` renvoie le premier élément trouvé correspondant au sélecteur CSS, tandis que `querySelectorAll()` va renvoyer tous les éléments (sous forme de tableau) correspondant au sélecteur CSS fourni. Prenons un exemple simple :

```
<div id="menu">

    <div class="item">
        <span>Élément 1</span>
        <span>Élément 2</span>
    </div>

    <div class="publicite">
        <span>Élément 3</span>
        <span>Élément 4</span>
    </div>

</div>

<div id="contenu">
    <span>Introduction au contenu de la page...</span>
</div>
```

Maintenant, essayons le sélecteur CSS présenté plus haut : `#menu .item span`

Dans le code suivant, nous utilisons une nouvelle propriété nommée `innerHTML` que nous étudierons plus loin dans ce chapitre. Dans l'immédiat, sachez seulement qu'elle permet d'accéder au contenu d'un élément HTML.

```
var query = document.querySelector('#menu .item span'),
    queryAll = document.querySelectorAll('#menu .item span');

alert(query.innerHTML); // Affiche : "Élément 1"

alert(queryAll.length); // Affiche : "2"
alert(queryAll[0].innerHTML + ' - ' + queryAll[1].innerHTML);
// Affiche : "Élément 1 - Élément 2"
```

Nous obtenons bien les résultats escomptés !

L'héritage des propriétés et des méthodes

Le JavaScript considère les éléments HTML comme des objets, cela signifie que chaque élément HTML possède des propriétés et des méthodes. Cependant, prenez garde car ils ne possèdent pas tous les mêmes propriétés et méthodes. Certaines sont néanmoins communes à tous les éléments HTML, car ces derniers sont d'un même type : le type `Node`, qui signifie « nœud » en anglais.

Notion d'héritage

Nous avons vu qu'un élément `<div>` est un objet `HTMLDivElement`, mais un objet, en JavaScript, peut appartenir à différents groupes. Ainsi, notre `<div>` est un `HTMLDivElement`, qui est un sous-objet de `HTMLElement`, qui est lui-même un sous-objet de `Element`, lequel est enfin un sous-objet de `Node`. Ce schéma est plus parlant :

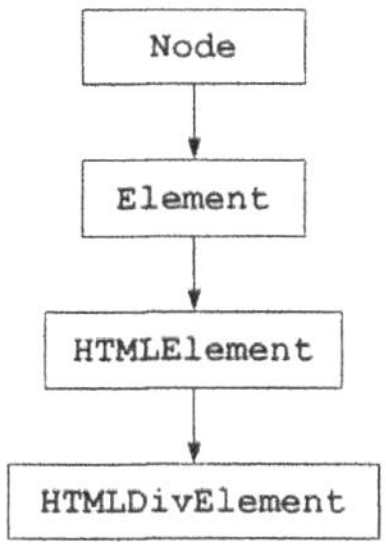

En JavaScript, un objet peut appartenir à plusieurs groupes.

L'objet `Node` apporte un certain nombre de propriétés et de méthodes qui pourront être utilisées depuis un de ses sous-objets. En clair, les sous-objets héritent des propriétés et méthodes de leurs objets parents. Voilà donc ce qu'on appelle l'héritage.

Éditer les éléments HTML

Maintenant que nous savons comment accéder à un élément, nous allons voir comment l'éditer. Les éléments HTML sont souvent composés d'attributs (l'attribut `href` d'un `<a>`, par exemple) et d'un contenu, qui est de type `#text`. Le contenu peut aussi être un autre élément HTML.

Comme dit précédemment, un élément HTML est un objet qui appartient à plusieurs objets, et de ce fait, qui hérite des propriétés et méthodes de ses objets parents.

Les attributs

Via l'objet Element

Pour pouvoir interagir avec les attributs, l'objet `Element` fournit deux méthodes, `getAttribute()` et `setAttribute()`, qui permettent respectivement de récupérer et d'éditer un attribut. Le premier paramètre est le nom de l'attribut, et le second, dans le cas de `setAttribute()` uniquement, est la nouvelle valeur à donner à l'attribut. Voici un petit exemple :

```
<body>
    <a id="myLink" href="http://www.un_lien_quelconque.com">Un lien modifié
dynamiquement</a>
```

```
    <script>
        var link = document.getElementById('myLink');
        var href = link.getAttribute('href'); // On récupère l'attribut
« href »

        alert(href);

        link.setAttribute('href', 'http://www.siteduzero.com'); // On
édite l'attribut « href »
    </script>
</body>
```

Nous commençons par récupérer l'élément `myLink`, puis nous lisons son attribut `href` via `getAttribute()`. Ensuite, nous modifions la valeur de `href` avec `setAttribute()`. Le lien pointe maintenant vers `https://openclassrooms.com/`.

Les attributs accessibles

En fait, pour la plupart des éléments courants comme `<a>`, il est possible d'accéder à un attribut via une propriété. Ainsi, si on veut modifier la destination d'un lien, on peut utiliser la propriété `href`, comme ceci :

```
<body>
    <a id="myLink" href="http://www.un_lien_quelconque.com">Un lien modifié
dynamiquement</a>

    <script>
        var link = document.getElementById('myLink');
        var href = link.href;

        alert(href);

        link.href = 'https://openclassrooms.com';
    </script>
</body>
```

(Essayez le code : *http://course.oc-static.com/ftp-tutos/cours/javascript/part2/chap1/ex3.html*)

C'est cette façon de procéder que nous utiliserons majoritairement pour les formulaires : pour récupérer ou modifier la valeur d'un champ, nous utiliserons la propriété `value`.

> Un attribut auquel on accède par le biais de la méthode `getAttribute()` renverra la valeur exacte de ce qui est écrit dans le code HTML (sauf après une éventuelle modification), tandis que l'accès par le biais de sa propriété peut entraîner quelques changements. Prenons l'exemple suivant :
>
> ```
> <a href="/">Retour à l'accueil du site</a>
> ```
>
> L'accès à l'attribut `href` avec la méthode `getAttribute()` retournera bien un simple slash, tandis que l'accès à la propriété retournera une URL absolue. Si votre nom de domaine est « mon_site.com », vous obtiendrez « http://mon_site.com/ »

La classe

On peut penser que pour modifier l'attribut `class` d'un élément HTML, il suffit d'utiliser `element.class`. Ceci n'est pas possible car le mot-clé `class` est réservé en JavaScript, bien qu'il n'ait aucune utilité. À la place de `class`, il faudra utiliser `className`.

```
<!doctype html>
<html>
<head>
    <meta charset="utf-8" />
    <title>Le titre de la page</title>
    <style>
        .blue {
            background: blue;
            color: white;
        }
    </style>
</head>

<body>
    <div id="myColoredDiv">
        <p>Un peu de texte <a>et un lien</a></p>
    </div>

    <script>
        document.getElementById('myColoredDiv').className = 'blue';
    </script>
</body>
</html>
```

Dans cet exemple, on définit la classe CSS `.blue` à l'élément `myColoredDiv`, ce qui fait que cet élément sera affiché avec un arrière-plan bleu et un texte blanc.

Le mot-clé `for` est également réservé en JavaScript (pour les boucles). Vous ne pouvez donc pas modifier l'attribut HTML `for` d'un `<label>` en écrivant `element.for`. Il faudra utiliser `element.htmlFor` à la place.

Faites bien attention : si votre élément comporte plusieurs classes (par exemple, `<a class="external red u">`) et que vous récupérez la classe avec `className`, cette propriété ne retournera pas un tableau avec les différentes classes. Elle retournera la chaîne « external red u », ce qui n'est pas vraiment le comportement souhaité. Il vous faudra alors couper cette chaîne avec la méthode `split()` pour obtenir un tableau, comme ceci :

```
var classes = document.getElementById('myLink').className;
var classesNew = [];
classes = classes.split(' ');

for (var i = 0, c = classes.length; i < c; i++) {
```

```
    if (classes[i]) {
        classesNew.push(classes[i]);
    }
}

alert(classesNew);
```

(Essayez le code : *http://course.oc-static.com/ftp-tutos/cours/javascript/part2/chap1/ex4.html*)

Nous récupérons ici les classes, nous découpons la chaîne, mais comme il se peut que plusieurs espaces soient présents entre chaque nom de classe, nous vérifions chaque élément pour voir s'il contient quelque chose (s'il n'est pas vide). Nous en profitons pour créer un nouveau tableau, `classesNew`, qui contiendra les noms des classes, sans « parasites ».

Si le support d'Internet Explorer avant sa version 10 vous importe peu, vous pouvez aussi vous tourner vers la propriété `classList` qui permet de consulter les classes sous forme d'un tableau et de les manipuler aisément :

```
var div = document.querySelector('div');

// Ajoute une nouvelle classe
div.classList.add('new-class');

// Retire une classe
div.classList.remove('new-class');

// Retire une classe si elle est présente ou bien l'ajoute si elle est absente
div.classList.toggle('toggled-class');

// Indique si une classe est présente ou non
if (div.classList.contains('old-class')) {
    alert('La classe .old-class est présente !');
}

// Parcourt et affiche les classes CSS
var result = '';

for (var i = 0; i < div.classList.length; i++) {
    result += '.' + div.classList[i] + '\n';
}

alert(result);
```

Le contenu : innerHTML

La propriété `innerHTML` est spéciale et demande une petite introduction. Elle a été créée par Microsoft pour les besoins d'Internet Explorer et a été normalisée au sein du HTML 5. Bien que non normalisée pendant des années, elle est devenue un standard parce que tous les navigateurs la supportaient déjà, et non l'inverse comme c'est généralement le cas.

Récupérer du HTML

`innerHTML` permet de récupérer le code HTML enfant d'un élément sous forme de texte. Ainsi, si des balises sont présentes, `innerHTML` les retournera sous forme de texte :

```
<body>
    <div id="myDiv">
        <p>Un peu de texte <a>et un lien</a></p>
    </div>

    <script>
        var div = document.getElementById('myDiv');

        alert(div.innerHTML);
    </script>
</body>
```

Nous avons donc bien une boîte de dialogue qui affiche le contenu de `myDiv`, sous forme de texte :

Le contenu de myDiv est bien affiché.

Ajouter ou éditer du HTML

Pour éditer ou ajouter du contenu HTML, il suffit de faire l'inverse, c'est-à-dire de définir un nouveau contenu :

```
document.getElementById('myDiv').innerHTML = '<blockquote>Je mets une
citation à la place du paragraphe</blockquote>';
```

Si vous voulez ajouter du contenu et ne pas modifier celui déjà en place, il suffit d'utiliser += à la place de l'opérateur d'affectation :

```
document.getElementById('myDiv').innerHTML += ' et <strong>une portion mise
en emphase</strong>.';
```

Voici toutefois une petite mise en garde : n'utilisez pas le += dans une boucle ! En effet, innerHTML ralentit considérablement l'exécution du code si nous procédons de cette manière. Il vaut donc mieux concaténer son texte dans une variable pour ensuite ajouter le tout via innerHTML. Exemple :

```
var text = '';

while ( /* condition */ ) {
    text += 'votre_texte'; // On concatène dans la variable « text »
}

element.innerHTML = text; // Une fois la concaténation terminée, on ajoute
                          // le tout à « element » via innerHTML
```

Si un jour il vous prend l'envie d'ajouter une balise <script> à votre page par le biais de la propriété innerHTML, sachez que cela ne fonctionne pas ! Il est toutefois possible de créer cette balise par le biais de la méthode createElement() que nous étudierons au prochain chapitre.

innerText et textContent

Penchons-nous maintenant sur deux propriétés analogues à innerHTML : innerText pour Internet Explorer et textContent pour les autres navigateurs.

innerText

La propriété innerText a aussi été introduite dans Internet Explorer, mais contrairement à sa propriété sœur innerHTML, elle n'a jamais été standardisée et n'est pas supportée par tous les navigateurs. Internet Explorer (pour toute version antérieure à la neuvième) ne supporte que cette propriété, mais pas la version standardisée que nous verrons par la suite.

Le fonctionnement de innerText est le même que celui de innerHTML à la différence que seul le texte est récupéré, et non les balises. C'est pratique pour récupérer du contenu sans le balisage, voici un petit exemple :

```
<body>
    <div id="myDiv">
        <p>Un peu de texte <a>et un lien</a></p>
    </div>

    <script>
        var div = document.getElementById('myDiv');

        alert(div.innerText);
    </script>
</body>
```

Ce qui donne bien « Un peu de texte et un lien », sans les balises :

Le texte est affiché sans les balises HTML.

textContent

La propriété `textContent` est la version standardisée de `innerText`. Elle est reconnue par tous les navigateurs à l'exception des versions d'Internet Explorer antérieures à la version 9. Le fonctionnement est évidemment le même.

Vous vous demandez sans doute comment créer un script qui fonctionne à la fois pour Internet Explorer et les autres navigateurs ? C'est ce que nous allons voir dans les sections suivantes.

Tester le navigateur

À l'aide d'une simple condition, il est possible de vérifier si le navigateur prend en charge telle méthode ou telle propriété.

```
<body>
    <div id="myDiv">
        <p>Un peu de texte <a>et un lien</a></p>
    </div>

    <script>
        var div = document.getElementById('myDiv');
        var txt = '';

        if (div.textContent) { // « textContent » existe ? Alors on s'en
                               // sert !
            txt = div.textContent;
        } else if (div.innerText) { // « innerText » existe ? Alors on
                                    // doit être sous IE.
            txt = div.innerText + ' [via Internet Explorer]';
        } else { // Si aucun des deux n'existe, cela est sûrement dû au
                 // fait qu'il n'y a pas de texte
            txt = ''; // On met une chaîne de caractères vide
        }

        alert(txt);
    </script>
</body>
```

Il suffit donc de tester par le biais d'une condition, si l'instruction fonctionne. Si `textContent` ne fonctionne pas, nous utilisons `innerText` :

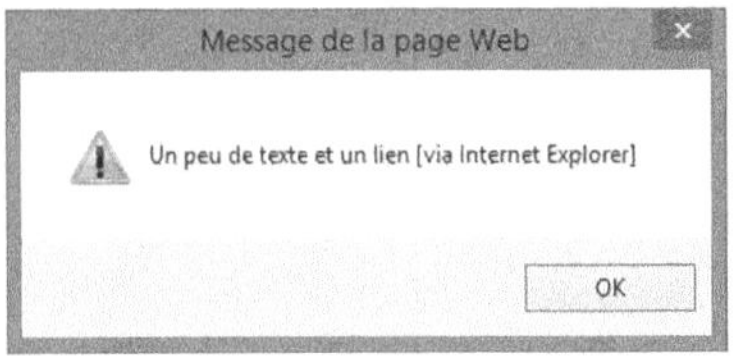

La fenêtre s'affiche avec Internet Explorer.

Cela dit, ce code est quand même très long et redondant. Il est possible de le raccourcir de manière considérable :

```
txt = div.textContent || div.innerText || '';
```

Cet ouvrage n'abordera pas la prise charge des versions d'Internet Explorer antérieures à la version 9. Nous avons fait une exception ici afin de vous présenter de quelle manière vous pouvez gérer les problèmes de compatibilité. Si vous souhaitez vérifier si un navigateur supporte une certaine technologie HTML, CSS ou JavaScript, vous pouvez consulter le Mozilla Developer Network (*https://developer.mozilla.org/fr/*) ou le site Can I use... (*http://caniuse.com/*) qui sont des mines d'informations, maintenues par des communautés actives.

En résumé

- Le DOM va servir à accéder aux éléments HTML présents dans un document afin de les modifier et d'interagir avec eux.
- L'objet `window` est un objet global représentant la fenêtre du navigateur. `document`, quant à lui, est un sous-objet de `window` et représente la page web. C'est grâce à lui qu'on va pouvoir accéder aux éléments HTML de la page web.
- Les éléments de la page sont structurés comme un arbre généalogique, avec l'élément `<html>` comme élément fondateur.
- Différentes méthodes, comme `getElementById()`, `getElementsByTagName()`, `querySelector()` ou `querySelectorAll()`, sont disponibles pour accéder aux éléments.
- Les attributs peuvent tous être modifiés grâce à `setAttribute()`. Certains éléments possèdent des propriétés qui permettent de modifier ces attributs.
- La propriété `innerHTML` permet de récupérer ou de définir le code HTML présent à l'intérieur d'un élément.
- De leur côté, `textContent` et `innerText` ne sont capables que de définir ou récupérer du texte brut, sans aucunes balises HTML.

QCM
(*http://odyssey.sdlm.be/javascript/26/partie2/chapitre1/qcm.htm*)

Questionnaire didactique
(*http://odyssey.sdlm.be/javascript/27/partie2/chapitre1/questionnaire.htm*)

Modifier un élément
(*http://odyssey.sdlm.be/javascript/28/partie2/chapitre1/linkhref.htm*)

Modifier un attribut de manière générique
(*http://odyssey.sdlm.be/javascript/29/partie2/chapitre1/data.htm*)

Utilisation de innerHTML
(*http://odyssey.sdlm.be/javascript/30/partie2/chapitre1/innerhtml.htm*)

11

Manipuler le code HTML : les notions avancées

La propriété `innerHTML` a comme principale qualité d'être facile et rapide à utiliser et c'est la raison pour laquelle elle est généralement privilégiée par les débutants, de même que par de nombreux développeurs expérimentés. `innerHTML` a longtemps été une propriété non standardisée mais depuis le HTML 5, elle est reconnue par le W3C et peut donc être utilisée sans trop se poser de questions.

Dans ce deuxième chapitre consacré à la manipulation du contenu, nous allons aborder la modification du document via le DOM. Nous l'avons déjà fait précédemment, notamment avec `setAttribute()`. Mais ici, il va s'agir de créer, supprimer et déplacer des éléments HTML. C'est un gros morceau du JavaScript, pas toujours facile à assimiler. Mais si `innerHTML` suffit, pourquoi s'embêter avec le DOM ? Tout simplement parce que ce dernier est plus puissant et qu'il est nécessaire pour traiter du XML.

Naviguer entre les nœuds

Nous avons vu dans le chapitre précédent que les méthodes `getElementById()` et `getElementsByTagName()` permettent d'accéder aux éléments HTML. Une fois l'élément atteint, il est possible de se déplacer de façon un peu plus précise, avec toute une série de méthodes et de propriétés que nous allons étudier ici.

La propriété parentNode

La propriété `parentNode` permet d'accéder à l'élément parent d'un élément. Voici un exemple :

```
<blockquote>
    <p id="myP">Ceci est un paragraphe !</p>
</blockquote>
```

Admettons que nous devions accéder à myP et que pour une autre raison, nous voulions aussi accéder à l'élément <blockquote>, qui est le parent de myP. Pour ce faire, il suffit d'accéder à myP, puis à son parent grâce à parentNode :

```
var paragraph = document.getElementById('myP');
var blockquote = paragraph.parentNode;
```

nodeType et nodeName

Les propriétés nodeType et nodeName servent respectivement à vérifier le type et le nom d'un nœud. nodeType retourne un nombre, qui correspond à un type de nœud. Le tableau suivant liste les différents types possibles, ainsi que leurs numéros (les types courants sont en gras) :

Numéro	Type de nœud
1	Nœud élément
2	Nœud attribut
3	Nœud texte
4	Nœud pour passage CDATA (relatif au XML)
5	Nœud pour référence d'entité
6	Nœud pour entité
7	Nœud pour instruction de traitement
8	Nœud pour commentaire
9	Nœud document
10	Nœud type de document
11	Nœud de fragment de document
12	Nœud pour notation

La propriété nodeName, quant à elle, retourne simplement le nom de l'élément, en majuscules. Il est toutefois conseillé d'utiliser toLowerCase() (ou toUpperCase()) pour forcer un format de casse et ainsi éviter les mauvaises surprises.

```
var paragraph = document.getElementById('myP');
alert(paragraph.nodeType + '\n\n' + paragraph.nodeName.toLowerCase());
```

(Essayez le code : *http://course.oc-static.com/ftp-tutos/cours/javascript/part2/chap2/ex1.html*)

Lister et parcourir des nœuds enfants

firstChild et lastChild

Comme leur nom le laisse présager, les propriétés `firstChild` et `lastChild` servent respectivement à accéder au premier et au dernier enfant d'un nœud.

```
<!doctype html>
<html>
<head>
    <meta charset="utf-8" />
    <title>Le titre de la page</title>
</head>

<body>
    <div>
        <p id="myP">Un peu de texte, <a>un lien</a> et <strong>une
portion en emphase</strong></p>
    </div>

    <script>
       var paragraph = document.getElementById('myP');
        var first = paragraph.firstChild;
        var last  = paragraph.lastChild;

        alert(first.nodeName.toLowerCase());
        alert(last.nodeName.toLowerCase());
    </script>
</body>
</html>
```

(Essayez le code : *http://course.oc-static.com/ftp-tutos/cours/javascript/part2/chap2/ex2.html*)

En schématisant l'élément `myP` précédent, on obtient ceci :

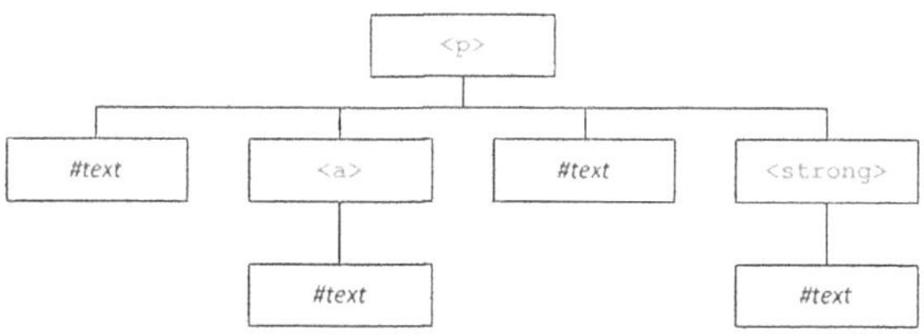

Schéma de l'élément myP

Le premier enfant de `<p>` est un nœud textuel, alors que le dernier enfant est un élément `<strong>`.

Si vous ne souhaitez récupérer que les enfants, qui sont considérés comme des éléments HTML (et donc éviter les nœuds `#text`, par exemple), sachez qu'il existe les propriétés `firstElementChild` et `lastElementChild`. Ainsi, dans l'exemple précédent, la propriété `firstElementChild` renverrait l'élément `<a>`. Malheureusement, ces deux propriétés ne sont supportées qu'à partir de la version 9 d'Internet Explorer.

nodeValue et data

Nous souhaitons à présent récupérer le texte du premier enfant et le texte contenu dans l'élément <strong>.

Pour cela, vous pouvez utiliser la propriété nodeValue ou la propriété data. Si nous réécrivons le code du script précédent, nous obtenons ceci :

```
var paragraph = document.getElementById('myP');
var first = paragraph.firstChild;
var last = paragraph.lastChild;

alert(first.nodeValue);
alert(last.firstChild.data);
```

(Essayez le code : *http://course.oc-static.com/ftp-tutos/cours/javascript/part2/chap2/ex3.html*)

first contient le premier nœud, un nœud textuel. Il suffit de lui appliquer la propriété nodeValue (ou data) pour récupérer son contenu ; pas de difficulté ici. En revanche, il y a une petite différence avec notre élément <strong> : vu que les propriétés nodeValue et data ne s'appliquent que sur des nœuds textuels, nous devons d'abord accéder au nœud textuel que contient notre élément, c'est-à-dire son nœud enfant. Pour cela, nous utilisons firstChild (et non pas firstElementChild), puis nous récupérons le contenu avec nodeValue ou data.

childNodes

La propriété childNodes retourne un tableau contenant la liste des enfants d'un élément. L'exemple suivant illustre son fonctionnement, de manière à récupérer le contenu des éléments enfants :

```
<body>
    <div>
        <p id="myP">Un peu de texte <a>et un lien</a></p>
    </div>

    <script>
        var paragraph = document.getElementById('myP');
        var children = paragraph.childNodes;

        for (var i = 0, c = children.length; i < c; i++) {

            if (children[i].nodeType === Node.ELEMENT_NODE ) {
            // C'est un élément HTML
                alert(children[i].firstChild.data);
            } else { // C'est certainement un nœud textuel
                alert(children[i].data);
            }

        }
    </script>
</body>
```

(Essayez le code : *http://course.oc-static.com/ftp-tutos/cours/javascript/part2/chap2/ex4.html*)

Vous remarquerez que nous n'avons pas comparé la propriété `nodeType` à la valeur `1` mais à `Node.ELEMENT_NODE`, il s'agit en fait d'une constante qui contient la valeur `1`, ce qui est plus facile à lire que le chiffre seul. Il existe une constante pour chaque type de nœud, vous pouvez les retrouver sur le MDN (*https://developer.mozilla.org/fr/docs/Web/API/Node/nodeType*).

nextSibling et previousSibling

`nextSibling` et `previousSibling` sont deux propriétés qui permettent d'accéder respectivement au nœud suivant et au nœud précédent.

```
<body>
    <div>
        <p id="myP">Un peu de texte, <a>un lien</a> et <strong>une
portion en emphase</strong></p>
    </div>

    <script>
        var paragraph = document.getElementById('myP');
        var first = paragraph.firstChild;
        var next  = first.nextSibling;

        alert(next.firstChild.data); // Affiche « un lien »
    </script>
</body>
```

(Essayez le code : *http://course.oc-static.com/ftp-tutos/cours/javascript/part2/chap2/ex5.html*)

Dans cet exemple, nous récupérons le premier enfant de `myP`, sur lequel nous utilisons `nextSibling` qui permet de récupérer l'élément `<a>`. Il est même possible de parcourir les enfants d'un élément, en utilisant une boucle `while` :

```
<body>
    <div>
        <p id="myP">Un peu de texte <a>et un lien</a></p>
    </div>

    <script>
        var paragraph = document.getElementById('myP');
        var child = paragraph.lastChild; // On prend le dernier enfant

        while (child) {

            if (child.nodeType === 1) { // C'est un élément HTML
                alert(child.firstChild.data);
            } else { // C'est certainement un nœud textuel
                alert(child.data);
            }
```

```
            child = child.previousSibling;
            // À chaque tour de boucle, on prend l'enfant précédent

        }
    </script>
</body>
```

(Essayez le code : *http://course.oc-static.com/ftp-tutos/cours/javascript/part2/chap2/ex6.html*)

Pour changer un peu, la boucle tourne « à l'envers », car nous récupérons d'abord le dernier enfant, puis nous cheminons à reculons.

Tout comme pour `firstChild` et `lastChild`, sachez qu'il existe les propriétés `nextElementSibling` et `previousElementSibling` qui permettent, elles aussi, de ne récupérer que les éléments HTML. Ces deux propriétés ont les mêmes problèmes de compatibilité que `firstElementChild` et `lastElementChild`.

Attention aux nœuds vides

En considérant le code HTML suivant, nous pourrions penser que l'élément `<div>` ne contient que trois enfants `<p>` :

```
<div>
    <p>Paragraphe 1</p>
    <p>Paragraphe 2</p>
    <p>Paragraphe 3</p>
</div>
```

Mais attention, car ce code est radicalement différent de celui-ci :

```
<div><p>Paragraphe 1</p><p>Paragraphe 2</p><p>Paragraphe 3</p></div>
```

En fait, les espaces entre les éléments tout comme les retours à la ligne sont considérés comme des nœuds textuels (enfin, cela dépend des navigateurs) ! Ainsi, si nous schématisons le premier code, nous obtenons ceci :

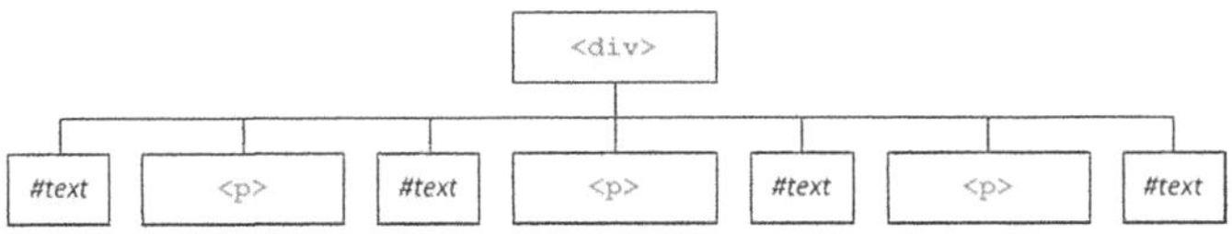

Schéma de notre premier code

Alors que le deuxième code peut être schématisé comme suit :

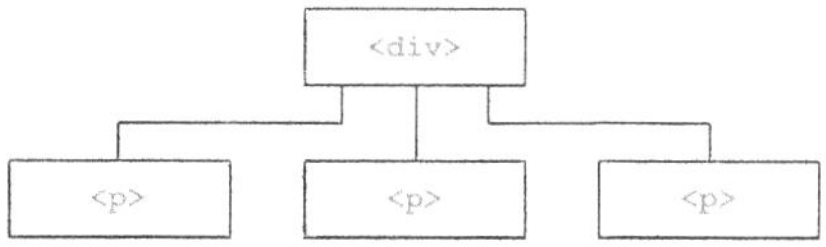

Schéma de notre second code

Heureusement, il existe une solution. Les quatre attributs `firstElementChild`, `lastElementChild`, `nextElementSibling` et `previousElementSibling` ne retournent que des éléments HTML et permettent donc d'ignorer les nœuds textuels. Ils s'utilisent exactement de la même manière que les attributs de base (`firstChild`, `lastChild`, etc.). Attention toutefois, ces attributs ne sont pas supportés par les versions d'Internet Explorer antérieures à la version 9.

Créer et insérer des éléments

Ajouter des éléments HTML

Avec le DOM, l'ajout d'un élément HTML se fait en trois temps :

1. création de l'élément ;
2. affectation des attributs ;
3. insertion dans le document, ce n'est qu'à ce moment qu'il est « ajouté ».

Création de l'élément

La création d'un élément se fait avec la méthode `createElement()`, un sous-objet de l'objet racine, soit `document` dans la majorité des cas :

```
var newLink = document.createElement('a');
```

Nous créons ici un nouvel élément `<a>`. Il est créé, mais il n'est pas inséré dans le document, il n'est donc pas visible. Cela dit, nous pouvons déjà travailler dessus, en lui ajoutant des attributs ou même des événements (voir chapitre suivant).

> Si vous travaillez dans une page web, l'élément racine sera toujours `document`, sauf dans le cas des frames.

Affecter des attributs

Comme vu précédemment, nous définissons ici les attributs avec setAttribute() ou directement avec les propriétés adéquates.

```
newLink.id    = 'sdz_link';
newLink.href  = 'https://www.openclassrooms.com';
newLink.title = 'Découvrez OpenClassrooms !';
newLink.setAttribute('tabindex', '10');
```

Insérer l'élément

On utilise la méthode appendChild() (« ajouter un enfant » en anglais) pour insérer l'élément. Pour cela, nous devons connaître l'élément auquel nous allons ajouter l'élément créé. Considérons donc le code suivant :

```
<!doctype html>
<html>
 <head>
     <meta charset="utf-8" />
     <title>Le titre de la page</title>
</head>

<body>
     <div>
          <p id="myP">Un peu de texte <a>et un lien</a></p>
     </div>
</body>
</html>
```

Nous allons ajouter notre élément <a> dans l'élément <p> portant l'ID myP. Pour ce faire, il suffit de récupérer cet élément et d'ajouter notre élément <a> via appendChild() :

```
document.getElementById('myP').appendChild(newLink);
```

Une petite explication s'impose. Avant d'insérer notre élément <a>, la structure DOM du document ressemble à ceci :

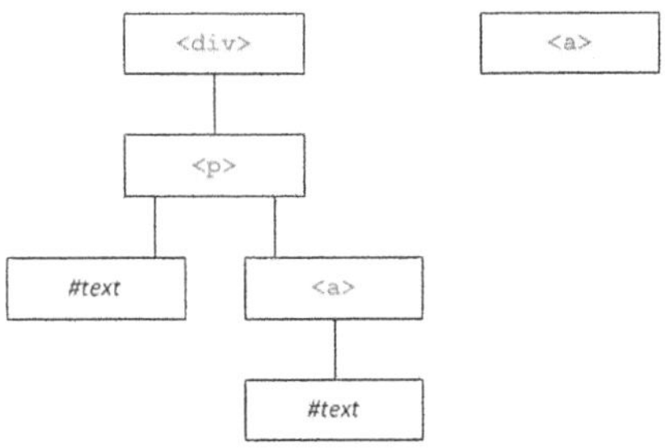

Avant d'insérer notre élément <a>, la structure DOM du document ressemble à cette figure.

L'élément `<a>` existe, mais il n'est pas lié, un peu comme s'il était libre dans le document : il n'est pas encore placé. Il s'agit ici de le placer comme enfant de l'élément `myP`. La méthode `appendChild()` va alors déplacer notre élément `<a>` pour le placer en tant que dernier enfant de `myP` :

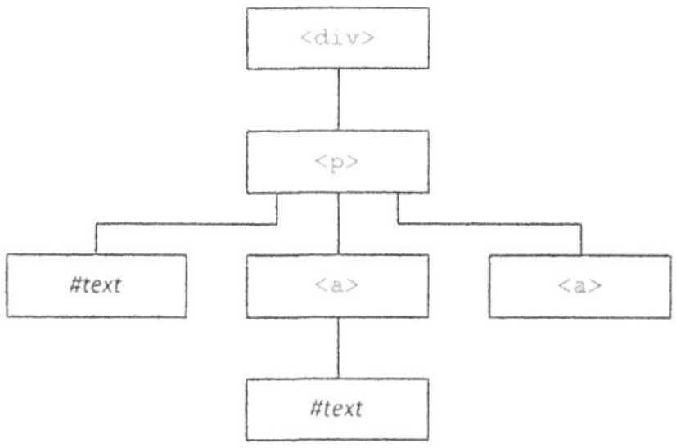

L'élément est placé en tant que dernier enfant.

Cela signifie que `appendChild()` insérera toujours l'élément en tant que dernier enfant, ce qui n'est pas toujours très pratique. Nous verrons plus tard comment insérer un élément avant ou après un enfant donné.

Ajouter des nœuds textuels

L'élément a été inséré, mais il manque quelque chose : le contenu textuel. La méthode `createTextNode()` sert à créer un nœud textuel (de type `#text`) qu'il nous suffira d'ajouter à notre élément fraîchement inséré, comme ceci :

```
var newLinkText = document.createTextNode("Le site OpenClassrooms");

newLink.appendChild(newLinkText);
```

L'insertion se fait ici aussi avec `appendChild()`, sur l'élément `newLink`. Afin d'y voir plus clair, résumons le code :

```
<body>
    <div>
        <p id="myP">Un peu de texte <a>et un lien</a></p>
    </div>

    <script>
        var newLink = document.createElement('a');


        newLink.id = 'sdz_link';
        newLink.href = 'http://www.openclassrooms.com';
        newLink.title = 'Découvrez le site OpenClassrooms !';
        newLink.setAttribute('tabindex', '10');

        document.getElementById('myP').appendChild(newLink);

       var newLinkText = document.createTextNode("Le site OpenClassrooms");
```

```
        newLink.appendChild(newLinkText);
    </script>
</body>
```

(Essayez le code : *http://course.oc-static.com/ftp-tutos/cours/javascript/part2/chap2/ex7.html*)

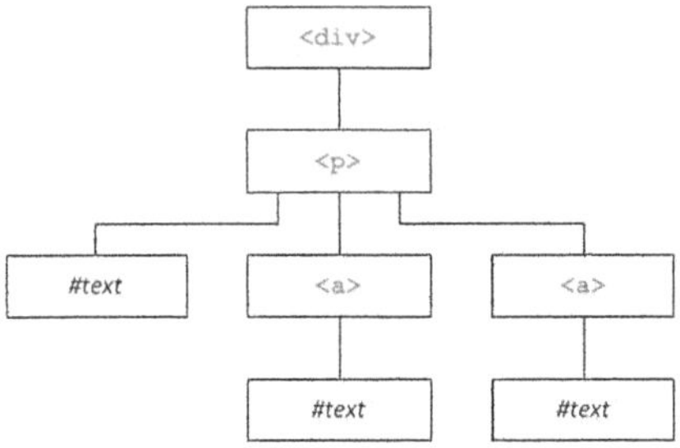

Résultat obtenu

À noter que le fait d'insérer via `appendChild()` n'a aucune incidence sur l'ordre d'exécution des instructions. Cela signifie que nous pouvons travailler sur les éléments HTML et les nœuds textuels sans qu'ils soient au préalable insérés dans le document. Par exemple, nous pourrions ordonner le code comme ceci :

```
var newLink = document.createElement('a');
var newLinkText = document.createTextNode("Le site OpenClassrooms");

newLink.id = 'sdz_link';
newLink.href = 'http://www.openclassrooms.com';
newLink.title = 'Découvrez OpenClassrooms !';
newLink.setAttribute('tabindex', '10');

newLink.appendChild(newLinkText);

document.getElementById('myP').appendChild(newLink);
```

Ici, nous commençons par créer les deux éléments (le lien et le nœud de texte), puis nous affectons les variables au lien et nous lui ajoutons le nœud textuel. À ce stade, l'élément HTML contient le nœud textuel, mais cet élément n'est pas encore inséré dans le document :

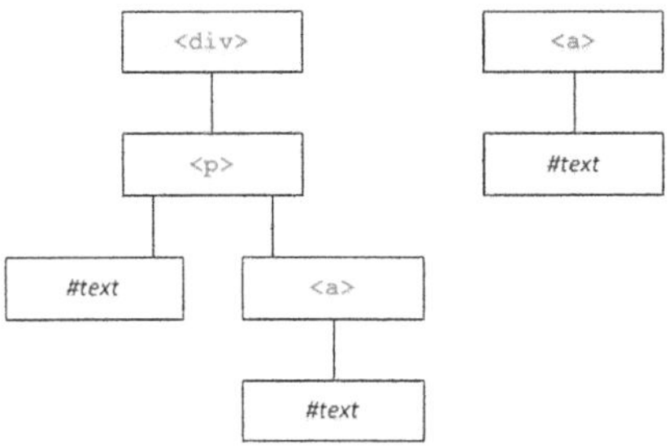

L'élément HTML contient le nœud textuel,
mais cet élément n'est pas encore inséré dans le document.

La dernière instruction insère alors le tout.

> Nous vous conseillons d'organiser votre code comme le dernier exemple, c'est-à-dire avec la création de tous les éléments au début, puis les différentes opérations d'affectation. Enfin, l'insertion des éléments les uns dans les autres et, pour terminer, l'insertion dans le document. Votre code sera ainsi structuré, clair et surtout bien plus performant !

`appendChild()` retourne une référence (voir plus loin pour plus de détails) pointant sur l'objet qui vient d'être inséré. Cela peut servir dans le cas où vous n'avez pas déclaré de variable intermédiaire lors du processus de création de votre élément. Par exemple, le code suivant ne pose pas de problème :

```
var span = document.createElement('span');
document.body.appendChild(span);

span.innerHTML = 'Du texte en plus !';
```

En revanche, si vous retirez l'étape intermédiaire (la première ligne) pour gagner une ligne de code, vous allez être embêtés pour modifier le contenu :

```
document.body.appendChild(document.createElement('span'));

span.innerHTML = 'Du texte en plus !';
// La variable « span » n'existe plus… Le code plante.
```

Pour résoudre ce problème, utilisez la référence retournée par `appendChild()` de la façon suivante :

```
var span = document.body.appendChild(document.createElement('span'));

span.innerHTML = 'Du texte en plus !'; // Là, tout fonctionne !
```

Notions sur les références

En JavaScript et comme dans beaucoup de langages, le contenu des variables est « passé par valeur ». Cela veut donc dire que si une variable `nick1` contient le prénom « Clarisse » et qu'on affecte cette valeur à une autre variable, la valeur est copiée dans la nouvelle. On obtient alors deux variables distinctes, contenant la même valeur :

```
var nick1 = 'Clarisse';
var nick2 = nick1;
```

Si on modifie la valeur de `nick2`, la valeur de `nick1` reste inchangée : normal, les deux variables sont bien distinctes.

Les références

Outre le passage par valeur, le JavaScript possède un « passage par référence ». En fait, quand une variable est créée, sa valeur est mise en mémoire par l'ordinateur. Pour pouvoir retrouver cette valeur, elle est associée à une adresse que seul l'ordinateur connaît et manipule (on ne s'en occupe pas).

Quand on passe une valeur par référence, on transmet l'adresse de la valeur, ce qui va permettre d'avoir deux variables qui pointent sur une même valeur. Malheureusement, un exemple théorique d'un passage par référence n'est pas vraiment envisageable à ce stade du tutoriel, il faudra attendre d'aborder le chapitre 17 sur la création d'objets. Cela dit, quand on manipule une page web avec le DOM, on est confronté à des références, tout comme dans le chapitre suivant sur les événements.

Les références avec le DOM

Schématiser le concept de référence avec le DOM est assez simple : deux variables peuvent accéder au même élément. Regardez cet exemple :

```
var newLink = document.createElement('a');
var newLinkText = document.createTextNode('Le site OpenClassrooms');

newLink.id = 'sdz_link';
newLink.href = 'http://www.openclassrooms.com';

newLink.appendChild(newLinkText);

document.getElementById('myP').appendChild(newLink);

// On récupère, via son ID, l'élément fraîchement inséré
var sdzLink = document.getElementById('sdz_link');

sdzLink.href = 'http://www.openclassrooms.com/forum.html';

// newLink.href affiche bien la nouvelle URL :
alert(newLink.href);
```

La variable `newLink` contient en réalité une référence vers l'élément `<a>` qui a été créé. `newLink` ne contient pas l'élément, il contient une adresse qui pointe vers ce fameux élément `<a>`. Une fois que l'élément HTML est inséré dans la page, on peut y accéder de nombreuses autres façons, comme avec `getElementById()`. Quand on accède à un élément via `getElementById()`, on le fait aussi au moyen d'une référence.

Ce qu'il faut retenir de tout ça, c'est que les objets du DOM sont toujours accessibles par référence, et c'est la raison pour laquelle ce code ne fonctionne pas :

```
var newDiv1 = document.createElement('div');
var newDiv2 = newDiv1; // On tente de copier le <div>
```

En effet, `newDiv2` contient une référence qui pointe vers le même `<div>` que `newDiv1`. Mais comment dupliquer un élément alors ? En le clonant, comme nous allons le voir maintenant !

Cloner, remplacer, supprimer...

Cloner un élément

Pour cloner un élément, il suffit d'utiliser `cloneNode()`. Cette méthode requiert un paramètre booléen (`true` ou `false`) : si vous désirez cloner le nœud avec (`true`) ou sans (`false`) ses enfants et ses différents attributs.

Voici un petit exemple très simple : nous créons un élément `<hr />`, que nous allons cloner pour en obtenir un second :

```
// On va cloner un élément créé :
var hr1 = document.createElement('hr');
var hr2 = hr1.cloneNode(false); // Il n'a pas d'enfants…

// Ici, on clone un élément existant :
var paragraph1 = document.getElementById('myP');
var paragraph2 = paragraph1.cloneNode(true);

// Et attention, l'élément est cloné, mais pas « inséré » tant qu'on n'a
// pas appelé appendChild() :
paragraph1.parentNode.appendChild(paragraph2);
```

(Essayez le code : *http://course.oc-static.com/ftp-tutos/cours/javascript/part2/chap2/ex8.html*)

> Une chose très importante à retenir, bien qu'elle ne vous concerne qu'au chapitre suivant, est que la méthode `cloneNode()` ne copie malheureusement pas les événements associés et créés avec le DOM (avec `addEventListener()`), même avec un paramètre à `true`. Pensez bien à cela !

Remplacer un élément par un autre

Pour remplacer un élément par un autre, vous utiliserez `replaceChild()`. Cette méthode accepte deux paramètres : le premier est le nouvel élément et le second correspond à l'élément à remplacer. Tout comme `cloneNode()`, cette méthode s'utilise sur tous les types de nœuds (éléments, nœuds textuels, etc.).

Dans l'exemple suivant, le contenu textuel (pour rappel, il s'agit du premier enfant de l'élément `<a>`) du lien va être remplacé par un autre. La méthode `replaceChild()` est exécutée sur l'élément `<a>`, c'est-à-dire le nœud parent du nœud à remplacer.

```
<body>
    <div>
        <p id="myP">Un peu de texte <a>et un lien</a></p>
    </div>

    <script>
        var link = document.querySelector('a');
        var newLabel = document.createTextNode('et un hyperlien');

        link.replaceChild(newLabel, link.firstChild);
    </script>
</body>
```

(Essayez le code : *http://course.oc-static.com/ftp-tutos/cours/javascript/part2/chap2/ex9.html*)

Supprimer un élément

Pour insérer un élément, nous utilisons `appendChild()`. Pour en supprimer un, nous utilisons `removeChild()`. Cette méthode prend en paramètre le nœud enfant à retirer. Si on se calque sur le code HTML de l'exemple précédent, le script ressemble à ceci :

```
var link = document.querySelector('a');

link.parentNode.removeChild(link);
```

Il est inutile de récupérer `myP` (l'élément parent) avec `getElementById()`, autant le faire directement avec `parentNode`.

À noter que la méthode `removeChild()` retourne l'élément supprimé, ce qui veut dire qu'il est parfaitement possible de supprimer un élément HTML pour ensuite le réintégrer à l'endroit souhaité dans le DOM :

```
var link = document.querySelector('a');

var oldLink = link.parentNode.removeChild(link);
// On supprime l'élément et on le garde en stock

document.body.appendChild(oldLink);
// On réintègre ensuite l'élément supprimé où on veut et quand on veut
```

Autres actions

Vérifier la présence d'éléments enfants

Pour vérifier la présence d'éléments enfants, vous utiliserez `hasChildNodes()` sur l'élément de votre choix. Si ce dernier possède au moins un enfant, la méthode renverra `true` :

```
<div>
    <p id="myP">Un peu de texte <a>et un lien</a></p>
</div>

<script>
    var paragraph = document.querySelector('p');

    alert(paragraph.hasChildNodes()); // Affiche true
</script>
```

Insérer à la bonne place : insertBefore()

La méthode `insertBefore()` permet d'insérer un élément avant un autre. Elle reçoit deux paramètres : le premier est l'élément à insérer, le second est l'élément avant lequel l'élément va être inséré. Voici un exemple :

```
<p id="myP">Un peu de texte <a>et un lien</a></p>

<script>
    var paragraph = document.querySelector('p');
    var emphasis = document.createElement('em'),
        emphasisText = document.createTextNode(' en emphase légère ');

        emphasis.appendChild(emphasisText);

    paragraph.insertBefore(emphasis, paragraph.lastChild);
</script>
```

(Essayez le code : *http://course.oc-static.com/ftp-tutos/cours/javascript/part2/chap2/ex10.html*)

Comme pour `appendChild()`, cette méthode s'applique sur l'élément parent.

Une bonne astuce : insertAfter()

Le JavaScript met à disposition `insertBefore()`, mais pas `insertAfter()`. C'est dommage car, bien qu'on puisse s'en passer, cela est parfois assez utile. Il faudra donc créer une telle fonction.

À ce stade nous ne savons pas encore créer une méthode, qui s'appliquerait comme ceci :

```
element.insertAfter(newElement, afterElement)
```

Nous ne contenterons donc d'une « simple » fonction :

```
insertAfter(newElement, afterElement)
```

Algorithme

Pour insérer après un élément, nous allons tout d'abord récupérer l'élément parent. Ceci est logique puisque l'insertion de l'élément va se faire grâce à `appendChild()` ou `insertBefore()`. Ainsi, pour ajouter notre élément après le dernier enfant, il suffit d'appliquer `appendChild()`. En revanche, si l'élément après lequel nous voulons insérer notre élément n'est pas le dernier, nous utiliserons `insertBefore()` en ciblant l'enfant suivant, avec `nextSibling` :

```
function insertAfter(newElement, afterElement) {
    var parent = afterElement.parentNode;

    if (parent.lastChild === afterElement) {
    // Si le dernier élément est le même que l'élément après lequel
    // on veut insérer, il suffit de faire appendChild()
        parent.appendChild(newElement);
    } else { // Dans le cas contraire, on fait un insertBefore() sur
            // l'élément suivant
        parent.insertBefore(newElement, afterElement.nextSibling);
    }
}
```

Mini TP : recréer une structure DOM

Afin de s'entraîner à manipuler le DOM, voici quatre petits exercices. Pour chacun d'eux, une structure DOM sous forme de code HTML vous est donnée et c'est à vous de recréer cette structure en utilisant le DOM.

Les corrigés mentionnés ici constituent l'une des nombreuses solutions possibles. Chaque codeur a un style propre, une façon de réfléchir, d'organiser et de présenter son code.

Exercice 1

Nous vous proposons de recréer « du texte » mélangé à divers éléments tels que des éléments `<a>` et `<strong>`. C'est assez simple, mais veillez à ne pas vous emmêler les pinceaux avec tous les nœuds textuels !

```
<div id="divTP1">
    Le <strong>World Wide Web Consortium</strong>, abrégé par le sigle
<strong>W3C</strong>, est un
    <a href="http://fr.wikipedia.org/wiki/Organisme_de_normalisation"
title="Organisme de normalisation">organisme de standardisation</a> à but
non lucratif chargé de promouvoir la compatibilité des technologies du
<a href="http://fr.wikipedia.org/wiki/World_Wide_Web" title="World Wide
Web">World Wide Web</a>.
</div>
```

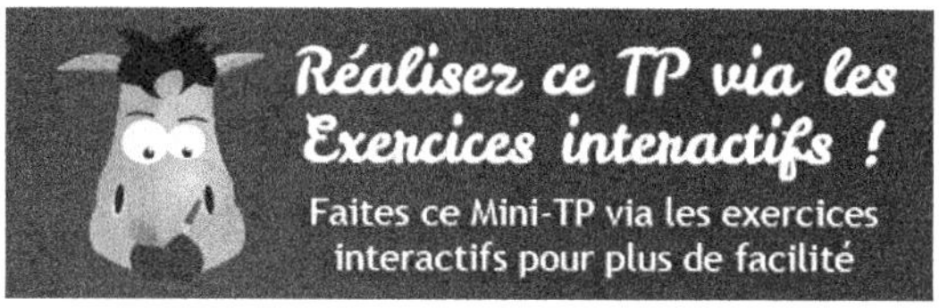

http://odyssey.sdlm.be/javascript/31/partie2/chapitre2/mini-tp-1.htm

Corrigé

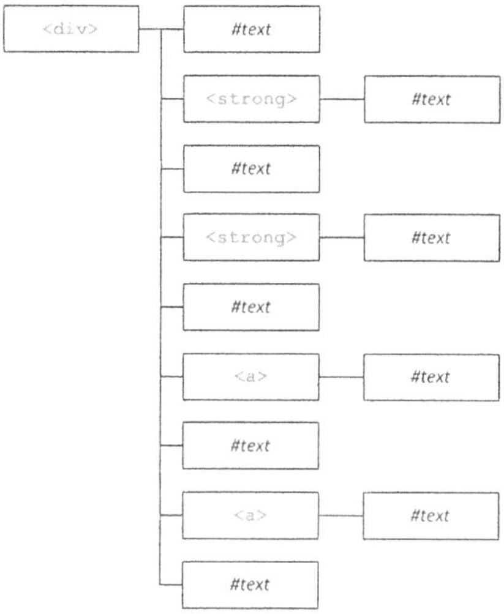


```
// On crée l'élément conteneur
var mainDiv = document.createElement('div');
mainDiv.id = 'divTP1';

// On crée tous les nœuds textuels, pour plus de facilité
var textNodes = [
    document.createTextNode('Le '),
    document.createTextNode('World Wide Web Consortium'),
    document.createTextNode(', abrégé par le sigle '),
    document.createTextNode('W3C'),
    document.createTextNode(', est un '),
    document.createTextNode('organisme de standardisation'),
    document.createTextNode(' à but non-lucratif chargé de promouvoir la
compatibilité des technologies du '),
    document.createTextNode('World Wide Web'),
    document.createTextNode('.')
];

// On crée les deux <strong> et les deux <a>
var w3cStrong1 = document.createElement('strong');
var w3cStrong2 = document.createElement('strong');
```

```
w3cStrong1.appendChild(textNodes[1]);
w3cStrong2.appendChild(textNodes[3]);

var orgLink = document.createElement('a');
var wwwLink = document.createElement('a');

orgLink.href = 'http://fr.wikipedia.org/wiki/Organisme_de_normalisation';
orgLink.title = 'Organisme de normalisation';
orgLink.appendChild(textNodes[5]);

wwwLink.href = 'http://fr.wikipedia.org/wiki/World_Wide_Web';
wwwLink.title = 'World Wide Web';
wwwLink.appendChild(textNodes[7]);

// On insère le tout dans mainDiv
mainDiv.appendChild(textNodes[0]);
mainDiv.appendChild(w3cStrong1);
mainDiv.appendChild(textNodes[2]);
mainDiv.appendChild(w3cStrong2);
mainDiv.appendChild(textNodes[4]);
mainDiv.appendChild(orgLink);
mainDiv.appendChild(textNodes[6]);
mainDiv.appendChild(wwwLink);
mainDiv.appendChild(textNodes[8]);

// On insère mainDiv dans le <body>
document.body.appendChild(mainDiv);
```

(Essayez le code : *http://course.oc-static.com/ftp-tutos/cours/javascript/part2/chap2/ex11.html*)

Tous les nœuds textuels sont contenus dans le tableau `textNodes`, ce qui évite de créer une multitude de variables différentes. Une fois les nœuds textuels créés, nous créons les éléments `<a>` et `<strong>`. Nous insérons ensuite le tout, un élément après l'autre, dans le `div` conteneur.

Exercice 2

```
<div id="divTP2">
    <p>Langages basés sur ECMAScript :</p>

    <ul>
        <li>JavaScript</li>
        <li>JScript</li>
        <li>ActionScript</li>
        <li>EX4</li>
    </ul>
</div>
```

Il serait assez fastidieux de créer quatre éléments `<li>` « à la main »... Utilisez plutôt une boucle `for` et pensez à utiliser un tableau pour définir les éléments textuels.

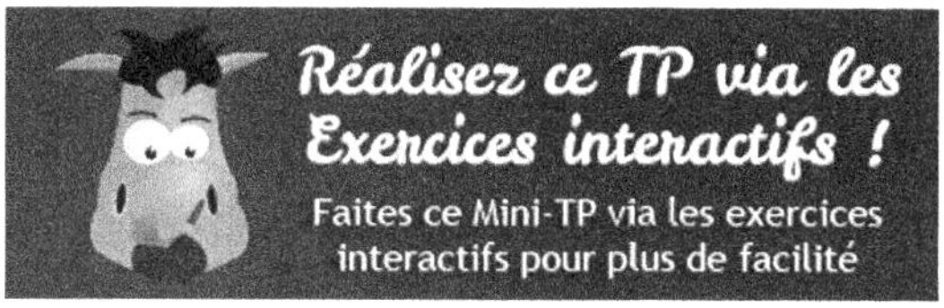

http://odyssey.sdlm.be/javascript/32/partie2/chapitre2/mini-tp-2.htm

Corrigé

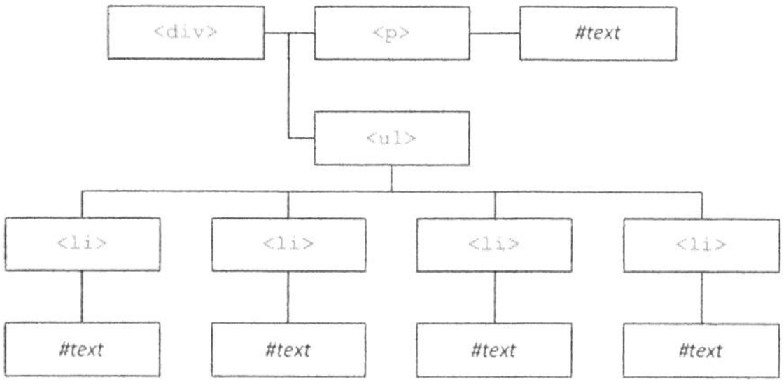


```
// On crée l'élément conteneur
var mainDiv = document.createElement('div');
mainDiv.id = 'divTP2';

// On crée tous les nœuds textuels, pour plus de facilité
var languages = [
    document.createTextNode('JavaScript'),
    document.createTextNode('JScript'),
    document.createTextNode('ActionScript'),
    document.createTextNode('EX4')
];

// On crée le paragraphe
var paragraph = document.createElement('p');
var paragraphText = document.createTextNode('Langages basés sur ECMAScript :');
paragraph.appendChild(paragraphText);


// On crée la liste, et on boucle pour ajouter chaque item
var uList = document.createElement('ul'),
    uItem;

for (var i = 0, c = languages.length; i < c; i++) {
    uItem = document.createElement('li');

    uItem.appendChild(languages[i]);
    uList.appendChild(uItem);
}

// On insère le tout dans mainDiv
```

```
mainDiv.appendChild(paragraph);
mainDiv.appendChild(uList);

// On insère mainDiv dans le <body>
document.body.appendChild(mainDiv);
```

(Essayez le code : *http://course.oc-static.com/ftp-tutos/cours/javascript/part2/chap2/ex12.html*)

Les nœuds textuels de la liste à puces sont créés par le biais du tableau `languages`. Pour créer chaque élément `<li>`, il suffit de boucler sur le nombre d'items du tableau.

Exercice 3

Voici une version légèrement plus complexe de l'exercice précédent. Le schéma de fonctionnement est le même, mais ici le tableau `languages` contiendra des objets littéraux (*https://openclassrooms.com/courses/dynamisez-vos-sites-web-avec-javascript#ss_part_5*), qui contiendront chacun deux propriétés : le nœud du `<dt>` et le noeud du <dd>.

```
<div id="divTP3">
     <p>Langages basés sur ECMAScript :</p>

     <dl>
          <dt>JavaScript</dt>
          <dd>JavaScript est un langage de programmation de scripts surtout
utilisé dans les pages web interactives mais aussi coté serveur.</dd>

          <dt>JScript</dt>
          <dd>JScript est le nom générique de plusieurs implémentations
d'ECMAScript 3 créées par Microsoft.</dd>

          <dt>ActionScript</dt>
          <dd>ActionScript est le langage de programmation utilisé au sein
d'applications clientes (Adobe Flash, Adobe Flex) et serveur (Flash media
server, JRun, Macromedia Generator).</dd>

          <dt>EX4</dt>
          <dd>ECMAScript for XML (E4X) est une extension XML au langage
ECMAScript.</dd>
     </dl>
</div>
```

http://odyssey.sdlm.be/javascript/33/partie2/chapitre2/mini-tp-3.htm

Corrigé

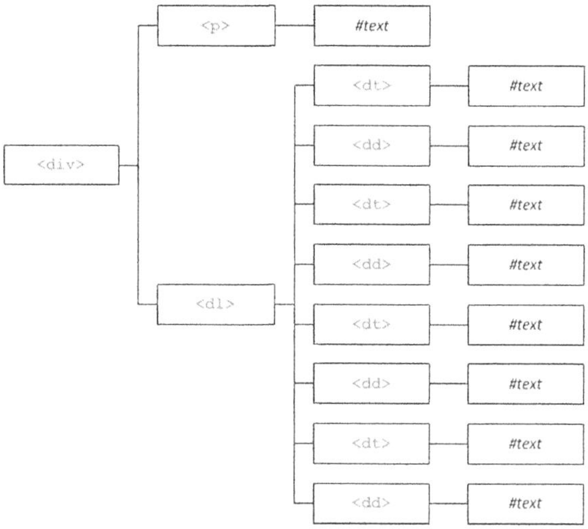


```
// On crée l'élément conteneur
var mainDiv = document.createElement('div');
mainDiv.id = 'divTP3';

// On place le texte dans des objets, eux-mêmes placés dans un tableau
// Par facilité, la création des nœuds textuels se fera dans la boucle
var languages = [{
     t: 'JavaScript',
     d: 'JavaScript est un langage de programmation de scripts surtout
utilisé dans les pages web interactives mais aussi coté serveur.'
}, {
     t: 'JScript',
     d: 'JScript est le nom générique de plusieurs implémentations
d\'ECMAScript 3 créées par Microsoft.'
}, {
     t: 'ActionScript',
     d: 'ActionScript est le langage de programmation utilisé au sein
d\'applications clientes (Adobe Flash, Adobe Flex) et serveur (Flash media
server, JRun, Macromedia Generator).'
}, {
     t: 'EX4',
        d: 'ECMAScript for XML (E4X) est une extension XML au langage
ECMAScript.'
}];

// On crée le paragraphe
var paragraph = document.createElement('p');
var paragraphText = document.createTextNode('Langages basés sur
ECMAScript :');
paragraph.appendChild(paragraphText);


// On crée la liste, et on boucle pour ajouter chaque item
```

```
var defList = document.createElement('dl'),
     defTerm, defTermText,
     defDefn, defDefnText;

for (var i = 0, c = languages.length; i < c; i++) {
     defTerm = document.createElement('dt');
     defDefn = document.createElement('dd');

     defTermText = document.createTextNode(languages[i].t);
     defDefnText = document.createTextNode(languages[i].d);

     defTerm.appendChild(defTermText);
     defDefn.appendChild(defDefnText);

     defList.appendChild(defTerm);
     defList.appendChild(defDefn);
}

// On insère le tout dans mainDiv
mainDiv.appendChild(paragraph);
mainDiv.appendChild(defList);

// On insère mainDiv dans le <body>
document.body.appendChild(mainDiv);
```

Le tableau contient des objets comme ceci :

```
{
     t: 'Terme',
     d: 'Définition'}
```

(Essayez le code : *http://course.oc-static.com/ftp-tutos/cours/javascript/part2/chap2/ex13.html*)

Créer une liste de définitions (<dl>) n'est pas plus compliqué qu'une liste à puces normale, la seule chose qui diffère est que <dt> et <dd> sont ajoutés conjointement au sein de la boucle.

Exercice 4

Un peu plus corsé… quoique. Ici, la difficulté réside dans le nombre important d'éléments à imbriquer les uns dans les autres. Procédez méthodiquement pour ne pas vous tromper.

```
<div id="divTP4">
     <form enctype="multipart/form-data" method="post" action="upload.php">
          <fieldset>
               <legend>Uploader une image</legend>

               <div style="text-align: center">
                    <label for="inputUpload">Image à uploader :</label>
                    <input type="file" name="inputUpload" id="inputUpload" />
```

```
                <br /><br />
                <input type="submit" value="Envoyer" />
            </div>
        </fieldset>
    </form>
</div>
```

http://odyssey.sdlm.be/javascript/34/partie2/chapitre2/mini-tp-4.htm

Corrigé

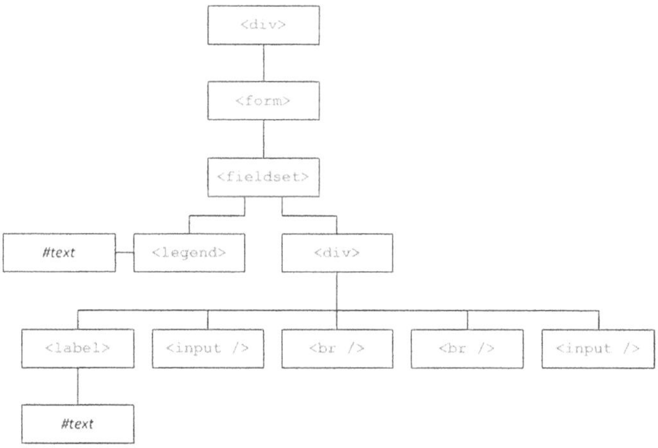


```
// On crée l'élément conteneur
var mainDiv = document.createElement('div');
mainDiv.id = 'divTP4';

// Création de la structure du formulaire
var form = document.createElement('form');
var fieldset = document.createElement('fieldset');
var legend = document.createElement('legend'),
    legendText = document.createTextNode('Uploader une image');
var center = document.createElement('div');
```

```
form.action = 'upload.php';
form.enctype = 'multipart/form-data';
form.method = 'post';

center.setAttribute('style', 'text-align: center');

legend.appendChild(legendText);

fieldset.appendChild(legend);
fieldset.appendChild(center);

form.appendChild(fieldset);

// Création des champs
var label = document.createElement('label'),
    labelText = document.createTextNode('Image à uploader :');
var input = document.createElement('input');
var br = document.createElement('br');
var submit = document.createElement('input');

input.type = 'file';
input.id = 'inputUpload';
input.name = input.id;

submit.type = 'submit';
submit.value = 'Envoyer';

label.htmlFor = 'inputUpload';
label.appendChild(labelText);

center.appendChild(label);
center.appendChild(input);
center.appendChild(br);
center.appendChild(br.cloneNode(false)); // On clone, pour mettre un deuxième
                                          // <br />
center.appendChild(submit);

// On insère le formulaire dans mainDiv
mainDiv.appendChild(form);

// On insère mainDiv dans le <body>
document.body.appendChild(mainDiv);
```

(Essayez le code : *http://course.oc-static.com/ftp-tutos/cours/javascript/part2/chap2/ex14.html*)

Comme il y a beaucoup d'éléments à créer, il est possible de diviser le script en deux : la structure du formulaire et les champs. C'est plus propre et on s'y retrouve mieux.

Conclusion des mini TP

Il est très probable que vous n'ayez pas organisé votre code comme dans les corrections, ou que vous n'ayez pas eu les mêmes idées (utiliser un tableau ou même un tableau d'objets). Retenez une chose importante : faites en sorte d'avoir un code clair et propre, tout en étant facile à comprendre, cela vous simplifiera la tâche !

En résumé

- Une fois qu'on a accédé à un élément, on peut naviguer vers d'autres éléments avec `parentNode`, `previousSibling` et `nextSibling`. Il est aussi possible de récupérer des informations sur le nom des éléments et leur contenu.
- Pour ajouter un élément, il faut d'abord le créer, puis lui adjoindre des attributs et enfin l'insérer à l'endroit voulu au sein du document.
- Outre le passage par valeur, le JavaScript possède un passage par référence qui est fréquent lorsqu'on manipule le DOM. C'est cette histoire de référence qui nous oblige à utiliser une méthode telle que `cloneNode()` pour dupliquer un élément. En effet, copier la variable qui pointe vers cet élément ne sert à rien.
- Si `appendChild()` est particulièrement pratique, `insertBefore()` l'est tout autant pour insérer un élément avant un autre. Créer une fonction `insertAfter()` est assez simple et peut faire gagner du temps.

QCM
(*http://odyssey.sdlm.be/javascript/35/partie2/chapitre2/qcm.htm*)

Questionnaire fléché
(*http://odyssey.sdlm.be/javascript/36/partie2/chapitre2/questionnaire.htm*)

Insérer des éléments dans une liste
(*http://odyssey.sdlm.be/javascript/37/partie2/chapitre2/insertbefore.htm*)

Modifier un tableau
(*http://odyssey.sdlm.be/javascript/38/partie2/chapitre2/table.htm*)

Remplacer un élément par un autre
(*http://odyssey.sdlm.be/javascript/39/partie2/chapitre2/replaceimg.htm*)

Supprimer les balises
(*http://odyssey.sdlm.be/javascript/40/partie2/chapitre2/stripbr.htm*)

Supprimer tous les enfants
(*http://odyssey.sdlm.be/javascript/41/partie2/chapitre2/removechildren.htm*)

Écrire une fonction de création d'éléments
(*http://odyssey.sdlm.be/javascript/42/partie2/chapitre2/createsimplenode.htm*)

12

Les événements

Après l'introduction au DOM, il est temps d'approfondir ce domaine en abordant les événements en JavaScript. Au cours de ce chapitre, nous étudierons l'utilisation des événements sans le DOM, avec le DOM-0 (*http://www.quirksmode.org/js/dom0.html*) (inventé par Netscape), puis avec le DOM-2. Nous verrons comment mettre en place ces événements, les utiliser, modifier leur comportement, etc.

Après ce chapitre, vous pourrez commencer à interagir avec l'utilisateur, ce qui vous permettra de créer des pages web interactives capables de réagir à diverses actions effectuées soit par le visiteur, soit par le navigateur.

Que sont les événements ?

Les événements permettent de déclencher une fonction selon qu'une action s'est produite ou non. Par exemple, on peut faire apparaître une fenêtre `alert()` lorsque l'utilisateur survole une zone d'une page web, c'est-à-dire, plus précisément, un élément (HTML dans la plupart des cas). Ainsi, vous pouvez très bien ajouter un événement à un élément de votre page web (par exemple, une balise `<div>`) pour faire en sorte de déclencher un code JavaScript lorsque l'utilisateur effectuera une action sur l'élément en question.

La théorie

Liste des événements

Il existe de nombreux événements, tous plus ou moins utiles. Parmi les événements utiles que nous n'aborderons pas, sachez qu'il en existe des spécifiques pour les plates-formes mobiles (smartphones, tablettes, etc.).

Voici la liste des principaux événements, ainsi que les actions à effectuer pour qu'ils se déclenchent :

Nom de l'événement	Action pour le déclencher
`click`	Cliquer (appuyer, puis relâcher) sur l'élément
`dblclick`	Double-cliquer sur l'élément
`mouseover`	Survoler l'élément avec le curseur
`mouseout`	Faire sortir le curseur de l'élément
`mousedown`	Appuyer (sans relâcher) sur l'élément avec le bouton gauche de la souris
`mouseup`	Relâcher le bouton gauche de la souris sur l'élément
`mousemove`	Faire déplacer le curseur sur l'élément
`keydown`	Appuyer (sans relâcher) sur l'élément avec une touche du clavier
`keyup`	Relâcher une touche de clavier sur l'élément
`keypress`	Frapper (appuyer puis relâcher) une touche de clavier sur l'élément
`focus`	« Cibler » l'élément
`blur`	Annuler le « ciblage » de l'élément
`change`	Changer la valeur d'un élément spécifique aux formulaires (`input`, `checkbox`, etc.)
`Input`	Taper un caractère dans un champ de texte (son support n'est pas complet sur tous les navigateurs : *http://caniuse.com/#feat=input-event*)
`select`	Sélectionner le contenu d'un champ de texte (`input`, `textarea`, etc.)

Il a été dit précédemment que les événements `mousedown` et `mouseup` se déclenchaient avec le bouton gauche de la souris. Ceci n'est pas tout à fait exact : ces deux événements peuvent se déclencher avec d'autres boutons de la souris comme le clic de la molette ou le bouton droit. Cependant, cela ne fonctionne pas avec tous les navigateurs, comme Firefox qui a choisi de bloquer cette possibilité. L'utilisation de ces deux événements se limite donc généralement au bouton gauche de la souris.

Toutefois, ce n'est pas tout, il existe aussi deux événements spécifiques à l'élément `<form>`, que voici :

Nom de l'événement	Action pour le déclencher
`submit`	Envoyer le formulaire
`reset`	Réinitialiser le formulaire

Tout cela est pour le moment très théorique, nous ne faisons que vous lister quelques événements existants. Mais nous allons rapidement apprendre à les utiliser, après un dernier point concernant ce qu'on appelle le « focus ».

Le focus

Le focus (*http://en.wikipedia.org/wiki/Focus_%28computing%29*) définit ce qui peut être appelé le « ciblage » d'un élément. Lorsqu'un élément est ciblé, il va recevoir tous les événements de votre clavier. Un exemple simple est d'utiliser un `<input>` de type `text` : si vous cliquez dessus, alors l'élément `input` possède le focus, autrement dit il est ciblé. Si vous appuyez sur des touches de votre clavier, vous verrez les caractères correspondants s'afficher dans l'élément `input` en question.

Le focus peut s'appliquer à de nombreux éléments. Ainsi, si vous appuyez sur la touche ***Tabulation*** de votre clavier alors que vous êtes sur une page web, l'élément ciblé ou sélectionné recevra tout ce que vous tapez sur votre clavier. Par exemple, si vous avez un lien ciblé et que vous appuyez sur la touche ***Entrée*** de votre clavier, vous serez redirigés vers l'URL contenue dans ce lien.

La pratique

Utiliser les événements

Nous allons à présent passer à la pratique. Dans un premier temps, il s'agit uniquement de vous faire découvrir à quoi sert tel ou tel événement et comment il réagit. Nous allons donc voir comment les utiliser sans le DOM, ce qui est considérablement plus limité.

Commençons par l'événement `click` sur un simple `<span>` :

```
<span onclick="alert('Hello !');">Cliquez-moi !</span>
```

(Essayez le code : *http://course.oc-static.com/ftp-tutos/cours/javascript/part2/chap3/ex1.html*)

Comme vous pouvez le constater, il suffit de cliquer sur le texte pour que la boîte de dialogue s'affiche. Afin d'obtenir ce résultat, nous avons ajouté à notre `<span>` un attribut contenant les deux lettres « on » et le nom de notre événement, soit « click » ; nous obtenons donc `onclick`.

Cet attribut possède une valeur qui est un code JavaScript. Vous pouvez y écrire quasiment tout ce que vous souhaitez, à condition que cela soit compris entre les guillemets de l'attribut.

Le mot-clé this

Normalement, ce mot-clé n'est pas censé vous servir à ce stade, mais il est toujours bon de le connaître pour les événements. Il s'agit d'une propriété pointant sur l'objet en cours d'utilisation. Si vous utilisez ce mot-clé lorsqu'un événement est déclenché, l'objet pointé sera l'élément qui a déclenché l'événement. Voici un exemple :

```
<span onclick="alert('Voici le contenu de l\'élément que vous avez cliqué :
\n\n' + this.innerHTML);">Cliquez-moi !</span>
```

(Essayez le code : *http://course.oc-static.com/ftp-tutos/cours/javascript/part2/chap3/ex2.html*)

Retour sur le focus

Afin de bien comprendre ce qu'est le focus, voici un exemple qui vous montrera le résultat sur un `input` classique et un lien :

```
<input id="input" type="text" size="50" value="Cliquez ici !"
onfocus="this.value='Appuyez maintenant sur votre touche de tabulation.';"
onblur="this.value='Cliquez ici !';"/>
<br /><br/>
<a href="#" onfocus="document.getElementById('input').value = 'Vous avez
maintenant le focus sur le lien, bravo !';">Un lien bidon</a>
```

(Essayez le code : *http://course.oc-static.com/ftp-tutos/cours/javascript/part2/chap3/ex3.html*)

Comme vous pouvez le constater, lorsque vous cliquez sur l'élément `input`, celui-ci « possède » le focus. Il exécute l'événement et affiche alors un texte différent vous demandant d'appuyer sur la touche de tabulation de votre clavier, ce qui permet de faire passer le focus à l'élément suivant. Ainsi, en appuyant sur cette touche, vous faites perdre le focus à l'élément `input`, ce qui déclenche l'événement `blur` (qui désigne la perte du focus) et fait passer le focus sur le lien qui affiche alors son message grâce à son événement `focus`.

Bloquer l'action par défaut de certains événements

Que se passe-t-il quand vous souhaitez appliquer un événement `click` sur un lien ?

```
<a href="http://www.openclassrooms.com" onclick="alert('Vous avez
cliqué !');">Cliquez-moi !</a>
```

(Essayez le code : *http://course.oc-static.com/ftp-tutos/cours/javascript/part2/chap3/ex4.html*)

Si vous avez essayé le code, vous avez sûrement remarqué que la fonction `alert()` a bien fonctionné, mais que vous avez ensuite été redirigé vers le site OpenClassrooms, redirection que nous souhaitons bloquer. Pour cela, il suffit d'ajouter le code `return false;` dans notre événement `click` :

```
<a href="http://www.openclassrooms.com" onclick="alert('Vous avez cli-
qué !'); return false;">Cliquez-moi !</a>
```

(Essayez le code : *http://course.oc-static.com/ftp-tutos/cours/javascript/part2/chap3/ex5.html*)

Ici, le `return false;` sert juste à bloquer l'action par défaut de l'événement qui le déclenche.

L'utilisation de `return true;` permet de faire fonctionner l'événement comme si de rien n'était. En clair, comme si on n'utilisait pas de `return false;`.
Cela peut avoir son utilité si vous utilisez, par exemple, la fonction `confirm()` dans votre événement.

L'utilisation de javascript: dans les liens

Dans certains cas, vous allez devoir créer des liens uniquement pour leur attribuer un événement `click` et non pas pour leur fournir un lien vers lequel rediriger. Dans ce genre de cas, il est courant de voir ce type de code :

```
<a href="javascript: alert('Vous avez cliqué !');">Cliquez-moi !</a>
```

Il s'agit d'une vieille méthode qui permet d'insérer du JavaScript directement dans l'attribut `href` de votre lien juste en ajoutant `javascript:` au début de l'attribut. Cette technique est désormais obsolète et nous vous déconseillons de l'utiliser. Voici une méthode alternative :

```
<a href="#" onclick="alert('Vous avez cliqué !'); return false;">Cliquez-moi !
</a>
```

(Essayez le code : *http://course.oc-static.com/ftp-tutos/cours/javascript/part2/chap3/ex6.html*)

Nous avons tout d'abord remplacé `javascript:` par un dièse (#), puis nous avons placé notre code JavaScript dans l'événement approprié (`click`). Par ailleurs, nous avons libéré l'attribut `href`, ce qui nous permet, si besoin, de laisser un lien pour ceux qui n'activent pas le JavaScript ou pour ceux qui aiment bien ouvrir leurs liens dans de nouveaux onglets.

Nous avons utilisé `return false;` parce que le dièse redirige tout en haut de la page web, ce qui ne correspond pas à ce que nous souhaitions. Nous avons donc bloqué cette redirection avec notre petit bout de code.

Vous savez maintenant que l'utilisation de `javascript:` dans les liens est prohibée. Cependant, gardez bien à l'esprit que l'utilisation d'un lien uniquement pour le déclenchement d'un événement `click` n'est pas une bonne chose. Utilisez plutôt une balise `<button>` à laquelle vous aurez retiré le style CSS. La balise `<a>`, quant à elle, est conçue pour rediriger vers une page web et non pas pour servir exclusivement de déclencheur !

Les événements au travers du DOM

Nous venons d'étudier l'utilisation des événements sans le DOM, nous allons maintenant nous intéresser à leur utilisation au travers de l'interface implémentée par Netscape, le DOM-0 (*http://www.quirksmode.org/js/dom0.html*), puis au standard de base actuel, le DOM-2.

Le DOM-0

Cette interface est vieille mais elle n'est pas forcément dénuée d'intérêt. Elle reste très pratique pour créer des événements et peut parfois être préférée au DOM-2.

Commençons par créer un simple code avec un événement `click` :

```
<span id="clickme">Cliquez-moi !</span>

<script>

    var element = document.getElementById('clickme');

    element.onclick = function() {
        alert("Vous m'avez cliqué !");
    };

</script>
```

(Essayez le code : *http://course.oc-static.com/ftp-tutos/cours/javascript/part2/chap3/ex7.html*)

Analysons ce code étape par étape.

1. Nous récupérons tout d'abord l'élément HTML dont l'ID est `clickme`.
2. Nous accédons ensuite à la propriété `onclick` à laquelle nous assignons une fonction anonyme.
3. Dans cette même fonction, nous faisons un appel à la fonction `alert()` avec un texte en paramètre.

Comme vous le voyez, les événements sont désormais définis non plus dans le code HTML mais directement en JavaScript. Chaque événement standard possède donc une propriété dont le nom est, à nouveau, précédé par les deux lettres « on ». Cette propriété ne prend plus pour valeur un code JavaScript brut, mais soit le nom d'une fonction, soit une fonction anonyme. Dans tous les cas, il faut lui fournir une fonction qui contiendra le code à exécuter en cas de déclenchement de l'événement.

Pour supprimer un événement avec le DOM-0, il suffit de lui attribuer une fonction anonyme vide :

```
element.onclick = function() {};
```

Voilà tout pour les événements DOM-0, nous pouvons maintenant passer au cœur des événements : le DOM-2 et l'objet `Event` (*https://developer.mozilla.org/en/DOM/event*).

Le DOM-2

Vous vous demandez peut-être pourquoi le DOM-2 et non pas le DOM-0, voire pas de DOM du tout ? Pour la méthode sans le DOM, la réponse est simple : on ne peut pas y utiliser l'objet `Event` qui est pourtant une mine d'informations sur l'événement déclenché. Il est donc conseillé de mettre cette méthode de côté dès maintenant (nous vous l'avons présentée uniquement pour que vous sachiez la reconnaître).

En ce qui concerne le DOM-0, il a deux problèmes majeurs : il est vieux et il ne permet pas de créer plusieurs fois le même événement.

Le DOM-2, en revanche, permet la création multiple d'un même événement et gère également l'objet `Event`. Pour autant, faut-il constamment utiliser le DOM-2 ?

Cela est très fortement conseillé surtout lorsque vous en viendrez à utiliser des bibliothèques au sein de vos sites web. Si ces dernières ajoutent des événements DOM-0 à vos éléments HTML, vous aurez alors deux problèmes.

- Ce sont de mauvaises bibliothèques, elles n'ont pas à faire ça. Nous vous conseillons d'en trouver d'autres, le Web n'en manque pas.
- Les événements de votre propre code seront écrasés ou bien vous écraserez ceux des bibliothèques. Dans les deux cas, cela s'avère assez gênant.

Le DOM-2

Comme pour les autres interfaces événementielles, voici un exemple avec l'événement `click` :

```
<span id="clickme">Cliquez-moi !</span>

<script>
    var element = document.getElementById('clickme');

    element.addEventListener('click', function() {
        alert("Vous m'avez cliqué !");
    });
</script>
```

(Essayez le code : *http://course.oc-static.com/ftp-tutos/cours/javascript/part2/chap3/ex8.html*)

Concrètement, qu'est-ce qui change par rapport au DOM-0 ? Tout d'abord, nous n'utilisons plus une propriété mais une méthode nommée `addEventListener()` qui prend trois paramètres (bien que nous n'en ayons spécifié que deux) :

- le nom de l'événement (sans les lettres « on ») ;
- la fonction à exécuter ;
- un booléen *optionnel* pour spécifier si nous souhaitons utiliser la phase de capture ou celle de bouillonnement (voir plus loin dans ce chapitre).

Une petite explication s'impose pour ceux qui n'arriveraient pas à comprendre le code précédent : nous avons bel et bien utilisé la méthode `addEventListener()`, elle est simplement écrite sur trois lignes :

- la première ligne contient l'appel à la méthode `addEventListener()`, le premier paramètre, et l'initialisation de la fonction anonyme pour le deuxième paramètre ;
- la deuxième ligne contient le code de la fonction anonyme ;
- la troisième ligne contient l'accolade fermante de la fonction anonyme, puis le troisième paramètre.

Ce code revient à écrire le code suivant, de façon plus rapide :

```
var element = document.getElementById('clickme');

var myFunction = function() {
    alert("Vous m'avez cliqué !");
};

element.addEventListener('click', myFunction);
```

Comme indiqué plus haut, le DOM-2 permet la création multiple d'événements identiques pour un même élément. Ainsi, vous pouvez très bien faire ceci :

```
<span id="clickme">Cliquez-moi !</span>

<script>

    var element = document.getElementById('clickme');

    // Premier événement click
    element.addEventListener('click', function() {
        alert("Et de un !");
    });

    // Deuxième événement click
    element.addEventListener('click', function() {
        alert("Et de deux !");
    });
</script>
```

(Essayez le code : *http://course.oc-static.com/ftp-tutos/cours/javascript/part2/chap3/ex9.html*)

Si vous avez exécuté ce code, les événements se sont peut-être déclenchés dans l'ordre de création, mais cela ne sera pas forcément le cas à chaque essai. En effet, l'ordre de déclenchement est un peu aléatoire…

Venons-en maintenant à la suppression des événements. Celle-ci s'opère avec la méthode `removeEventListener()` et se fait de manière très simple :

```
element.addEventListener('click', myFunction); // On crée l'événement

element.removeEventListener('click', myFunction);
// On supprime l'événement en lui repassant les mêmes paramètres
```

Toute suppression d'événement avec le DOM-2 se fait avec les mêmes paramètres utilisés lors de sa création ! Cependant, cela ne fonctionne pas aussi facilement avec les fonctions anonymes ! Tout événement DOM-2 créé avec une fonction anonyme est particulièrement complexe à supprimer, car il faut posséder une référence vers la fonction concernée, ce qui n'est généralement pas le cas avec une fonction anonyme.

Les versions d'Internet Explorer antérieures à la version 9 ne supportent pas l'ajout d'événements DOM-2, en tout cas pas de la même manière que la version standardisée.

Les phases de capture et de bouillonnement

En théorie

Vous souvenez-vous que notre méthode addEventListener() prend trois paramètres ? Nous allons ici revenir sur l'utilisation de son troisième paramètre.

La capture et le bouillonnement constituent deux étapes distinctes de l'exécution d'un événement. La capture (*capture* en anglais), s'exécute avant le déclenchement de l'événement, tandis que le bouillonnement (*bubbling* en anglais), s'exécute après que l'événement a été déclenché. Toutes deux permettent de définir le sens de propagation des événements.

Pour expliquer en quoi consiste la propagation d'un événement, prenons un exemple avec ces deux éléments HTML :

```
<div>
    <span>Du texte !</span>
</div>
```

Si nous attribuons une fonction à l'événement click de chacun de ces deux éléments et que nous cliquons sur le texte, quel événement va se déclencher en premier à votre avis ?

Notre réponse se trouve dans les phases de capture et de bouillonnement. Si vous décidez d'utiliser la capture, alors l'événement du <div> se déclenchera en premier, puis viendra l'événement du <span>. En revanche, si vous utilisez le bouillonnement, ce sera d'abord l'événement du <span> qui se déclenchera, puis celui du <div>.

La phase de bouillonnement est celle définie par défaut et sera probablement celle que vous utiliserez la plupart du temps.

Voici un petit code qui met en pratique l'utilisation de ces deux phases :

```
<div id="capt1">
    <span id="capt2">Cliquez-moi pour la phase de capture.</span>
</div>

<div id="boul1">
    <span id="boul2">Cliquez-moi pour la phase de bouillonnement.</span>
</div>

<script>
    var capt1 = document.getElementById('capt1'),
        capt2 = document.getElementById('capt2'),
        boul1 = document.getElementById('boul1'),
        boul2 = document.getElementById('boul2');

    capt1.addEventListener('click', function() {
        alert("L'événement du div vient de se déclencher.");
    }, true);

    capt2.addEventListener('click', function() {
        alert("L'événement du span vient de se déclencher.");
    }, true);

    boul1.addEventListener('click', function() {
        alert("L'événement du div vient de se déclencher.");
    }, false);

    boul2.addEventListener('click', function() {
        alert("L'événement du span vient de se déclencher.");
    }, false);
</script>
```

(Essayez le code : *http://course.oc-static.com/ftp-tutos/cours/javascript/part2/chap3/ex11.html*)

Et pour finir, voici un lien vers la spécification du W3C concernant ces phases (*http://www.w3.org/TR/DOM-Level-3-Events/#event-flow*) si vous avez envie d'aller plus loin. Il est conseillé de visiter cette page, ne serait-ce que pour voir le schéma fourni qui explique bien le concept de ces phases.

L'objet Event

Maintenant que nous avons vu comment créer et supprimer des événements, nous pouvons passer à l'objet `Event` (*https://developer.mozilla.org/en/DOM/event*).

Généralités sur l'objet Event

Cet objet permet de fournir une multitude d'informations sur l'événement actuellement déclenché. Par exemple, vous pouvez savoir quelles sont les touches actuellement enfoncées, les coordonnées du curseur, l'élément qui a déclenché l'événement… Les possibilités sont nombreuses !

Cet objet est bien particulier car il n'est accessible que lorsqu'un événement est déclenché. Son accès ne peut se faire que dans une fonction exécutée par un événement, ce qui se fait de la manière suivante avec le DOM-0 :

```
element.onclick = function(e) { // L'argument « e » va récupérer une
                               // référence vers l'objet « Event »
    alert(e.type); // Ceci affiche le type de l'événement (click, mouseover,
                   // etc.)
};
```

Et de cette façon avec le DOM-2 :

```
element.addEventListener('click', function(e) {
// L'argument « e » va récupérer une référence vers l'objet « Event »
    alert(e.type); // Ceci affiche le type de l'événement (click, mouseover,
                   // etc.)
});
```

Il est important de préciser que l'objet `Event` peut se récupérer dans un argument autre que `e`. En effet, vous pouvez très bien le récupérer dans un argument nommé `test`, `hello`, ou autre… Après tout, l'objet `Event` est tout simplement passé en référence à l'argument de votre fonction, ce qui vous permet de choisir le nom que vous souhaitez.

Les fonctionnalités de l'objet Event

Vous avez déjà découvert la propriété `type` qui permet de savoir quel type d'événement s'est déclenché. Passons maintenant à la découverte des autres propriétés et méthodes que possède cet objet (attention, tout n'est pas présenté, seulement l'essentiel).

Récupérer l'élément de l'événement actuellement déclenché

Une des plus importantes propriétés de notre objet se nomme `target`. Elle permet de récupérer une référence vers l'élément dont l'événement a été déclenché (exactement comme le `this` pour les événements sans le DOM ou avec DOM-0). Ainsi, vous pouvez très bien modifier le contenu d'un élément qui a été cliqué :

```
<span id="clickme">Cliquez-moi !</span>

<script>
    var clickme = document.getElementById('clickme');

    clickme.addEventListener('click', function(e) {
        e.target.innerHTML = 'Vous avez cliqué !';
    });
</script>
```

(Essayez le code : *http://course.oc-static.com/ftp-tutos/cours/javascript/part2/chap3/ex12.html*)

Récupérer l'élément à l'origine du déclenchement de l'événement

Ne s'agit-il pas un peu la même chose ? Eh bien non ! Pour expliquer cela de façon simple, disons que certains événements appliqués à un élément parent peuvent se propager d'eux-mêmes aux éléments enfants. C'est le cas des événements `mouseover`, `mouseout`, `mousemove`, `click`… ainsi que d'autres événements moins utilisés. Voici un exemple pour mieux comprendre :

```
<p id="result"></p>

<div id="parent1">
     Parent
     <div id="child1">Enfant N°1</div>
     <div id="child2">Enfant N°2</div>
</div>

<script>
     var parent1 = document.getElementById('parent1'),
          result = document.getElementById('result');

     parent1.addEventListener('mouseover', function(e) {
          result.innerHTML = "L'élément déclencheur de l'événement \
"mouseover\" possède l'ID : " + e.target.id;
     });
</script>
```

(Essayez le code : *http://course.oc-static.com/ftp-tutos/cours/javascript/part2/chap3/ex13.html*)

En testant cet exemple, vous avez sûrement remarqué que la propriété `target` renvoyait toujours l'élément déclencheur de l'événement, or nous souhaitons obtenir l'élément sur lequel a été appliqué l'événement. Autrement dit, nous voulons connaître l'élément à l'origine de cet événement, et non pas ses enfants.

Pour cela, utilisez la propriété `currentTarget` au lieu de `target`. Essayez donc par vous-mêmes après modification de cette seule ligne, l'ID affiché ne changera jamais :

```
result.innerHTML = "L'élément déclencheur de l'événement \"mouseover\"
possède l'ID : " + e.currentTarget.id;
```

(Essayez le code complet : *http://course.oc-static.com/ftp-tutos/cours/javascript/part2/chap3/ex14.html*)

Cette propriété n'est pas supportée par les versions d'Internet Explorer antérieures à la version 9.

Récupérer la position du curseur

La position du curseur est une information très importante, beaucoup s'en servent pour de nombreux scripts comme le *drag & drop* (*http://fr.wikipedia.org/wiki/Glisser-d%C3%A9poser*). Généralement, on récupère la position du curseur par rapport au coin supérieur gauche de la page web, mais il est aussi possible de récupérer sa position par rapport au coin supérieur gauche de l'écran. Toutefois, dans ce tutoriel, nous allons nous limiter à la page web. Pour en savoir plus, consultez la documentation sur l'objet `Event` (*https://developer.mozilla.org/en/DOM/event*).

Pour récupérer la position de notre curseur, il existe deux propriétés : `clientX` pour la position horizontale et `clientY` pour la position verticale. Étant donné que la position du curseur change à chaque déplacement de la souris, il est logique de dire que l'événement le plus adapté, dans la majorité des cas, est `mousemove`.

> Il est très fortement déconseillé d'essayer d'exécuter la fonction `alert()` dans un événement `mousemove`, sous peine d'être rapidement submergé de fenêtres !

Voici un exemple :

```
<div id="position"></div>

<script>
    var position = document.getElementById('position');

    document.addEventListener('mousemove', function(e) {
        position.innerHTML = 'Position X : ' + e.clientX + 'px<br />
Position Y : ' + e.clientY + 'px';
    });
</script>
```

(Essayez le code : *http://course.oc-static.com/ftp-tutos/cours/javascript/part2/chap3/ex15.html*)

Pas très compliqué, n'est-ce pas ? Vous trouverez peut-être l'intérêt de ce code assez limité, mais quand vous saurez manipuler les propriétés CSS des éléments, vous pourrez, par exemple, faire en sorte que des éléments HTML suivent votre curseur. Ce sera déjà bien plus intéressant !

> Cet exemple ne permet pas l'utilisation de la fonction `alert()`, vous pourriez utiliser la méthode `console.log()`. Faites un essai, vous verrez que cela est très pratique. Si vous vous demandez pourquoi nous ne nous en servons pas dans nos exercices, c'est tout simplement parce que cela vous entraîne à utiliser le DOM et vous évite d'ouvrir votre console à tout va.

Récupérer l'élément en relation avec un événement de souris

Nous allons étudier ici une propriété un peu plus « exotique », assez peu utilisée, mais qui peut pourtant se révéler très utile ! Il s'agit de `relatedTarget`, qui ne s'utilise qu'avec les événements `mouseover` et `mouseout`.

Cette propriété remplit deux fonctions différentes selon l'événement utilisé :

- avec l'événement `mouseout`, elle fournira l'objet de l'élément sur lequel le curseur vient d'entrer ;
- avec l'événement `mouseover`, elle fournira l'objet de l'élément dont le curseur vient de sortir.

Voici un exemple qui illustre son fonctionnement :

```
<p id="result"></p>

<div id="parent1">
     Parent N°1<br /> Mouseover sur l'enfant
     <div id="child1">Enfant N°1</div>
</div>

<div id="parent2">
     Parent N°2<br /> Mouseout sur l'enfant
     <div id="child2">Enfant N°2</div>
</div>

<script>
     var child1 = document.getElementById('child1'),
          child2 = document.getElementById('child2'),
          result = document.getElementById('result');

     child1.addEventListener('mouseover', function(e) {
          result.innerHTML = "L'élément quitté juste avant que le curseur
n'entre sur l'enfant n°1 est : " + e.relatedTarget.id;
     });

     child2.addEventListener('mouseout', function(e) {
          result.innerHTML = "L'élément survolé juste après que le curseur
ait quitté l'enfant n°2 est : " + e.relatedTarget.id;
     });
</script>
```

(Essayez le code : *http://course.oc-static.com/ftp-tutos/cours/javascript/part2/chap3/ex16.html*)

Récupérer les touches frappées par l'utilisateur

La récupération des touches frappées se fait par le biais de trois événements différents. Cela peut sembler complexe au premier abord, c'est en réalité beaucoup plus simple qu'il y paraît.

Les événements `keyup` et `keydown` sont conçus pour capter toutes les frappes de touches. Ainsi, il est parfaitement possible de détecter l'appui sur la touche ***A***, voire sur la touche ***Ctrl***. La différence entre ces deux événements se situe dans l'ordre de déclenchement : `keyup` se déclenche lorsque vous relâchez une touche, tandis que `keydown` se déclenche au moment de l'appui sur la touche (comme `mousedown`).

Cependant, faites bien attention avec ces deux événements : toutes les touches retournant un caractère retourneront un caractère majuscule, que la touche ***Maj*** soit pressée ou non.

L'événement keypress, quant à lui, est d'une toute autre utilité : il sert uniquement à capter les touches qui écrivent un caractère. Oubliez donc les touches ***Ctrl***, ***Alt*** et autres qui n'affichent pas de caractère. Cet événement vous sera utile lorsque vous voudrez détecter les combinaisons de touches. Ainsi, si vous utilisez la combinaison de touches ***Maj+A***, l'événement keypress détectera bien un A majuscule, là où les événements keyup et keydown se seraient déclenchés deux fois (une fois pour la touche ***Maj*** et une seconde fois pour la touche ***A***).

Pour récupérer les caractères, vous pouvez utiliser l'une des trois propriétés permettant de fournir une valeur : keyCode, charCode et which. Ces propriétés renvoient chacune un code ASCII (http://fr.wikipedia.org/wiki/American_Standard_Code_for_Information_Interchange) correspondant à la touche pressée.

Cependant, la propriété keyCode est amplement suffisante dans tous les cas, comme vous pouvez le constater dans l'exemple qui suit :

```
<p>
    <input id="field" type="text" />
</p>

<table>
    <tr>
        <td>keydown</td>
        <td id="down"></td>
    </tr>
    <tr>
        <td>keypress</td>
        <td id="press"></td>
    </tr>
    <tr>
        <td>keyup</td>
        <td id="up"></td>
    </tr>
</table>

<script>
    var field = document.getElementById('field'),
        down = document.getElementById('down'),
        press = document.getElementById('press'),
        up = document.getElementById('up');

    document.addEventListener('keydown', function(e) {
        down.innerHTML = e.keyCode;
    });

    document.addEventListener('keypress', function(e) {
        press.innerHTML = e.keyCode;
    });

    document.addEventListener('keyup', function(e) {
        up.innerHTML = e.keyCode;
    });
</script>
```

(Essayez le code : *http://course.oc-static.com/ftp-tutos/cours/javascript/part2/chap3/ex17.html*)

Si vous souhaitez obtenir un caractère et non un code, vous pouvez utiliser la méthode `fromCharCode()` qui prend en paramètres une infinité d'arguments. Cependant, pour des raisons bien précises qui seront abordées au chapitre 18, sachez que cette méthode s'utilise avec le préfixe `String.`, comme suit :

```
String.fromCharCode(/* valeur */);
```

Cette méthode est donc conçue pour convertir les valeurs ASCII en caractères lisibles. Faites donc bien attention à n'utiliser cette méthode qu'avec un événement `keypress` afin d'éviter d'afficher, par exemple, le caractère d'un code correspondant à la touche ***Ctrl***, cela ne fonctionnera pas !

Pour terminer, voici un court exemple :

```
String.fromCharCode(84, 101, 115, 116); // Affiche : Test
```

Bloquer l'action par défaut de certains événements

Nous avons vu précédemment qu'il est possible de bloquer l'action par défaut de certains événements, comme la redirection d'un lien vers une page web. Sans le DOM-2, cette opération était très simple vu qu'il suffisait d'écrire `return false;`. Avec l'objet `Event`, c'est quasiment tout aussi simple : il suffit d'appeler la méthode `preventDefault()`.

Reprenons l'exemple que nous avions utilisé pour les événements sans le DOM et utilisons donc cette méthode :

```
<a id="link" href="http://www.openclassrooms.com">Cliquez-moi !</a>

<script>
    var link = document.getElementById('link');

    link.addEventListener('click', function(e) {
       e.preventDefault(); // On bloque l'action par défaut de cet événement
        alert('Vous avez cliqué !');
    });
</script>
```

(Essayez le code : *http://course.oc-static.com/ftp-tutos/cours/javascript/part2/chap3/ex18.html*)

C'est simple comme bonjour, n'est-ce pas ?

Le blocage de l'action par défaut ne fonctionne pas pour les versions d'Internet Explorer antérieures à la version 9. Il est cependant possible de résoudre cela simplement en faisant un simple `e.returnValue = false;` au sein du code de votre événement.

Résoudre les problèmes d'héritage des événements

En JavaScript, il existe un problème fréquent que nous vous proposons d'étudier et de résoudre afin de vous éviter bien des peines lorsque cela vous arrivera.

Le problème

Plutôt que de tenter une explication, vous allez pouvoir le constater par vous-même. Considérez donc le code HTML et le code CSS qui suivent :

```
<div id="myDiv">
    <div>Texte 1</div>
    <div>Texte 2</div>
    <div>Texte 3</div>
    <div>Texte 4</div>
</div>

<div id="results"></div>
#myDiv, #results {
    margin: 50px;
}

#myDiv {
    padding: 10px;
    width: 200px;
    text-align: center;
    background-color: #000;
}

#myDiv div {
    margin: 10px;
    background-color: #555;
}
```

Maintenant, voyons ce que nous souhaitons obtenir. Notre but ici est de faire en sorte de détecter quand le curseur entre sur notre élément `#myDiv` et quand il en ressort. Vous allez donc penser qu'il n'y a rien de plus facile et vous lancer dans un code de ce genre :

```
var myDiv = document.getElementById('myDiv'),
    results = document.getElementById('results');

myDiv.addEventListener('mouseover', function() {
    results.innerHTML += "Le curseur vient d'entrer.<br />";
});

myDiv.addEventListener('mouseout', function() {
    results.innerHTML += "Le curseur vient de sortir.<br />";
});
```

Et bien soit, pourquoi ne pas l'essayer ? (*http://course.oc-static.com/ftp-tutos/cours/javascript/part2/chap3/ex19.html*)

Avez-vous essayé de faire passer votre curseur sur toute la surface du `<div>#myDiv` ? Il y a effectivement quelques lignes en trop qui s'affichent dans nos résultats...

Si cela peut vous rassurer, personne ne voit bien d'où cela peut venir au premier coup d'œil. En fait, il s'agit de quelque chose de tout bête, déjà évoqué dans ce chapitre : « Certains événements appliqués à un élément parent peuvent se propager d'eux-mêmes aux éléments enfants, c'est le cas des événements `mouseover`, `mouseout`, `mousemove`, `click`... ainsi que d'autres événements moins utilisés. »

Voici donc notre problème : les enfants héritent des propriétés des événements sus-nommés appliqués aux éléments parents. Ainsi, lorsque vous déplacez votre curseur depuis le `<div>#myDiv` jusqu'à un `<div>` enfant, vous allez déclencher l'événement `mouseout` sur `#myDiv` et l'événement `mouseover` sur le `<div>` enfant.

La solution

Afin de pallier ce problème, il existe une solution assez complexe. Vous souvenez-vous de la propriété `relatedTarget` abordée dans ce chapitre ? Elle va permettre de détecter quel est l'élément vers lequel le curseur se dirige ou de quel élément il provient.

Ainsi, nous avons deux cas de figure :

- dans le cas de l'événement `mouseover`, nous devons détecter la provenance du curseur. S'il vient d'un enfant de `#myDiv`, le code de l'événement ne devra pas être exécuté. S'il provient d'un élément extérieur à `#myDiv`, alors l'exécution du code peut s'effectuer ;
- dans le cas de `mouseout`, le principe est similaire, si ce n'est que nous devons ici détecter la destination du curseur. S'il s'agit d'un enfant de `#myDiv`, le code de l'événement n'est pas exécuté, sinon il s'exécutera sans problème.

Mettons cela en pratique avec l'événement `mouseover` pour commencer. Voici le code d'origine :

```
myDiv.addEventListener('mouseover', function() {
    results.innerHTML += "Le curseur vient d'entrer.";
});
```

Nous devons savoir si l'élément en question est un enfant direct de `myDiv` ou non. Pour ce faire, il convient de remonter tout le long de ses éléments parents jusqu'à tomber soit sur `myDiv`, soit sur l'élément `<body>` qui désigne l'élément HTML le plus haut dans notre document. Il va donc nous falloir une boucle `while` :

```
myDiv.addEventListener('mouseover', function(e) {

    var relatedTarget = e.relatedTarget;

    while (relatedTarget != myDiv && relatedTarget.nodeName != 'BODY') {
        relatedTarget = relatedTarget.parentNode;
    }

    results.innerHTML += "Le curseur vient d'entrer.";

});
```

Ainsi, nous retrouverons dans notre variable relatedTarget le premier élément trouvé qui correspond à nos critères, c'est-à-dire soit myDiv, soit <body>. Il nous suffit alors d'insérer une condition qui exécutera le code de notre événement uniquement dans le cas où la variable relatedTarget ne pointe pas sur l'élément myDiv :

```
myDiv.addEventListener('mouseover', function(e) {

    var relatedTarget = e.relatedTarget;

    while (relatedTarget != myDiv && relatedTarget.nodeName != 'BODY') {
        relatedTarget = relatedTarget.parentNode;
    }

    if (relatedTarget != myDiv) {
        results.innerHTML += "Le curseur vient d'entrer.";
    }

});
```

Cependant, il reste encore un petit cas de figure qui n'a pas été géré et qui peut être source de problèmes. Comme vous le savez, la balise <body> ne couvre pas forcément la page web complète de votre navigateur, ce qui fait que votre curseur peut provenir d'un élément situé encore plus haut que cette balise. Cet élément correspond à la balise <html> – soit l'élément document en JavaScript –, il nous faut donc faire une légère modification afin de bien préciser que si le curseur provient de document, il ne peut forcément pas provenir de myDiv :

```
myDiv.addEventListener('mouseover', function(e) {

    var relatedTarget = e.relatedTarget;

    while (relatedTarget != myDiv && relatedTarget.nodeName != 'BODY' &&
relatedTarget != document) {
        relatedTarget = relatedTarget.parentNode;
    }

    if (relatedTarget != myDiv) {
        results.innerHTML += "Le curseur vient d'entrer.";
    }

});
```

Notre événement mouseover fonctionne désormais comme nous le souhaitions ! Rassurez-vous, vous avez fait le plus gros, il ne reste plus qu'à adapter un peu le code pour l'événement mouseout. Cet événement va utiliser le même code que celui de mouseover à deux choses près :

- le texte à afficher n'est pas le même ;
- nous n'utilisons plus fromElement mais toElement, car nous souhaitons l'élément de destination.

Ce qui nous donne donc ceci :

```
myDiv.addEventListener('mouseout', function(e) {

    var relatedTarget = e.relatedTarget;

    while (relatedTarget != myDiv && relatedTarget.nodeName != 'BODY' &&
relatedTarget != document) {
        relatedTarget = relatedTarget.parentNode;
    }

    if (relatedTarget != myDiv) {
        results.innerHTML += "Le curseur vient de sortir.<br />";
    }

});
```

Le code est terminé !
(Essayez le code complet ! -> *http://course.oc-static.com/ftp-tutos/cours/javascript/part2/chap3/ex20.html*)

L'étude de ce problème était quelque peu avancée par rapport à vos connaissances actuelles, vous n'êtes pas obligés de retenir la solution. Souvenez-vous cependant qu'elle existe et que vous pouvez la trouver ici, car ce genre de souci peut s'avérer très embêtant, notamment quand il s'agit de réaliser des animations.

En résumé

- Les événements sont utilisés pour appeler une fonction à partir d'une action produite ou non par l'utilisateur.
- Différents événements existent pour détecter certaines actions comme le clic, le survol, la frappe au clavier et le contrôle des champs de formulaires.
- Le DOM-0 est l'ancienne manière de capturer des événements. Le DOM-2 introduit l'objet `Event` et la fameuse méthode `addEventListener()`.
- L'objet `Event` permet de récolter toutes sortes d'informations se rapportant à l'événement déclenché : son type, depuis quel élément il a été déclenché, la position du curseur, les touches frappées… Il est aussi possible de bloquer l'action d'un événement avec `preventDefault()`.
- Parfois, un événement appliqué sur un parent se propage à ses enfants. Cet héritage des événements peut provoquer des comportements inattendus.

QCM
(http://odyssey.sdlm.be/javascript/43/partie2/chapitre3/qcm.htm)

Utilisation de addEventListener()
(http://odyssey.sdlm.be/javascript/44/partie2/chapitre3/addeventlistener.htm)

Retirer un gestionnaire par clonage
(http://odyssey.sdlm.be/javascript/45/partie2/chapitre3/killeventlistener.htm)

Utilisation du DOM-0 avec onclick
(http://odyssey.sdlm.be/javascript/46/partie2/chapitre3/ondom.htm)

Modifier une liste avec prompt()
(http://odyssey.sdlm.be/javascript/47/partie2/chapitre3/list-and-prompt.htm)

13 Les formulaires

Après l'étude des événements, il est temps de passer aux formulaires ! Ici commence l'interaction avec l'utilisateur grâce aux nombreuses propriétés et méthodes dont sont dotés les éléments HTML utilisés dans les formulaires.

Les propriétés

Les formulaires sont simples à utiliser, mais quelques propriétés élémentaires doivent toutefois être mémorisées.

Comme vous le savez déjà, il est possible d'accéder à n'importe quelle propriété d'un élément HTML simplement en tapant son nom. Il en va de même pour des propriétés spécifiques aux éléments d'un formulaire comme `value`, `disabled`, `checked`, etc. Nous allons voir ici comment utiliser ces propriétés spécifiques aux formulaires.

Un classique : value

Commençons par la propriété la plus connue et la plus utilisée : `value`. Pour rappel, cette propriété permet de définir une valeur pour différents éléments d'un formulaire comme les `<input>`, les `<button>`, etc. Son fonctionnement est des plus simples : on lui assigne une valeur (une chaîne de caractères ou un nombre qui sera alors converti implicitement) et elle est immédiatement affichée sur l'élément HTML. Exemple :

```
<input id="text" type="text" size="60" value="Vous n'avez pas le focus !" />

<script>
    var text = document.getElementById('text');

    text.addEventListener('focus', function(e) {
        e.target.value = "Vous avez le focus !";
```

```
    });

    text.addEventListener('blur', function(e) {
        e.target.value = "Vous n'avez pas le focus !";
    });
</script>
```

(Essayez le code : *http://course.oc-static.com/ftp-tutos/cours/javascript/part2/chap4/ex1.html*)

Par aileurs, cette propriété s'utilise aussi avec un élément `<textarea>`. En effet, en HTML, il est courant de placer du texte dans un `<textarea>` en écrivant :

```
<textarea>Et voilà du texte !</textarea>
```

En JavaScript, on est alors souvent tenté d'utiliser `innerHTML` pour récupérer le contenu du `<textarea>`, ce qui ne fonctionne pas. Il convient donc d'utiliser `value` à la place.

Les booléens avec disabled, checked et readonly

Contrairement à la propriété `value`, les trois propriétés `disabled`, `checked` et `readonly` ne s'utilisent pas de la même manière qu'en HTML où il suffit d'écrire, par exemple, `<input type="text" disabled="disabled" />` pour désactiver un champ de texte. En JavaScript, ces trois propriétés deviennent booléennes. Voici un exemple de code permettant de désactiver un champ de texte :

```
<input id="text" type="text" />

<script>
    var text = document.getElementById('text');

    text.disabled = true;
</script>
```

Il n'est probablement pas nécessaire de vous expliquer comment fonctionne la propriété `checked` avec une checkbox : il suffit d'opérer de la même manière qu'avec la propriété `disabled`. En revanche, mieux vaut détailler son utilisation avec les boutons de type radio. Chaque bouton radio coché se verra attribuer la valeur `true` à sa propriété `checked`, nous devrons donc utiliser une boucle `for` pour vérifier quel bouton radio a été sélectionné :

```
<label><input type="radio" name="check" value="1" /> Case n°1</label><br />
<label><input type="radio" name="check" value="2" /> Case n°2</label><br />
<label><input type="radio" name="check" value="3" /> Case n°3</label><br />
<label><input type="radio" name="check" value="4" /> Case n°4</label>
<br /><br />
<input type="button" value="Afficher la case cochée" onclick="check();" />
```

```
<script>
    function check() {
        var inputs = document.getElementsByTagName('input'),
            inputsLength = inputs.length;

        for (var i = 0; i < inputsLength; i++) {
            if (inputs[i].type === 'radio' && inputs[i].checked) {
                alert('La case cochée est la n°' + inputs[i].value);
            }
        }
    }
</script>
```

(Essayez le code : *http://course.oc-static.com/ftp-tutos/cours/javascript/part2/chap4/ex2.html*)

L'intérêt de cet exemple était de vous présenter l'utilisation de la propriété `checked`. Il est cependant possible de simplifier ce code grâce à la méthode `querySelectorAll()` :

```
function check() {
    var inputs = document.querySelectorAll('input[type=radio]:checked'),
        inputsLength = inputs.length;

    for (var i = 0; i < inputsLength; i++) {
        alert('La case cochée est la n°' + inputs[i].value);
    }
}
```

Toutes les vérifications concernant le type du champ et le fait qu'il soit coché ou non s'effectuent au niveau de `querySelectorAll()`. On peut ainsi supprimer l'ancienne condition.

Les listes déroulantes avec selectedIndex et options

Les listes déroulantes possèdent elles aussi leurs propres propriétés. Nous allons en retenir seulement deux parmi toutes celles qui existent : `selectedIndex`, qui fournit l'index (l'identifiant) de la valeur sélectionnée, et `options` qui liste dans un tableau les éléments `<option>` de notre liste déroulante. Leur principe de fonctionnement est on ne peut plus classique :

```
<select id="list">
    <option>Sélectionnez votre sexe</option>
    <option>Homme</option>
    <option>Femme</option>
</select>

<script>
    var list = document.getElementById('list');

    list.addEventListener('change', function() {

        // On affiche le contenu de l'élément <option> ciblé par la
        // propriété selectedIndex
```

```
        alert(list.options[list.selectedIndex].innerHTML);

    });
</script>
```

(Essayez le code : *http://course.oc-static.com/ftp-tutos/cours/javascript/part2/chap4/ex3.html*)

Dans le cadre d'un `<select>` multiple, la propriété `selectedIndex` retourne l'index du premier élément sélectionné.

Les méthodes et un retour sur quelques événements

Les formulaires ne possèdent pas uniquement des propriétés, mais également des méthodes dont certaines sont bien pratiques ! Tout en abordant leur utilisation, nous en profiterons pour revenir sur certains événements étudiés au chapitre précédent.

Les méthodes spécifiques à l'élément <form>

Un formulaire, ou plus exactement l'élément `<form>`, possède deux méthodes intéressantes :

- `submit()`, qui permet d'effectuer l'envoi d'un formulaire sans l'intervention de l'utilisateur ;
- `reset()`, qui permet de réinitialiser tous les champs d'un formulaire.

Si vous avez l'habitude des formulaires HTML, vous aurez deviné que ces deux méthodes ont le même rôle que les éléments `<input>` de type `submit` ou `reset`.

L'utilisation de ces deux méthodes est très simple, il suffit de les appeler sans aucun paramètre (elles n'en ont pas) :

```
var element = document.getElementById('un_id_de_formulaire');

element.submit(); // Le formulaire est expédié
element.reset();  // Le formulaire est réinitialisé
```

Maintenant revenons sur deux événements : `submit` et `reset`, encore les mêmes noms ! Il est inutile de vous expliquer quand l'un et l'autre se déclenchent, cela paraît évident. Cependant, il est important d'ajouter une chose : envoyer un formulaire avec la méthode `submit()` du JavaScript ne déclenchera jamais l'événement `submit` ! Voici un exemple complet :

```
<form id="myForm">
    <input type="text" value="Entrez un texte" />
```

```
    <br /><br />
    <input type="submit" value="Submit !" />
    <input type="reset" value="Reset !" />
</form>

<script>
    var myForm = document.getElementById('myForm');

    myForm.addEventListener('submit', function(e) {
        alert('Vous avez envoyé le formulaire !\n\nMais celui-ci a été
bloqué pour que vous ne changiez pas de page.');
        e.preventDefault();
    });

    myForm.addEventListener('reset', function(e) {
        alert('Vous avez réinitialisé le formulaire !');
    });
</script>
```

(Essayez le code : *http://course.oc-static.com/ftp-tutos/cours/javascript/part2/chap4/ex4.html*)

La gestion du focus et de la sélection

Nous avons vu précédemment les événements permettant de détecter l'activation ou la désactivation du focus sur un élément. Il existe aussi deux méthodes, `focus()` et `blur()`, qui permettent respectivement de donner et retirer le focus à un élément. Leur utilisation est très simple :

```
<input id="text" type="text" value="Entrez un texte" />
<br /><br />
<input type="button" value="Donner le focus" onclick="document.getEle-
mentById('text').focus();" /><br />
<input type="button" value="Retirer le focus" onclick="document.getEle-
mentById('text').blur();" />
```

(Essayez le code : *http://course.oc-static.com/ftp-tutos/cours/javascript/part2/chap4/ex5.html*)

De même, la méthode `select()` permet de donner le focus à l'élément et sélectionne également le texte de celui-ci si cela est possible :

```
<input id="text" type="text" value="Entrez un texte" />
<br /><br />
<input type="button" value="Sélectionner le texte" onclick="document.getEle-
mentById('text').select();" />
```

(Essayez le code : *http://course.oc-static.com/ftp-tutos/cours/javascript/part2/chap4/ex6.html*)

Bien sûr, cette méthode ne fonctionne que sur des champs de texte comme un `<input>` de type `text` ou bien un `<textarea>`.

Explications sur l'événement change

Il est important de revenir sur cet événement afin de clarifier quelques petits problèmes que vous pourrez rencontrer en l'utilisant. Tout d'abord, il est bon de savoir que cet événement attend que l'élément auquel il est attaché perde le focus avant de se déclencher (s'il y a eu modification du contenu de l'élément). Donc, si vous souhaitez vérifier l'état d'un `input` à chacune de ses modifications sans attendre la perte de focus, il vous faudra plutôt utiliser d'autres événements comme `keyup` (et ses variantes) ou `click`, en fonction du type d'élément vérifié.

Par ailleurs, cet événement est bien entendu utilisable sur n'importe quel `input` dont l'état peut changer, par exemple une `checkbox` ou un `<input type="file" />`. N'allez surtout pas croire que cet événement est réservé seulement aux champs de texte !

En résumé

- La propriété `value` s'emploie sur la plupart des éléments de formulaire pour en récupérer la valeur.
- Les listes déroulantes fonctionnent différemment, puisqu'il faut d'abord récupérer l'index de l'élément sélectionné avec `selectedIndex`.
- Les méthodes `focus()` et `blur()` permettent de donner ou de retirer le focus à un élément de formulaire.
- Attention à l'événement `onchange`, il ne fonctionne pas toujours comme son nom le suggère, en particulier pour les champs de texte.

QCM
(*http://odyssey.sdlm.be/javascript/48/partie2/chapitre4/qcm.htm*)

Questions ouvertes
(*http://odyssey.sdlm.be/javascript/62/partie2/chapitre4/questions.htm*)

Tout cocher et tout décocher
(*http://odyssey.sdlm.be/javascript/49/partie2/chapitre4/all-check.htm*)

Vérifier deux adresses e-mail
(*http://odyssey.sdlm.be/javascript/50/partie2/chapitre4/check-input.htm*)

Éditer les cellules d'un tableau
(*http://odyssey.sdlm.be/javascript/51/partie2/chapitre4/table-input.htm*)

14 Manipuler le CSS

Le JavaScript est un langage permettant de rendre une page web dynamique du côté du client. Seulement, quand on pense à « dynamique », on pense aussi à « animations ». Or, pour faire des animations, il faut savoir accéder au CSS et le modifier. C'est ce que nous allons étudier dans ce chapitre.

Nous aborderons donc l'édition du CSS et son analyse. Puis, nous verrons comment réaliser un petit système de *drag & drop* : un sujet intéressant !

Éditer les propriétés CSS

Avant de s'attaquer à la manipulation du CSS, rafraîchissons-nous un peu la mémoire.

Quelques rappels sur le CSS

CSS est l'abréviation de *Cascading Style Sheets*, un langage qui permet d'éditer l'aspect graphique des éléments HTML et XML. Il est possible d'éditer le CSS d'un seul élément comme nous le ferions en HTML de la manière suivante :

```
<div style="color:red;">Le CSS de cet élément a été modifié avec l'attribut
STYLE. Il n'y a donc que lui qui possède un texte de couleur rouge.</div>
```

Mais on peut tout aussi bien éditer les feuilles de styles, qui se présentent de la manière suivante :

```
div {
    color: red; /* Ici on modifie la couleur du texte de tous les éléments <div>*/
}
```

Rappelons-le : les propriétés CSS de l'attribut `style` sont prioritaires sur les propriétés d'une feuille de styles ! Ainsi, dans le code suivant, le texte n'est pas rouge mais bleu :

```
<style>
    div {
        color: red;
    }
</style>

<div style="color:blue;">I'm blue ! DABADIDABADA !</div>
```

Pour le moment, nous nous limiterons à ces brefs rappels sur le CSS, car ce sont principalement les priorités des styles CSS qui vous seront utiles !

Éditer les styles CSS d'un élément

Comme nous venons de le voir, il y a deux manières de modifier le CSS d'un élément HTML. Nous allons ici aborder la méthode la plus simple et la plus utilisée : la propriété `style`. L'édition des feuilles de styles ne sera pas abordée car cette fonctionnalité est peu intéressante en plus d'être mal supportée par les différents navigateurs.

Pour accéder à la propriété `style` de notre élément, il convient de procéder comme pour n'importe quelle propriété de notre élément :

```
element.style; // On accède à la propriété « style » de l'élément « element »
```

Pour modifier les styles CSS de notre propriété, il suffit ensuite d'indiquer leur nom et de leur attribuer une valeur, `width` (pour la largeur) par exemple :

```
element.style.width = '150px';
// On modifie la largeur de notre élément à 150px
```

> Pensez bien à écrire l'unité de votre valeur, il arrive fréquemment de l'oublier et cela engendre de nombreux problèmes dans le code.

Comment accède-t-on à une propriété CSS qui possède un nom composé ? En JavaScript, les tirets sont interdits dans les noms des propriétés, ce qui fait que ce code ne fonctionne pas :

```
element.style.background-color = 'blue';
// Ce code ne fonctionne pas, les tirets sont interdits
```

La solution est simple : il suffit de supprimer les tirets et chaque mot suivant normalement un tiret voit sa première lettre devenir une majuscule. Ainsi, notre code précédent doit s'écrire de la manière suivante pour fonctionner correctement :

```
element.style.backgroundColor = 'blue';
// Après suppression du tiret et ajout de la majuscule au 2e mot, le code fonctionne !
```

Comme vous pouvez le constater, l'édition du CSS d'un élément n'est pas bien compliquée. Cependant, il y a une limitation de taille : la lecture des propriétés CSS !

Prenons un exemple :

```
<style type="text/css">
    #myDiv {
        background-color: orange;
    }
</style>

<div id="myDiv">Je possède un fond orange.</div>

<script>
    var myDiv = document.getElementById('myDiv');

    alert('Selon le JavaScript, la couleur de fond de ce <div> est : ' +
myDiv.style.backgroundColor); // On affiche la couleur de fond
</script>
```

(Essayez le code : *http://course.oc-static.com/ftp-tutos/cours/javascript/part2/chap5/ex1.html*)

Ce code ne donne aucun résultat car il lit uniquement les valeurs contenues dans la propriété `style`, c'est-à-dire rien dans notre exemple car nous avons modifié les styles CSS depuis une feuille de styles, et non pas depuis l'attribut `style`.

En revanche, en modifiant le CSS avec l'attribut `style`, nous retrouvons sans problème la couleur du fond :

```
<div id="myDiv" style="background-color: orange">Je possède un fond
orange.</div>

<script>
    var myDiv = document.getElementById('myDiv');

    alert('Selon le JavaScript, la couleur de fond de ce DIV est : ' +
myDiv.style.backgroundColor); // On affiche la couleur de fond
</script>
```

(Essayez le code : *http://course.oc-static.com/ftp-tutos/cours/javascript/part2/chap5/ex2.html*)

C'est gênant, n'est-ce pas ? Malheureusement, on ne peut pas y faire grand-chose à partir de la propriété `style`. Nous allons devoir utiliser la méthode `getComputedStyle()`.

Récupérer les propriétés CSS

La fonction getComputedStyle()

Comme vous avez pu le constater, il n'est pas possible de récupérer les valeurs des propriétés CSS d'un élément par le biais de la propriété `style` car cette dernière n'intègre pas les propriétés CSS des feuilles de styles, ce qui nous limite énormément dans nos possibilités d'analyse… Heureusement, il existe une fonction permettant de remédier à ce problème : `getComputedStyle()`.

Cette fonction va se charger de récupérer à notre place la valeur de n'importe quel style CSS ! Qu'il soit déclaré dans la propriété `style`, une feuille de styles ou encore calculé automatiquement, cela importe peu : `getComputedStyle()` récupérera la valeur sans problème.

> Toutes les valeurs obtenues par le biais de `getComputedStyle()` ou de `currentStyle` sont en lecture seule !

Son fonctionnement est très simple et se fait de cette manière :

```
<style>
    #text {
        color: red;
    }
</style>

<span id="text"></span>

<script>
    var text = document.getElementById('text'),
        color = getComputedStyle(text).color;

    alert(color);
</script>
```

(Essayez le code : *http://course.oc-static.com/ftp-tutos/cours/javascript/part2/chap5/ex3.html*)

> Les versions d'Internet Explorer antérieures à la version 9 ne supportent pas la méthode `getComputedStyle()` mais la propriété `currentStyle` (*http://www.quirksmode.org/dom/getstyles.html#link7*).

Les propriétés de type offset

Certaines valeurs de positionnement ou de taille des éléments ne pourront pas être obtenues de façon simple avec `getComputedStyle()`. Pour pallier ce problème, il existe les propriétés `offset` qui sont, dans notre cas, au nombre de cinq :

Nom de l'attribut	Contient...
`offsetWidth`	Contient la largeur complète (`width` + `padding` + `border`) de l'élément.
`offsetHeight`	Contient la hauteur complète (`height` + `padding` + `border`) de l'élément.
`offsetLeft`	Surtout utile pour les éléments en position absolue. Contient la position de l'élément par rapport au bord gauche de son élément parent.
`offsetTop`	Surtout utile pour les éléments en position absolue. Contient la position de l'élément par rapport au bord supérieur de son élément parent.
`offsetParent`	Utile uniquement pour un élément en position absolue ou relative. Contient l'objet de l'élément parent par rapport auquel est positionné l'élément actuel.

Ces propriétés ne s'utilisent pas comme n'importe quel style CSS, tout simplement parce que ce ne sont pas des styles CSS ! Ce sont juste des propriétés (en lecture seule), mises à jour dynamiquement et qui concernent certains états physiques d'un élément.

Pour les utiliser, oubliez la propriété `style` vu qu'il ne s'agit pas de styles CSS. Il suffit de les lire directement sur l'objet de notre élément HTML :

```
alert(el.offsetHeight); // On affiche la hauteur complète de notre élément HTML
```

Les valeurs contenues dans ces propriétés (à part `offsetParent`) sont exprimées en pixels et sont donc de type `Number`, contrairement aux styles CSS qui sont de type `String` et pour lesquels les unités sont explicitement spécifiées (px, cm, em...).

La propriété offsetParent

La propriété `offsetParent` contient l'objet de l'élément parent par rapport auquel est positionné votre élément actuel.

L'explication qui suit fait appel à des connaissances en HTML et en CSS et non pas en JavaScript ! Toutefois, il est possible que certains d'entre vous ne soient pas familiers de ce fonctionnement particulier qu'est le positionnement absolu, nous préférons donc vous le rappeler.

Lorsque vous décidez de placer l'un de vos éléments HTML en positionnement absolu, il est sorti du positionnement par défaut des éléments HTML et va se placer tout en haut à gauche de votre page web, au-dessus de tous les autres éléments. Ce principe n'est applicable que lorsque votre élément n'est pas déjà lui-même placé dans un élément en positionnement absolu. Si cela arrive, votre élément se positionnera non plus par rapport au coin supérieur gauche de la page web, mais par rapport au coin supérieur gauche du précédent élément placé en positionnement absolu, relatif ou fixe.

Revenons maintenant à la propriété `offsetParent`. Si elle existe, c'est parce que les propriétés `offsetTop` et `offsetLeft` contiennent le positionnement de votre élément par rapport à son précédent élément parent et non pas par rapport à la page ! Si nous voulons obtenir son positionnement par rapport à la page, il faudra alors aussi ajouter les valeurs de positionnement de son (ses) élément(s) parent(s).

Voici le problème mis en pratique, avec sa solution :

```
<style>
    #parent,
    #child {
        position: absolute;
        top: 50px;
         left: 100px;
    }

    #parent {
        width: 200px;
         height: 200px;
        background-color: blue;
    }

    #child {
        width: 50px;
         height: 50px;
        background-color: red;
    }
</style>

<div id="parent">
    <div id="child"></div>
</div>

<script>
    var parent = document.getElementById('parent');
    var child = document.getElementById('child');

    alert("Sans la fonction de calcul, la position de l'élément enfant
    est : \n\n" +
        'offsetTop : ' + child.offsetTop + 'px\n' +
        'offsetLeft : ' + child.offsetLeft + 'px');


    function getOffset(element) { // Notre fonction qui calcule le
                                  // positionnement complet
        var top = 0,
            left = 0;

        do {
            top += element.offsetTop;
            left += element.offsetLeft;
        } while (element = element.offsetParent); // Tant que « element »
// reçoit un « offsetParent » valide alors on additionne les valeurs des offsets

        return { // On retourne un objet, cela nous permet de retourner
                 // les deux valeurs calculées
```

```
45.             top: top,
46.             left: left
47.         };
48.     }
49.
50.
51.     alert("Avec la fonction de calcul, la position de l'élément enfant
        est : \n\n" +
52.         'offsetTop : ' + getOffset(child).top + 'px\n' +
53.         'offsetLeft : ' + getOffset(child).left + 'px');
54. </script>
```

(Essayez le code : *http://course.oc-static.com/ftp-tutos/cours/javascript/part2/chap5/ex5.html*)

Comme vous pouvez le constater, les valeurs de positionnement de notre élément enfant ne sont pas correctes si nous souhaitons connaître son positionnement par rapport à la page et non pas par rapport à l'élément parent. Nous sommes finalement obligés de créer une fonction pour calculer le positionnement par rapport à la page. Nous allons insister sur la boucle qu'elle contient car il est probable que le principe ne soit pas clair pour vous :

```
do {
    top += element.offsetTop;
    left += element.offsetLeft;
} while (element = element.offsetParent);
```

Si on utilise ce code HTML :

```
<body>
    <div id="parent" style="position:absolute; top:200px; left:200px;">
        <div id="child" style="position:absolute; top:100px;
left:100px;"></div>
    </div>
</body>
```

Son schéma de fonctionnement sera le suivant pour le calcul des valeurs de positionnement de l'élément `#child`.

- La boucle s'exécute une première fois en ajoutant les valeurs de positionnement de l'élément `#child` à nos deux variables `top` et `left`. Le calcul effectué est donc :

```
top = 0 + 100; // 100
left = 0 + 100; // 100
```

- Ensuite, ligne 42, nous attribuons à `element` l'objet de l'élément parent de `#child`, en somme nous montons d'un cran dans l'arbre DOM. L'opération est donc la suivante :

```
element = child.offsetParent; // Le nouvel élément est « parent »
```

- Toujours à la même ligne, `element` possède une référence vers un objet valide (qui est l'élément `#parent`), la condition est donc vérifiée (l'objet est évalué à `true`) et la boucle s'exécute de nouveau.
- La boucle se répète en ajoutant cette fois les valeurs de positionnement de l'élément `#parent` à nos variables `top` et `left`. Le calcul effectué est donc :

```
top = 100 + 200; // 300
left = 100 + 200; // 300
```

- Ligne 42, cette fois l'objet parent de `#parent` est l'élément `<body>`. La boucle va donc se répéter avec `<body>` qui est un objet valide. Comme nous n'avons pas modifié ses styles CSS, il ne possède pas de valeurs de positionnement, le calcul effectué est donc :

```
top = 300 + 0; // 300
left = 300 + 0; // 300
```

- Ligne 42, `<body>` a une propriété `offsetParent` qui est à `undefined`, la boucle s'arrête donc.

Bien que le fonctionnement de cette boucle ne soit pas très complexe, elle peut parfois être déroutante, il était donc préférable de l'étudier en détail.

Avant de terminer, pourquoi avoir écrit « hauteur complète (`width + padding + border`) » dans le tableau précédent ? Il faut savoir qu'en HTML, la largeur (ou hauteur) complète d'un élément correspond à la valeur de `width` + celle du `padding` + celle des bordures.

Par exemple, sur ce code :

```
<style>
    #offsetTest {
        width: 100px;
        height: 100px;
        padding: 10px;
        border: 2px solid black;
    }
</style>

<div id="offsetTest"></div>
```

la largeur complète de notre élément `<div>` vaut `100` (`width`) + `10` (`padding-left`) + `10` (`padding-right`) + `2` (`border-left`) + `2` (`border-right`) = 124 px.

Et il s'agit bien de la valeur retournée par `offsetWidth` :

```
var offsetTest = document.getElementById('offsetTest');
alert(offsetTest.offsetWidth);
```

(Essayez le code complet : *http://course.oc-static.com/ftp-tutos/cours/javascript/part2/chap5/ex6.html*)

Votre premier script interactif !

Les exercices des chapitres précédents manquaient de réelle interaction avec l'utilisateur. Passons maintenant à quelque chose de plus intéressant : une version très simplifiée du système de drag & drop.

Il s'agit ici d'un mini TP, pas très long à réaliser, mais qui demande quand même un peu de réflexion. Il vous fera utiliser les événements et les manipulations CSS.

Présentation de l'exercice

Qu'est-ce que le *drag & drop* ? Il s'agit d'un système permettant le déplacement d'éléments par un simple déplacement de souris. Pour faire simple, c'est comme lorsque vous avez un fichier dans un dossier et que vous le déplacez dans un autre dossier en le faisant glisser avec votre souris.

Si jusqu'à présent vous avez suivi attentivement le cours et que vous êtes prêts à vous démener un peu, vous serez tout à fait capables de réaliser un tel système.

Avant de se lancer dans le code, listons les étapes de fonctionnement d'un système de *drag & drop*.

1. L'utilisateur clique sur un élément avec le bouton gauche de sa souris (sans relâcher la pression). Le drag & drop s'initialise alors en sachant qu'il va devoir gérer le déplacement de cet élément. Pour information, l'événement à utiliser ici est `mousedown`.
2. Tout en maintenant le bouton de la souris enfoncé, l'utilisateur déplace son curseur. L'élément ciblé suit alors ses mouvements à la trace. L'événement à utiliser est `mousemove` et nous vous conseillons de l'appliquer à l'élément `document` (nous verrons pourquoi dans le corrigé).
3. L'utilisateur relâche le bouton de la souris. Le drag & drop prend alors fin et l'élément ne suit plus le curseur de la souris. L'événement utilisé est `mouseup`.

Voici le code HTML de base ainsi que le CSS afin de vous simplifier les choses :

```
<div class="draggableBox">1</div>
<div class="draggableBox">2</div>
<div class="draggableBox">3</div>
.draggableBox {
    position: absolute;
    width: 80px; height: 60px;
    padding-top: 10px;
    text-align: center;
    font-size: 40px;
    background-color: #222;
    color: #CCC;
    cursor: move;
}
```

Juste deux dernières petites choses :

- Nous vous conseillons d'utiliser une IIFE dans laquelle vous placerez toutes les fonctions et variables nécessaires au bon fonctionnement de votre code, lequel sera ainsi bien plus propre. Votre script n'ira pas polluer l'espace global avec ses propres variables et fonctions.
- Il serait souhaitable que votre code ne s'applique pas à tous les `<div>` existants mais uniquement à ceux qui possèdent la classe `.draggableBox`.

Corrigé

Vous avez terminé l'exercice ? Nous espérons que vous l'avez réussi ? Si ce n'est pas le cas, ne vous en faites pas. Étudiez attentivement le corrigé et tout devrait être plus clair.

```
(function() { // On utilise une IIFE pour ne pas polluer l'espace global
    var storage = {}; // Contient l'objet de la div en cours de déplacement

    function init() { // La fonction d'initialisation
        var elements = document.querySelectorAll('.draggableBox'),
            elementsLength = elements.length;

        for (var i = 0; i < elementsLength; i++) {
            elements[i].addEventListener('mousedown', function(e) {
            // Initialise le drag & drop
                var s = storage;
                s.target = e.target;
                s.offsetX = e.clientX - s.target.offsetLeft;
                s.offsetY = e.clientY - s.target.offsetTop;
            });

            elements[i].addEventListener('mouseup', function() {
            // Termine le drag & drop
                storage = {};
            });
        }

        document.addEventListener('mousemove', function(e) {
        // Permet le suivi du drag & drop
            var target = storage.target;

            if (target) {
                target.style.top = e.clientY - storage.offsetY + 'px';
                target.style.left = e.clientX - storage.offsetX + 'px';
            }
        });
    }

    init(); // On initialise le code avec notre fonction toute prête.
})();
```

(Essayez le code complet : *http://course.oc-static.com/ftp-tutos/cours/javascript/part2/chap5/ex7.html*)

Concernant la variable storage, il ne s'agit que d'un espace de stockage dont nous allons vous expliquer le fonctionnement au cours de l'étude de la fonction init().

L'exploration du code HTML

Notre fonction init() commence par le code suivant :

```
var elements = document.querySelectorAll('.draggableBox'),
    elementsLength = elements.length;

for (var i = 0; i < elementsLength; i++) {
    // Code...
}
```

Nous avons ici volontairement caché les codes d'ajout d'événements, car c'est cette boucle qui nous intéresse. Couplée à la méthode querySelectorAll() (voir le chapitre 10 consacré à la manipulation du code HTML), elle permet de parcourir tous les éléments HTML filtrés par un sélecteur CSS. Dans notre cas, nous parcourons tous les éléments avec la classe .draggableBox.

L'ajout des événements mousedown et mouseup

Dans notre boucle qui parcourt le code HTML, nous avons deux ajouts d'événements que voici :

```
elements[i].addEventListener('mousedown', function(e) {
// Initialise le drag & drop
    var s = storage;
    s.target = e.target;
    s.offsetX = e.clientX - s.target.offsetLeft;
    s.offsetY = e.clientY - s.target.offsetTop;
});

elements[i].addEventListener('mouseup', function() { // Termine le drag & drop
    storage = {};
});
```

Comme vous le voyez, ces deux événements ne font qu'accéder à la variable storage, qui est un objet servant d'espace de stockage. Il permet de mémoriser l'élément actuellement en cours de déplacement ainsi que la position du curseur par rapport à notre élément (nous reviendrons sur ce dernier point plus tard).

Ainsi, dans notre événement mousedown (qui initialise le drag & drop), nous ajoutons l'événement ciblé dans la propriété storage.target, puis les positions du curseur par rapport à notre élément dans storage.offsetX et storage.offsetY.

En ce qui concerne notre événement mouseup (qui termine le drag & drop), nous attribuons un objet vide à notre variable storage, comme ça tout est vidé !

La gestion du déplacement de notre élément

Jusqu'à présent, notre code ne fait qu'enregistrer dans la variable `storage` l'élément ciblé pour notre drag & drop. Cependant, nous souhaitons faire bouger cet élément. Voilà pourquoi notre événement `mousemove` intervient.

```
document.addEventListener('mousemove', function(e) {
// Permet le suivi du drag & drop
    var target = storage.target;

    if (target) {
        target.style.top = e.clientY - storage.offsetY + 'px';
        target.style.left = e.clientX - storage.offsetX + 'px';
    }
});
```

Pourquoi notre événement est-il appliqué à l'élément `document` ? Si nous appliquons cet événement à l'élément ciblé, que va-t-il se passer ? Dès que nous déplacerons la souris, l'événement se déclenchera et tout se passera comme souhaité. Mais si nous bougeons la souris trop rapidement, le curseur va sortir de notre élément avant que celui-ci n'ait eu le temps de se déplacer et l'événement ne se déclenchera plus tant que le curseur ne sera pas repositionné sur l'élément. La probabilité pour que cela se produise est plus élevée qu'on ne le pense, autant prendre toutes les précautions nécessaires.

Un autre problème peut aussi surgir : dans notre code actuel, nous ne gérons pas le style CSS `z-index`, par conséquent lorsque nous déplaçons le premier élément et que nous plaçons notre curseur sur l'un des deux autres éléments, le premier élément se retrouve alors en dessous d'eux. Si nous avons appliqué le `mousemove` sur notre élément au lieu du `document`, alors cet événement ne pourra pas se déclancher car nous bougeons notre curseur sur l'un des deux autres éléments et non sur notre élément en cours de déplacement.

La solution retenue est de mettre l'événement `mousemove` sur notre `document`. Et comme cet événement se propage aux enfants, nous sommes sûrs qu'il se déclenchera à n'importe quel déplacement du curseur sur la page.

Le reste du code n'est pas bien sorcier.

1. Nous utilisons une condition qui permet de vérifier s'il existe bien un indice `target` dans notre espace de stockage. S'il n'y en a pas, c'est qu'aucun drag & drop n'est en cours d'exécution.
2. Nous assignons à notre élément cible (`target`) ses nouvelles coordonnées par rapport au curseur.

Revenons sur un point important du précédent code : nous avons dû enregistrer la position du curseur par rapport au coin supérieur gauche de notre élément dès l'initialisation du drag & drop :

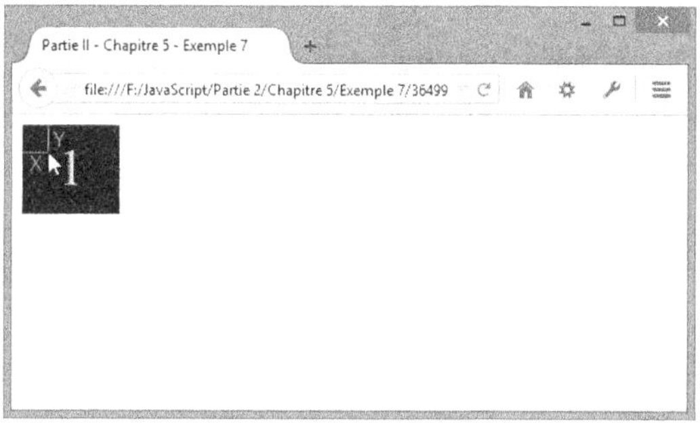

La valeur X désigne le décalage (en pixels) entre les bordures gauche de l'élément et du curseur, la valeur Y fait de même entre les bordures supérieures.

Si vous ne le faites pas, à chaque déplacement de votre élément, celui-ci placera son bord supérieur gauche sous votre curseur, ce qui ne correspond pas du tout à ce que nous souhaitons.

Empêcher la sélection du contenu des éléments déplaçables

Comme vous l'avez peut-être constaté, il est possible que l'utilisateur sélectionne le texte contenu dans vos éléments déplaçables, ce qui est un peu aléatoire. Heureusement, il est possible de résoudre simplement ce problème avec quelques propriétés CSS appliquées aux éléments déplaçables :

```
/* L'utilisateur ne pourra plus sélectionner le texte de l'élément qui
possède cette propriété CSS */
-webkit-user-select: none;
-moz-user-select: none;
-ms-user-select: none;
user-select: none;
```

(Essayez une adaptation de ce code : *http://course.oc-static.com/ftp-tutos/cours/javascript/part2/chap5/ex8.html*)

Et voilà pour ce mini TP, nous espérons qu'il vous a plu !

En résumé

- Pour modifier les styles CSS d'un élément, il suffit d'utiliser la propriété `style`. Ensuite, il ne reste plus qu'à accéder à la bonne propriété CSS, par exemple : `element.style.height = '300px'`.
- Le nom des propriétés composées doit s'écrire sans tiret et avec une majuscule au début de chaque mot, à l'exception du premier. Ainsi, `border-radius` devient `borderRadius`.
- La fonction `getComputedStyle()` récupère la valeur de n'importe quelle propriété CSS. C'est utile, car la propriété `style` n'accède pas aux propriétés définies dans la feuille de styles.
- Les propriétés de type `offset`, au nombre de cinq, permettent de récupérer des valeurs liées à la taille et au positionnement.
- Le positionnement absolu peut poser des problèmes. Voilà pourquoi il faut savoir utiliser la propriété `offsetParent`, combinée aux autres propriétés `offset`.

15

Déboguer le code

Dans le premier chapitre traitant du débogage (8), nous avons étudié des exemples relativement simples, uniquement en rapport avec le JavaScript. Maintenant que nous avons introduit la manipulation du DOM et du CSS, de nouveaux problèmes peuvent surgir. Heureusement, il existe des outils permettant d'analyser les erreurs rencontrées sur ce type de modification, comme nous allons découvrir dans ce chapitre.

L'usage de l'inspecteur web, que nous allons étudier ci-après, n'a que peu de rapport avec le JavaScript. Il vous permettra cependant d'éviter de nombreux bogues liés à la modification du DOM.

L'inspecteur web

Un des éléments les plus importants d'un kit de développement est probablement son inspecteur web. C'est lui qui permet d'étudier la structure du code HTML ainsi que le CSS associé à chaque élément.

Vous avez peut-être déjà remarqué que lorsque vous affichez le code source d'une page web en effectuant un clic droit dessus et en sélectionnant ***Afficher le code source de la page***, le code affiché peut ne pas être à jour par rapport aux modifications apportées par le JavaScript sur le DOM. En effet, cette manipulation n'affiche que le code source récupéré par le navigateur web au chargement de la page, il ne tient pas compte des modifications ultérieures. L'inspecteur web va alors vous être utile.

Pour afficher ce dernier, ouvrez le kit de développement et sélectionnez l'onglet ***Elements*** pour Chrome, ***Inspecteur*** pour Firefox. Vous obtenez alors ceci :

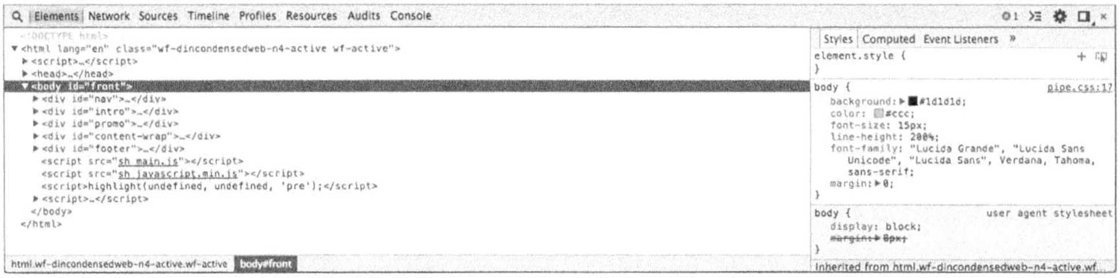

L'inspecteur web de Chrome

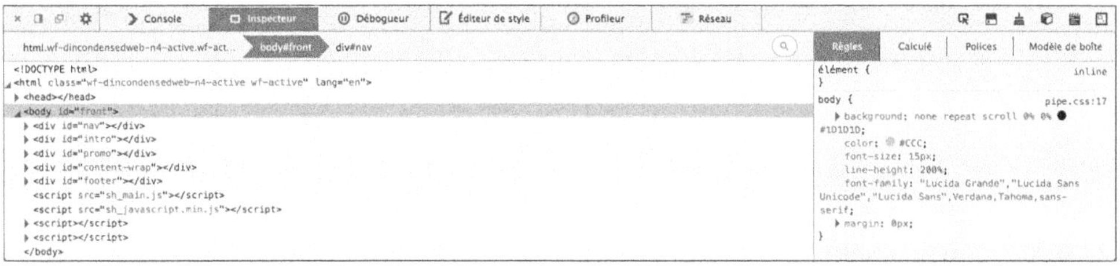

L'inspecteur web de Firefox

Vous pouvez maintenant visualiser votre code HTML sous forme d'arbre et vous pouvez en modifier le contenu en double-cliquant sur un élément, un attribut, une propriété CSS, etc. Il est aussi possible d'ajouter de nouveaux éléments ou d'en supprimer (clic droit sur l'élément puis ***Supprimer le nœud/Delete node***), sans passer par le JavaScript, ce qui vous fera gagner du temps lors de vos phases de débogage !

Avant d'aller plus loin, sachez qu'il existe un raccourci extrêmement pratique pour afficher l'inspecteur web avec l'élément de notre choix directement sélectionné. Appuyez sur les touches ***Ctrl+Maj+C*** (ou ***Cmd+Alt+C*** sous Mac OS X) et cliquez sur l'élément de votre choix dans la page.

Sélection interactive d'un élément sous Chrome

Sélection interactive d'un élément sous Firefox

Les règles CSS

Faisons un petit point sur ce qui est affiché à l'écran : à gauche se trouve le code HTML dans lequel chaque élément est sélectionnable, à droite vous pouvez voir les règles CSS appliquées à l'élément sélectionné. Chaque propriété CSS rayée représente une règle appliquée à l'élément, puis réécrite par une autre propriété CSS. Par exemple, si vous créez la feuille de styles suivante :

```
body {
    color: blue;
}

div {
    color: red;
}
```

Et que vous utilisez le code HTML suivant :

```
<div>Je suis rouge</div>
```

(Essayez le code : http://course.oc-static.com/ftp-tutos/cours/javascript/part2/chap6/ex1/index.html)

Vous pouvez alors observer l'affichage suivant pour les règles CSS de la balise :

La couleur rouge prend le dessus sur le bleu.

La balise `<div>` hérite de la couleur bleu appliquée au `<body>` mais la couleur rouge est appliquée et vient donc réécrire la propriété `color`.

Si vous cherchez à connaître la valeur finale d'une propriété CSS sur un élément, il peut parfois être difficile de parcourir la liste de toutes les propriétés CSS appliquées à l'élément en question car la liste peut très vite s'allonger avec une feuille de styles relativement importante. Pour cela, dans le panneau des règles CSS, ouvrez l'onglet ***Computed*** (***Calculé*** sous Firefox) afin d'afficher les propriétés CSS finales appliquées à l'élément HTML sélectionné :

Les propriétés CSS finales d'un élément sous Chrome

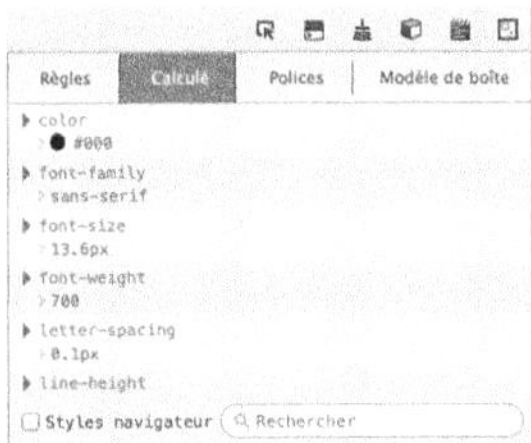

Les propriétés CSS finales d'un élément sous Firefox

Les points d'arrêt

Vous connaissez déjà les points d'arrêt mais connaissez-vous ceux qui sont applicables aux éléments HTML ? Ils permettent de mettre en pause l'exécution de la page pour chaque modification d'un élément. Une modification peut concerner les attributs de l'élément, la modification de l'un de ses éléments enfants ou encore sa suppression.

Afin d'utiliser les points d'arrêt, nous allons nous baser sur le code suivant qui ajoute un élément `<li>` à notre liste pour chaque itération de la boucle.

```
<ul id="container"></ul>
var container = document.querySelector('#container');

for (var i = 0, element; i < 10; i++) {
    element = document.createElement('li');
    container.appendChild(element);
    element.innerHTML = i + 1;
}
```

(Essayez le code : http://course.oc-static.com/ftp-tutos/cours/javascript/part2/chap6/ex2/index.html)

Pour appliquer un point d'arrêt sur un élément HTML, ouvrez l'inspecteur web et faites un clic droit sur l'élément sur lequel vous souhaitez ajouter un point d'arrêt. Choisissez alors ***Break on*** et cliquez sur ***Subtree modifications***. Dans notre cas, le point d'arrêt sera appliqué sur le seul élément HTML que nous avons : `#container`.

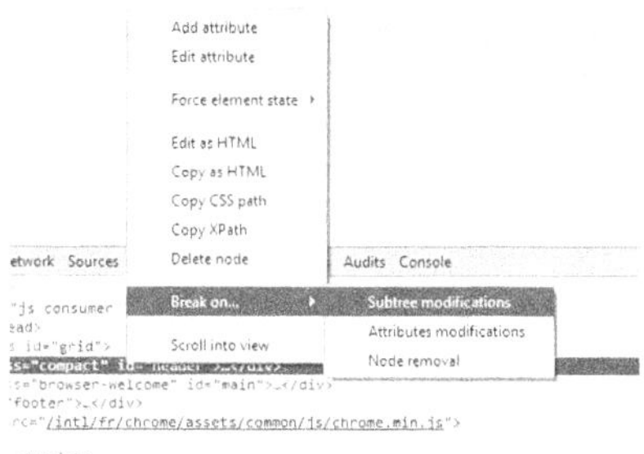

Une fois le point d'arrêt mis en place, rafraîchissez la page et admirez le travail :

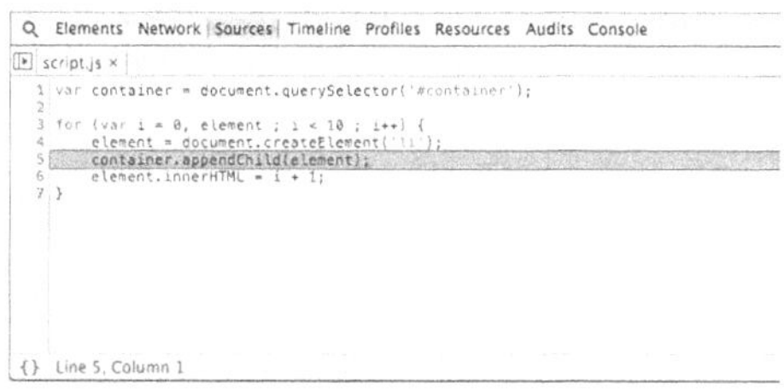

Le débogueur a mis l'exécution du code en pause à l'instant même où un élément allait être ajouté à notre page et il indique la ligne JavaScript concernée. Pour passer aux mises en pause suivantes, cliquez sur le même bouton que celui utilisé pour les points d'arrêt : .

Dans notre exemple, l'utilisation d'un point d'arrêt sur un élément HTML est assez peu utile. Cependant, sur un site contenant des centaines de lignes de code, cela peut-être utile pour savoir quelle ligne de code JavaScript vient de modifier un élément HTML.

Dans le menu ***Break on***, vous aviez le choix entre trois options (cumulables).

- ***Subtree modifications*** : se déclenche lorsque les nœuds enfants de l'élément ciblé sont modifiés.
- ***Attributes modifications*** : se déclenche pour toute modification apportée aux attributs de l'élément ciblé.
- ***Node removal*** : se déclenche lorsque l'élément ciblé est supprimé.

Pour finir, la suppression d'un point d'arrêt sur un élément HTML est toujours un peu difficile avec Chrome. Normalement, il suffit de décocher l'option voulue dans le menu ***Break on***, mais cela ne fonctionne pas toujours. Pour pallier ce problème, vous pouvez fermer l'onglet, puis en ouvrir un nouveau, les points d'arrêt auront été supprimés.

En résumé

- L'inspecteur web est extrêmement utile pour parcourir du code HTML généré après le chargement de la page. Il permet aussi de le modifier à volonté.
- Il est possible de déboguer plus facilement vos feuilles de styles grâce au panneau situé à droite dans l'inspecteur web.
- Les points d'arrêt ne sont pas limités au JavaScript mais peuvent aussi être appliqués au code HTML.

16 TP : un formulaire interactif

À ce stade, il se peut que vous n'ayez pas encore tout assimilé. Grâce à ce TP, vous pourrez réviser les notions essentielles abordées dans les chapitres de cette deuxième partie de l'ouvrage.

Il s'agit ici de créer un formulaire dynamique, c'est-à-dire un formulaire dont une partie des vérifications est effectuée par le JavaScript, côté client. On peut par exemple vérifier que l'utilisateur a bien complété tous les champs, ou bien qu'ils contiennent des valeurs valides (par exemple que le champ Âge ne contient pas de lettres).

Petite précision très importante pour ce TP et tous vos codes écrits en JavaScript : une vérification des informations côté client ne dispensera jamais de faire cette même vérification côté serveur. Le JavaScript est un langage qui s'exécute côté client, or le client peut très bien modifier son comportement ou carrément le désactiver, ce qui annulera les vérifications. Continuez donc à faire comme vous l'avez toujours fait sans le JavaScript : faites des vérifications côté serveur !

Présentation de l'exercice

Qu'allons-nous demander à l'utilisateur via notre formulaire ? Dans notre cas, nous allons faire simple et classique : un formulaire d'inscription. Nous demanderons donc quelques informations à l'utilisateur, ce qui nous permettra d'utiliser un peu tous les éléments HTML spécifiques aux formulaires que nous avons vus jusqu'à présent. Voici les informations à récupérer ainsi que les types d'éléments HTML :

INFORMATION À RELEVER	TYPE D'ÉLÉMENT À UTILISER
Sexe	<input type="radio">
Nom	<input type="text">
Prénom	<input type="text">
Âge	<input type="text">
Pseudo	<input type="text">
Mot de passe	<input type="password">
Mot de passe (confirmation)	<input type="password">
Pays	<select></select>
Si l'utilisateur souhaite recevoir des e-mails	<input type="checkbox">

Bien sûr, chacune de ces informations devra être traitée pour savoir si le contenu est correct, par exemple, si l'utilisateur a bien spécifié son sexe ou s'il n'a pas saisi de chiffres dans son prénom, etc. Les vérifications de contenu ne seront pas ici très poussées car nous n'avons pas encore étudié les « regex » (*http://fr.wikipedia.org/wiki/Expression_rationnelle*). Nous nous limiterons donc à la vérification de la longueur de la chaîne ou à la présence de certains caractères. Rien de très complexe, mais cela suffira amplement car le but de ce TP n'est pas vraiment de vous faire analyser le contenu mais plutôt de gérer les événements et le CSS de votre formulaire.

Voici donc les conditions à respecter pour chaque information :

INFORMATION À RELEVER	CONDITION À RESPECTER
Sexe	Un sexe doit être sélectionné
Nom	Pas moins de 2 caractères
Prénom	Pas moins de 2 caractères
Âge	Un nombre compris entre 5 et 140
Pseudo	Pas moins de 4 caractères
Mot de passe	Pas moins de 6 caractères
Mot de passe (confirmation)	Doit être identique au premier mot de passe
Pays	Un pays doit être sélectionné
Si l'utilisateur souhaite recevoir des e-mails	Pas de condition

Nous avons choisi de limiter le nom et le prénom à deux caractères au minimum, même s'il en existe qui ne comporte qu'un seul caractère. Il s'agit ici d'un exemple, libre à vous de définir vos propres conditions.

L'utilisateur n'est pas censé connaître toutes ces conditions quand il arrive sur votre formulaire, il faudra donc les lui indiquer avant même qu'il ne commence à entrer ses informations. Pour cela, il va vous falloir afficher la condition d'un champ de texte à chaque fois que l'utilisateur fera une erreur. Nous parlons ici uniquement des champs de texte, parce que nous n'allons pas dire à l'utilisateur « Sélectionnez votre sexe » alors qu'il n'a qu'un bouton radio, cela paraît évident.

Il faudra aussi faire une vérification complète du formulaire lorsque l'utilisateur cliquera sur le bouton de soumission. S'il n'a pas coché de case pour son sexe, par exemple, un message d'erreur apparaîtra lui indiquant qu'il manque une information, de même s'il n'a pas sélectionné de pays.

Vous disposez à présent de toutes les informations nécessaires pour vous lancer dans ce TP. Vous pouvez concevoir votre propre code HTML ou utiliser celui proposé dans le corrigé.

Corrigé

Vous avez probablement terminé ou alors vous n'avez pas réussi à aller jusqu'au bout, ce qui peut arriver !

La solution complète : HTML, CSS et JavaScript

Pour ce TP, il vous fallait créer la structure HTML de votre page en plus du code JavaScript. Voici le code que nous avons écrit :

```
<!DOCTYPE html>
<html>

<head>
    <meta charset="utf-8" />
    <title>TP : Un formulaire interactif</title>
</head>

<body>

    <form id="myForm">

        <span class="form_col">Sexe :</span>
        <label><input name="sex" type="radio" value="H" />Homme</label>
        <label><input name="sex" type="radio" value="F" />Femme</label>
        <span class="tooltip">Vous devez sélectionner votre sexe</span>
        <br /><br />

        <label class="form_col" for="lastName">Nom :</label>
        <input name="lastName" id="lastName" type="text" />
        <span class="tooltip">Un nom ne peut pas faire moins de 2
caractères</span>
        <br /><br />

        <label class="form_col" for="firstName">Prénom :</label>
        <input name="firstName" id="firstName" type="text" />
```

```
        <span class="tooltip">Un prénom ne peut pas faire moins de 2
caractères</span>
        <br /><br />

        <label class="form_col" for="age">Âge :</label>
        <input name="age" id="age" type="text" />
        <span class="tooltip">L'âge doit être compris entre 5 et 140</span>
        <br /><br />

        <label class="form_col" for="login">Pseudo :</label>
        <input name="login" id="login" type="text" />
        <span class="tooltip">Le pseudo ne peut pas faire moins de 4
caractères</span>
        <br /><br />

        <label class="form_col" for="pwd1">Mot de passe :</label>
        <input name="pwd1" id="pwd1" type="password" />
        <span class="tooltip">Le mot de passe ne doit pas faire moins de
6 caractères</span>

        <br /><br />

        <label class="form_col" for="pwd2">Mot de passe (confirmation) :
</label>
        <input name="pwd2" id="pwd2" type="password" />
         <span class="tooltip">Le mot de passe de confirmation doit être
identique à celui d'origine</span>
        <br /><br />

        <label class="form_col" for="country">Pays :</label>

        <select name="country" id="country">
            <option value="none">Sélectionnez votre pays de résidence
</option>
            <option value="en">Angleterre</option>
            <option value="us">États-Unis</option>
            <option value="fr">France</option>
        </select>
        <span class="tooltip">Vous devez sélectionner votre pays de
résidence</span>

        <br /><br />

        <span class="form_col"></span>
        <label><input name="news" type="checkbox" /> Je désire recevoir la
newsletter chaque mois.</label>
        <br /><br />

        <span class="form_col"></span>
        <input type="submit" value="M'inscrire" /> <input type="reset"
value="Réinitialiser le formulaire" />

    </form>

        </body>

</html>
```

Vous remarquerez que de nombreuses balises `<span>` possèdent une classe nommée `.tooltip`. Elles contiennent le texte à afficher lorsque le contenu du champ les concernant ne correspond pas à ce qui est souhaité.

Nous allons maintenant passer au CSS. D'habitude, nous ne vous le fournissons pas directement, mais cette fois il fait partie intégrante du TP donc le voici :

```
body {
    padding-top: 50px;
}

    .form_col {
    display: inline-block;
    margin-right: 15px;
    padding: 3px 0px;
    width: 200px;
    min-height: 1px;
    text-align: right;
}

input {
    padding: 2px;
    border: 1px solid #CCC;
    border-radius: 2px;
   outline: none; /* Retire les bordures appliquées par certains navigateurs
(Chrome notamment) lors du focus des éléments <input> */
}

input:focus {
    border-color: rgba(82, 168, 236, 0.75);
    box-shadow: 0 0 8px rgba(82, 168, 236, 0.5);
}

.correct {
    border-color: rgba(68, 191, 68, 0.75);
}

.correct:focus {
    border-color: rgba(68, 191, 68, 0.75);
    box-shadow: 0 0 8px rgba(68, 191, 68, 0.5);
}

.incorrect {
    border-color: rgba(191, 68, 68, 0.75);
}

.incorrect:focus {
    border-color: rgba(191, 68, 68, 0.75);
    box-shadow: 0 0 8px rgba(191, 68, 68, 0.5);
}

.tooltip {
    display: inline-block;
    margin-left: 20px;
    padding: 2px 4px;
    border: 1px solid #555;
    background-color: #CCC;
    border-radius: 4px;
}
```

Notez bien les deux classes `.correct` et `.incorrect` : elles seront appliquées aux `<input>` de type `text` et `password` afin de bien montrer si un champ est correctement rempli ou non.

Nous pouvons maintenant passer au plus compliqué, le code JavaScript :

```
// Fonction de désactivation de l'affichage des "tooltips"
function deactivateTooltips() {

    var tooltips = document.querySelectorAll('.tooltip'),
        tooltipsLength = tooltips.length;

    for (var i = 0 ; i < tooltipsLength ; i++) {
    tooltips[i].style.display = 'none';
    }

}


    // La fonction ci-dessous permet de récupérer la "tooltip"
    // qui correspond à notre input

function getTooltip(elements) {

    while (elements = elements.nextSibling) {
        if (elements.className === 'tooltip') {
            return elements;
        }
    }

    return false;

}


    // Fonctions de vérification du formulaire, elles renvoient "true" si
    // tout est ok

var check = {}; // On met toutes nos fonctions dans un objet littéral

check['sex'] = function() {

    var sex = document.getElementsByName('sex'),
        tooltipStyle = getTooltip(sex[1].parentNode).style;

    if (sex[0].checked || sex[1].checked) {
        tooltipStyle.display = 'none';
        return true;

    } else {
        tooltipStyle.display = 'inline-block';
        return false;
    }

};

    check['lastName'] = function(id) {
```

```
    var name = document.getElementById(id),
        tooltipStyle = getTooltip(name).style;

    if (name.value.length >= 2) {
        name.className = 'correct';
        tooltipStyle.display = 'none';
        return true;

    } else {
        name.className = 'incorrect';
        tooltipStyle.display = 'inline-block';
        return false;
    }

};

check['firstName'] = check['lastName'];
// La fonction pour le prénom est la même que celle du nom

check['age'] = function() {

    var age = document.getElementById('age'),
        tooltipStyle = getTooltip(age).style,
        ageValue = parseInt(age.value);

    if (!isNaN(ageValue) && ageValue >= 5 && ageValue <= 140) {
        age.className = 'correct';
        tooltipStyle.display = 'none';
        return true;

    } else {
        age.className = 'incorrect';
        tooltipStyle.display = 'inline-block';
        return false;
    }

};

    check['login'] = function() {

    var login = document.getElementById('login'),
        tooltipStyle = getTooltip(login).style;

    if (login.value.length >= 4) {
        login.className = 'correct';
        tooltipStyle.display = 'none';
        return true;
    } else {
        login.className = 'incorrect';
        tooltipStyle.display = 'inline-block';
        return false;
    }

};

    check['pwd1'] = function() {
```

```
    var pwd1 = document.getElementById('pwd1'),
        tooltipStyle = getTooltip(pwd1).style;

    if (pwd1.value.length >= 6) {
        pwd1.className = 'correct';
        tooltipStyle.display = 'none';
        return true;
    } else {

        pwd1.className = 'incorrect';
        tooltipStyle.display = 'inline-block';
        return false;
    }

};

    check['pwd2'] = function() {

    var pwd1 = document.getElementById('pwd1'),
        pwd2 = document.getElementById('pwd2'),
        tooltipStyle = getTooltip(pwd2).style;

    if (pwd1.value == pwd2.value && pwd2.value != '') {
        pwd2.className = 'correct';
        tooltipStyle.display = 'none';
    return true;
    } else {

    pwd2.className = 'incorrect';
        tooltipStyle.display = 'inline-block';
        return false;
    }

};

    check['country'] = function() {

    var country = document.getElementById('country'),
        tooltipStyle = getTooltip(country).style;

    if (country.options[country.selectedIndex].value != 'none') {
        tooltipStyle.display = 'none';
        return true;
    } else {

    tooltipStyle.display = 'inline-block';
    return false;
    }

};


    // Mise en place des événements

(function() { // Utilisation d'une IIFE pour éviter les variables globales.

    var myForm = document.getElementById('myForm'),
```

```
        inputs = document.querySelectorAll('input[type=text],
input[type=password]'),
    inputsLength = inputs.length;

    for (var i = 0 ; i < inputsLength ; i++) {
        inputs[i].addEventListener('keyup', function(e) {
            check[e.target.id](e.target.id); // "e.target" représente l'input
                                              // actuellement modifié
    });
    }

    myForm.addEventListener('submit', function(e) {

        var result = true;

        for (var i in check) {
        result = check[i](i) && result;
        }

            if (result) {
                alert('Le formulaire est bien rempli.');
        }

        e.preventDefault();

    });

    myForm.addEventListener('reset', function() {

        for (var i = 0 ; i < inputsLength; i++) {
            inputs[i].className = '';
        }

    deactivateTooltips();

    });

    })();

// Maintenant que tout est initialisé, on peut désactiver les "tooltips"

deactivateTooltips();
```

(Essayez le code complet de ce TP : *http://course.oc-static.com/ftp-tutos/cours/javascript/part2/chap7/TP.html*)

Explications

Les explications vont essentiellement porter sur le code JavaScript qui est plutôt long (plus de deux cents lignes de code).

La désactivation des infobulles

Dans notre code HTML, nous avons créé des balises <span> avec la classe `.tooltip`. Elles vont nous permettre d'afficher des infobulles indiquant à l'utilisateur ce qu'il doit entrer comme contenu. Elles sont affichées par défaut, nous les avons donc cachées par le biais du JavaScript. Si nous avions fait l'inverse (les cacher par défaut, puis les afficher grâce au JavaScript) nous aurions pris le risque qu'un utilisateur ayant désactivé le JavaScript ne puisse pas voir les infobulles.

La fonction utilisée ici pour cacher les infobulles sera également utilisée lorsque l'utilisateur voudra réinitialiser son formulaire.

Voici le code :

```
function deactivateTooltips() {

    var tooltips = document.querySelectorAll('.tooltip'),
        tooltipsLength = tooltips.length;

    for (var i = 0 ; i < tooltipsLength ; i++) {
        tooltips[i].style.display = 'none';
    }

}
```

Le but ici est donc de cacher tous les éléments qui ont une classe `.tooltip`.

Récupérer l'infobulle correspondant à un <input>

Il est facile de parcourir toutes les infobulles, mais il est un peu plus délicat de récupérer celle correspondant à un <input> que nous sommes actuellement en train de traiter. Si nous regardons bien la structure de notre document HTML, nous constatons que les infobulles sont toujours placées après l'élément <input> auquel elles correspondent. Nous allons donc partir du principe qu'il suffit de chercher l'infobulle la plus « proche » après l'élément <input> que nous sommes actuellement en train de traiter. Voici le code :

```
function getTooltip(element) {

    while (element = element.nextSibling) {
        if (element.className === 'tooltip') {
            return element;
        }
    }

    return false;

}
```

Notre fonction prend en argument l'élément <input> actuellement en cours de traitement. La boucle `while` se charge alors de vérifier tous les éléments suivants notre <input> (d'où l'utilisation du `nextSibling`). Une fois qu'un élément avec la classe `.tooltip` a été trouvé, il ne reste plus qu'à le retourner.

Analyser chaque valeur entrée par l'utilisateur

Nous allons enfin entrer dans le vif du sujet : l'analyse des valeurs et la modification du style du formulaire en conséquence. Tout d'abord, quelles valeurs faut-il analyser ? La réponse est toutes, sauf la case à cocher pour l'inscription à la newsletter.

Passons à la première ligne de code :

```
var check = {};
```

Au premier abord, nous pourrions penser que cette ligne ne sert pas à grand-chose, mais en réalité elle est d'une très grande utilité : l'objet créé va nous permettre d'y stocker toutes les fonctions permettant de vérifier (*check* en anglais, d'où le nom de l'objet) chaque valeur entrée par l'utilisateur. L'intérêt de cet objet est triple.

- Nous allons pouvoir exécuter la fonction correspondant à un champ de cette manière : `check['id_du_champ']();`. Cela va grandement simplifier notre code lors de la mise en place des événements.
- Il sera possible d'exécuter toutes les fonctions de vérification juste en parcourant l'objet. Ceci s'avérera très pratique lorsque l'utilisateur cliquera sur le bouton d'inscription et qu'il faudra alors revérifier tout le formulaire.
- L'ajout d'un champ de texte et de sa fonction d'analyse devient très simple si on concentre tout dans cet objet. Vous comprendrez très rapidement pourquoi !

Nous n'allons pas étudier toutes les fonctions d'analyse car elles se ressemblent beaucoup. Nous allons uniquement nous intéresser à deux fonctions :

```
check['login'] = function() {

    var login = document.getElementById('login'),
        tooltipStyle = getTooltip(login).style;

    if (login.value.length >= 4) {
        login.className = 'correct';
        tooltipStyle.display = 'none';
        return true;
    } else {
    login.className = 'incorrect';
        tooltipStyle.display = 'inline-block';
        return false;
    }

};
```

Il est très important que vous constatiez que notre fonction est contenue dans l'index `login` de l'objet `check`. L'index n'est rien d'autre que l'identifiant du champ de texte auquel la fonction appartient. Le code n'est pas très compliqué : nous récupérons l'élément `<input>` et la propriété `style` de l'infobulle qui correspondent à notre fonction et nous passons à l'analyse du contenu.

- Si le contenu remplit bien la condition, nous attribuons à notre <input> la classe .correct, nous désactivons l'affichage de l'infobulle et nous retournons true.
- Si le contenu ne remplit pas la condition, notre <input> se voit alors attribuer la classe .incorrect et l'infobulle est affichée. En plus de cela, nous renvoyons la valeur false.

Passons maintenant à la seconde fonction :

```
check['lastName'] = function(id) {

    var name = document.getElementById(id),
        tooltipStyle = getTooltip(name).style;

    if (name.value.length >= 2) {
        name.className = 'correct';
        tooltipStyle.display = 'none';
        return true;
    } else
    name.className = 'incorrect';
        tooltipStyle.display = 'inline-block';
        return false;
    }

};
```

Cette fonction diffère de la précédente sur un seul point : elle possède un argument id qui permet de récupérer l'identifiant de l'élément <input> à analyser. Cette fonction va nous servir à analyser deux champs de texte différents : celui du nom et celui du prénom. Puisqu'ils ont tous les deux la même condition, il aurait été stupide de créer deux fois la même fonction.

Ainsi, au lieu de faire appel à cette fonction sans aucun argument, il faut lui passer l'identifiant du champ de texte à analyser. Nous avons alors deux possibilités :

```
check['lastName']('lastName');
check['lastName']('firstName');
```

Cependant, ce fonctionnement pose un problème, car nous étions partis du principe que nous allions faire appel à nos fonctions d'analyse selon le principe suivant :

```
check['id_du_champ']();
```

Or, si nous faisons ça, cela veut dire que nous ferons aussi appel à la fonction check['firstName']() qui n'existe pas… Nous n'allons pas la créer, sinon nous perdrons l'intérêt de notre système d'argument sur la fonction check['lastName'](). La solution est donc de faire une référence de la manière suivante :

```
check['firstName'] = check['lastName'];
```

Ainsi, lorsque nous appellerons la fonction check['firstName'](), implicitement ce sera la fonction check['lastName']() qui sera appelée. Si vous n'avez pas encore tout à fait compris l'utilité de ce système, vous allez voir que tout cela va se montrer redoutablement efficace dans la suite du code.

La mise en place des événements : partie 1

La mise en place des événements se décompose en deux parties :

- les événements à appliquer aux champs de texte ;
- les événements à appliquer aux deux boutons situés en bas de page pour envoyer ou réinitialiser le formulaire.

Nous allons commencer par les champs de texte. Tout d'abord, voici le code :

```
1. var inputs = document.querySelectorAll('input[type=text],
  input[type=password]'),
2.     inputsLength = inputs.length;
3.
4. for (var i = 0 ; i < inputsLength ; i++) {
5.     inputs[i].addEventListener('keyup', function(e) {
6.         check[e.target.id](e.target.id); // "e.target" représente l'input
                                            // actuellement modifié
7.     });
8. }
```

Dans la mesure où nous l'avons déjà expliqué précédemment, nous ne reviendrons pas sur le fonctionnement de cette boucle et de la condition qu'elle contient. Il s'agit ici de parcourir les <input> de type text ou password.

Penchons-nous en revanche sur les lignes 5 à 7. Elles permettent d'assigner une fonction anonyme à l'événement keyup de l'élément <input> actuellement traité. La ligne 6 fait appel à la fonction d'analyse qui correspond à l'élément <input> qui a exécuté l'événement. Ainsi, si l'élément <input>#login déclenche son événement, il appellera alors la fonction check['login']().

Cependant, un argument est passé à chaque fonction d'analyse que nous exécutons. Il s'agit de l'argument nécessaire à la fonction check['lastName'](). Ainsi, lorsque les éléments <input>#lastName et #firstName déclencheront leur événement, ils exécuteront alors respectivement les lignes de code suivantes :

```
check['lastName']('lastName');
```

et

```
check['firstName']('firstName');
```

On passe ici l'argument à toutes les fonctions d'analyse. Normalement, il n'y a pas de raison pour que cela pose problème. Imaginons que l'élément <input>#login déclenche son événement, il exécutera alors la ligne de code suivante :

```
check['login']('login');
```

Cela fera passer un argument inutile dont la fonction ne tiendra pas compte, c'est tout.

La mise en place des événements : partie 2

Nous pouvons maintenant aborder l'attribution des événements sur les boutons situés en bas de page :

```
(function() { // Utilisation d'une IIFE pour éviter les variables globales.

    var myForm = document.getElementById('myForm'),
        inputs = document.querySelectorAll('input[type=text],
input[type=password]'),
        inputsLength = inputs.length;

    for (var i = 0 ; i < inputsLength ; i++) {
        inputs[i].addEventListener('keyup', function(e) {
            check[e.target.id](e.target.id); // "e.target" représente
                                             // l'input actuellement modifié
    });
    }

    myForm.addEventListener('submit', function(e) {

        var result = true;

        for (var i in check) {
            result = check[i](i) && result;
    }

        if (result) {
            alert('Le formulaire est bien rempli.');
        }

        e.preventDefault();

    });

    myForm.addEventListener('reset', function() {

         for (var i = 0; i < inputsLength; i++) {
            inputs[i].className = '';
        }

        deactivateTooltips();

    });

})();
```

Comme vous pouvez le constater, nous n'avons pas appliqué d'événements `click` sur les boutons, mais nous avons directement appliqué `submit` et `reset` sur le formulaire, ce qui est bien plus pratique dans notre cas.

Notre événement `submit` va parcourir notre tableau `check` et exécuter toutes les fonctions qu'il contient (y compris celles qui ne sont pas associées à un champ de texte comme `check['sex']()` et `check['country']()`). Chaque valeur retournée par ces fonctions est « ajoutée » à la variable `result`, ce qui fait que si une des fonctions a renvoyé `false`, alors `result` sera aussi à `false` et l'exécution de la fonction `alert()` ne se fera pas.

Concernant notre événement `reset`, c'est très simple : nous parcourons les champs de texte, nous retirons leur classe et ensuite nous désactivons toutes les infobulles grâce à notre fonction `deactivateTooltips()`.

Troisième partie

Les objets et les design patterns

Nous allons ici étudier la création et la modification des objets. De nouvelles notions vont être abordées et nous allons approfondir les connaissances sur les objets natifs du JavaScript.

17

Les objets

Ce chapitre est la suite du chapitre 7 traitant des objets et des tableaux. Il permet d'aborder l'univers de la création et de la modification d'objets en JavaScript.

Vous découvrirez comment créer un objet en lui définissant un constructeur, des propriétés et des méthodes. Vous verrez aussi comment modifier un objet natif. S'ensuivra alors une manière d'exploiter les objets pour les utiliser en tant que namespaces et nous étudierons la modification du contexte d'exécution d'une méthode. Pour terminer, la notion d'héritage sera abordée.

Petite problématique

Le JavaScript possède des objets natifs, comme `String`, `Boolean` et `Array`, mais il permet aussi de créer nos propres objets, avec leurs propres méthodes et propriétés.

L'intérêt est généralement une propreté de code ainsi qu'une facilité de développement. Les objets sont là pour nous faciliter la vie, mais leur création peut prendre du temps.

Rappelez-vous l'exemple des tableaux avec les prénoms :

```
var myArray = ['Sébastien', 'Laurence', 'Ludovic', 'Pauline', 'Guillaume'];
```

Ce tableau sert juste à stocker les prénoms, rien de plus. Imaginons qu'il faille faire un tableau contenant énormément de données, et ce pour chaque personne. Par exemple, pour chaque personne, on aurait les données suivantes : prénom, âge, sexe, parenté, travail… Comment structurer tout cela ?

Avec une très grosse dose de motivation, il est possible de réaliser quelque chose comme ceci :

```
var myArray = [
    {
        nick: 'Sébastien',
        age: 23,
        sex: 'm',
        parent: 'aîné',
        work: 'JavaScripteur'
    },
    {
        nick: 'Laurence',
        age: 19,
        sex: 'f',
        parent: 'soeur',
        work: 'Sous-officier'
    },

    // et ainsi de suite…

];
```

Ce n'est pas encore trop compliqué car les données restent relativement simples. Maintenant, pour chaque personne, nous allons ajouter un tableau qui contiendra ses amis, et pour chaque ami, les mêmes données. Cela se complique… Nous allons profiter de cette problématique pour étudier les objets.

Objet constructeur

Nous avons vu que le JavaScript nous permettait de créer des objets littéraux. Nous allons voir maintenant comment créer de véritables objets qui possèdent des propriétés et des méthodes tout comme les objets natifs.

Un objet représente quelque chose, une idée ou un concept. Ici, suite à l'exemple de la famille, nous allons créer un objet appelé `Person` qui contiendra des données : le prénom, l'âge, le sexe, le lien de parenté, le travail et la liste des amis (qui sera un tableau).

L'utilisation de tels objets se fait en deux temps.

- Nous définissons l'objet via un constructeur, qui pourra être réutilisé par la suite. Cet objet ne sera pas directement utilisé car nous nous servirons d'une « copie » : on parle alors d'« instance ».
- À chaque fois que nous avons besoin d'utiliser notre objet, nous créons une instance de celui-ci, nous le copions.

Définir via un constructeur

Le constructeur (ou objet constructeur ou encore constructeur d'objet) va contenir la structure de base de notre objet. Si vous avez déjà fait de la programmation orientée objet dans des langages tels que le C++, le C# ou le Java, sachez que ce constructeur ressemble, sur le principe, à une classe.

La syntaxe d'un constructeur est la même que celle d'une fonction :

```
function Person() {
    // Code du constructeur
}
```

De manière générale, on met une majuscule à la première lettre d'un constructeur. Cela permet de mieux le différencier d'une fonction « normale » et le fait ressembler aux noms des objets natifs qui portent tous une majuscule (`Array`, `Date`, `String`...).

Le code du constructeur va contenir une petite particularité : le mot-clé `this`. Celui-ci fait référence à l'objet dans lequel il est exécuté, c'est-à-dire le constructeur `Person` ici. Si nous utilisons `this` au sein du constructeur `Person`, qui pointe vers `Person`. Grâce à `this`, nous allons pouvoir définir les propriétés de l'objet `Person` :

```
function Person(nick, age, sex, parent, work, friends) {
     this.nick = nick;
     this.age = age;
     this.sex = sex;
     this.parent = parent;
     this.work = work;
     this.friends = friends;
}
```

Les paramètres de notre constructeur (les paramètres de la fonction si vous préférez) vont être détruits à la fin de l'exécution de ce dernier, alors que les propriétés définies par le biais de `this` vont rester présentes. Autrement dit, `this.nick` affecte une propriété `nick` à notre objet, tandis que le paramètre `nick` n'est qu'une simple variable qui sera détruite à la fin de l'exécution du constructeur.

Utiliser l'objet

L'objet `Person` a été défini grâce au constructeur qu'il ne nous reste plus qu'à utiliser :

```
// Définition de l'objet Person via un constructeur
function Person(nick, age, sex, parent, work, friends) {
     this.nick = nick;
     this.age = age;
     this.sex = sex;
     this.parent = parent;
     this.work = work;
     this.friends = friends;
}

// On crée des variables qui vont contenir une instance de l'objet Person :
var seb = new Person('Sébastien', 23, 'm', 'aîné', 'JavaScripteur', []);
```

```
var lau = new Person('Laurence', 19, 'f', 'soeur', 'Sous-officier', []);

alert(seb.nick); // Affiche : « Sébastien »
alert(lau.nick); // Affiche : « Laurence »
```

Que s'est-il passé ici ? L'objet `Person` a été défini comme nous l'avons vu précédemment. Pour pouvoir utiliser cet objet, nous définissons une variable qui va contenir une instance de l'objet `Person`, c'est-à-dire une copie. Pour indiquer au JavaScript qu'il faut utiliser une instance, nous utilisons le mot-clé `new`.

Le mot-clé `new` ne signifie pas « créer un nouvel objet », mais « créer une nouvelle instance de l'objet », ce qui est très différent puisque dans le second cas nous créons une instance, une copie, de l'objet initial, ce qui nous permet de conserver l'objet en question.

Il est possible de faire un test pour savoir si la variable `seb` est une instance de `Person`. Pour cela, il convient d'utiliser le mot-clé `instanceof`, comme ceci :

```
alert(seb instanceof Person); // Affiche true
```

Dans les paramètres de l'objet, nous transmettons les différentes informations pour la personne. Ainsi, en transmettant `'Sébastien'` comme premier paramètre, celui-ci ira s'enregistrer dans la propriété `this.nick`, et il sera possible de le récupérer en faisant `seb.nick`.

Modifier les données

Une fois la variable définie, nous pouvons modifier les propriétés, exactement comme s'il s'agissait d'un simple objet littéral comme vu dans la première partie du cours :

```
var seb = new Person('Sébastien', 23, 'm', 'aîné', 'JavaScripteur', []);

seb.nick = 'Bastien'; // On change le prénom
seb.age = 18;         // On change l'âge

alert(seb.nick + ' a ' + seb.age + 'ans'); // Affiche : « Bastien a 18 ans »
```

Au final, si nous reprenons la problématique du début de ce chapitre, nous pouvons réécrire `myArray` comme contenant des éléments de type `Person` :

```
var myArray = [
    new Person('Sébastien', 23, 'm', 'aîné', 'JavaScripteur', []),
    new Person('Laurence', 19, 'f', 'soeur', 'Sous-officier', []),
    new Person('Ludovic', 9, 'm', 'frère', 'Etudiant', []),
    new Person('Pauline', 16, 'f', 'cousine', 'Etudiante', []),
    new Person('Guillaume', 16, 'm', 'cousin', 'Dessinateur', []),
];
```

Il sera ainsi possible d'accéder aux différents membres de la famille de cette manière pour récupérer le travail : `myArray[i].work`.

Ajouter des méthodes

L'objet vu précédemment est simple. Il est possible de l'améliorer en lui ajoutant des méthodes. Si nous reprenons l'exemple précédent et que nous souhaitons ajouter un ami, nous écrirons :

```
var seb = new Person('Sébastien', 23, 'm', 'aîné', 'JavaScripteur', []);

// On ajoute un ami dans le tableau « friends »
seb.friends.push(new Person('Johann', 19, 'm', 'aîné', 'JavaScripteur aussi',
[]));

alert(seb.friends[0].nick); // Affiche : « Johann »
```

Nous pouvons aussi ajouter un ami à Johann :

```
seb.friends[0].friends.push(new Person('Victor', 19, 'm', 'aîné', 'Internet
Hero', []));
```

Les possibilités sont donc infinies !

Mais tout cela reste long à écrire. Pourquoi ne pas ajouter une méthode `addFriend()` à l'objet `Person` de manière à pouvoir ajouter un ami comme ceci :

```
seb.addFriend('Johann', 19, 'm', 'aîné', 'JavaScripteur aussi', []);
```

Ajouter une méthode

Il y a deux manières de définir une méthode pour un objet : dans le constructeur ou via `prototype`. Définir les méthodes directement dans le constructeur est facile puisque c'est nous qui créons le constructeur. La définition de méthodes via `prototype` est utile surtout si nous n'avons pas créé le constructeur : nous pourrons alors ajouter des méthodes à des objets natifs, comme `String` ou `Array`.

Définir une méthode dans le constructeur

Pour cela, rien de plus simple. Nous procédons comme pour les propriétés, sauf qu'il s'agit d'une fonction :

```
function Person(nick, age, sex, parent, work, friends) {
    this.nick = nick;
    this.age = age;
    this.sex = sex;
    this.parent = parent;
    this.work = work;
    this.friends = friends;
```

```
    this.addFriend = function(nick, age, sex, parent, work, friends) {
        this.friends.push(new Person(nick, age, sex, parent, work, friends));
    };
}
```

Le code de cette méthode est simple : il ajoute un objet `Person` dans le tableau des amis.

Aurait-il été possible d'utiliser `new this(/* ... */)` à la place de `new Person(/* ... */)` ? Non, car comme nous l'avons vu précédemment, `this` fait référence à l'objet dans lequel il est appelé, c'est-à-dire le constructeur `Person`. Si nous avions fait `new this(/* ... */)`, cela aurait été équivalent à insérer le constructeur dans lui-même. Vous auriez donc obtenu une erreur du type « `this` n'est pas un constructeur ».

Ajouter une méthode via prototype

Lorsque vous définissez un objet, il possède automatiquement un sous-objet appelé `prototype`.

`prototype` est un objet, mais c'est aussi le nom d'une bibliothèque JavaScript (*http://www.prototypejs.org/*).

Cet objet `prototype` va nous permettre d'ajouter des méthodes à un objet. Voici comment ajouter une méthode `addFriend()` à notre objet `Person` :

```
Person.prototype.addFriend = function(nick, age, sex, parent, work,
friends) {
    this.friends.push(new Person(nick, age, sex, parent, work, friends));
}
```

Le `this` fait ici aussi référence à l'objet dans lequel il s'exécute, c'est-à-dire l'objet `Person`.

L'ajout de méthodes par `prototype` a l'avantage d'être indépendant de l'objet, c'est-à-dire que vous pouvez définir votre objet dans un fichier et ajouter des méthodes dans un autre fichier (pour autant que les deux fichiers soient inclus dans la même page web).

En réalité, l'ajout de méthodes par `prototype` est particulier, car les méthodes ainsi ajoutées ne seront pas copiées dans les instances de votre objet. Autrement dit, en ajoutant la méthode `addFriend()` par `prototype`, une instance comme `seb` ne possédera pas la méthode directement dans son propre objet, elle sera obligée d'aller la chercher au sein de son objet constructeur, ici `Person`. Cela veut dire que si vous faites une modification sur une méthode contenue dans un `prototype`, alors vous affecterez toutes les instances de votre objet (y compris celles qui sont déjà créées). Cette solution est donc à privilégier.

Ajouter des méthodes aux objets natifs

Une grosse particularité du JavaScript est qu'il est orienté objet par prototype ce qui le dote de certaines caractéristiques que d'autres langages orientés objet ne possèdent pas. Avec le JavaScript, il est possible de modifier les objets natifs, comme c'est le cas en C# par exemple. En fait, les objets natifs possèdent eux aussi un objet `prototype` autorisant donc la modification de leurs méthodes.

Il est parfois difficile de visualiser le contenu d'un tableau avec `alert()`. Pourquoi ne pas créer une méthode qui afficherait le contenu d'un objet littéral via `alert()`, mais de façon plus élégante (un peu comme la fonction `var_dump()` du PHP si vous connaissez) ?

Voici le type d'objet à afficher proprement :

```
var family = {
    self: 'Sébastien',
    sister: 'Laurence',
    brother: 'Ludovic',
    cousin_1: 'Pauline',
    cousin_2: 'Guillaume'
};

family.debug(); // Nous allons créer cette méthode debug()
```

La méthode `debug()` affichera ceci :

Notre méthode devra afficher quelque chose de semblable.

Comme il s'agit d'un objet, le type natif est `Object`. Comme vu précédemment, nous allons utiliser son sous-objet `prototype` pour lui ajouter la méthode voulue :

```
// Testons si cette méthode n'existe pas déjà !
if (!Object.prototype.debug) {

    // Créons la méthode
    Object.prototype.debug = function() {
        var text = 'Object {\n';

        for (var i in this) {
            if (i !== 'debug') {
```

```
                    text += '     [' + i + '] => ' + this[i] + '\n';
               }
          }

          alert(text + '}');
     }

}
```

Mais pourquoi tester si `i` est différent de `'debug'` ? Parce qu'en ajoutant la méthode `debug()` aux objets, elle s'ajoute même aux objets littéraux : autrement dit, `debug()` va se lister elle-même, ce qui n'a pas beaucoup d'intérêt. Regardez donc le résultat en enlevant cette condition :

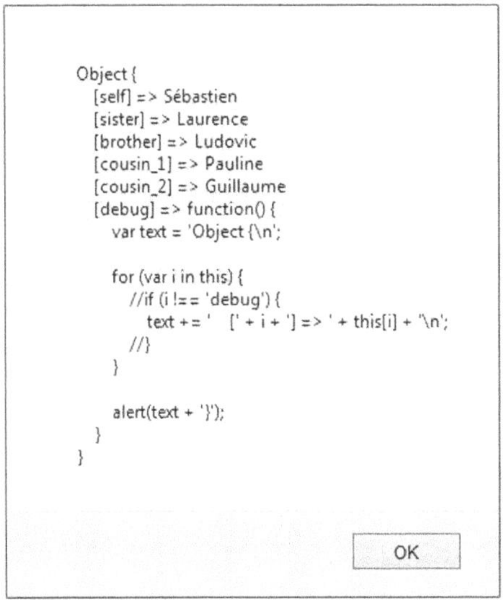

Le code de la méthode debug() est affiché.

Nous avons ajouté une méthode à `Object`. Nous l'avons fait pour l'exemple, mais ceci ne doit jamais être reproduit dans vos scripts pour une raison très simple : après ajout d'une méthode ou d'une propriété à `Object`, celle-ci sera listée à chaque fois que vous utiliserez un `for in`. Par exemple, le code suivant ne devrait même pas afficher une seule alerte :

```
var myObject = {};

for (var i in myObject) {
     alert(i);
}
```

Et pourtant, après l'ajout d'une méthode comme `debug()`, votre boucle affichera cette méthode pour tout objet parcouru, ce qui n'est clairement pas conseillé. Cependant, notez bien que cette restriction s'applique uniquement à l'objet natif `Object`, les autres objets comme `Array`, `String`, etc., ne sont pas concernés.

Remplacer des méthodes

Quand nous utilisons `prototype`, nous affectons une fonction. Cela signifie qu'il est possible de modifier les méthodes natives des objets en leur affectant une nouvelle méthode. Cela peut se révéler très utile dans certains cas, comme nous le verrons au chapitre 25 qui aborde l'usage des polyfills.

Limitations

Dans Internet Explorer

En théorie, chaque objet peut se voir attribuer des méthodes via `prototype`. Mais en pratique, si cela fonctionne avec les objets natifs génériques comme `String`, `Date`, `Array`, `Object`, `Number`, `Boolean` et de nombreux autres, cela fonctionne moins bien avec les objets natifs liés au DOM comme `Node`, `Element` ou encore `HTMLElement`, en particulier dans Internet Explorer.

Chez les éditeurs

Si vos scripts sont destinés à être utilisés sous la forme d'extensions pour Firefox et que vous soumettez votre extension sur le site de Mozilla Addons (*https://addons.mozilla.org/*), celle-ci sera refusée car Mozilla trouve qu'il est dangereux de modifier les objets natifs. C'est un peu vrai puisque si vous modifiez une méthode native, elle risque de ne pas fonctionner correctement pour une autre extension…

Les namespaces

En informatique, un *namespace* (« espace de nom » en français) est un ensemble fictif qui contient des informations, généralement des propriétés et des méthodes, ainsi que des sous-namespaces. Le but d'un namespace est de s'assurer de l'unicité des informations qu'il contient.

Par exemple, Sébastien et Johann habitent tous deux au numéro 42. Sébastien dans la rue de Belgique et Johann dans la rue de France. Les numéros de leur maison peuvent être confondus, puisqu'il s'agit du même. Ainsi, si Johann dit « J'habite au numéro 42 », c'est ambigu, car Sébastien aussi. Alors, pour différencier les deux numéros, nous allons toujours donner le nom de la rue. Ce nom de rue peut être vu comme un namespace : il permet de différencier deux données identiques.

En programmation, quelque chose d'analogue peut se produire : imaginez que vous développiez une fonction `myBestFunction()`, et vous trouvez un script tout fait pour réaliser un effet quelconque. Vous ajoutez alors ce script au vôtre. Mais il y a un problème cat il contient également une fonction `myBestFunction()`… Votre fonction se retrouve écrasée par l'autre, et votre script ne fonctionnera plus correctement.

Pour éviter ce genre de désagrément, nous allons utiliser un namespace.

> Le JavaScript, contrairement aux langages comme le C# ou le Java, ne propose pas de vrai système de namespace. Nous étudions ici un système pour reproduire plus ou moins correctement un tel système.

Définir un namespace

Un namespace est une sorte de catégorie : vous allez créer un namespace et vous allez placer vos fonctions au sein de celui-ci. Ainsi vos fonctions seront en quelque sorte préservées d'éventuels écrasements. Comme le JavaScript ne gère pas nativement les namespaces, c'est-à-dire que nous ne disposons pas de structure consacrée à cela, nous allons devoir nous débrouiller seuls, et utiliser un simple objet littéral.

Premier exemple :

```
var myNamespace = {
     myBestFunction: function() {
          alert('Ma meilleure fonction !');
     }
};

// On exécute la fonction :
myNamespace.myBestFunction();
```

Nous commençons par créer un objet littéral appelé `myNamespace`. Ensuite, nous définissons une méthode : `myBestFunction()`. Souvenez-vous, dans le chapitre sur les objets littéraux, nous avions vu que nous pouvions définir des propriétés, et il est aussi possible de définir des méthodes, en utilisant la même syntaxe.

Pour appeler la méthode `myBestFunction()`, il faut obligatoirement passer par l'objet `myNamespace`, ce qui limite très fortement la probabilité de voir votre fonction écrasée par une autre. Bien évidemment, votre namespace doit être original pour être certain qu'un autre développeur n'utilise pas le même... Cette technique n'est donc pas infaillible, mais réduit considérablement les problèmes.

Un style de code

Utiliser un namespace est aussi élégant, car cela permet d'avoir un code visuellement propre et structuré. Une grande majorité des « gros » scripts sont organisés via un namespace, notamment car il est possible de décomposer le script en catégories. Par exemple, vous faites un script qui gère un webmail (comme Outlook Mail ou GMail) :

```
var thundersebWebMail = {
     // Propriétés
     version: 1.42,
     lang: 'english',

     // Initialisation
     init: function() { /* initialisation */ },

     // Gestion des mails
     mails: {
          list: function() { /* affiche la liste des mails */ },
          show: function() { /* affiche un mail */ },
          trash: function() { /* supprime un mail */ },
```

```
            // et cætera…
        },

        // Gestion des contacts
        contacts: {
            list: function() { /* affiche la liste des contacts */ },
            edit: function() { /* édite un contact */ },
            // et cætera…
        }
};
```

Ce code fictif comprend une méthode d'initialisation et deux sous-namespaces : `mails` et `contacts`, servant respectivement à gérer les e-mails et les contacts. Chacun de ces sous-namespaces contient des méthodes qui lui sont propres.

Structurer son code de cette manière est propre et lisible, ce qui n'est pas toujours le cas d'une succession de fonctions. Voici l'exemple que nous venons de voir mais cette fois-ci sans namespaces :

```
var webmailVersion = 1.42,
    webmailLang = 'english';

function webmailInit() { /* initialisation */ }

function webmailMailsList() { /* affiche la liste des mails */ }
function webmailMailsShow() { /* affiche un mail */ }
function webmailMailsTrash() { /* supprime un mail */ }

function webmailContactsList() { /* affiche la liste des contacts */ }
function webmailContactsEdit() { /* édite un contact */ }
```

C'est tout de suite plus confus, il n'y a pas de hiérarchie, c'est brouillon. Bien évidemment, cela dépend du codeur : un code en namespace peut être brouillon, alors qu'un code « normal » peut être très propre ; mais de manière générale, un code en namespace est accessible, plus lisible et plus compréhensible. C'est évidemment une question d'habitude.

L'emploi de this

Le mot-clé `this` s'utilise ici exactement comme dans les objets vus précédemment. Mais attention, si vous utilisez `this` dans un sous-domaine de nom, il pointera vers ce dernier et non vers le namespace parent. Ainsi, l'exemple suivant ne fonctionnera pas correctement car en appelant la méthode `init()`, on lui demande d'exécuter `this.test()`. Or, `this` pointe vers `subNamespace` et il n'existe aucune méthode `test()` au sein de `subNamespace`.

```
var myNamespace = {

    test: function() {
```

```
            alert('Test');
        },

        subNamespace: {
            init: function() {
                this.test();
            }
        }

};

myNamespace.subNamespace.init();
```

Pour accéder à l'objet parent, il n'y a malheureusement pas de solution si ce n'est écrire son nom entièrement :

```
var myNamespace = {

    test: function() {
        alert('Test');
    },

    subNamespace: {
        init: function() {
            myNamespace.test();
        }
    }

};

myNamespace.subNamespace.init();
```

Vérifier l'unicité du namespace

Une sécurité supplémentaire est de vérifier l'existence du namespace : s'il n'existe pas, on le définit et dans le cas contraire, on ne fait rien pour ne pas risquer d'écraser une version déjà existante, tout en retournant un message d'erreur.

```
// On vérifie l'existence de l'objet myNamespace
if (typeof myNamespace === 'undefined') {

    var myNamespace = {
        // Tout le code
    };

} else {
    alert('myNamespace existe déjà !');
}
```

Modifier le contexte d'une méthode

Pour finir ce chapitre, nous allons ici aborder un sujet assez avancé : la modification du contexte d'une méthode. Dans l'immédiat, cela ne signifie sûrement rien pour vous, nous allons donc expliquer le concept. Commençons par un petit rappel. Connaissez-vous la différence entre une fonction et une méthode ?

La première est indépendante et ne fait partie d'aucun objet (ou presque, n'oublions pas `window`). La fonction `alert()` est dans cette catégorie, car vous pouvez l'appeler sans la faire précéder du nom d'un objet :

```
alert('Test !'); // Aucun objet nécessaire !
```

En revanche, une méthode est dépendante d'un objet. C'est le cas par exemple de la méthode `push()` qui est dépendante de l'objet `Array`. Le fait qu'elle soit dépendante est à la fois un avantage et un inconvénient :

- un avantage car vous n'avez pas à spécifier quel objet la méthode doit modifier ;
- un inconvénient car cette méthode ne pourra fonctionner que sur l'objet dont elle est dépend. Ce problème peut être résolu grâce à deux méthodes nommées `apply()` et `call()`.

Comme vous le savez, une méthode utilise généralement le mot-clé `this` pour savoir à quel objet elle appartient, c'est ce qui fait qu'elle est dépendante. Les deux méthodes `apply()` et `call()` existent pour permettre de rediriger la référence du mot-clé `this` vers un autre objet.

Nous n'allons pas faire de cas pratique avec la méthode `push()`, car son fonctionnement est spécifique aux tableaux (il serait difficile de lui demander d'ajouter une donnée sur un objet dont la structure est totalement différente). En revanche, il existe une méthode que tout objet possède : `toString()`. Cette méthode a pour but de fournir une représentation d'un objet sous forme de chaîne de caractères, c'est elle qui est appelée par la fonction `alert()` lorsque vous lui passez un objet en paramètre. Elle possède cependant un fonctionnement différent selon l'objet sur lequel elle est utilisée :

```
alert(['test']); // Affiche : « test »
alert({0:'test'}); // Affiche : « [object Object] »
```

Nous n'avons pas fait appel à la méthode `toString()`, mais, comme nous l'avons dit précédemment, `alert()` le fait implicitement.

Comme vous avez pu le constater, la méthode `toString()` renvoie un résultat radicalement différent selon l'objet. Dans le cas d'un tableau, elle retourne son contenu, mais quand il s'agit d'un objet, elle retourne son type converti en chaîne de caractères.

Notre objectif maintenant va être de faire en sorte d'appliquer la méthode `toString()` de l'objet `Object` sur un objet `Array`. Nous pourrons ainsi obtenir sous forme de chaîne de caractères le type de notre tableau au lieu d'obtenir son contenu.

C'est là qu'entrent en jeu nos deux méthodes `apply()` et `call()`. Elles vont nous permettre de redéfinir le mot-clé `this` de la méthode `toString()`. Ces deux méthodes fonctionnent quasiment de la même manière, elles prennent toutes les deux en paramètre un premier argument obligatoire qui est l'objet vers lequel va pointer le mot-clé `this`. Nos deux méthodes se différencient sur les arguments facultatifs, mais nous en reparlerons plus tard. En attendant, nous allons nous servir de la méthode `call()`.

Voici comment utiliser notre méthode `call()` :

```
methode_a_modifier.call(objet_a_definir);
```

Dans notre exemple actuel, la méthode à modifier est `toString()` de l'objet `Object`. Nous écrivons donc ceci :

```
var result = Object.prototype.toString.call(['test']);

alert(result); // Affiche : « [object Array] »
```

La méthode `toString()` de `Object` a bien été appliquée à notre tableau, nous obtenons donc son type et non pas son contenu.

Revenons maintenant sur les arguments facultatifs de nos deux méthodes `apply()` et `call()`. La première prend en paramètre facultatif un tableau de valeurs, tandis que la seconde prend une infinité de valeurs en paramètres. Ces arguments facultatifs ont la même utilité : ils seront passés en paramètres à la méthode souhaitée.

Ainsi, si nous écrivons :

```
var myArray = [];

myArray.push.apply(myArray, [1, 2, 3]);
```

Cela revient au même que si nous avions écrit :

```
var myArray = [];

myArray.push(1, 2, 3);
```

De même, si nous écrivons :

```
var myArray = [];

myArray.push.call(myArray, 1, 2, 3);
```

Cela revient à écrire :

```
var myArray = [];

myArray.push(1, 2, 3);
```

L'héritage

Comme pour beaucoup d'autres langages, il est possible, en JavaScript d'appliquer le concept d'héritage aux objets. Prenons l'exemple d'une voiture et d'un camion : vous voulez créer un objet constructeur pour chacun de ces deux véhicules, mais vous vous rendez compte que vous allez probablement devoir dupliquer votre code car ces deux véhicules ont tous deux la capacité de rouler, possèdent une plaque d'immatriculation et un réservoir d'essence. Arrêtons-nous là pour les similitudes, cela sera amplement suffisant.

Au lieu de dupliquer le code entre les deux véhicules, nous allons faire appel à la notion d'héritage en créant un objet constructeur parent qui va rassembler ces caractéristiques communes :

```
function Vehicle(licensePlate, tankSize) {
     this.engineStarted = false; // Notre véhicule a-t-il démarré ?
     this.licensePlate = licensePlate; // La plaque d'immatriculation de
                                       // notre véhicule.
     this.tankSize = tankSize; // La taille de notre réservoir en litres.
}

// Permet de démarrer notre véhicule.
Vehicle.prototype.start = function() {
     this.engineStarted = true;
};

// Permet d'arrêter notre véhicule.
Vehicle.prototype.stop = function() {
     this.engineStarted = false;
};
```

Maintenant que notre objet `Vehicle` est prêt, nous pouvons l'exploiter. L'héritage va ici consister à créer deux objets constructeurs (un pour notre voiture et un pour notre camion) qui vont tous deux hériter de `Vehicle`. Concrètement, cela signifie que nos deux objets constructeurs vont bénéficier des mêmes propriétés et méthodes que leur parent et vont pouvoir ajouter à cela leurs propres propriétés et méthodes.

Commençons par la voiture qui va ajouter quelques fonctionnalités concernant son coffre :

```
function Car(licensePlate, tankSize, trunkSize) {
    // On appelle le constructeur de « Vehicle » par le biais de la méthode
    // call() afin qu'il affecte de nouvelles propriétés à « Car ».
```

```
    Vehicle.call(this, licensePlate, tankSize);

    // Une fois le constructeur parent appelé, l'initialisation de notre
    // objet peut continuer.
    this.trunkOpened = false; // Notre coffre est-il ouvert ?
   this.trunkSize = trunkSize; // La taille de notre coffre en mètres cubes.
}

// L'objet prototype de « Vehicle » doit être copié au sein du prototype
// de « Car » afin que ce dernier puisse bénéficier des mêmes méthodes.
Car.prototype = Object.create(Vehicle.prototype, {
    // Le prototype copié possède une référence vers
    //son constructeur, actuellement défini à « Vehicle »,
    //nous devons changer sa référence pour « Car »
    // tout en conservant sa particularité d'être
    //une propriété non énumerable.
    constructor: {
        value: Car,
        enumerable: false,
        writable: true,
        configurable: true
    }
});

// Il est bien évidemment possible d'ajouter de nouvelles méthodes.
Car.prototype.openTrunk = function() {
    this.trunkOpened = true;
};

Car.prototype.closeTrunk = function() {
    this.trunkOpened = false;
};
```

Il est maintenant possible d'instancier une nouvelle voiture de manière tout à fait classique :

```
var myCar = new Car('AA-555-AA', 70, 2.5);
```

Cette voiture est maintenant capable de démarrer et d'arrêter son moteur, d'ouvrir et de fermer son coffre. Nous connaissons également sa plaque d'immatriculation ainsi que la taille de son réservoir et de son coffre.

Il est possible que l'utilisation de la méthode `Object.create()` vous perturbe un peu, mais il serait particulièrement long de rentrer dans les détails de son usage, aussi nous vous invitons à consulter sa documentation (*https://developer.mozilla.org/en-US/docs/Web/JavaScript/Reference/Global_Objects/Object/create*).

Afin que vous soyez en mesure de comprendre pleinement l'intérêt de l'héritage, occupons-nous du camion qui possédera quant à lui une gestion de ses remorques :

```
function Truck(licensePlate, tankSize, trailersNumber) {
    Vehicle.call(this, licensePlate, tankSize);

    this.trailersNumber = trailersNumber;
    // Le nombre de remorques attachées à notre camion.
}

Truck.prototype = Object.create(Vehicle.prototype), {
    constructor: {
        value: Truck,
        enumerable: false,
        writable: true,
        configurable: true
    }
});

Truck.prototype.addTrailer = function() {
    this.trailersNumber++;
};

Truck.prototype.removeTrailer = function() {
    this.trailersNumber--;
};
```

Comme vous pouvez le constater, le camion possède un nombre de remorques et il est possible d'en ajouter ou d'en retirer par le biais des méthodes `addTrailer()` et `removeTrailer()`.

Nous avons donc créé deux objets constructeurs qui possèdent des caractéristiques communes regroupées au sein d'un objet constructeur parent. Ainsi, chaque objet enfant n'a qu'à prendre en charge ses propres particularités, les aspects communs seront gérés par l'objet parent, ce qui évite de dupliquer le code. Dans le cas où celui-ci serait relativement complexe, il est bien évidemment possible de faire hériter un objet d'un parent qui hérite lui-même d'un autre parent et ainsi de suite…

Dans la pratique, il est probable que l'héritage vous soit assez peu utile en JavaScript, mais pensez-y si votre code devient trop complexe car cela vous permettra de mieux le segmenter.

18

Les chaînes de caractères

Les chaînes de caractères, représentées par l'objet `String`, ont déjà été manipulées précédemment mais il reste bien des choses à étudier à leur propos. Nous allons dans un premier temps découvrir les types primitifs car cela nous sera nécessaire pour vraiment parler des objets comme `String`, `RegExp` et autres que nous verrons par la suite.

Les types primitifs

Nous avons vu que les chaînes de caractères sont des objets `String`, les tableaux des `Array`, etc. Il convient cependant de nuancer ces propos en introduisant le concept de type primitif.

Pour créer une chaîne de caractères, on utilise généralement cette syntaxe :

```
var myString = "Chaîne de caractères primitive";
```

Cet exemple crée une chaîne de caractères primitive, qui n'est pas un objet `String`. Pour instancier un objet `String`, il faut faire comme ceci :

```
var myRealString = new String("Chaîne");
```

Cela est valable pour les autres objets :

```
var myArray = []; // Tableau primitif
var myRealArray = new Array();

var myObject = {}; // Objet primitif
var myRealObject = new Object();
```

```
var myBoolean = true; // Booléen primitif
var myRealBoolean = new Boolean("true");

var myNumber = 42; // Nombre primitif
var myRealNumber = new Number("42");
```

Ce que nous avons utilisé jusqu'à présent était en fait des types primitifs, et non des instances d'objets.

La différence entre les deux est minime pour nous, développeurs. Prenons l'exemple de la chaîne de caractères : à chaque fois que nous allons faire une opération sur une chaîne primitive, le JavaScript va automatiquement convertir cette chaîne en une instance temporaire de `String`, de manière à pouvoir utiliser les propriétés et méthodes fournies par l'objet `String`. Une fois les opérations terminées, l'instance temporaire est détruite.

Au final, utiliser un type primitif ou une instance revient au même du point de vue de l'utilisation. Mais il subsiste de légères différences avec l'opérateur `instanceof` qui peut retourner de drôles de résultats…

Imaginons que nous voulions savoir de quelle instance est issu un objet :

```
var myString = 'Chaîne de caractères';

if (myString instanceof String) {
    // Faire quelque chose
}
```

La condition sera fausse ! Et c'est bien normal puisque `myString` est une chaîne primitive et non une instance de `String`. Pour tester le type primitif, il convient d'utiliser l'opérateur `typeof` :

```
if (typeof myString === 'string') {
    // Faire quelque chose
}
```

`typeof` permet de vérifier le type primitif (en anglais on parle de *datatype*). Mais ici aussi, faites attention au piège, car la forme primitive d'une instance de `String` est… `object` :

```
alert(typeof myRealString); // Affiche : « object »
```

Il faudra donc faire bien attention en testant le type ou l'instance d'un objet. Il est même d'ailleurs déconseillé de faire ce genre de test vu le nombre de problèmes que cela peut causer. La seule valeur retournée par `typeof` dont nous pouvons être sûrs, c'est `undefined`. Nous verrons plus loin dans ce chapitre une solution permettant de tester si une variable contient une chaîne de caractères.

Retenez bien une chose : il est plus simple en tout point d'utiliser directement les types primitifs.

L'objet String

Vous manipulez l'objet `String` depuis le début de cet ouvrage : c'est lui qui gère les chaînes de caractères.

Propriétés

`String` ne possède qu'une seule propriété, `length`, qui retourne le nombre de caractères contenus dans une chaîne. Les espaces, les signes de ponctuation, les chiffres, etc., sont considérés comme des caractères. Ainsi, la chaîne de caractères suivante contient 21 caractères :

```
alert('Ceci est une chaîne !'.length);
```

(Essayez le code : *http://course.oc-static.com/ftp-tutos/cours/javascript/part3/chap2/ex1.html*)

Comme vous pouvez le constater dans ce code, il n'est pas toujours obligatoire de déclarer une variable pour utiliser les propriétés et les méthodes d'un objet. En effet, vous pouvez écrire directement le contenu de votre variable et utiliser l'une de ses propriétés ou de ses méthodes, comme c'est le cas ici. Notez cependant que cela ne fonctionne pas avec les nombres sous forme primitive car le point est le caractère permettant d'ajouter une ou plusieurs décimales. Ainsi, ce code générera une erreur :

```
0.toString(); // Une erreur se produira si vous exécutez ce code
```

Méthodes

`String` possède quelques méthodes qui sont pour la plupart assez intéressantes mais basiques. Le JavaScript est un langage assez simple, qui ne contient pas énormément de méthodes de base. C'est un peu l'inverse du PHP qui contient une multitude de fonctions pour réaliser un peu tout et n'importe quoi. Par exemple, le PHP possède une fonction pour mettre la première lettre d'une chaîne en majuscules, alors qu'en JavaScript il faudra d'abord récupérer le premier caractère, puis le mettre en majuscules. Le JavaScript fournit juste quelques méthodes élémentaires, vous devrez coder les autres méthodes ou fonctions selon vos besoins.

La casse et les caractères

toLowerCase() et toUpperCase()

`toLowerCase()` et `toUpperCase()` permettent respectivement de convertir une chaîne de caractères en minuscules ou en majuscules. Ces méthodes sont pratiques pour réaliser différents tests ou pour uniformiser une chaîne de caractères. Leur utilisation est simple :

```
var myString = 'tim berners-lee';

myString = myString.toUpperCase(); // Retourne : « TIM BERNERS-LEE »
```

Accéder aux caractères

La méthode `charAt()` permet de récupérer un caractère en fonction de sa position dans la chaîne de caractères. La méthode reçoit en paramètre la position du caractère :

```
var myString = 'Pauline';

var first = myString.charAt(0); // P
var last = myString.charAt(myString.length - 1); // e
```

En fait, les chaînes de caractères peuvent être imaginées comme des tableaux, à la différence qu'il n'est pas possible d'accéder aux caractères en utilisant les crochets. Pour cela, il faut utiliser `charAt()`.

> Certains navigateurs permettent toutefois d'accéder aux caractères d'une chaîne comme s'il s'agissait d'un tableau, comme ceci : `myString[0]`. Ce n'est pas standard, donc il est fortement conseillé d'utiliser `myString.charAt(0)`.

Obtenir le caractère en ASCII

La méthode `charCodeAt()` fonctionne comme `charAt()` à la différence que ce n'est pas le caractère qui est retourné mais son code ASCII.

Créer une chaîne de caractères depuis une chaîne ASCII

`fromCharCode()` permet de faire plus ou moins l'inverse de `charCodeAt()` : instancier une nouvelle chaîne de caractères à partir d'une chaîne ASCII, dont chaque code est séparé par une virgule. Son fonctionnement est particulier puisqu'il est nécessaire d'utiliser l'objet `String` lui-même :

```
var myString = String.fromCharCode(74, 97, 118, 97, 83, 99, 114, 105, 112,
116); // le mot JavaScript en ASCII

alert(myString); // Affiche : « JavaScript »
```

Quel est l'intérêt d'utiliser les codes ASCII ? Ce n'est pas très fréquent, mais cela peut être utile dans un cas bien particulier : détecter les touches du clavier. Ainsi, si vous souhaitez savoir sur quelle touche l'utilisateur a appuyé, vous utiliserez la propriété `keyCode` de l'objet `Event` :

```
<textarea onkeyup="listenKey(event)"></textarea>
```

La fonction `listenKey()` peut être écrite comme suit :

```
function listenKey(event) {

    var key = event.keyCode;

    alert('La touche numéro ' + key + ' a été pressée. Le caractère ' +
String.fromCharCode(key) + ' a été inséré.');
}
```

(Essayez le code complet : *http://course.oc-static.com/ftp-tutos/cours/javascript/part3/chap2/ex3.html*)

`event.keyCode` retourne le code ASCII qui correspond au caractère inséré par la touche. Pour la touche ***J***, le code ASCII est 74, par exemple.

Cela fonctionne bien pour les touches de caractère, mais pas pour les touches de fonction comme ***Delete***, ***Enter***, ***Shift***, ***Caps***, etc. Ces touches retournent bien un code ASCII, mais celui-ci ne peut être converti en un caractère lisible par un humain. Par exemple, le `keyCode` de la barre d'espace est 32. Donc pour savoir si l'utilisateur a pressé ladite barre, il suffira de tester si le `keyCode` vaut 32 et d'agir en conséquence.

Supprimer les espaces avec trim()

`trim()` sert à supprimer les espaces avant et après une chaîne de caractères. C'est particulièrement utile lorsque nous récupérons des données saisies dans une zone de texte, car l'utilisateur est susceptible d'avoir laissé des espaces avant et après son texte, surtout s'il a fait un copier-coller.

Rechercher, couper et extraire

Connaître la position avec indexOf() et lastIndexOf()

La méthode `indexOf()` est utile dans deux cas de figure :

- pour savoir si une chaîne de caractères contient un caractère ou un morceau de chaîne ;
- pour savoir à quelle position se trouve le premier caractère de la chaîne recherchée.

`indexOf()` retourne la position du premier caractère trouvé, et s'il n'y en a , la valeur `-1` est retournée.

```
var myString = 'Le JavaScript est plutôt cool';
var result = myString.indexOf('JavaScript');

if (result > -1) {
    alert('La chaîne contient le mot "JavaScript" qui débute à la position
' + result);
}
```

(Essayez le code : *http://course.oc-static.com/ftp-tutos/cours/javascript/part3/chap2/ex4.html*)

Ce code permet de savoir si la chaîne `myString` contient la chaîne « JavaScript ». La position de la première occurrence de la chaîne recherchée est stockée dans la variable `result`. Si `result` vaut `-1`, alors la chaîne n'a pas été trouvée. En revanche, si `result` vaut `0` (le premier caractère) ou une autre valeur, la chaîne est trouvée.

Si `indexOf()` retourne la position de la première occurrence trouvée, `lastIndexOf()` retourne la position de la dernière.

Notons que ces deux fonctions possèdent chacune un second argument qui permet de spécifier à partir de quel index la recherche doit commencer.

Utiliser le tilde avec indexOf() et lastIndexOf()

Une particularité intéressante et relativement méconnue du JavaScript est son caractère tilde ~. Il s'agit de l'opérateur binaire NOT, lequel permet d'inverser tous les bits d'une valeur. Comme le binaire ne nous sert pas à grand-chose dans le cadre de notre apprentissage, il est plus logique d'expliquer son influence sur les nombres en base décimale : le tilde incrémente la valeur qui le suit et y ajoute une négation, comme ceci :

```
alert(~2);  // Affiche : « -3 »
alert(~3);  // Affiche : « -4 »
alert(~-2); // Affiche : « 1 »
```

Le tilde sert très peu en temps normal, mais dans le cadre d'une utilisation avec les deux méthodes étudiées, il est redoutablement efficace pour détecter si une chaîne de caractères contient un caractère ou un morceau de chaîne. Habituellement, nous ferions comme ceci :

```
1. var myString = 'Le JavaScript est plutôt cool';
2.
3. if (myString.indexOf('JavaScript') != -1) {
4.     alert('La chaîne contient bien le mot "JavaScript".');
5. }
```

alors qu'il est possible d'ajouter un simple tilde ~ à la ligne 3 :

```
var myString = 'Le JavaScript est plutôt cool';

if (~myString.indexOf('JavaScript')) {
    alert('La chaîne contient bien le mot "JavaScript".');
}
```

Ainsi, si le résultat vaut `-1`, il va être incrémenté et arriver à `0`, ce qui donnera donc une évaluation à `false` pour notre chaîne de caractères. La valeur `-1` étant la seule à pouvoir atteindre la valeur `0` avec le tilde ~, il n'y a pas d'hésitation à avoir vu que tous les autres nombres seront évalués à `true`.

Cette technique a été conçue pour les parfaits fainéants, mais il y a fort à parier que vous vous en souviendrez.

Extraire une chaîne avec substring(), substr() et slice()

Nous avons vu comment trouver la position d'une chaîne de caractères dans une autre, il est temps de voir comment extraire une portion de chaîne à partir de cette position.

Considérons la chaîne suivante :

```
var myString = 'Thunderseb et Nesquik69';
```

Nous allons ici récupérer dans deux variables différentes, les deux pseudonymes contenus dans `myString`. Pour ce faire, nous allons utiliser `substring()`. `substring(a, b)` permet d'extraire une chaîne à partir de la position `a` (incluse) jusqu'à la position `b` (exclue).

Pour extraire « Thunderseb », il suffit de connaître la position du premier espace, puisque la position de départ vaut 0 :

```
var nick_1 = myString.substring(0, myString.indexOf(' '));
```

Pour « Nesquik69 », il suffit de connaître la position du dernier espace : c'est à ce moment que commencera la chaîne. Comme « Nesquik69 » termine la chaîne, il n'y a pas besoin de spécifier de second paramètre pour `substring()`, la méthode va automatiquement aller jusqu'au bout :

```
var nick_2 = myString.substring(myString.lastIndexOf(' ') + 1);
// Ne pas oublier d'ajouter 1, pour commencer au N et non à l'espace
```

On pourrait aussi utiliser `substr()`, la méthode sœur de `substring()`. `substr(a, n)` accepte deux paramètres : le premier est la position de début, le second le nombre de caractères à extraire, lequel doit donc être connu. Ceci limite son utilisation et c'est une méthode que vous ne rencontrerez pas fréquemment, contrairement à `substring()`.

Une dernière méthode d'extraction, `slice()`, ressemble beaucoup à `substring()`, mais avec une option en plus. Une valeur négative est transmise pour la position de fin, `slice()` va extraire la chaîne jusqu'à la fin, en décomptant le nombre de caractères indiqué. Par exemple, si on ne veut récupérer que « Thunder », on peut faire comme ceci :

```
var nick_1 = 'Thunderseb'.slice(0, -3);
```

Couper une chaîne en un tableau avec split()

La méthode `split()` permet de couper une chaîne de caractères à chaque fois qu'une sous-chaîne est rencontrée. Les « morceaux » résultant de la coupe de la chaîne sont placés dans un tableau.

```
var myCSV = 'Pauline,Guillaume,Clarisse'; // CSV = Comma-Separated Values

var splitted = myCSV.split(','); // On coupe à chaque fois qu'une virgule
                                 // est rencontrée

alert(splitted.length); // 3
```

(Essayez le code : *http://course.oc-static.com/ftp-tutos/cours/javascript/part3/chap2/ex5.html*)

Dans cet exemple, `splitted` contient un tableau contenant trois éléments : « Pauline », « Guillaume » et « Clarisse ».

> `split()` peut aussi couper une chaîne à chaque fois qu'un retour à la ligne est rencontré : `myString.split('\n')`. C'est très pratique pour créer un tableau où chaque item contient une ligne.

Tester l'existence d'une chaîne de caractères

Comme vu précédemment, l'instruction `typeof` est utile, mais la seule valeur de confiance qu'elle retourne est `undefined`. En effet, lorsqu'une variable contient le type primitif d'une chaîne de caractères, `typeof` retourne bien la valeur `string`. Mais si la variable contient une instance de `String`, nous obtenons alors en retour la valeur `object`. Ce qui fait que `typeof` ne fonctionne que dans un cas sur deux, il nous faut donc une autre solution pour gérer le second cas.

La solution consiste à utiliser la méthode `valueOf()` qui est héritée de `Object`. Cette méthode renvoie la valeur primitive de n'importe quel objet. Ainsi, si nous créons une instance de `String` :

```
var string_1 = new String('Test');
```

et que nous récupérons le résultat de sa méthode `valueOf()` dans la variable `string_2` :

```
var string_2 = string_1.valueOf();
```

l'instruction `typeof` montre bien que `string_1` est une instance de `String` et que `string_2` est une valeur primitive :

```
alert(typeof string_1); // Affiche : « object »
alert(typeof string_2); // Affiche : « string »
```

(Essayez le code complet : *http://course.oc-static.com/ftp-tutos/cours/javascript/part3/chap2/ex6.html*)

Grâce à cette méthode, il devient bien plus simple de vérifier si une variable contient une chaîne de caractères. Voici notre code final :

```
function isString(variable) {
    return typeof variable.valueOf() === 'string'; // Si le type de la
            // valeur primitive est « string » alors on retourne « true »
}
```

Cette fonction va donc s'exécuter correctement si nous envoyons une instance de `String`. Mais que va renvoyer `valueOf()` si nous passons une valeur primitive à la fonction ? Tout simplement la même valeur. En effet, `valueOf()` retourne la valeur primitive d'un objet, mais si cette méthode est utilisée sur une valeur qui est déjà de type primitif, alors elle va retourner la même valeur primitive, ce qui convient très bien vu que dans tous les cas il s'agit de la valeur primitive que nous souhaitons analyser.

Pour vous convaincre, testez donc par vous-mêmes :

```
alert(isString('Test')); // Affiche : « true »
alert(isString(new String('Test'))); // Affiche : « true »
```

(Essayez le code complet : *http://course.oc-static.com/ftp-tutos/cours/javascript/part3/chap2/ex7.html*)

Notre fonction marche dans les deux cas. En pratique, vous aurez rarement besoin d'une telle fonction, mais il est toujours bon de savoir comment s'en servir.

À titre d'information, sachez qu'il est aussi possible d'obtenir une instanciation d'objet à partir d'un type primitif (autrement dit, l'inverse de `valueOf()`). Pour cela, il suffit de procéder de cette manière :

```
var myString = Object('Mon texte');
```

Pour rappel, `Object` est l'objet dont tous les autres objets (comme `String`) héritent. Ainsi, en créant une instance de `Object` avec un type primitif en paramètre, l'objet instancié sera de même type que la valeur primitive. En clair, si vous passez en paramètre un type primitif `string`, vous obtiendrez une instance de l'objet `String` avec la même valeur passée en paramètre.

En résumé

- Il existe des objets et des types primitifs. Si leur utilisation semble identique, il faut faire attention lors des tests avec les opérateurs `instanceof` et `typeof`. Mais heureusement, `valueOf()` sera d'une aide précieuse.
- Il est préférable d'utiliser les types primitifs, comme nous le faisons depuis le début de cet ouvrage.
- `String` fournit des méthodes pour manipuler les caractères : mettre en majuscules ou en minuscules, récupérer un caractère grâce à sa position ou encore supprimer les espaces de part et d'autre de la chaîne.
- `String` fournit aussi des méthodes pour rechercher, couper et extraire.
- L'utilisation du caractère tilde est méconnue, mais peut se révéler très utile conjointement à `indexOf()` ou `lastIndexOf()`.

19 Les expressions régulières : les bases

Dans ce chapitre, nous allons aborder une notion assez complexe mais très utile : les expressions régulières. Souvent surnommées « regex », on les trouve dans bon nombre de langages, comme le Perl, le Python ou encore le PHP.

Les regex sont une sorte de langage à part qui sert à manipuler les chaînes de caractères. Voici quelques exemples de ce que les regex sont capables de faire.

- Vérifier si une URL entrée par l'utilisateur ressemble effectivement à une URL. Il est aussi possible de vérifier les adresses électroniques, les numéros de téléphone et toute autre syntaxe structurée.
- Rechercher et extraire des informations hors d'une chaîne de caractères (bien plus puissant que d'utiliser `indexOf()` et `substring()`).
- Supprimer certains caractères, et au besoin les remplacer par d'autres.
- Pour les forums, convertir des langages comme le BBCode en HTML lors des prévisualisations en cours de frappe.
- Et bien d'autres choses encore…

Les regex en JavaScript

La syntaxe des regex en JavaScript découle de celle du langage Perl, très utilisé pour l'analyse et le traitement de données textuelles (des chaînes de caractères, donc), en raison de la puissance de ses expressions régulières. Le JavaScript hérite donc d'une grande partie de la puissance des expressions régulières de Perl.

> Si vous avez déjà appris le PHP, vous avez certainement vu que ce langage supporte deux types de regex : les regex POSIX et les regex PCRE. Ici, oubliez les POSIX ! En effet, les regex PCRE sont semblables aux regex Perl (avec quelques nuances), donc à celles du JavaScript.

Utilisation

Les regex ne s'utilisent pas seules et il y a deux manières de s'en servir : soit par le biais de `RegExp` qui est l'objet qui gère les expressions régulières, soit par le biais de certaines méthodes de l'objet `String` :

- `match()` : retourne un tableau contenant toutes les occurrences recherchées ;
- `search()` : retourne la position d'une portion de texte (semblable à `indexOf()` mais avec une regex) ;
- `split()` : la fameuse méthode `split()`, mais avec une regex en paramètre ;
- `replace()` : effectue un rechercher/remplacer.

Avant de mettre en application ces quatre méthodes, nous allons d'abord nous entraîner à écrire et à tester des regex. Pour ce faire, nous utiliserons la méthode `test()` fournie par l'objet `RegExp`. L'instanciation d'un objet `RegExp` se fait comme ceci :

```
var myRegex = /contenu_à_rechercher/;
```

Cela ressemble à une chaîne de caractères à l'exception près qu'elle est encadrée par deux slashs / au lieu des apostrophes ou guillemets traditionnels.

Si votre regex contient des slashs, n'oubliez pas de les échapper en utilisant un antislash comme suit :

```
var regex_1 = /contenu_/_contenu/;
// La syntaxe est fausse car le slash n'est pas échappé
var regex_2 = /contenu_\/_contenu/;
// La syntaxe est bonne car le slash est échappé avec un antislash
```

L'utilisation de la méthode `test()` est très simple. En cas de réussite du test, elle renvoie `true` ; dans le cas contraire, elle renvoie `false`.

```
if (myRegex.test('Chaîne de caractères dans laquelle effectuer la
recherche')) {
    // Retourne true si le test est réussi
} else {
    // Retourne false dans le cas contraire
}
```

Pour vos tests, n'hésitez pas à utiliser une syntaxe plus concise, comme ceci :

```
if (/contenu_à_rechercher/.test('Chaîne de caractères bla bla bla'))
```

Recherche de mots

Le sujet étant complexe, nous allons commencer par des choses simples, c'est-à-dire des recherches de mots Ce n'est pas si anodin, car elle permet déjà de faire beaucoup de choses. Comme nous venons de le voir, une regex s'écrit comme suit :

```
/contenu_de_la_regex/
```

où `contenu_de_la_regex` sera à remplacer par ce que nous allons rechercher. Écrivons une regex qui va analyser si le mot « raclette » apparaît dans une phrase :

```
/raclette/
```

Voici ce que nous obtenons :

```
if (/raclette/.test('Je mangerais bien une raclette savoyarde !')) {
    alert('Ça semble parler de raclette');
} else {
    alert('Pas de raclette à l\'horizon');
}
```

(Essayez le code : *http://course.oc-static.com/ftp-tutos/cours/javascript/part3/chap3/ex1.html*)

Le mot « raclette » a été trouvé dans la phrase « Je mangerais bien une raclette savoyarde ! ». Si nous changeons le mot recherché, « tartiflette » par exemple, le test retourne `false` puisque ce mot n'est pas contenu dans la phrase.

Si nous modifions notre regex et que nous ajoutons une majuscule au mot « raclette » (soit `/Raclette/`), le test renverra `false` car le mot « raclette » présent dans la phrase ne comporte pas de majuscule. Ceci est finalement relativement logique. Grâce aux options, il est possible d'indiquer à la regex d'ignorer la casse, c'est-à-dire de rechercher indifféremment les majuscules et les minuscules. Pour ce faire, vous utiliserez l'option `i` qui, comme chaque option (nous en verrons d'autres), se place juste après le slash de fermeture de la regex : `/Raclette/i`

Avec cette option, la regex reste utilisable comme nous l'avons vu précédemment, à savoir :

```
if (/Raclette/i.test('Je mangerais bien une raclette savoyarde !')) {
    alert('Ça semble parler de raclette');
} else {
    alert('Pas de raclette à l\'horizon');
}
```

(Essayez le code : *http://course.oc-static.com/ftp-tutos/cours/javascript/part3/chap3/ex2.html*)

Ici, la regex ne tient pas compte de la casse et donc le mot « Raclette » est trouvé, même si le mot présent dans la phrase ne comporte pas de majuscule.

À la place de « Raclette », la phrase pourrait contenir le mot « Tartiflette ». Pouvoir écrire une regex qui rechercherait soit « Raclette », soit « Tartiflette » serait donc intéressant. Pour ce faire, nous disposons de l'opérateur OU, représenté par la barre verticale `|` *(pipe)*. Son utilisation est très simple puisqu'il suffit de le placer entre chaque mot recherché, comme ceci :

```
if (/Raclette|Tartiflette/i.test('Je mangerais bien une tartiflette
savoyarde !')) {
    alert('Ça semble parler de trucs savoyards');
} else {
    alert('Pas de plats légers à l\'horizon');
}
```

(Essayez le code : *http://course.oc-static.com/ftp-tutos/cours/javascript/part3/chap3/ex3.html*)

La recherche peut évidemment inclure plus de deux possibilités :

```
/Raclette|Tartiflette|Fondue|Croziflette/i
```

Avec cette regex, nous saurons si la phrase contient une de ces quatre spécialités savoyardes !

Début et fin de chaîne

Les symboles `^` et `$` permettent respectivement de représenter le début et la fin d'une chaîne de caractères. Si l'un de ces symboles est présent, il indique à la regex que ce qui est recherché commence ou termine la chaîne. Cela délimite la chaîne en quelque sorte :

```
/^raclette savoyarde$/
```

Le tableau suivant présente différents tests, réalisés pour montrer l'utilisation de ces deux symboles :

Chaîne	Regex	Résultat
Raclette savoyarde	`/^Raclette savoyarde$/`	`true`
Une raclette savoyarde	`/^Raclette/`	`false`
Une raclette savoyarde	`/savoyarde$/`	`true`
Une raclette savoyarde !	`/raclette savoyarde$/`	`false`

Les caractères et leurs classes

Jusqu'à présent, les recherches étaient plutôt basiques. Nous allons maintenant étudier les classes de caractères qui permettent de spécifier plusieurs caractères ou types de caractères à rechercher. Cela reste encore assez simple.

```
/gr[ao]s/
```

Une classe de caractères est écrite entre crochets et sa signification est simple : une des lettres qui se trouve entre les crochets peut convenir. Cela veut donc dire que l'exemple précédent va trouver les mots « gras » et « gros », car la classe, à la place de la voyelle, contient aux choix les lettres `a` et `o`. Beaucoup de caractères peuvent être utilisés au sein d'une classe :

```
/gr[aèio]s/
```

Ici, la regex trouvera les mots « gras », « grès », « gris » et « gros ». Ainsi, en parlant d'une tartiflette, qu'elle soit grosse ou grasse, cette regex le saura :

CHAÎNE	REGEX	RÉSULTAT
Cette tartiflette est grosse	`/Cette tartiflette est gr[ao]sse/`	`true`
Cette tartiflette est grasse	`/Cette tartiflette est gr[ao]sse/`	`true`

Les intervalles de caractères

Toujours au sein des classes de caractères, il est possible de spécifier un intervalle de caractères. Si nous voulons trouver les lettres allant de *a* à *o*, on écrira `[a-o]`. Si n'importe quelle lettre de l'alphabet peut convenir, il est donc inutile de les écrire toutes : `[a-z]` suffit.

Plusieurs intervalles peuvent être écrits au sein d'une même classe. Ainsi, la classe `[a-zA-Z]` va rechercher toutes les lettres de l'alphabet, qu'elles soient minuscules ou majuscules. Si un intervalle fonctionne avec des lettres, il en va de même pour les chiffres ! La classe `[0-9]` trouvera donc un chiffre allant de 0 à 9. Il est bien évidemment possible de combiner des chiffres et des lettres : `[a-z0-9]` trouvera une lettre minuscule ou un chiffre.

Exclure des caractères

S'il est possible d'inclure des caractères dans une classe, nous pouvons aussi en exclure ! Pour ce faire, il suffit de faire figurer un accent circonflexe au début de la classe, juste après le premier crochet. Ainsi, cette classe ignorera les voyelles : `[^aeyuio]`. L'exclusion d'un intervalle est possible aussi : `[^b-y]` exclura les lettres allant de *b* à *y*.

Il faut prendre en compte que la recherche n'ignore pas les caractères accentués. Ainsi, `[a-z]` trouvera *a, b, i, o*... mais ne trouvera pas *â, ï* ou encore *ê*. S'il s'agit de trouver un caractère accentué, il faut l'indiquer explicitement : `[a-zâäàéèùêëîïôöçñ]`. Il n'y a toutefois pas besoin d'écrire les variantes en majuscules si l'option `i` est utilisée : `/[a-zâäàéèùêëîïôöçñ]/i`.

Trouver un caractère quelconque

Le point permet de trouver n'importe quel caractère, à l'exception des sauts de ligne (les retours à la ligne). Ainsi, la regex suivante trouvera les mots « gras », « grès », « gris », « gros », et d'autres mots inexistants comme « grys », « grus », « grps »... Le point symbolise donc un caractère quelconque :

```
/gr.s/
```

Les quantificateurs

Les quantificateurs permettent de dire combien de fois un caractère doit être recherché. Il est possible de dire qu'un caractère peut apparaître 0 ou 1 fois, 1 fois ou une infinité de fois, ou même, avec des accolades, de dire qu'un caractère peut être répété 3, 4, 5 ou 10 fois.

À partir d'ici, la syntaxe des regex va devenir plus complexe !

Les trois symboles quantificateurs

- ? : ce symbole indique que le caractère qui le précède peut apparaître 0 ou 1 fois ;
- + : ce symbole indique que le caractère qui le précède peut apparaître 1 ou plusieurs fois ;
- * : ce symbole indique que le caractère qui le précède peut apparaître 0, 1 ou plusieurs fois.

Reprenons notre exemple de raclette. Le mot « raclette » contient deux *t*, mais il se pourrait que l'utilisateur ait fait une faute de frappe et n'en ait mis qu'un seul. Nous allons donc écrire une regex capable de gérer ce cas de figure :

```
/raclett?e/
```

Ici, le premier *t* sera trouvé. Un point d'interrogation est placé après le second *t*, ce qui signifie qu'il peut apparaître 0 ou 1 fois. Cette regex gère donc notre cas de figure.

Un cas saugrenu serait qu'il y ait beaucoup de *t* : « raclettttttttttte ». Il suffit alors d'utiliser le quantificateur + :

```
/raclet+e/
```

Le signe + indique que le *t* sera présent une fois ou un nombre infini de fois. Avec le signe *, la lettre est facultative mais peut être répétée un nombre infini de fois. En utilisant le signe *, la regex précédente peut s'écrire :

```
/raclett*e/
```

Les accolades

À la place des trois symboles vus précédemment, nous pouvons utiliser des accolades pour définir explicitement combien de fois un caractère peut être répété. Trois syntaxes sont disponibles :

- `{n}` : le caractère est répété n fois ;
- `{n,m}` : le caractère est répété de n à m fois. Par exemple, si nous avons `{0, 5}`, le caractère peut être présent de 0 à 5 fois ;
- `{n,}` : le caractère est répété de n fois à l'infini.

Si la tartiflette possède un, deux ou trois *t*, la regex peut s'écrire :

```
/raclet{1,3}e/
```

Les quantificateurs, accolades ou symboles, peuvent aussi être utilisés avec les classes de caractères. Si nous mangeons une « racleffe » au lieu d'une « raclette », il est possible d'imaginer la regex suivante :

```
/racle[tf]+e/
```

Pour clore cette section, voici quelques exemples de regex qui utilisent tout ce qui a été vu :

Chaîne	Regex	Résultat
Hellowwwwwwwww	`/Hellow+/`	`true`
Goooooogle	`/Go{2,}gle/`	`true`
Le 1er septembre	`/Le [1-9][a-z]{2,3} septembre/`	`true`
Le 1er septembre	`/Le [1-9][a-z]{2,3}[a-z]+/`	`false`

La dernière regex est fausse à cause de l'espace. En effet, la classe `[a-z]` ne trouvera pas l'espace. Nous verrons cela dans le prochain chapitre.

Les métacaractères

Nous avons vu précédemment que la syntaxe des regex est définie par un certain nombre de caractères spéciaux, comme `^`, `$`, `[` et `)`, ou encore `+` et `*`. Ces caractères sont des métacaractères, dont voici la liste complète :

```
! ^ $ ( ) [ ] { } ? + * . / \ |
```

Un problème se poserait si nous voulions chercher la présence d'une accolade dans une chaîne de caractères. En effet, si nous avions ceci, la regex ne fonctionnerait pas :

Chaîne	Regex	Résultat
Une accolade {comme ceci}	`/accolade {comme ceci}/`	`false`

Ceci est tout à fait normal car les accolades sont des métacaractères qui définissent un nombre de répétitions : en clair, cette regex n'a aucun sens pour l'interpréteur JavaScript ! Pour pallier ce problème, il suffit d'échapper les accolades avec un antislash :

```
/accolade \{comme ceci\}/
```

De cette manière, les accolades seront vues par l'interpréteur comme étant des accolades « dans le texte », et non comme des métacaractères. Il en va de même pour tous les métacaractères cités précédemment. Il faut même penser à échapper l'antislash avec… un antislash :

Chaîne	Regex	Résultat
Un slash / et un antislash \	`// et un anti-slash \/`	erreur de syntaxe
Un slash / et un antislash \	`/\/ et un anti-slash \\/`	`true`

Ici, pour pouvoir trouver le slash / et l'antislash \, il convient également de les échapper.

Si le logiciel que vous utilisez pour rédiger en JavaScript fait bien son travail, la première regex provoquera une mise en commentaire (à cause des deux slashs / au début) : c'est un bon indicateur pour dire qu'il y a un problème. Si votre logiciel détecte aussi les erreurs de syntaxe, il peut vous être d'une aide précieuse.

Les métacaractères au sein des classes

Au sein d'une classe de caractères, il est inutile d'échapper les métacaractères, à l'exception des crochets (qui délimitent le début et la fin d'une classe), du tiret (qui est utilisé pour définir un intervalle) et de l'antislash (qui sert à échapper).

Une petite exception concernant le tiret : il n'a pas besoin d'être échappé s'il est placé en début ou en fin de classe.

Ainsi, si nous voulons rechercher un caractère de *a* à *z* ou les métacaractères *!* et *?*, il faudra écrire ceci :

```
/[a-z!?]/
```

Et s'il faut trouver un slash ou un antislash, il ne faut pas oublier de les échapper :

```
/[a-z!?\/\\]/
```

Types génériques et assertions

Les types génériques

Nous avons vu que les classes étaient pratiques pour chercher un caractère au sein d'un groupe, ce qui permet de trouver un caractère sans savoir au préalable quel sera ce caractère. Seulement, utiliser des classes alourdit fortement la syntaxe des regex et les rend difficilement lisibles. Pour pallier ce petit souci, nous allons utiliser ce qu'on appelle des types génériques. Certains parlent aussi de « classes raccourcies », mais ce terme n'est pas tout à fait exact.

Les types génériques s'écrivent tous de la manière suivante : `\x`, où `x` représente une lettre. Voici la liste de tous les types génériques :

Type	Description
`\d`	Trouve un caractère décimal (un chiffre)
`\D`	Trouve un caractère qui n'est pas décimal (donc pas un chiffre)
`\s`	Trouve un caractère blanc
`\S`	Trouve un caractère qui n'est pas un caractère blanc
`\w`	Trouve un caractère « de mot » : une lettre, accentuée ou non, ainsi que l'underscore
`\W`	Trouve un caractère qui n'est pas un caractère « de mot »

En plus de cela, il existe les caractères de type « espace blanc » :

Type	Description
`\n`	Trouve un retour à la ligne
`\t`	Trouve une tabulation

Ces deux caractères sont reconnus par le type générique `\s` (qui trouve n'importe quel espace blanc).

Les assertions

Les assertions s'écrivent comme les types génériques mais ne fonctionnent pas tout à fait de la même façon. Un type générique recherche un caractère, tandis qu'une assertion recherche entre deux caractères. Voici un tableau pour mieux comprendre :

Type	Description
`\b`	Trouve une limite de mot
`\B`	Ne trouve pas de limite de mot

> L'assertion `\b` reconnaît les caractères accentués comme des « limites de mots », ce qui peut provoquer des comportements inattendus.

Au chapitre suivant, nous étudierons l'utilisation des regex avec diverses méthodes JavaScript.

En résumé

- Les regex constituent une technologie à part, utilisée au sein du JavaScript et qui permet de manipuler les chaînes de caractères. La syntaxe de ces regex se base sur celle du langage Perl.
- Plusieurs méthodes de l'objet `String` peuvent être utilisées avec des regex, à savoir `match()`, `search()`, `split()` et `replace()`.
- L'option `i` indique à la regex que la casse doit être ignorée.
- Les caractères `^` et `$` indiquent respectivement le début et la fin de la chaîne de caractères.
- Les classes et les intervalles de caractères, ainsi que les types génériques, servent à rechercher un caractère possible parmi plusieurs.
- Les différents métacaractères doivent absolument être échappés.
- Les quantificateurs servent à indiquer le nombre de fois qu'un caractère peut être répété.

20 Les expressions régulières : les notions avancées

Après avoir vu les bases de la syntaxe des regex au chapitre précédent, nous allons nous intéresser à l'utilisation des regex au sein du JavaScript. Vous verrez qu'une fois couplées à un langage de programmation, les regex deviennent très utiles. En JavaScript, elles utilisent l'objet `RegExp` et permettent de faire tout ce que nous attendons d'elles : rechercher un terme, le capturer, le remplacer, etc.

Construire une regex

Pour pratiquer ce qui vient d'être expliqué, nous allons maintenant voir comment écrire une regex pas à pas, en partant d'un exemple simple : vérifier si une chaîne de caractères correspond à une adresse e-mail. Pour rappel, une adresse e-mail est de la forme : `javascript@eyrolles.com`.

Une adresse e-mail contient trois parties distinctes :

- la partie locale, avant l'arobase (ici `javascript`) ;
- l'arobase (`@`) ;
- le domaine, lui-même composé du label `eyrolles` et de l'extension `.com`.

Pour construire une regex, il suffit de procéder par étapes : faisons comme si nous lisions la chaîne de caractères et écrivons la regex au fur et à mesure. Ainsi, nous écrivons tout d'abord la partie locale, qui n'est composée que de lettres, de chiffres et éventuellement d'un tiret, un trait de soulignement et un point. Tous ces caractères peuvent être répétés plus d'une fois (il faut donc utiliser le quantificateur `+`) :

```
/^[a-z0-9._-]+$/
```

Nous ajoutons ensuite l'arobase qui n'est pas un métacaractère, il est donc inutile de l'échapper :

```
/^[a-z0-9._-]+@$/
```

Puis le label du nom de domaine, lui aussi composé de lettres, de chiffres, de tirets et de traits de soulignement. Ne pas oublier le point, car il peut s'agir d'un sous-domaine (par exemple, `@cours.eyrolles.com`) :

```
/^[a-z0-9._-]+@[a-z0-9._-]+$/
```

Nous ajoutons alors le point de l'extension du domaine. Attention à ne pas oublier de l'échapper, car il s'agit d'un métacaractère :

```
/^[a-z0-9._-]+@[a-z0-9._-]+\.$/
```

Pour finir, nous indiquons l'extension, qui ne contient que des lettres (au minimum 2, au maximum 6). Nous obtenons alors :

```
/^[a-z0-9._-]+@[a-z0-9._-]+\.[a-z]{2,6}$/
```

Nous effectuons maintenant un test :

```
var email = prompt("Entrez votre adresse e-mail :", "javascript@eyrolles.
com");

if (/^[a-z0-9._-]+@[a-z0-9._-]+\.[a-z]{2,6}$/.test(email)) {
    alert("Adresse e-mail valide !");
} else {
    alert("Adresse e-mail invalide !");
}
```

L'adresse e-mail est détectée comme étant valide !

L'objet RegExp

L'objet `RegExp` est l'objet qui gère les expressions régulières. Il y a donc deux façons de déclarer une regex : via `RegExp` ou via son type primitif que nous avons utilisé jusqu'à présent :

```
var myRegex1 = /^Raclette$/i;
var myRegex2 = new RegExp("^Raclette{{CONTENT}}quot;, "i");
```

Le constructeur `RegExp` reçoit deux paramètres : le premier est l'expression régulière sous la forme d'une chaîne de caractères, le second est l'option de recherche, ici `i`. L'intérêt d'utiliser `RegExp` est qu'il est possible d'inclure des variables dans la regex, chose impossible en passant par le type primitif :

```
var nickname = "Sébastien";
var myRegex  = new RegExp("Mon prénom est " + nickname, "i");
```

Ce n'est pas spécialement fréquent, mais cela peut se révéler particulièrement utile. Il est cependant conseillé d'utiliser la notation littérale (le type primitif) quand l'utilisation du constructeur `RegExp` n'est pas nécessaire.

Méthodes

`RegExp` ne possède que deux méthodes : `test()` et `exec()`. La méthode `test()` a déjà été utilisée et permet de tester une expression régulière. Elle renvoie `true` si le test est réussi, `false` si le test échoue. De son côté, `exec()` applique également une expression régulière, mais renvoie un tableau dont le premier élément contient la portion de texte trouvée dans la chaîne de caractères. Si rien n'est trouvé, `null` est renvoyé.

```
var sentence = "Si ton tonton";

var result = /\bton\b/.exec(sentence); // On cherche à récupérer le mot « ton »

if (result) { // On vérifie que ce n'est pas null
    alert(result); // Affiche « ton »
}
```

Propriétés

L'objet `RegExp` contient neuf propriétés, appelées `$1`, `$2`, `$3`, etc., jusqu'à `$9`. Comme nous allons le voir, il est possible d'utiliser une regex pour extraire des portions de texte, lesquelles sont accessibles via les propriétés `$1` à `$9`.

Les parenthèses

Les parenthèses capturantes

Pour le moment, nous avons vu que les regex permettent de comparer une chaîne de caractères à un modèle. Mais il est aussi possible d'extraire des informations. Pour définir les informations à extraire, nous utilisons les « parenthèses capturantes », nommées ainsi car elles permettent de capturer une portion de texte, que la regex va extraire.

Considérons cette chaîne de caractères : « Je suis né en mars ». Au moyen de parenthèses capturantes, nous allons extraire le mois de la naissance pour pouvoir le réutiliser :

```
var birth = 'Je suis né en mars';

/^Je suis né en (\S+)$/.exec(birth);

alert(RegExp.$1); // Affiche : « mars »
```

Cet exemple est un peu déroutant, mais il est en réalité assez simple à comprendre. Dans un premier temps, nous créons la regex avec les parenthèses. Comme les mois comportent des caractères qui peuvent être accentués, nous pouvons directement utiliser le type générique `\S`. `\S+` indique que nous recherchons une série de caractères, jusqu'à la fin de la chaîne (délimitée, par `$`) : ce sera le mois. Nous englobons ce « mois » dans des parenthèses pour faire comprendre à l'interpréteur JavaScript que leur contenu devra être extrait.

La regex est exécutée via `exec()`. Une autre explication s'impose ici. Lorsque nous exécutons `test()` ou `exec()`, le contenu des parenthèses capturantes est enregistré temporairement au sein de l'objet `RegExp`. Le premier couple de parenthèses sera enregistré dans la propriété `$1`, le deuxième dans `$2` et ainsi de suite, jusqu'au neuvième qui sera dans `$9`. Cela veut donc dire qu'il ne peut y avoir qu'un maximum de neuf couples de parenthèses. Les couples sont numérotés suivant le sens de lecture, de gauche à droite.

Pour accéder aux propriétés, il suffit de faire `RegExp.$1`, `RegExp.$2`, etc.

Voici un autre exemple, reprenant la regex de validation de l'adresse e-mail. Ici, le but est de décomposer l'adresse pour récupérer les différentes parties :

```
var email = prompt("Entrez votre adresse e-mail :", "javascript@openclassrooms.
com");

if (/^([a-z0-9._-]+)@([a-z0-9._-]+)\.([a-z]{2,6})$/.test(email)) {
    alert('Partie locale : ' + RegExp.$1 + '\nDomaine : ' + RegExp.$2 +
'\nExtension : ' + RegExp.$3);
} else {
    alert('Adresse e-mail invalide !');
}
```

(Essayez le code : *http://course.oc-static.com/ftp-tutos/cours/javascript/part3/chap4/ex1.html*)

Ce qui nous affiche bien les trois parties :

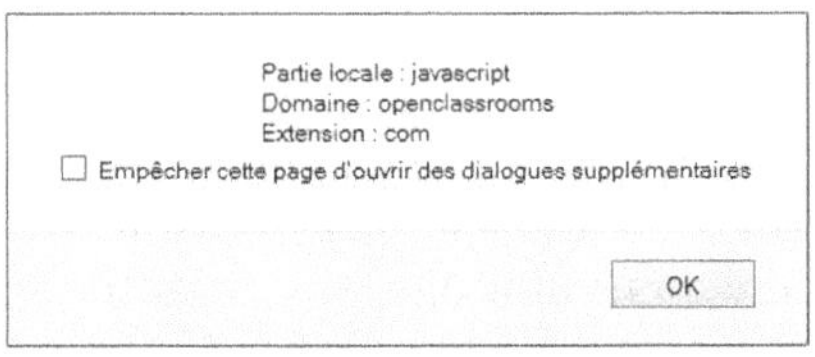

Les trois parties sont bien renvoyées.

Remarquez que même si `test()` et `exec()` sont exécutés au sein d'un `if()`, le contenu des parenthèses est quand même enregistré. Pas de changement de ce côté-là puisque ces deux méthodes sont quand même exécutées au sein de la condition.

Les parenthèses non capturantes

Il se peut que dans de longues et complexes regex, il y ait besoin d'utiliser beaucoup de parenthèses, plus de neuf par exemple, ce qui peut poser problème puisqu'il ne peut y avoir que neuf parenthèses capturantes exploitables. Mais toutes ces parenthèses n'ont peut-être pas besoin de capturer quelque chose, elles peuvent juste être là pour proposer un choix. Par exemple, si nous vérifions une URL, nous pouvons commencer la regex comme ceci : `/(https|http|ftp|steam):\/\//`

Mais il est inutile que cette parenthèse soit capturante et qu'elle soit accessible via `RegExp.$1`. Pour la rendre non capturante, nous ajoutons `?:` au début de la parenthèse, comme ceci : `/(?:https|http|ftp|steam):\/\//`

De cette manière, cette parenthèse n'aura aucune incidence sur les propriétés `$` de `RegExp`.

Les recherches non greedy

Le mot anglais *greedy* signifie « gourmand ». En JavaScript, les regex sont généralement gourmandes, ce qui veut dire que lorsque nous utilisons un quantificateur comme le signe +, le maximum de caractères est recherché, alors que ce n'est pas toujours le comportement espéré. Petite mise en lumière : nous allons construire une regex qui va extraire l'URL à partir de cette portion de HTML sous forme de chaîne de caractères :

```
var html = '<a href="www.mon-adresse.be">Mon site</a>';
```

Voici la regex qui peut être construite :

```
/<a href="(.+)">/
```

Et ça fonctionne :

```
/<a href="(.+)">/.exec(html);

alert(RegExp.$1); // www.mon-adresse.be
```

Maintenant, supposons que la chaîne de caractères ressemble à ceci :

```
var html = '<a href="www.mon-adresse.be"><strong class="web">Mon site
</strong></a>';
```

Là, c'est le drame :

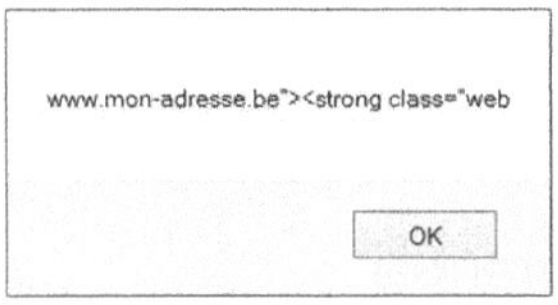

La valeur renvoyée n'est pas celle que nous attendions.

En spécifiant `.+` comme quantificateur, nous demandons de rechercher le plus possible de caractères jusqu'à rencontrer les caractères `">`, ce que le JavaScript fait :

```
<a href="www.mon-adresse.be"><strong class="web">Mon site</strong></a>
```

JavaScript s'arrête à la dernière occurrence souhaitée.

Le JavaScript va trouver la partie surlignée : il cherche jusqu'à atteindre la dernière occurrence des caractères `">`. Mais ce n'est pas si grave, fort heureusement !

Pour pallier ce problème, nous allons écrire le quantificateur directement, suivi du point d'interrogation, comme ceci :

```
var html = '<a href="www.mon-adresse.be"><strong class="web">Mon site
</strong></a>';

/<a href="(.+?)">/.exec(html);

alert(RegExp.$1);
```

Le point d'interrogation va faire en sorte que la recherche soit moins gourmande et s'arrête une fois que le minimum requis est trouvé, d'où l'appellation *non greedy* (« non gourmande »).

Rechercher et remplacer

Une fonctionnalité intéressante des regex est de pouvoir effectuer des rechercher-remplacer : nous recherchons des portions de texte dans une chaîne de caractères et nous les remplaçons par d'autres. Ceci s'avère relativement pratique pour modifier une chaîne rapidement, ou pour convertir des données. Une utilisation fréquente est la conversion de balises BBCode en HTML pour prévisualiser le contenu d'une zone de texte.

Pour effectuer un rechercher-remplacer, il convient d'utiliser la méthode `replace()` de l'objet `String`. Cette dernière reçoit deux arguments : la regex et une chaîne de caractères qui sera le texte de remplacement. Petit exemple :

```
var sentence = 'Je m\'appelle Sébastien';

var result = sentence.replace(/Sébastien/, 'Johann');

alert(result); // Affiche : « Je m'appelle Johann »
```

`replace()` va donc rechercher le prénom « Sébastien » et le remplacer par « Johann ».

Utiliser replace() sans regex

À la place d'une regex, il est aussi possible de fournir une simple chaîne de caractères. Ceci s'avère utile pour remplacer un mot ou un groupe de mots, mais ce n'est pas une utilisation fréquente. On utilisera généralement une regex. Voici toutefois un exemple :

```
var result = 'Je m\'appelle Sébastien'.replace('Sébastien', 'Johann');

alert(result); // Affiche : « Je m'appelle Johann »
```

L'option g

Comme vu précédemment, l'option `i` permet aux regex d'être insensibles à la casse des caractères. L'option `g`, quant à elle, permet de rechercher plusieurs fois. Par défaut, la regex précédente ne sera exécutée qu'une fois : dès que « Sébastien » sera trouvé, il sera remplacé... et puis c'est tout. Donc si le prénom « Sébastien » est présent deux fois, seul le premier sera remplacé. Pour éviter cela, nous utiliserons l'option `g` qui va dire de continuer la recherche jusqu'à ce que plus rien ne soit trouvé :

```
var sentence = 'Il s\'appelle Sébastien. Sébastien écrit un tutoriel.';

var result = sentence.replace(/Sébastien/g, 'Johann');

alert(result); // Il s'appelle Johann. Johann écrit un tutoriel.
```

Ainsi, toutes les occurrences de « Sébastien » seront correctement remplacées par « Johann ». Le terme « occurrence » est nouveau ici, et il est maintenant temps de l'employer. À chaque fois que la regex trouve la portion de texte qu'elle recherche, il s'agit d'une occurrence. Dans le code précédent, deux occurrences de « Sébastien » sont trouvées : une juste après « appelle » et l'autre après le premier point.

Rechercher et capturer

Il est possible d'utiliser les parenthèses capturantes pour extraire des informations et les réutiliser au sein de la chaîne de remplacement. Par exemple, nous avons une date au format américain : 05/26/2011, et nous souhaitons la convertir au format jour/mois/année. Rien de plus simple :

```
var date = '05/26/2011';

date = date.replace(/^(\d{2})\/(\d{2})\/(\d{4})$/, 'Le $2/$1/$3');

alert(date); // Le 26/05/2011
```

Chaque nombre est capturé avec une parenthèse, et pour récupérer chaque parenthèse, il suffit d'utiliser $1, $2 et $3 (directement dans la chaîne de caractères), exactement comme nous l'aurions fait avec RegExp.$1.

> **Pour placer un caractère $ dans la chaîne de remplacement, il est inutile de l'échapper, il suffit de le doubler :**
>
> ```
> var total = 'J\'ai 25 dollars en liquide.';
>
> alert(total.replace(/dollars?/, '$'); // J'ai 25 $ en liquide
> ```
>
> **Le mot « dollars » est effectivement remplacé par son symbole. Un point d'interrogation a été placé après le « s » pour pouvoir trouver soit « dollars », soit « dollar ».**

Voici un autre exemple illustrant ce principe. L'idée ici est de convertir une balise BBCode de mise en gras ([b]un peu de texte[/b]) en un formatage HTML de ce type : <strong>un peu de texte</strong>. N'oubliez pas d'échapper les crochets qui sont des métacaractères !

```
var text = 'bla bla [b]un peu de texte[/b] bla [b]bla bla en gras[/b] bla bla';

text = text.replace(/\[b\]([\s\S]*?)\[\/b\]/g, '<strong>$1</strong>');

alert(text);
```

Ici, nous avons utilisé [\s\S] et non pas uniquement le point. En effet, il s'agit de trouver tous les caractères qui se trouvent entre les balises. Or, le point ne trouve que des caractères et des espaces vides, hormis le retour à la ligne. C'est la raison pour laquelle nous utiliserons souvent la classe comprenant \s et \S quand il s'agira de trouver du texte comportant des retours à la ligne.

Cette petite regex de remplacement est la base d'un système de prévisualisation du BBCode. Il suffit d'écrire une regex de ce type pour chaque balise et le tour est joué :

```
<script>

    function preview() {
        var value = document.getElementById("text").value;

        value = value.replace(/\[b\]([\s\S]*?)\[\/b\]/g, '<strong>$1
</strong>'); // Gras
        value = value.replace(/\[i\]([\s\S]*?)\[\/i\]/g, '<em>$1</em>');
        // Italique
        value = value.replace(/\[s\]([\s\S]*?)\[\/s\]/g, '<del>$1</del>');
        // Barré
        value = value.replace(/\[u\]([\s\S]*?)\[\/u\]/g, '<span
style="text-decoration: underline">$1</span>'); // Souligné

        document.getElementById("output").innerHTML = value;
    }
</script>
```

```
<form>
    <textarea id="text"></textarea><br />
    <button type="button" onclick="preview()">Prévisualiser</button>
    <div id="output"></div>
</form>
```

(Essayez le code : *http://course.oc-static.com/ftp-tutos/cours/javascript/part3/chap4/ex2.html*)

Utiliser une fonction pour le remplacement

À la place d'une chaîne de caractères, il est possible d'utiliser une fonction pour gérer le ou les remplacements. Cela permet, par exemple, de réaliser des opérations sur les portions capturées (`$1`, `$2`, `$3`...).

Les paramètres de la fonction sont soumis à une petite règle, car ils doivent respecter un certain ordre (leurs noms peuvent bien évidemment varier) : `function(str, p1, p2, p3 /* ... */, offset, s)`. Les paramètres `p1`, `p2`, `p3`... représentent les fameux `$1`, `$2`, `$3`... S'il n'y a que trois parenthèses capturantes, il n'y aura que trois « p ». S'il y en a cinq, il y aura cinq « p ». Voici les explications des paramètres :

- le paramètre `str` contient la portion de texte trouvée par la regex ;
- les paramètres `p*` contiennent les portions capturées par les parenthèses ;
- le paramètre `offset` contient la position de la portion de texte trouvée ;
- le paramètre `s` contient la totalité de la chaîne.

Si seuls `p1` et `p2` sont nécessaires, les deux derniers paramètres peuvent être omis.

Pour illustrer cela, nous allons réaliser un petit script tout simple qui recherchera des nombres dans une chaîne et les transformera en toutes lettres. La transformation se fera au moyen de la fonction `num2Letters()` qui a été codée lors du TP présenté au chapitre 9 consistant à convertir un nombre en toutes lettres (*https://openclassrooms.com/courses/dynamisez-vos-sites-web-avec-javascript*).

```
var sentence = 'Dans 22 jours, j\'aurai 24 ans';

var result = sentence.replace(/(\d+)/g, function(str, p1) {
    p1 = parseInt(p1);

    if (!isNaN(p1)) {
        return num2Letters(p1);
    }
});

alert(result); // Affiche : « Dans vingt-deux jours, j'aurai
               // vingt-quatre ans »
```

L'exemple utilise une fonction anonyme, mais il est bien évidemment possible de déclarer une fonction :

```
function convertNumbers(str) {
    str = parseInt(str);

    if (!isNaN(str)) {
        return num2Letters(str);
    }
}

var sentence = 'Dans 22 jours, j\'aurai 24 ans';

var result = sentence.replace(/(\d+)/g, convertNumbers);
```

Autres recherches

Il reste deux méthodes de `String` à détailler : `search()` et `match()`. Nous allons également revenir sur la méthode `split()`.

Rechercher la position d'une occurrence

La méthode `search()` de l'objet `String` ressemble à `indexOf()` mis à part le fait que le paramètre est une expression régulière. `search()` retourne la position de la première occurrence trouvée. Si aucune occurrence n'est trouvée, `-1` est retourné, exactement comme `indexOf()` :

```
var sentence = 'Si ton tonton';

var result = sentence.search(/\bton\b/);

if (result > -1) { // On vérifie que quelque chose a été trouvé
    alert('La position est ' + result); // 3
}
```

Récupérer toutes les occurrences

La méthode `match()` de l'objet `String` fonctionne comme `search()`, à la différence qu'elle retourne un tableau de toutes les occurrences trouvées. C'est pratique pour compter le nombre de fois qu'une portion de texte est présente, par exemple :

```
var sentence = 'Si ton tonton tond ton tonton, ton tonton tondu sera tondu';

var result = sentence.match(/\btonton\b/g);

alert('Il y a ' + result.length + ' "tonton" :\n\n' + result);
```

Il y a trois occurrences de « tonton ».

Couper avec une regex

Nous avions vu que la méthode `split()` recevait une chaîne de caractères en paramètre. Il est également possible de transmettre une regex, ce qui est très pratique pour découper une chaîne à l'aide de plusieurs caractères distincts, par exemple :

```
var family = 'Guillaume,Pauline;Clarisse:Arnaud;Benoît;Maxime';
var result = family.split(/[,:;]/);

alert(result);
```

La méthode `alert()` affiche donc un tableau contenant tous les prénoms, car il a été demandé à `split()` de couper la chaîne dès que les caractères suivants sont trouvés : `,`, `:` et `;`.

En résumé

- Construire une regex se fait rarement du premier coup. Il faut y aller par étapes, morceau par morceau, car la syntaxe devient vite compliquée.
- En combinant les parenthèses capturantes et la méthode `exec()`, il est possible d'extraire des informations.
- Les recherches doivent se faire en mode *non greedy*. C'est plus rapide et cela correspond plus au comportement attendu.
- L'option `g` indique qu'il faut effectuer plusieurs remplacements, et non pas un seul.
- Il est possible d'utiliser une fonction pour la réalisation d'un remplacement. Ce n'est utile que quand il est nécessaire de faire des opérations en même temps que le remplacement.
- La méthode `search()` s'utilise comme la méthode `indexOf()`, sauf que le paramètre est une regex.

21 Les données numériques

La gestion des données numériques en JavaScript est assez limitée mais elle existe quand même et se fait essentiellement par le biais des objets `Number` et `Math`. Le premier est assez inintéressant mais il est bon de savoir à quoi il sert. `Math` est quant à lui une véritable boîte à outils qui vous servira probablement un jour ou l'autre.

L'objet Number

L'objet `Number` est à la base de tout nombre et pourtant on ne s'en sert quasiment jamais de manière explicite, car on lui préfère (comme pour la plupart des objets) l'utilisation de son type primitif. Cet objet possède pourtant des fonctions intéressantes, par exemple, celle permettant de faire des conversions depuis une chaîne de caractères jusqu'à un nombre en instanciant un nouvel objet `Number` :

```
var myNumber = new Number('3');
// La chaîne de caractères « 3 » est convertie en un nombre de valeur 3
```

Cependant, cette conversion est imprécise car nous ne savons pas si nous obtiendrons un nombre entier ou flottant en retour. Aussi, nous lui préférons les fonctions `parseInt()` et `parseFloat()` qui permettent d'être sûr du résultat. De plus, `parseInt()` utilise un second argument permettant de spécifier la base (2 pour le système binaire, 10 pour le système décimal, etc.) du nombre écrit dans la chaîne de caractères, ce qui permet de lever tout soupçon sur le résultat obtenu.

Cet objet possède des propriétés accessibles directement sans aucune instanciation (on appelle cela des propriétés propres à l'objet constructeur). Elles sont au nombre de cinq, et sont données ici à titre informatif, car leur usage est peu courant :

- `NaN` : vous connaissez déjà cette propriété qui signifie *Not a Number* et qui permet, généralement, d'identifier l'échec d'une conversion de chaîne de caractères en un nombre. À noter que cette propriété est aussi disponible dans l'espace global. Passer par l'objet `Number` pour y accéder n'a donc que peu d'intérêt, surtout qu'il est bien rare d'utiliser cette propriété, car on lui préfère la fonction `isNaN()`, plus fiable.
- `MAX_VALUE` : cette propriété représente le nombre maximal pouvant être stocké dans une variable en JavaScript. Cette constante peut changer selon la version du JavaScript utilisée.
- `MIN_VALUE` : elle est identique à la constante `MAX_VALUE` sauf qu'il s'agit ici de la valeur minimale.
- `POSITIVE_INFINITY` : constante représentant l'infini positif. Vous pouvez l'obtenir en résultat d'un calcul si vous divisez une valeur positive par 0. Cependant, son utilisation est rare, car on lui préfère la fonction `isFinite()`, plus fiable.
- `NEGATIVE_INFINITY` : identique à `POSITIVE_INFINITY` sauf qu'il s'agit ici de l'infini négatif. Vous pouvez obtenir cette constante en résultat d'un calcul si vous divisez une valeur négative par 0.

Passons donc aux essais :

```
var max = Number.MAX_VALUE, // Comme vous le voyez, nous n'instancions pas
                            // d'objet, comme pour un accès au « prototype »
    inf = Number.POSITIVE_INFINITY;

if (max < inf) {
    alert("La valeur maximale est inférieure à l'infini ! Surprenant,
n'est-ce pas ?");
}
```

(Essayez le code : *http://course.oc-static.com/ftp-tutos/cours/javascript/part3/chap5/ex1.html*)

Du côté des méthodes, l'objet `Number` n'est pas bien plus intéressant, car toutes les méthodes qu'il possède sont déjà supportées par l'objet `Math`. Nous allons donc faire l'impasse dessus.

L'objet Math

Pour commencer, deux précisions s'imposent.

- La liste des propriétés et méthodes ne sera pas exhaustive, consultez la documentation (*https://developer.mozilla.org/en/JavaScript/Reference/Global_Objects/Math*) si vous souhaitez tout connaître.
- Toutes les propriétés et méthodes de cet objet sont accessibles directement sans aucune instanciation, on appelle cela des méthodes et des propriétés statiques. Considérez donc cet objet plutôt comme un namespace.

Les propriétés

Les propriétés de l'objet `Math` sont des constantes qui définissent certaines valeurs mathématiques comme le nombre pi (π) ou le nombre d'Euler (e). Nous ne parlons que de ces deux constantes car les autres ne sont pas souvent utilisées en JavaScript. Pour les utiliser, rien de bien compliqué :

```
alert(Math.PI); // Affiche la valeur du nombre pi
alert(Math.E); // Affiche la valeur du nombre d'Euler
```

Les propriétés de l'objet `Math` s'utilisent facilement donc il n'y a pas grand-chose à vous apprendre dessus. En revanche, les méthodes sont nettement plus intéressantes !

Les méthodes

L'objet `Math` comporte de nombreuses méthodes permettant de faire divers calculs un peu plus évolués qu'une simple division. Il existe des méthodes pour le calcul des cosinus et sinus, des méthodes d'arrondi et de troncature, etc. Elles sont assez nombreuses pour faire bon nombre d'applications pratiques.

Arrondir et tronquer

Vous aurez souvent besoin d'arrondir vos nombres en JavaScript, notamment si vous réalisez des animations. Par exemple, il est impossible de dire à un élément HTML qu'il fait 23,33 pixels de largeur car il faut un nombre entier. C'est pourquoi nous allons aborder les méthodes `floor()`, `ceil()` et `round()`.

- La méthode `floor()` retourne le plus grand entier inférieur ou égal à la valeur que vous avez passée en paramètre :

```
Math.floor(33.15); // Retourne : 33
Math.floor(33.95); // Retourne : 33
Math.floor(34); // Retourne : 34
```

- La méthode `ceil()` retourne le plus petit entier supérieur ou égal à la valeur que vous avez passée en paramètre :

```
Math.ceil(33.15); // Retourne : 34
Math.ceil(33.95); // Retourne : 34
Math.ceil(34); // Retourne : 34
```

- La méthode `round()` réalise un arrondi tout simple :

```
Math.round(33.15); // Retourne : 33
Math.round(33.95); // Retourne : 34
Math.round(34); // Retourne : 34
```

Calculs de puissance et de racine carrée

Bien que le calcul d'une puissance puisse paraître simple à coder, il existe une méthode permettant d'aller plus rapidement. Il s'agit de la méthode `pow()`, qui s'utilise de cette manière :

```
Math.pow(3, 2); // Le premier paramètre est la base, le second est l'exposant
// Ce calcul donne donc : 3 * 3 = 9
```

Une méthode est également prévue pour le calcul de la racine carrée d'un nombre : `sqrt()` (abréviation de *square root*) :

```
Math.sqrt(9); // Retourne : 3
```

Les cosinus et sinus

Si nous voulons effectuer des calculs en rapport avec les angles, nous utiliserons bien souvent les fonctions cosinus et sinus. L'objet `Math` possède des méthodes qui remplissent exactement le même rôle : `cos()` et `sin()` (il existe bien entendu les méthodes `acos()` et `asin()`). Leur utilisation est, encore une fois, très simple :

```
Math.cos(Math.PI); // Retourne : -1
Math.sin(Math.PI); // Retourne : environ 0
```

Les résultats obtenus sont exprimés en radians.

Retrouver les valeurs maximale ou minimale

Voici deux méthodes qui peuvent se révéler bien utiles : `max()` et `min()`. Elles permettent respectivement de retrouver les valeurs maximale et minimale dans une liste de nombres, quel que soit l'ordre de ces derniers (croissant, décroissant ou aléatoire). Ces deux méthodes prennent autant de paramètres que de nombres à comparer :

```
Math.max(42, 4, 38, 1337, 105); // Retourne : 1337
Math.min(42, 4, 38, 1337, 105); // Retourne : 4
```

Choisir un nombre aléatoire

Il est toujours intéressant de savoir comment choisir un nombre aléatoire pour chaque langage. En JavaScript, la méthode utilisée pour cela est `random()`. Elle est utile mais malheureusement pas très pratique à utiliser par rapport à celle présente, par exemple, en PHP.

En PHP, il est possible de définir entre quels nombres doit être choisi le nombre aléatoire. En JavaScript, un nombre décimal aléatoire est choisi entre 0 (inclus) et 1 (exclu), ce qui nous oblige à faire de petits calculs par la suite pour obtenir un nombre entre une valeur minimale et maximale.

Voici un exemple :

```
alert(Math.random()); // Retourne un nombre compris entre 0 et 1
```

(Essayez le code : *http://course.oc-static.com/ftp-tutos/cours/javascript/part3/chap5/ex2.html*)

Notre script est ici un peu limité, la solution consiste alors à créer notre propre fonction qui va gérer le nombre minimal (inclus) et maximal (exclu) :

```
function rand(min, max, integer) {

    if (!integer) {
        return Math.random() * (max - min) + min;
    } else {
        return Math.floor(Math.random() * (max - min + 1) + min);
    }

}
```

La fonction est prête à être utilisée ! Le troisième paramètre sert à définir si nous souhaitons obtenir un nombre entier ou non.

(Essayez une adaptation de ce code : *http://course.oc-static.com/ftp-tutos/cours/javascript/part3/chap5/ex3.html*)

Cette fonction est assez simple : nous soustrayons le nombre minimal au nombre maximal, nous obtenons alors l'intervalle de valeurs qui n'a plus qu'à être multiplié au nombre aléatoire (qui est compris entre 0 et 1). Le résultat obtenu sera alors compris entre 0 et la valeur de l'intervalle. Il ne reste alors plus qu'à lui ajouter le nombre minimal pour obtenir une valeur comprise entre notre minimum et notre maximum.

La méthode `random()` de l'objet `Math` ne renvoie pas vraiment un nombre aléatoire, ce n'est d'ailleurs pas réellement possible sur un ordinateur. Cette méthode est basée sur plusieurs algorithmes qui permettent de renvoyer un nombre pseudo aléatoire, mais le nombre n'est jamais vraiment aléatoire. À vrai dire, cela ne devrait pas affecter vos projets, mais il est toujours bon de le savoir.

Les inclassables

Bien que les objets `Number` et `Math` implémentent l'essentiel des méthodes de gestion des données numériques qui existent en JavaScript, certaines fonctions globales permettent de faire quelques conversions et contrôles de données un peu plus poussés.

Les fonctions de conversion

Ces fonctions ont déjà été abordées dans les chapitres précédents mais nous allons revoir leur utilisation pour rappel.

Il s'agit des fonctions `parseInt()` et `parseFloat()`, qui permettent de convertir une chaîne de caractères en un nombre. La première possède deux arguments tandis que la seconde en possède un seul.

- Le premier argument est obligatoire, il s'agit de la chaîne de caractères à convertir en nombre. Par exemple, `"303"` donnera le nombre 303 en sortie.
- Le second argument est facultatif, mais il est très fortement conseillé de s'en servir avec la fonction `parseInt()` (il n'existe pas avec `parseFloat()`). Il permet de spécifier la base que le nombre utilise dans la chaîne de caractères. Par exemple, 10 pour spécifier le système décimal, 2 pour le système binaire.
  L'importance du second argument est rapidement démontrée avec cet exemple :

```
var myString = '08';

alert(parseInt(myString)); // Affiche : 0
alert(parseInt(myString, 10)); // Affiche : 8
```

Pourquoi cette différence de résultat ? La solution est simple : en l'absence d'un second argument, les fonctions `parseInt()` et `parseFloat()` vont tenter de deviner la base utilisée – et donc le système de numération associé – par le nombre écrit dans la chaîne de caractères. Ici, la chaîne de caractères commence par un 0, ce qui est caractéristique du système octal. Nous obtenons donc 0 en retour. Afin d'éviter d'éventuelles conversions hasardeuses, il est toujours bon de spécifier le système de numération de travail.

> Les fonctions `parseInt()` et `parseFloat()` peuvent retrouver un nombre dans une chaîne de caractères. Ainsi, la chaîne de caractères « 303 pixels » renverra bien « 303 » après conversion. Cependant, cela ne fonctionne que si la chaîne de caractères commence par le nombre à retourner. Ainsi, la chaîne de caractères « Il y a 303 pixels » ne renverra que la valeur `NaN`. Pensez-y !

Les fonctions de contrôle

Vous souvenez-vous des valeurs `NaN` et `Infinity` ? Nous avions parlé de deux fonctions permettant de vérifier la présence de ces deux valeurs. Il s'agit de `isNaN()`, qui permet de savoir si notre variable contient un nombre, et de `isFinite()`, qui permet de déterminer si le nombre est fini.

`isNaN()` renvoie `true` si la variable ne contient pas de nombre. Cette fonction s'utilise comme suit :

```
var myNumber = parseInt("test");
// Notre conversion sera un échec et renverra « NaN »

alert(isNaN(myNumber));
// Affiche « true », cette variable ne contient pas de nombre
```

Quant à `isFinite()`, cette fonction renvoie `true` si le nombre ne tend pas vers l'infini :

```
var myNumber = 1/0; // 1 divisé par 0 tend vers l'infini

alert(isFinite(myNumber));
// Affiche « false », ce nombre tend vers l'infini
```

Pourquoi utiliser ces deux fonctions ? Ne suffit-il pas de vérifier si la variable contient la valeur `NaN` ou `Infinity` ?

Essayons pour `NaN` :

```
var myVar = "test";

if (myVar == NaN) {
    alert('Cette variable ne contient pas de nombre.');
} else {
    alert('Cette variable contient un nombre.');
}
```

(Essayez le code : *http://course.oc-static.com/ftp-tutos/cours/javascript/part3/chap5/ex4.html*)

Voyez-vous le problème ? Cette variable ne contient pas de nombre, ce code considère pourtant que c'est le cas. Cela est dû au fait que nous ne testons que la présence de la valeur `NaN`. Or, elle est présente uniquement si la tentative d'écriture d'un nombre a échoué (une conversion loupée, par exemple). Elle ne sera jamais présente si la variable était destinée à contenir autre chose qu'un nombre.

Un autre facteur important aussi : la valeur NaN n'est pas égale à elle-même.

```
alert(NaN == NaN); // Affiche : « false »
```

Ainsi, la fonction `isNaN()` est utile car elle vérifie si votre variable était destinée à contenir un nombre et si ce dernier ne possède pas la valeur `NaN`.

Concernant `isFinite()`, un nombre peut tendre soit vers l'infini positif, soit vers l'infini négatif. Une condition de ce genre ne peut donc pas fonctionner :

```
var myNumber = -1 / 0;

if (myNumber == Number.POSITIVE_INFINITY) {
    alert("Ce nombre tend vers l'infini.");
} else {
    alert("Ce nombre ne tend pas vers l'infini.");
}
```

(Essayez le code : *http://course.oc-static.com/ftp-tutos/cours/javascript/part3/chap5/ex5.html*)

Ce code est faux, nous testons uniquement si notre nombre tend vers l'infini positif, alors que la fonction `isFinite()` se charge de tester aussi si le nombre tend vers l'infini négatif.

En résumé

- Un objet possède parfois des propriétés issues du constructeur. C'est le cas de l'objet `Number`, avec des propriétés comme `Number.MAX_VALUE` ou `Number.NaN`.
- De même que `Number`, l'objet `Math` possède ce genre de propriétés. Utiliser π est alors simple : `Math.PI`.
- Il faut privilégier `parseInt()` et `parseFloat()` pour convertir une chaîne de caractères en un nombre.
- L'usage des propriétés de l'objet `Number` lors de tests est déconseillé : il vaut mieux utiliser les fonctions globales prévues à cet effet, par exemple `isNaN()` au lieu de `NaN`.

22

La gestion du temps

La gestion du temps est importante en JavaScript ! Elle vous permet de temporiser les codes et donc de créer, par exemple, des animations, des compteurs à rebours et bien d'autres choses qui nécessitent une temporisation dans un code.

Dans ce chapitre, nous verrons également comment manipuler la date et l'heure.

Le système de datation

L'heure et la date sont gérées par un seul et même objet : `Date`. Avant de l'étudier de façon approfondie, nous allons d'abord étudier le fonctionnement du système de datation en JavaScript.

Introduction aux systèmes de datation

Nous lisons la date et l'heure de différentes manières. Peu importe la façon dont cela est écrit, nous arrivons toujours à deviner de quelle date ou heure il s'agit. En revanche, un ordinateur possède une manière propre à son système pour lire ou écrire la date. Généralement, cette dernière est représentée sous un seul et même nombre qui est, par exemple 1301412748510. Vous avez ici, sous la forme d'un nombre assez long, l'heure et la date à laquelle nous avons écrit ces lignes.

Quelle est la signification de ce nombre ? En JavaScript, il s'agit du nombre de millisecondes écoulées depuis le 1er janvier 1970 à minuit. Cette manière d'enregistrer la date est très fortement inspirée du système d'horodatage utilisé par les systèmes Unix (*http://fr.wikipedia.org/wiki/Horodatage%23Informatique*). La seule différence entre le système Unix et le système du JavaScript, c'est que ce dernier stocke le nombre de millisecondes, tandis que le premier stocke le nombre de secondes. Dans les deux cas, ce nombre s'appelle un *timestamp*.

Ce nombre nous sert très peu, en tant que développeurs, nous préférons utiliser l'objet `Date` qui va s'occuper de faire tous les calculs nécessaires pour obtenir la date ou l'heure à partir de n'importe quel timestamp.

L'objet Date

L'objet `Date` nous fournit un grand nombre de méthodes pour lire ou écrire une date. Nous n'en verrons ici qu'une infime partie.

Le constructeur

Commençons par le constructeur ! Ce dernier prend en paramètre de nombreux arguments et s'utilise de différentes manières. Voici les quatre manières de l'utiliser :

```
new Date();
new Date(timestamp);
new Date(dateString);
new Date(année, mois, jour [, heure, minutes, secondes, millisecondes ]);
```

À chaque instanciation de l'objet `Date`, ce dernier enregistre soit la date actuelle si aucun paramètre n'est spécifié, soit une date que vous avez choisie. Les calculs effectués par les méthodes de notre objet instancié se feront à partir de la date enregistrée. Détaillons l'utilisation de notre constructeur.

- La première ligne instancie un objet `Date` dont la date est fixée à celle de l'instant même de l'instanciation.
- La deuxième ligne permet de spécifier le timestamp à utiliser pour l'instanciation.
- La troisième ligne prend en paramètre une chaîne de caractères qui doit être interprétable par la méthode `parse()`, nous y reviendrons.
- Enfin, la dernière ligne permet de spécifier manuellement chaque composant qui constitue une date. Nous retrouvons donc en paramètres obligatoires : l'année, le mois et le jour. Les quatre derniers paramètres sont facultatifs (c'est pour cela que vous voyez des crochets, ils signifient que les paramètres sont facultatifs). Ils seront initialisés à 0 s'ils ne sont pas spécifiés, nous y retrouvons : les heures, les minutes, les secondes et les millisecondes.

Les méthodes statiques

L'objet `Date` possède deux méthodes statiques, mais nous ne présenterons ici que la méthode `parse()`.

Le nom de cette méthode vous indique déjà plus ou moins ce qu'elle permet de faire. Elle prend en unique paramètre une chaîne de caractères représentant une date et renvoie le timestamp associé. Cependant, nous ne pouvons pas écrire n'importe quelle chaîne de caractères, il faut respecter une certaine syntaxe qui se présente de la manière suivante :

```
Sat, 04 May 1991 20:00:00 GMT+02:00
```

Cette date correspond au samedi 4 mai 1991 à 20 h précises, avec un décalage de deux heures en plus par rapport à l'horloge de Greenwich.

Il existe plusieurs manières d'écrire la date, cependant nous ne fournissons que celle-là car les dérives sont nombreuses. Si vous voulez connaître toutes les syntaxes existantes, jetez un coup d'œil au document qui traite de la standardisation de cette syntaxe (*http://www.ietf.org/rfc/rfc3339.txt*, la syntaxe est décrite à partir de la page 11).

Pour utiliser cette syntaxe avec notre méthode, rien de plus simple :

```
var timestamp = Date.parse('Sat, 04 May 1991 20:00:00 GMT+02:00');

alert(timestamp); // Affiche : 673380000000
```

Les méthodes des instances de l'objet Date

Étant donné que l'objet `Date` ne possède aucune propriété standard, nous allons directement nous intéresser à ses méthodes qui sont très nombreuses. Elles sont d'ailleurs tellement nombreuses (et similaires en termes d'utilisation) que nous n'allons en lister que quelques-unes (les plus utiles bien sûr) et en expliquer le fonctionnement de manière générale.

Commençons tout de suite par huit méthodes très simples qui fonctionnent toutes selon l'heure locale :

- `getFullYear()` : renvoie l'année sur 4 chiffres ;
- `getMonth()` : renvoie le mois (0 à 11) ;
- `getDate()` : renvoie le jour du mois (1 à 31) ;
- `getDay()` : renvoie le jour de la semaine (0 à 6, la semaine commence le dimanche) ;
- `getHours()` : renvoie l'heure (0 à 23) ;
- `getMinutes()` : renvoie les minutes (0 à 59) ;
- `getSeconds()` : renvoie les secondes (0 à 59) ;
- `getMilliseconds()` : renvoie les millisecondes (0 à 999).

> Ces huit méthodes possèdent chacune une fonction homologue de type `set`. Par exemple, avec la méthode `getDay()`, il existe aussi pour le même objet `Date`, la méthode `setDay()` qui permet de définir le jour en le passant en paramètre.

Chacune de ces méthodes s'utilise d'une manière enfantine : vous instanciez un objet `Date` et il suffit ensuite d'appeler les méthodes souhaitées :

```
var myDate = new Date('Sat, 04 May 1991 20:00:00 GMT+02:00');

alert(myDate.getMonth()); // Affiche : 4
alert(myDate.getDay()); // Affiche : 6
```

Deux autres méthodes pourront aussi vous êtres utiles :

- `getTime()` : renvoie le timestamp de la date de votre objet ;
- `setTime()` : permet de modifier la date de votre objet en lui passant en unique paramètre un timestamp.

Mise en pratique : calculer le temps d'exécution d'un script

Dans de nombreux langages de programmation, il peut parfois être intéressant de faire des tests sur la rapidité d'exécution de différents scripts. En JavaScript, ces tests sont très simples à effectuer, notamment grâce à la prise en charge native des millisecondes avec l'objet `Date` (les secondes sont rarement très intéressantes à connaître, car elles sont généralement à 0 vu la rapidité de la majorité des scripts).

Admettons que vous ayez une fonction `slow()` que vous soupçonnez d'être assez lente. Vous allez sans doute vouloir vérifier sa vitesse d'exécution, ce qui est assez simple.

Commençons tout d'abord par exécuter notre fonction :

```
slow();
```

Nous allons à présent récupérer le timestamp avant l'exécution de la fonction, puis après son exécution. Ensuite, nous n'aurons plus qu'à soustraire le premier timestamp du second afin d'obtenir le temps d'exécution.

```
var firstTimestamp = new Date().getTime(); // On obtient le timestamp avant
                                           // l'exécution

slow(); // La fonction travaille…

var secondTimestamp = new Date().getTime(), // On récupère le timestamp
                                            // après l'exécution
    result = secondTimestamp - firstTimestamp; // On fait la soustraction

alert("Le temps d'exécution est de : " + result + " millisecondes.");
```

Les fonctions temporelles

Nous avons vu comment travailler avec les dates et l'heure, mais il nous est impossible d'agir sur le délai d'exécution de nos scripts pour permettre, par exemple, la création d'une animation. C'est là que les fonctions `setTimeout()` et `setInterval()` interviennent : la première permet de déclencher un code au bout d'un temps donné, tandis que la seconde va déclencher un code à un intervalle régulier que vous aurez spécifié.

Utiliser setTimeout() et setInterval()

Avec un simple appel de fonction

Ces deux fonctions ont exactement les mêmes paramètres : le premier est la fonction à exécuter, le second est le temps en millisecondes. Vous pouvez spécifier le premier paramètre de trois manières :

- en passant la fonction en référence :

```
setTimeout(myFunction, 2000); // myFunction sera exécutée au bout de 2 secondes
```

- en définissant une fonction anonyme :

```
setTimeout(function() {
    // Code...
}, 2000);
```

- en utilisant une méthode non recommandée, à bannir de tous vos codes :

```
setTimeout('myFunction()', 2000);
```

Cette méthode est déconseillée car vous appelez ici implicitement la fonction `eval()` qui va se charger d'analyser et d'exécuter votre chaîne de caractères. Pour de plus amples informations, consultez l'excellent document intitulé « Bonnes pratiques JavaScript » (*https://openclassrooms.com/courses/bonnes-pratiques-javascript*) rédigé par nod_ (*https://openclassrooms.com/membres/nod-42971*).

En ce qui concerne le second paramètre, il n'y a pas grand-chose à dire mis à part qu'il s'agit du temps à spécifier (en millisecondes) à votre fonction. Ce temps n'a que peu d'intérêt à être en dessous de 10 ms (environ, cela dépend des navigateurs) pour la simple et bonne raison que la plupart des navigateurs n'arriveront pas à exécuter votre code avec un temps aussi court. En clair, si vous spécifiez un temps de 5 ms, votre code sera probablement exécuté au bout de 10 ms.

> La fonction `setTimeout()` sécrit sans « o » majuscule. C'est une erreur très fréquente !

Avec une fonction nécessitant des paramètres

Désormais, admettons que vous souhaitiez passer des paramètres à la fonction utilisée avec `setTimeout()` ou `setInterval()`. Comment allez-vous procéder ?

Nos deux fonctions temporelles possèdent deux paramètres, mais en réalité vous pouvez en spécifier autant que vous le souhaitez. Les paramètres supplémentaires seront alors passés à la fonction appelée par notre fonction temporelle. Voici un exemple :

```
setTimeout(myFunction, 2000, param1, param2);
```

Ainsi, au terme du temps passé en deuxième paramètre, notre fonction myFunction() sera appelée de la manière suivante :

```
myFunction(param1, param2);
```

Cependant, cette technique ne fonctionne pas sur les versions d'Internet Explorer antérieures à la version 10. Nous devons donc ruser :

```
setTimeout(function() {

    myFunction(param1, param2);

}, 2000);
```

Nous avons créé une fonction anonyme qui va se charger d'appeler la fonction finale avec les bons paramètres, et cela fonctionne sur tous les navigateurs !

Annuler une action temporelle

Il se peut que vous ayez parfois besoin d'annuler une action temporelle. Par exemple, vous avez utilisé la fonction setTimeout() pour qu'elle déclenche une alerte si l'utilisateur n'a pas cliqué sur une image au bout de dix secondes. Si l'utilisateur clique sur l'image, l'action temporelle devra être annulée avant son déclenchement, ce que sera rendu possible par les fonctions clearTimeout() et clearInterval(). Comme vous pouvez vous en douter, la première s'utilise pour la fonction setTimeout() et la seconde pour setInterval().

Ces deux fonctions prennent toutes les deux un seul argument : l'identifiant de l'action temporelle à annuler. Cet identifiant (qui est un simple nombre entier) est retourné par les fonctions setTimeout() et setInterval(). Voici un exemple :

```
<button id="myButton">Annuler le compte à rebours</button>

<script>
    (function() {

        var button = document.getElementById('myButton');

        var timerID = setTimeout(function() { // On crée notre compte à
                                              // rebours
            alert("Vous n'êtes pas très réactif vous !");
        }, 5000);

        button.addEventListener('click', function() {
            clearTimeout(timerID); // Le compte à rebours est annulé
            alert("Le compte à rebours a bien été annulé.");
            // Et on prévient l'utilisateur
        });

    })();
</script>
```

(Essayez le code : http://course.oc-static.com/ftp-tutos/cours/javascript/part3/chap6/ex1.html)

Nous pouvons même aller un peu plus loin en gérant plusieurs actions temporelles à la fois :

```
<button id="myButton">Annuler le compte à rebours (5s)</button>

<script>
    (function() {

        var button = document.getElementById('myButton'),
            timeLeft = 5;

        var timerID = setTimeout(function() { // On crée notre compte à
                                               // rebours
            clearInterval(intervalID);
            button.innerHTML = "Annuler le compte à rebours (0s)";
            alert("Vous n'êtes pas très réactif vous !");
        }, 5000);

        var intervalID = setInterval(function() {
        // On met en place l'intervalle pour afficher la progression du temps
            button.innerHTML = "Annuler le compte à rebours (" + --time-
Left + "s)";
        }, 1000);

        button.addEventListener('click', function() {
            clearTimeout(timerID); // On annule le compte à rebours
            clearInterval(intervalID); // Et l'intervalle
            alert("Le compte à rebours a bien été annulé.");
        });

    })();
</script>
```

(Essayez le code : http://course.oc-static.com/ftp-tutos/cours/javascript/part3/chap6/ex2.html)

Mise en pratique : les animations

Venons-en maintenant à une utilisation concrète et courante des actions temporelles : les animations. Ces dernières consistent en la modification progressive de l'état d'un objet. Ainsi, une animation peut très bien être la modification de la transparence d'une image à partir du moment où la transparence est réalisée de manière progressive et non pas instantanée.

Pour vous expliquer comment créer une animation, nous allons reprendre l'exemple de la transparence : nous voulons ici que l'image passe d'une opacité de 1 à 0,2.

```
<img id="myImg" src="..." style="opacity: 1" />

<script>
    var myImg = document.getElementById('myImg');

    myImg.style.opacity = 0.2;
</script>
```

Avec ce code, l'opacité a été modifiée immédiatement de 1 à 0,2 alors que nous voulons que le changement soit progressif. Il faudrait donc écrire le code suivant :

```
var myImg = document.getElementById('myImg');

for (var i = 0.9 ; i >= 0.2 ; i -= 0.1) {
    myImg.style.opacity = i;
}
```

Ici aussi, le changement n'a duré qu'une fraction de seconde ! Nous allons donc utiliser les actions temporelles afin de temporiser notre code et de lui laisser le temps d'afficher la progression à l'utilisateur. Dans notre cas, nous allons utiliser la fonction `setTimeout()` :

```
var myImg = document.getElementById('myImg');

function anim() {

    var s = myImg.style,
        result = s.opacity = parseFloat(s.opacity) - 0.1;

    if (result > 0.2) {
        setTimeout(anim, 50); // La fonction anim() fait appel à elle-
                              // même si elle n'a pas terminé son travail
    }

}

anim(); // Et on lance la première phase de l'animation
```

(Essayez le code : *http://course.oc-static.com/ftp-tutos/cours/javascript/part3/chap6/ex3.html*)

Ce code fonctionne sans problème et il n'est pas aussi compliqué que nous l'aurions imaginé au premier abord ! Il est possible d'aller bien plus loin en combinant les animations. Maintenant que vous avez les bases, vous devriez être capables de réaliser toutes les animations dont vous rêvez !

> Vous remarquerez que nous avons utilisé la fonction `setTimeout()` au lieu de `setInterval()` pour réaliser notre animation. En effet, `setTimeout()` est bien plus « stable » que `setInterval()`, vous obtiendrez donc des animations bien plus fluides. Dans l'ensemble, mieux vaut se passer de `setInterval()` et utiliser `setTimeout()` en boucle, quel que soit le cas d'application.

En résumé

- Le JavaScript se base sur un timestamp exprimé en millisecondes pour calculer les dates. Il faut faire attention, car un timestamp est parfois exprimé en secondes, comme au sein du système Unix ou dans des langages comme le PHP.
- En instanciant un objet `Date` sans paramètre, il contiendra la date de son instanciation. Il est ensuite possible de définir une autre date par le biais de méthodes ad hoc.
- `Date` est couramment utilisé pour déterminer le temps d'exécution d'un script. Il suffit de soustraire le timestamp du début au timestamp de fin.
- Plusieurs fonctions existent pour créer des délais d'exécution et de répétition, ce qui peut être utilisé pour réaliser des animations.

23

Les tableaux

Dans la première partie, nous vous avons présenté les tableaux de manière élémentaire. Ce que vous y avez appris vous a sûrement suffi jusqu'à présent, mais il faut savoir que les tableaux possèdent de nombreuses méthodes qui vous sont encore inconnues et qui pourraient pourtant vous aider facilement à traiter leur contenu. Dans ce chapitre, nous allons donc étudier de façon plus approfondie l'utilisation des tableaux.

L'objet Array

L'objet `Array` est à la base de tout tableau. Il possède toutes les méthodes et les propriétés nécessaires à l'utilisation et à la modification des tableaux. Précisons que cet objet ne concerne que les tableaux itératifs (les objets littéraux ne sont pas des tableaux mais des objets, tout simplement).

Le constructeur

Cet objet peut être instancié de trois manières différentes. Cependant, gardez bien à l'esprit que l'utilisation de son type primitif est préférable à l'instanciation de son objet. Nous n'abordons ce sujet qu'à titre indicatif.

Instanciation sans arguments

```
var myArray = new Array();
```

Ce code génère un tableau vide.

Instanciation en spécifiant chaque valeur à attribuer

```
var myArray = new Array('valeur1', 'valeur2', …, 'valeurX');
```

Ce code revient à créer un tableau de cette manière :

```
var myArray = ['valeur1', 'valeur2', …, 'valeurX'];
```

Instanciation en spécifiant la longueur du tableau

```
var myArray = new Array(longueur_du_tableau);
```

Voici un cas particulier du constructeur de l'objet `Array` : il est possible de spécifier la longueur du tableau. Cela paraît assez intéressant sur le principe mais en réalité, cela ne sert quasiment à rien vu que le JavaScript redéfinit la taille des tableaux quand on ajoute ou supprime un item du tableau.

Les propriétés

Les tableaux simplifient beaucoup les choses car ils ne possèdent qu'une seule propriété (accessible uniquement après instanciation) : `length`. Pour rappel, cette propriété est en lecture seule et indique le nombre d'éléments contenus dans le tableau.

Ainsi, avec ce tableau :

```
var myArray = [
    'élément1',
    'élément2',
    'élément3',
    'élément4'
];
```

La propriété `length` renverra 4.

Les méthodes

Plusieurs méthodes ont déjà été abordées au chapitre 7 consacré aux objets et aux tableaux. Nous allons approfondir ces notions dans ce chapitre qui vous servira de référence.

Concaténer deux tableaux

Aussi étrange que cela puisse paraître, le JavaScript ne permet pas l'utilisation de l'opérateur + pour concaténer plusieurs tableaux entre eux. Si nous tentons néanmoins de nous en servir, nous obtenons en sortie une chaîne de caractères contenant tous les éléments des tableaux. Ainsi, l'opération suivante :

```
var myArray = ['test1', 'test2'] + ['test3', 'test4'];
alert(myArray);
```

donne la chaîne de caractères suivante :

```
test1,test2test3,test4
```

Pas terrible, n'est-ce pas ? Heureusement, les tableaux possèdent une méthode nommée `concat()` qui nous permet d'obtenir le résultat souhaité :

```
var myArray = ['test1', 'test2'].concat(['test3', 'test4']);
alert(myArray);
```

Ce code retourne le tableau suivant :

```
['test1', 'test2', 'test3', 'test4']
```

Notez bien que la méthode `concat()` ne modifie aucun tableau. Elle ne fait que retourner un nouveau tableau qui correspond à la concaténation souhaitée.

Parcourir un tableau

Parcourir un tableau est une façon de faire très courante en programmation, que ce soit en JavaScript ou dans un autre langage. Jusqu'à présent nous faisions ainsi :

```
var myArray = ["C'est", "un", "test"],
    length = myArray.length;

for (var i = 0; i < length; i++) {
    alert(
        'Index : ' + i + '\n' +
        'Valeur : ' + myArray[i]
    );
}
```

(Essayez le code : *http://course.oc-static.com/ftp-tutos/cours/javascript/part3/chap7/ex1.html*)

Cependant, ce code reste contraignant car nous sommes obligés de créer deux variables : une pour l'incrémentation, et une autre pour stocker la longueur de notre tableau (la boucle ne va donc pas chercher la longueur dans le tableau, ce qui permet d'économiser des ressources). Tout cela n'est pas très pratique.

C'est là qu'intervient une nouvelle méthode nommée `forEach()`. Cette méthode prend pour paramètre deux arguments : le premier reçoit la fonction à exécuter pour chaque index existant, le second (qui est facultatif) reçoit un objet qui sera pointé par le mot-clé `this` dans la fonction que vous avez spécifiée pour le premier argument.

> La méthode `forEach()` n'est pas supportée par les versions d'Internet Explorer antérieures à la version 9.

Concentrons-nous sur la fonction passée en paramètre. Celle-ci sera exécutée pour chaque index existant (dans l'ordre croissant bien entendu) et recevra en paramètres trois arguments :

- le premier contient la valeur de l'index actuel ;
- le deuxième contient l'index actuel ;
- le troisième est une référence au tableau actuellement parcouru.

Voici un exemple de code :

```
var myArray = ["C'est", "un", "test"];

myArray.forEach(function(value, index, array) {
     alert(
          'Index : ' + index + '\n' +
          'Valeur : ' + value
     );
});
```

(Essayez le code : *http://course.oc-static.com/ftp-tutos/cours/javascript/part3/chap7/ex2.html*)

Vous avez sûrement constaté que nous n'utilisons pas l'argument `array` dans notre fonction anonyme. Vous pouvez très bien ne pas le spécifier, votre code fonctionnera sans problème !

> Cette méthode ne fonctionne qu'avec des tableaux, elle n'existe pas pour les collections d'éléments retournées par le DOM. Ainsi, cela ne fonctionne pas sur la propriété `classList` ou encore les tableaux retournés par les méthodes de sélection telles que `querySelectorAll()` ou `getElementsByTagName()`.

Rechercher un élément dans un tableau

Tout comme les chaînes de caractères, les tableaux possèdent aussi les fonctions `indexOf()` et `lastIndexOf()`. Elles fonctionnent de la même manière, sauf qu'au lieu de ne chercher qu'une chaîne de caractères, vous pouvez faire une recherche pour n'importe quel type de valeur, que ce soit une chaîne de caractères, un nombre ou un objet. La valeur retournée par la fonction est l'index du tableau dans lequel se trouve l'élément recherché. En cas d'échec, la fonction retourne toujours la valeur `-1`.

Prenons un exemple :

```
var element2 = ['test'],
      myArray = ['test', element2];

alert(myArray.indexOf(element2)); // Affiche : 1
```

Dans ce code, c'est bien le tableau `['test']` qui a été trouvé, et non pas la chaîne de caractères `'test'`.

Pourquoi avoir créé la variable `element2` ? Pour une raison bien simple :

```
alert(['test'] == ['test']); // Affiche : « false »
```

Les deux tableaux sont de même valeur mais sont pourtant reconnus comme étant deux tableaux différents, tout simplement parce que ce ne sont pas les mêmes instanciations de tableaux. Lorsque vous écrivez une première fois `['test']`, vous faites une première instanciation de tableau. Lors de la seconde écriture, vous effecuez donc une seconde instanciation.

Pour être sûr de comparer deux instanciations identiques, il convient de passer la référence de votre instanciation à une variable. Ainsi, vous n'avez plus aucun problème :

```
var myArray = ['test'];
alert(myArray == myArray); // Affiche : « true »
```

Pour terminer sur nos deux fonctions, sachez qu'elles possèdent, elles aussi, un second paramètre permettant de spécifier à partir de quel index vous souhaitez commencer la recherche.

Les versions d'Internet Explorer antérieures à la version 9 ne supportent pas les méthodes `indexOf()` et `lastIndexOf()` sur les tableaux.

Trier un tableau

Deux méthodes peuvent vous servir pour trier un tableau.

La méthode reverse()

Cette méthode ne prend aucun argument en paramètre et ne retourne aucune valeur. Elle ne fait qu'inverser l'ordre des valeurs d'un tableau :

```
var myArray = [1, 2, 3, 4, 5];

myArray.reverse();

alert(myArray); // Affiche : 5,4,3,2,1
```

La méthode sort()

Les choses se compliquent un peu ici. Par défaut, la méthode `sort()` trie un tableau par ordre alphabétique uniquement. Mais elle possède aussi un argument facultatif permettant de spécifier l'ordre à définir, et c'est là que les choses se compliquent. Tout d'abord, prenons un exemple simple :

```
var myArray = [3, 1, 5, 10, 4, 2];

myArray.sort();

alert(myArray); // Affiche : 1,10,2,3,4,5
```

Quand nous disions que cette méthode ne triait par défaut que par ordre alphabétique, c'était vrai et ce dans tous les cas ! Cette méthode possède en fait un mode de fonctionnement bien particulier : elle commence par convertir toutes les données du tableau en chaînes de caractères, puis elle trie par ordre alphabétique. Dans notre exemple, la logique peut vous paraître obscure, mais si nous essayons de remplacer nos chiffres par des caractères cela devrait vous paraître plus parlant :

```
0 = a ; 1 = b ; 2 = c
```

Notre suite « 1, 10, 2 » devient donc « b, ba, c ». Avec la méthode `sort()`, cette logique s'applique même aux chiffres.

Venons-en maintenant à l'argument facultatif de `sort()` : il a pour but de réaliser un tri personnalisé. Il doit contenir une référence vers une fonction que vous avez créée, cette dernière devant posséder deux arguments qui seront spécifiés par la méthode `sort()`. La fonction devra alors dire si les valeurs transmises en paramètres sont de même valeur, ou bien si l'une des deux est supérieure à l'autre.

Notre but ici est de faire en sorte que notre tri soit non pas alphabétique, mais par ordre croissant (et donc que la valeur 10 se retrouve à la fin du tableau). Nous allons donc commencer par créer notre fonction anonyme que nous fournirons au moment du tri :

```
function(a, b) {
    // Comparaison des valeurs
}
```

Nous allons ensuite comparer les deux valeurs fournies. Avant tout, sachez que la méthode `sort()` ne convertit pas les données du tableau en chaînes de caractères lorsque vous avez défini l'argument facultatif, ce qui fait que les valeurs que nous allons recevoir en paramètres seront bien de type `Number` et non pas de type `String`, ce qui nous facilite déjà la tâche !

Commençons par écrire le code pour comparer les valeurs :

```
function(a, b) {

    if (a < b) {
        // La valeur de a est inférieure à celle de b
    } else if (a > b) {
        // La valeur de a est supérieure à celle de b
    } else {
        // Les deux valeurs sont égales
    }

}
```

Nous avons donc fait nos comparaisons, mais que faut-il renvoyer à la méthode `sort()` pour lui indiquer qu'une valeur est inférieure, supérieure ou égale à l'autre ?

Le principe est simple :

- la valeur `-1` est retournée lorsque `a` est inférieur à `b` ;
- la valeur `1` est retournée lorsque `a` est supérieur à `b` ;
- la valeur `0` est retournée quand les valeurs sont égales.

Notre fonction devient donc la suivante :

```
function(a, b) {

    if (a < b) {
        return -1;
    } else if (a > b) {
        return 1;
    } else {
        return 0;
    }

}
```

Essayons maintenant le code complet :

```
var myArray = [3, 1, 5, 10, 4, 2];

myArray.sort(function (a, b) {

    if (a < b) {
        return -1;
    } else if (a > b) {
        return 1;
    } else {
        return 0;
    }

});

alert(myArray); // Affiche : 1,2,3,4,5,10
```

La méthode `sort()` trie désormais le tableau dans l'ordre croissant !

Extraire une partie d'un tableau

Il se peut que vous ayez besoin un jour ou l'autre d'extraire une partie d'un tableau. Pour ce faire, vous utiliserez la méthode `slice()`. Elle prend en paramètres deux arguments, le second étant facultatif. Le premier est l'index (inclus) à partir duquel vous souhaitez commencer l'extraction du tableau, le second est l'index (non inclus) auquel l'extraction doit se terminer. S'il n'est pas spécifié, l'extraction continue jusqu'à la fin du tableau.

```
var myArray = [1, 2, 3, 4, 5];

alert(myArray.slice(1, 3)); // Affiche : 2,3
alert(myArray.slice(2)); // Affiche : 3,4,5
```

Notons aussi que le second argument possède une petite particularité intéressante qui peut rappeler le PHP aux connaisseurs :

```
var myArray = [1, 2, 3, 4, 5];

alert(myArray.slice(1, -1)); // Affiche : 2,3,4
```

Lorsque vous spécifiez un nombre négatif au second argument, l'extraction se terminera à l'index de fin moins la valeur que vous avez spécifiée. Dans notre exemple, l'extraction se termine donc à l'index qui précède celui de la fin du tableau, soit à l'index 3.

Remplacer une partie d'un tableau

Nous allons ici vous présenter une méthode peu utilisée en raison de son usage assez particulier : la méthode `splice()`. Elle reçoit deux arguments obligatoires, puis une infinité d'arguments facultatifs. Le premier argument est l'index à partir duquel vous souhaitez effectuer vos opérations, le deuxième est le nombre d'éléments que vous souhaitez supprimer à partir de cet index. Voici un exemple :

```
var myArray = [1, 2, 3, 4, 5];

var result = myArray.splice(1, 2); // On retire 2 éléments à partir de l'index 1

alert(myArray); // Affiche : 1,4,5

alert(result); // Affiche : 2,3
```

À partir de ce code, vous devriez pouvoir faire deux constatations :

- la méthode `splice()` modifie directement le tableau à partir duquel elle a été exécutée ;
- elle renvoie un tableau des éléments qui ont été supprimés.

Les arguments qui suivent les deux premiers contiennent les éléments qui doivent être ajoutés en remplacement de ceux effacés. Vous pouvez très bien spécifier plus d'éléments à ajouter que d'éléments qui ont été supprimés. Essayons donc l'ajout d'éléments :

```
var myArray = [1, null, 4, 5];

myArray.splice(1, 1, 2, 3);

alert(myArray); // Affiche : 1,2,3,4,5
```

À noter que si vous ajoutez des éléments dans le tableau, vous pouvez mettre le deuxième argument à 0, ce qui aura pour effet d'ajouter des éléments sans être obligé d'en supprimer d'autres. La méthode `splice()` peut donc être utilisée comme une méthode d'insertion de données.

Tester l'existence d'un tableau

Pour terminer, il faut savoir que les tableaux possèdent une méthode propre à l'objet constructeur nommée `isArray()`. Comme son nom l'indique, elle permet de tester si la variable passée en paramètre contient un tableau. Son utilisation est des plus simples :

```
alert(Array.isArray(['test']));
```

Cette méthode n'est pas supportée par les versions d'Internet Explorer antérieures à la version 9.

Les piles et les files

Nous allons aborder ici un concept que vous avez déjà rapidement étudié dans ce cours, mais qu'il serait bon de se remémorer.

Les piles et les files sont deux manières de manipuler vos tableaux. Plutôt que de les voir comme de simples listes de données, vous pouvez les imaginer comme étant, par exemple, une pile de livres où le dernier posé sera au final le premier récupéré, ou bien comme une file d'attente, où le dernier entré sera le dernier sorti. Ces deux façons de faire sont bien souvent très pratiques dans de nombreux cas, vous vous en rendrez bien vite compte.

Retour sur les méthodes étudiées

Quatre méthodes ont déjà été étudiées dans les premiers chapitres. Voici un petit rappel avant de nous lancer dans l'étude des piles et des files.

- `push()` : ajoute un ou plusieurs éléments à la fin du tableau (un argument par élément ajouté) et retourne la nouvelle taille de ce dernier.
- `pop()` : retire et retourne le dernier élément d'un tableau.
- `unshift()` : ajoute un ou plusieurs éléments au début du tableau (un argument par élément ajouté) et retourne la nouvelle taille de ce dernier.
- `shift()` : retire et retourne le premier élément d'un tableau.

Les piles

Le principe est que le premier élément ajouté sera le dernier retiré. Elles peuvent être utilisées de deux manières : soit avec les deux méthodes `push()` et `pop()`, soit avec les méthodes `unshift()` et `shift()`. Dans le premier cas, la pile sera empilée et dépilée à la fin du tableau, dans le second cas, les opérations se feront au début du tableau.

```
var myArray = ['Livre 1'];

var result = myArray.push('Livre 2', 'Livre 3');

alert(myArray); // Affiche : « Livre 1,Livre 2,Livre 3 »
alert(result); // Affiche : « 3 »

result = myArray.pop();

alert(myArray); // Affiche : « Livre 1,Livre 2 »
alert(result); // Affiche : « Livre 3 »
```

Aucun problème pour les méthodes push() et pop(). Essayons maintenant le couple unshift()/ shift() :

```
var myArray = ['Livre 3'];

var result = myArray.unshift('Livre 1', 'Livre 2');

alert(myArray); // Affiche : « Livre 1,Livre 2,Livre 3 »
alert(result); // Affiche : « 3 »

result = myArray.shift();

alert(myArray); // Affiche : « Livre 2,Livre 3 »
alert(result); // Affiche : « Livre 1 »
```

Les files

Le principe est différent ici mais tout aussi simple : le premier élément ajouté est le premier sorti. Les piles s'utilisent également de deux manières : avec le couple push() /shift() ou avec le couple unshift()/ pop().

En JavaScript, les files sont bien moins utilisées que les piles, car elles sont dépendantes des méthodes unshift() et shift(), qui souffrent d'un manque de performance comme nous le verrons dans la section suivante.

```
var myArray = ['Fanboy 1', 'Fanboy 2'];

var result = myArray.push('Fanboy 3', 'Fanboy 4');

alert(myArray); // Affiche : « Fanboy 1,Fanboy 2,Fanboy 3,Fanboy 4 »
alert(result); // Affiche : « 4 »

result = myArray.shift();

alert(myArray); // Affiche : « Fanboy 2,Fanboy 3,Fanboy 4 »
alert(result); // Affiche : « Fanboy 1 »
```

Le couple unshift()/pop() est tout aussi simple d'utilisation :

```
var myArray = ['Fanboy 3', 'Fanboy 4'];

var result = myArray.unshift('Fanboy 1', 'Fanboy 2');

alert(myArray); // Affiche : « Fanboy 1,Fanboy 2,Fanboy 3,Fanboy 4 »
alert(result); // Affiche : « 4 »

result = myArray.pop();

alert(myArray); // Affiche : « Fanboy 1,Fanboy 2,Fanboy 3 »
alert(result); // Affiche : « Fanboy 4 »
```

Quand les performances sont absentes : unshift() et shift()

Revenons maintenant sur ce petit problème de performances. Les deux méthodes `unshift()` et `shift()` utilisent chacune un algorithme qui fait qu'en retirant ou en ajoutant un élément en début de tableau, elles vont devoir réécrire tous les index des éléments qui suivent. Par exemple, imaginons un tableau tel que le suivant :

```
0 => 'test 1' 1 => 'test 2' 2 => 'test 3'
```

En ajoutant un élément en début de tableau, nous cassons l'indexation :

```
0 => 'test supplémentaire' 0 => 'test 1' 1 => 'test 2' 2 => 'test 3'
```

Ainsi nous devons réécrire tous les index suivants :

```
0 => 'test supplémentaire' 1 => 'test 1' 2 => 'test 2' 3 => 'test 3'
```

Si le tableau possède de nombreux éléments, cela peut parfois prendre un peu de temps. C'est pourquoi les piles sont généralement préférées aux files en JavaScript, car elles peuvent se passer de ces deux méthodes. Cela dit, il faut relativiser : la perte de performance n'est pas dramatique. Vous pouvez très bien vous en servir pour des tableaux de petite taille (en dessous de 10 000 entrées environ). Pour les tableaux plus importants, il faudra peut-être songer à utiliser les piles ou des scripts permettant de résoudre ce genre de problème.

En résumé

- Pour concaténer deux tableaux, il faut utiliser la méthode `concat()` car l'opérateur `+` ne fonctionne pas selon le comportement voulu.
- La méthode `forEach()` permet de parcourir un tableau en s'affranchissant d'une boucle `for`.
- `indexOf()` et `lastIndexOf()` permettent de rechercher un élément qui peut être une chaîne de caractères, un nombre, ou même un tableau. Il faudra toutefois faire attention lors de la comparaison de deux tableaux.
- L'utilisation d'une fonction pour trier un tableau est possible et se révèle particulièrement utile pour effectuer un tri personnalisé.
- Les piles et les files sont un moyen efficace pour stocker et accéder à de grandes quantités de données.

24 Les images

Les objets natifs en JavaScript couvrent de nombreux domaines comme le temps ou les mathématiques, mais il existe des objets encore plus particuliers comme `Image`. Celui-ci permet de faire des manipulations assez sommaires sur une image et surtout de savoir si elle a été entièrement téléchargée (principale utilisation de `Image`).

Il existe bon nombre de documentations JavaScript sur le Web mais aucune d'entre elles n'a jamais été capable de définir correctement quels sont les propriétés ou les événements standards de l'objet `Image`. Il se peut donc que vous trouviez de nouvelles propriétés ou de nouveaux événements dans diverses documentations. Notre but dans ce livre est de vous fournir des informations fiables, nous n'aborderons donc que les propriétés ou événements qui fonctionnent parfaitement bien et ne causent aucun problème majeur, quel que soit le navigateur utilisé.

L'objet Image

Nous utiliserons donc cet objet pour manipuler des images. `Image` possède plusieurs propriétés permettant d'obtenir divers renseignements sur l'image actuellement instanciée.

Le constructeur

Le constructeur de l'objet `Image` ne prend aucun argument en paramètre, cela a au moins le mérite d'être simple :

```
var myImg = new Image();
```

Les propriétés

Voici une liste non exhaustive des propriétés de l'objet `Image`. Consultez la documentation (*https://developer.mozilla.org/en/DOM/HTMLImageElement*) pour une liste complète (mais pas forcément fiable).

Nom de la propriété	Contient...
`width`	Contient la largeur originale de l'image. Vous pouvez redéfinir cette propriété pour modifier la taille de l'image.
`height`	Contient la hauteur originale de l'image. Vous pouvez redéfinir cette propriété pour modifier la taille de l'image.
`src`	Cette propriété permet de spécifier l'adresse (absolue ou relative) de l'image. Une fois que cette propriété est spécifiée, l'image commence immédiatement à être chargée.

Il existe une propriété nommée `complete` qui permet de savoir si l'image a été entièrement chargée. Cependant, cette propriété n'est pas standard (sauf en HTML 5) et son implémentation est assez hasardeuse. Elle fonctionne parfois, mais la plupart du temps nous obtenons une valeur erronée. Nous en déconseillons donc l'utilisation.

Événements

L'objet `Image` ne possède qu'un seul événement nommé `load`, il est très utile, notamment lorsqu'il s'agit de créer un script de type Lightbox (*http://en.wikipedia.org/wiki/Lightbox_%28JavaScript%29*) car il permet de savoir quand une image est chargée.

Son utilisation est similaire à celle de n'importe quel événement :

```
var myImg = new Image();

myImg.src = 'adresse_de_mon_image';

myImg.addEventListener('load', function() {
    // Etc.
});
```

Cependant, ce code risque de causer un problème majeur : notre événement pourrait ne jamais se déclencher. En effet, nous avons spécifié l'adresse de notre image avant même d'avoir spécifié notre événement, ce qui fait que si l'image a été trop rapidement chargée, l'événement `load` se sera déclenché avant même que nous ayons eu le temps de le modifier.

Il existe une solution toute simple pour pallier ce problème : il suffit de spécifier l'adresse de l'image après avoir modifié l'événement :

```
var myImg = new Image();

myImg.addEventListener('load', function() { // Étape 1 : on modifie notre
                                            // événement
    // Etc.
});

myImg.src = 'adresse_de_mon_image'; // Étape 2 : on spécifie l'adresse de
                                    // notre image
```

Ainsi, vous n'aurez aucun problème : votre événement sera toujours déclenché !

Particularités

L'objet `Image` est un peu spécial car on peut l'ajouter à votre arbre DOM comme vous le feriez avec la valeur retournée par la méthode `document.createElement()`. Ce comportement est particulier et ne s'avère utile que dans de très rares cas d'application. Il est toutefois préférable de vous en parler afin que vous connaissiez l'astuce :

```
var myImg = new Image();
myImg.src = 'adresse_de_mon_image';

document.body.appendChild(myImg); // L'image est ajoutée au DOM
```

Mise en pratique

Nous allons mettre en pratique l'objet `Image` en réalisant une Lightbox très simple. Le principe d'une Lightbox est de permettre l'affichage d'une image en taille réelle directement dans la page web où se trouvent les miniatures de toutes nos images.

> Pour réaliser cet exercice, vous devez posséder quelques images afin de tester les codes. Plutôt que de vous embêter à chercher des images, les redimensionner, puis les renommer, vous pouvez utiliser notre pack d'images toutes prêtes (à télécharger ici : http://course.oc-static.com/ftp-tutos/cours/javascript/part3/chap8/imgs.zip).

Commençons tout d'abord par un code HTML simple pour lister nos miniatures et les liens vers les images originales :

```
<p>
    <a href="imgs/1.jpg" title="Afficher l'image originale">
<img src="imgs/1_min.jpg" alt="Miniature" /></a>
    <a href="imgs/2.jpg" title="Afficher l'image originale">
<img src="imgs/2_min.jpg" alt="Miniature" /></a>
    <a href="imgs/3.jpg" title="Afficher l'image originale">
<img src="imgs/3_min.jpg" alt="Miniature" /></a>
    <a href="imgs/4.jpg" title="Afficher l'image originale">
<img src="imgs/4_min.jpg" alt="Miniature" /></a>
</p>
```

Notre but ici est de bloquer la redirection des liens et d'afficher les images d'origine directement dans la page web plutôt que dans une nouvelle page. Pour cela, nous allons devoir parcourir tous les liens de la page, bloquer leurs redirections et afficher l'image d'origine une fois que celle-ci aura fini d'être chargée (car une Lightbox est aussi conçue pour embellir la navigation).

Normalement, de nombreux autres paramètres entrent en compte pour la réalisation d'une Lightbox. Ici, nous faisons abstraction de ces vérifications ennuyeuses et allons à l'essentiel. Gardez bien à l'esprit que le script que nous réalisons ici n'est applicable qu'à cet exemple et qu'il serait difficile de l'utiliser sur un quelconque site web.

Commençons par parcourir les liens et bloquons leurs redirections :

```
var links = document.getElementsByTagName('a'),
    linksLen = links.length;

for (var i = 0 ; i < linksLen ; i++) {

    links[i].addEventListener('click', function(e) {
        e.preventDefault(); // On bloque la redirection

        // On appelle notre fonction pour afficher les images
        // currentTarget est utilisé pour cibler le lien et non l'image
        displayImg(e.currentTarget);
    }, false);

}
```

Vous pouvez constater que nous faisons appel à la fonction `displayImg()` qui n'existe pas, nous allons donc la créer !

Cette fonction doit tout d'abord charger l'image originale avant de l'afficher :

```
function displayImg(link) {

    var img = new Image();

    img.addEventListener('load', function() {
        // Affichage de l'image
    });

    img.src = link.href;

}
```

Avant de commencer à implémenter l'affichage de l'image, nous devons mettre en place un *overlay*. En développement web, il s'agit généralement d'une surcouche sur la page web permettant de différencier deux couches de contenu. Vous allez vite comprendre le principe quand vous le verrez en action. Pour l'overlay, nous allons avoir besoin d'une balise supplémentaire dans notre code HTML :

```
<div id="overlay"></div>
```

Nous lui appliquons un style CSS afin qu'il puisse couvrir toute la page web :

```
#overlay {
    display : none; /* Par défaut, on cache l'overlay */

    position: absolute;
    top: 0; left: 0;
    width: 100%; height: 100%;
    text-align: center; /* Pour centrer l'image que l'overlay contiendra */

    /* Ci-dessous, nous appliquons un background de couleur noire et
    d'opacité 0.6. Il s'agit d'une propriété CSS3. */
    background-color: rgba(0,0,0,0.6);
}
```

À présent, nous allons afficher l'overlay lorsqu'une miniature sera cliquée. Il faudra aussi afficher un petit message pour faire patienter le visiteur pendant le chargement de l'image. Une fois l'image chargée, il ne restera plus qu'à supprimer le texte et à ajouter l'image originale à la place.

```
function displayImg(link) {

    var img = new Image(),
        overlay = document.getElementById('overlay');

    img.addEventListener('load', function() {
        overlay.innerHTML = '';
        overlay.appendChild(img);
    });

    img.src = link.href;
    overlay.style.display = 'block';
    overlay.innerHTML = '<span>Chargement en cours...</span>';

}
```

L'image se charge et s'affiche, mais nous ne pouvons pas fermer l'overlay pour choisir une autre image. Pour cela, il suffit de quitter l'overlay lorsque nous cliquons quelque part dessus :

```
document.getElementById('overlay').addEventListener('click', function(e) {
    // currentTarget est utilisé pour cibler l'overlay et non l'image
    e.currentTarget.style.display = 'none';
});
```

Il ne nous reste plus qu'à ajouter un peu de CSS pour embellir le tout, et c'est fini :

```
#overlay img {
    margin-top: 100px;
```

```
}

p {
    margin-top: 300px;
    text-align: center;
}
```

Notre Lighbox ultra minimaliste est à présent terminée.

(Essayez le script : *http://course.oc-static.com/ftp-tutos/cours/javascript/part3/chap8/ex1.html*).

Voici le code complet si vous souhaitez travailler dessus :

```
<p>
    <a href="imgs/1.jpg" title="Afficher l'image originale">
<img src="imgs/1_min.jpg" alt="Miniature" /></a>
    <a href="imgs/2.jpg" title="Afficher l'image originale">
<img src="imgs/2_min.jpg" alt="Miniature" /></a>
    <a href="imgs/3.jpg" title="Afficher l'image originale">
<img src="imgs/3_min.jpg" alt="Miniature" /></a>
    <a href="imgs/4.jpg" title="Afficher l'image originale">
<img src="imgs/4_min.jpg" alt="Miniature" /></a>
</p>

<div id="overlay"></div>
#overlay {
    display : none; /* Par défaut, on cache l'overlay */

    position: absolute;
    top: 0;
    left: 0;
    width: 100%;
    height: 100%;
    text-align: center; /* Pour centrer l'image que l'overlay contiendra */

    /* Ci-dessous, nous appliquons un background de couleur noire et
    d'opacité 0.6. Il s'agit d'une propriété CSS3. */
    background-color: rgba(0,0,0,0.6);
}

#overlay img {
    margin-top: 100px;
}

p {
    margin-top: 300px;
    text-align: center;
}
var links = document.getElementsByTagName('a'),
    linksLen = links.length;

for (var i = 0; i < linksLen; i++) {

    links[i].addEventListener('click', function(e) {
        e.preventDefault(); // On bloque la redirection

        // On appelle notre fonction pour afficher les images
```

```
            // currentTarget est utilisé pour cibler le lien et non l'image
            displayImg(e.currentTarget);
        });

}

function displayImg(link) {

        var img = new Image(),
            overlay = document.getElementById('overlay');

        img.addEventListener('load', function() {
            overlay.innerHTML = '';
            overlay.appendChild(img);
        });

        img.src = link.href;
        overlay.style.display = 'block';
        overlay.innerHTML = '<span>Chargement en cours...</span>';

}

document.getElementById('overlay').addEventListener('click', function(e) {
        // currentTarget est utilisé pour cibler l'overlay et non l'image
        e.currentTarget.style.display = 'none';
});
```

Comme nous l'avons dit précédemment, ce script est actuellement inutilisable sur un site en production. Cependant, si vous souhaitez améliorer ce code afin de le publier, nous vous conseillons d'étudier ces quelques points.

- Évitez d'appliquer l'événement `click` à tous les liens de la page. Ajoutez un élément différenciateur aux liens de la Lightbox, par exemple une classe ou un attribut `name`.
- Redimensionnez dynamiquement les images originales pour qu'elles ne débordent pas de la page. Utilisez soit un redimensionnement fixe (très simple à faire), soit un redimensionnement variant selon la taille de l'écran (des recherches sur le Web seront nécessaires).
- Implémentez l'utilisation des touches fléchées : flèche droite pour l'image suivante, flèche gauche pour la précédente.
- Faites donc quelque chose de plus beau, notre exemple n'est vraiment pas beau !

En résumé

- L'objet `Image` est généralement utilisé pour s'assurer qu'une image a été chargée, en utilisant l'événement `load()`.
- Il est possible d'ajouter un objet `Image` directement dans l'arbre DOM, mais ce n'est pas chose courante.

25 Les polyfills et les wrappers

Nous allons aborder deux concepts de programmation assez fréquemment utilisés en JavaScript : les polyfills et les wrappers. Nous étudierons leurs particularités, leur utilité et surtout comment les mettre en place.

Ce chapitre est assez théorique mais il vous montrera comment structurer vos codes dans certains cas. Connaître les deux structures que nous allons étudier ci-après vous permettra notamment de comprendre facilement certains codes rédigés de cette manière.

Introduction aux polyfills

La problématique

Vous n'êtes pas sans savoir que certaines technologies récentes sont plus ou moins bien supportées par les navigateurs, voire pas du tout. Ceci engendre de nombreux problèmes dans le développement des projets destinés au Web.

Nous avons déjà étudié des méthodes et des propriétés qui ne sont pas supportées par de vieux navigateurs, comme `isArray()`. Pour réaliser nos projets, il faut se mettre dans les conditions permettant de tester si la version actuelle du navigateur supporte telle ou telle technologie. Si ce n'est pas le cas, nous devons déployer des solutions dont certaines sont peu commodes. Nous sommes même parfois obligés de nous passer de ces technologies récentes et de recourir à de vieilles solutions… C'est un vrai casse-tête !

La solution

Il existe un moyen de se faciliter plus ou moins la tâche : les polyfills ! Concrètement, un polyfill est un script qui a pour but de fournir une technologie à tous les navigateurs existants. Une fois implémenté dans votre code, un polyfill a deux manières de réagir.

- Le navigateur est récent et supporte la technologie souhaitée, le polyfill ne va alors strictement rien faire et va vous laisser utiliser cette technologie comme elle devrait l'être nativement.
- Le navigateur est trop vieux et ne supporte pas la technologie souhaitée, le polyfill va alors « imiter » cette technologie grâce à diverses astuces et vous permettra de l'utiliser comme si elle était disponible nativement.

Rien ne vaut un bon exemple pour comprendre le principe ! Essayez donc le script suivant avec votre navigateur habituel (qui se doit d'être récent), puis sur un vieux navigateur ne supportant pas la méthode `isArray()`, Internet Explorer 8 fera très bien l'affaire :

```
if (!Array.isArray) { // Si isArray() n'existe pas, alors on crée notre
                      // méthode alternative :
    Array.isArray = function(element) {
        return Object.prototype.toString.call(element) == '[object Array]';
    };
}

alert(Array.isArray([])); // Affiche : « true »
alert(Array.isArray({})); // Affiche : « false »
```

(Essayez le code : *http://course.oc-static.com/ftp-tutos/cours/javascript/part3/chap9/ex1.html*)

La méthode `isArray()` fonctionne maintenant sur tous les navigateurs. Inutile de s'embêter à vérifier à chaque fois si elle existe, il suffit de s'en servir comme à notre habitude et notre polyfill s'occupe de tout !

Quelques polyfills importants

Le principe des polyfills ayant été abordé, sachez maintenant que la plupart d'entre vous n'auront pratiquement jamais à réaliser leurs propres polyfills, car ils sont déjà nombreux à avoir été créés par d'autres développeurs JavaScript. Le MDN est un bon concentré de polyfills et les recherches sur Google peuvent aussi vous aider. Essayez donc de taper le nom d'une méthode suivi du mot-clé « polyfill », vous trouverez rapidement ce que vous cherchez.

Depuis le début de ce livre, nous vous avons parlé de nombreuses méthodes et propriétés qui ne sont pas supportées par de vieux navigateurs (Internet Explorer étant souvent en cause). À chaque fois, nous avons tâché de vous fournir une solution fonctionnelle, cependant il existe trois méthodes pour lesquelles nous ne vous avions pas fourni de solutions car les polyfills sont bien plus adaptés. Vous trouverez donc ici un lien vers un polyfill pour chacune des méthodes désignées :

- méthode `trim()` de l'objet `String` : lien vers le polyfill du MDN (*https://developer.mozilla.org/en/JavaScript/Reference/Global_Objects/String/Trim#Compatibility*) ;
- méthode `isArray()` de l'objet `Array` : lien vers le polyfill du MDN (*https://developer.mozilla.org/en/JavaScript/Reference/Global_Objects/Array/isArray#Compatibility*) ;
- méthode `forEach()` de l'objet `Array` : lien vers le polyfill du MDN (*https://developer.mozilla.org/en/JavaScript/Reference/Global_Objects/array/foreach#Compatibility*).

Introduction aux wrappers

La problématique

Il se peut que, par moments, vous ayez besoin de créer une méthode supplémentaire pour certains objets natifs du JavaScript. Pour cela, rien de plus simple, il vous suffit de l'ajouter au prototype de l'objet souhaité. Par exemple :

```
Array.prototype.myMethod = function() {
    // Votre code...
};

[].myMethod(); // La méthode myMethod() est maintenant disponible pour
               // toutes les instances de tableaux
```

Voici un petit rappel de ce qui a été dit au début de la troisième partie : « En théorie, chaque objet peut se voir attribuer des méthodes via `prototype`. Mais en pratique, si cela fonctionne avec les objets natifs génériques comme `String`, `Date`, `Array`, `Object`, `Number`, `Boolean` et de nombreux autres, cela fonctionne moins bien avec les objets natifs liés au DOM comme `Node`, `Element` ou encore `HTMLElement`, en particulier dans Internet Explorer. »

De plus, la modification d'un objet natif est plutôt déconseillée au final, car vous risquez de modifier une méthode déjà existante. Nous avons donc besoin de méthodes et de propriétés supplémentaires, mais comment les ajouter sans risque ?

La solution

Il existe une solution nommée *wrapper*, qui consiste en un code ayant pour but d'encadrer l'utilisation de certains éléments du JavaScript. Il peut ainsi contrôler la manière dont ils sont employés et réagir en conséquence pour fournir des fonctionnalités supplémentaires aux développeurs.

Lorsque nous avions abordé l'objet `Image`, la propriété `complete` avait été évoquée mais non étudiée en raison de son comportement hasardeux. Nous allons essayer de permettre son support.

Le développement d'un wrapper permet d'encadrer l'utilisation de certains éléments, comme nous l'avons dit. Il s'agit en fait d'une surcouche qui va servir à contrôler nos éléments. Dans l'idéal, un wrapper doit permettre au développeur de se passer de l'élément original, ainsi le travail ne s'effectuera que par le biais de la surcouche que constitue le wrapper.

Puisque notre wrapper doit servir de surcouche de A à Z, celui-ci va se présenter sous forme d'objet qui sera instancié à la place de l'objet `Image` :

```
function Img() {

    var obj = this; // Nous faisons une petite référence vers notre objet
                    // Img. Cela nous facilitera la tâche.

    this.originalImg = new Image(); // On instancie l'objet original, le
                                    // wrapper servira alors d'intermédiaire

}
```

Notre but étant de permettre le support de la propriété `complete`, nous allons devoir créer par défaut un événement `load` qui se chargera de modifier cette propriété lors de son exécution. Il nous faut aussi assurer le support de l'événement `load` pour les développeurs :

```
function Img() {

    var obj = this; // Nous faisons une petite référence vers notre objet
                    // Img. Cela nous facilitera la tâche.

    this.originalImg = new Image(); // On instancie l'objet original, le
                                    // wrapper servira alors d'intermédiaire

    this.complete = false;
    this.onload = function() {}; // Voici l'événement que les développeurs
                                 // pourront modifier

    this.originalImg.onload = function() {

        obj.complete = true; // L'image est chargée !
        obj.onload(); // On exécute l'événement éventuellement spécifié
                      // par le développeur

    };

}
```

Afin de ne pas trop complexifier ce chapitre, nous utilisons ici le DOM-0 pour attacher nos événements, mais l'utilisation du DOM-2 reste recommandée et parfaitement applicable aux exemples présentés.

Actuellement, notre wrapper effectue ce que nous voulions qu'il fasse : assurer un support de la propriété `complete`. Cependant, il nous est actuellement impossible de spécifier les propriétés standards de l'objet original sans passer par notre propriété `originalImg`. Or ce n'est pas ce que nous souhaitons car le développeur pourrait compromettre le fonctionnement de notre wrapper, par exemple en modifiant la propriété `onload` de l'objet original. Il va donc falloir créer une méthode permettant l'accès à ces propriétés sans passer par l'objet original.

Nous ajoutons les méthodes `set()` et `get()` assurant le support des propriétés d'origine :

```
Img.prototype.set = function(name, value) {

    var allowed = ['width', 'height', 'src'];
    // On spécifie les propriétés dont on autorise la modification

    if (allowed.indexOf(name) != -1) {
        this.originalImg[name] = value;
        // Si la propriété est autorisée alors on la modifie
    }

};

Img.prototype.get = function(name) {

    return this.originalImg[name];
    // Pas besoin de contrôle tant qu'il ne s'agit pas d'une modification

};
```

Vous remarquerez au passage qu'un wrapper peut vous donner un avantage certain sur le contrôle de vos objets, ici en autorisant la lecture de certaines propriétés mais en interdisant leur écriture.

Nous voici maintenant avec un wrapper relativement complet qui possède cependant une certaine absurdité : l'accès aux propriétés de l'objet d'origine se fait par le biais des méthodes `set()` et `get()`, tandis que l'accès aux propriétés relatives au wrapper se fait sans ces méthodes. Le principe est plutôt stupide vu qu'un wrapper a pour but d'être une surcouche transparente. La solution pourrait donc être la suivante : faire passer les modifications/lectures des propriétés par les méthodes `set()` et `get()` dans tous les cas, y compris lorsqu'il s'agit de propriétés appartenant au wrapper.

Mettons cela en place :

```
Img.prototype.set = function(name, value) {

    var allowed = ['width', 'height', 'src'],
    // On spécifie les propriétés dont on autorise la modification
        wrapperProperties = ['complete', 'onload'];

    if (allowed.indexOf(name) != -1) {
        this.originalImg[name] = value;
        // Si la propriété est autorisée alors on la modifie
    } else if (wrapperProperties.indexOf(name) != -1) {
```

```
        this[name] = value; // Ici, la propriété appartient au wrapper et
                            // non pas à l'objet original
    }

};

Img.prototype.get = function(name) {

    // Si la propriété n'existe pas sur le wrapper, on essaye alors sur
    // l'objet original :
   return typeof this[name] != 'undefined' ? this[name] : this.originalImg[name];

};
```

Nous approchons grandement du code final. Il nous reste maintenant une dernière chose à mettre en place qui peut se révéler pratique : pouvoir spécifier l'adresse de l'image dès l'instanciation de l'objet. La modification est simple :

```
function Img(src) { // On ajoute un paramètre « src »

    var obj = this; // Nous faisons une petite référence vers notre objet
                    // Img. Cela nous facilitera la tâche.

    this.originalImg = new Image(); // On instancie l'objet original, le
                                    // wrapper servira alors d'intermédiaire

    this.complete = false;
    this.onload = function() {}; // Voici l'événement que les développeurs
                                 // pourront modifier

    this.originalImg.onload = function() {

        obj.complete = true; // L'image est chargée !
        obj.onload(); // On exécute l'événement éventuellement spécifié
                      // par le développeur

    };

    if (src) {
        this.originalImg.src = src; // Si elle est spécifiée, on définit
                                    // alors la propriété src
    }

}
```

Notre wrapper est désormais entièrement opérationnel ! Voici le code complet :

```
function Img(src) {

    var obj = this; // Nous faisons une petite référence vers notre objet
                    // Img. Cela nous facilitera la tâche.

    this.originalImg = new Image(); // On instancie l'objet original, le
                                    // wrapper servira alors d'intermédiaire
```

```
    this.complete = false;
    this.onload = function() {}; // Voici l'événement que les développeurs
                                 // pourront modifier

    this.originalImg.onload = function() {

        obj.complete = true; // L'image est chargée !
        obj.onload(); // On exécute l'événement éventuellement spécifié
                      // par le développeur

    };

    if (src) {
        this.originalImg.src = src; // Si elle est spécifiée, on définit
                                    // alors la propriété src
    }

}

Img.prototype.set = function(name, value) {

    var allowed = ['width', 'height', 'src'],
    // On spécifie les propriétés dont on autorise la modification
        wrapperProperties = ['complete', 'onload'];

    if (allowed.indexOf(name) != -1) {
        this.originalImg[name] = value;
        // Si la propriété est autorisée alors on la modifie
    } else if (wrapperProperties.indexOf(name) != -1) {
        this[name] = value;
        // Ici, la propriété appartient au wrapper et non pas à l'objet original
    }

};

Img.prototype.get = function(name) {

    // Si la propriété n'existe pas sur le wrapper, on essaye alors sur
    // l'objet original :
   return typeof this[name] != 'undefined' ? this[name] : this.originalImg[name];

};
```

Faisons maintenant un essai :

```
var myImg = new Img(); // On crée notre objet Img

alert('complete : ' + myImg.get('complete'));
// Vérification de la propriété complete : elle est bien à false

myImg.set('onload', function() {
// Affichage de diverses informations une fois l'image chargée
    alert(
        'complete : ' + this.get('complete') + '\n' +
        'width : ' + this.get('width') + ' px\n' +
```

```
            'height : ' + this.get('height') + ' px'
      );
});

myImg.set('src', 'http://www.sdz-files.com/cours/javascript/part3/chap9/img.
png'); // On spécifie l'adresse de l'image
```

(Essayez le code : *http://course.oc-static.com/ftp-tutos/cours/javascript/part3/chap9/ex2.html*)

Pour information, sachez que les wrappers sont à la base de nombreuses bibliothèques JavaScript. Ils ont l'avantage de permettre une gestion simple du langage sans pour autant l'altérer.

En résumé

- Les polyfills sont un moyen de s'assurer de la prise en charge d'une méthode si celle-ci n'est pas supportée par le navigateur, et ce sans intervenir dans le code principal. C'est donc totalement transparent.
- Les wrappers permettent d'ajouter des propriétés ou des méthodes aux objets, en particulier les objets natifs, en créant un objet dérivé de l'objet en question.

26

Les closures

Vous avez probablement constaté que les fonctions anonymes sont très fréquemment utilisées, comme pour les événements, les isolements de code, etc. Leurs utilisations sont nombreuses et variées, car elles sont très facilement adaptables à toutes les situations. Et s'il y a bien un domaine où les fonctions anonymes excellent, c'est bien les closures !

Les variables et leurs accès

Avant d'attaquer l'étude des closures, il convient d'étudier un peu plus en profondeur de quelle manière sont gérées les variables par le JavaScript.

Commençons par ce code :

```
function area() {
    var myVar = 1;
}

area(); // On exécute la fonction, ce qui crée la variable « myVar »

alert(myVar);
```

Même sans l'exécuter, vous vous doutez sûrement du résultat que nous allons obtenir : une erreur. Ceci est normal car `myVar` est déclarée dans une fonction tandis que nous essayons d'y accéder depuis l'espace global (pour rappel, nous vous invitons à relire ce document : *https://openclassrooms.com/courses/dynamisez-vos-sites-web-avec-javascript#ss_part_2*).

La seule fonction capable d'accéder à `myVar` est `area()`, car c'est elle qui l'a créée. Seulement, une fois l'exécution de la fonction terminée, la variable est supprimée et devient donc inaccessible.

Maintenant, si nous faisons ceci :

```
function area() {

    var myVar = 1;

    function show() {
        alert(myVar);
    }

}

area();

alert(myVar);
```

Le résultat est toujours le même, il est nul. Cependant, en plus de la fonction `area()`, la fonction `show()` est maintenant capable, elle aussi, d'accéder à `myVar` car elle a été créée dans le même espace que celui de `myVar`. Mais pour cela il faudrait l'exécuter.

Plutôt que de l'exécuter immédiatement, nous allons l'exécuter une seconde après l'exécution de notre fonction `area()`, ce qui devrait normalement retourner une erreur puisque `myVar` est censée être détruite une fois qu'`area()` a terminé son exécution.

```
function area() {

    var myVar = 1;

    function show() {
        alert(myVar);
    }

    setTimeout(show, 1000);

}

area();
```

(Essayez le code : *http://course.oc-static.com/ftp-tutos/cours/javascript/annexe/chap2/ex1.html*)

Et cela fonctionne ! Vous n'êtes probablement pas surpris car vous savez qu'il est possible d'accéder à une variable même après la disparition de l'espace dans lequel elle a été créée (ici, la fonction `area()`). Cependant, savez-vous pourquoi ?

Tout ce qui suit est très théorique et ne reflète pas forcément la véritable manière dont les variables sont gérées.

Vous souvenez-vous de la formulation « passer une variable par référence » ? Cela signifie que vous permettez que la variable soit accessible par un autre nom que celui d'origine. Ainsi, si vous avez une variable `var1` et que vous la passez en référence à var2, alors var1 et var2 pointeront sur la même variable. Donc, en modifiant var1, cela affectera var2, et vice versa.

Tout cela nous amène à la constatation suivante : une variable peut posséder plusieurs références. Dans notre fonction area(), nous avons une première référence vers notre variable, car elle y est déclarée sous le nom myVar. Dans la fonction show(), nous avons une seconde référence du même nom, myVar.

Quand une fonction termine son exécution, la référence vers la variable est détruite, rendant son accès impossible. C'est ce qui se produit avec notre fonction area(). La variable continue à exister tant qu'il reste une référence susceptible d'être utilisée. C'est aussi ce qui se produit avec la fonction show(). Puisque celle-ci possède une référence vers notre variable, cette dernière n'est pas détruite.

Ainsi, une variable peut très bien perdre dix de ses références, elle ne sera pas supprimée tant qu'il lui en restera au moins une. C'est ce qui explique que nous puissions accéder à la variable myVar dans la fonction show() malgré la fin de l'exécution de area().

Comprendre le problème

Les closures ont été conçues pour des raisons bien précises. Les problèmes qu'elles sont supposées résoudre ne sont pas simples à comprendre, nous allons tâcher de vous expliquer cela au mieux.

Premier exemple

Commençons par un exemple simple qui vous donnera un aperçu de l'ampleur du problème :

```
var number = 1;

setTimeout(function() {
    alert(number);
}, 100);

number++;
```

(Essayez le code : *htttp://course.oc-static.com/ftp-tutos/cours/javascript/annexe/chap2/ex2.html*)

Si vous avez essayé le code, alors vous avez sûrement remarqué le problème : la fonction alert() n'affiche pas la valeur 1 comme nous pourrions le penser, mais la valeur 2. Nous avons pourtant fait appel à setTimeout() avant le changement de valeur, alors à quoi est dû ce problème ?

La réponse est que seule la fonction setTimeout() a été exécutée avant le changement de valeur. La fonction anonyme, quant à elle, n'est exécutée que 100 ms après l'exécution de setTimeout(), ce qui a largement laissé le temps à la valeur de number de changer.

Si cela vous semble étrange, c'est probablement parce que vous partez du principe que, lorsque nous déclarons notre fonction anonyme, celle-ci va directement récupérer les valeurs des variables utilisées. Que nenni ! Lorsque vous déclarez votre fonction en écrivant le nom d'une variable, vous passez une référence vers cette variable à votre fonction. Cette référence sera ensuite utilisée pour connaître la valeur de la variable, mais seulement une fois la fonction exécutée !

Maintenant que le problème est plus clair pour vous, passons à un exemple.

Un cas concret

Admettons que vous souhaitiez faire apparaître une dizaine de balises `<div>` de manière progressive, les unes à la suite des autres. Voici le code que écririez probablement dans l'état actuel de vos connaissances :

```
var divs = document.getElementsByTagName('div'),
    divsLen = divs.length;

for (var i = 0; i < divsLen; i++) {

    setTimeout(function() {
        divs[i].style.display = 'block';
    }, 200 * i); // Le temps augmentera de 200 ms à chaque élément

}
```

(Essayez le code : *http://course.oc-static.com/ftp-tutos/cours/javascript/annexe/chap2/ex3.html*)

Le résultat n'est pas très concluant. Si vous jetez un coup d'œil à la console d'erreurs, vous constaterez qu'elle vous signale que la variable `divs[i]` est indéfinie, et ce dix fois de suite, ce qui correspond à nos dix itérations de boucle. Si nous regardons d'un peu plus près le problème, nous constatons alors que la variable `i` vaut toujours 10 à chaque fois qu'elle est utilisée dans les fonctions anonymes, ce qui correspond à sa valeur finale une fois que la boucle a terminé son exécution.

Ceci nous ramène au même problème : notre fonction anonyme ne prend en compte que la valeur finale de notre variable. Nous allons donc utiliser les closures pour contourner ce problème.

Explorer les solutions

En JavaScript, une closure est une fonction ayant pour but de capter des données susceptibles de changer au cours du temps, de les enregistrer dans son espace fonctionnel et de les fournir en cas de besoin.

Reprenons notre deuxième exemple et voyons comment lui créer une closure pour la variable `i`. Voici le code d'origine :

```
var divs = document.getElementsByTagName('div'),
    divsLen = divs.length;

for (var i = 0; i < divsLen; i++) {

    setTimeout(function() {
        divs[i].style.display = 'block';
    }, 200 * i);

}
```

Actuellement, le problème est que la variable `i` change de valeur avant même que nous n'ayons eu le temps d'agir. Le seul moyen serait donc d'enregistrer cette valeur quelque part. Essayons :

```
1. var divs = document.getElementsByTagName('div'),
2.     divsLen = divs.length;
3.
4. for (var i = 0; i < divsLen; i++) {
5.
6.     var currentI = i; // Déclarer une variable DANS une boucle n'est pas
                         // conseillé, ici c'est juste pour l'exemple
7.
8.     setTimeout(function() {
9.         divs[currentI].style.display = 'block';
10.    }, 200 * i);
11.
12. }
```

Ligne 10, nous utilisons la variable `i` car la fonction `setTimeout()` s'exécute immédiatement. La variable `i` n'a donc pas le temps de changer de valeur.

Malheureusement cela ne fonctionne pas, car nous en revenons toujours au même : la variable `currentI` est réécrite à chaque tour de boucle, car le JavaScript ne crée pas d'espace fonctionnel spécifique pour une boucle. Toute variable déclarée au sein d'une boucle est déclarée dans l'espace fonctionnel parent à la boucle. Cela nous empêche donc de converser avec la valeur écrite dans notre variable, car la variable est réécrite à chaque itération de la boucle.

Cependant, il est possible de contourner cette réécriture. Actuellement, notre variable `currentI` est déclarée dans l'espace global de notre code. Que se passerait-il si nous la déclarions à l'intérieur d'une IIFE ? La variable serait déclarée dans l'espace de la fonction, rendant impossible sa réécriture depuis l'extérieur.

Mais si l'accès à cette variable est impossible depuis l'extérieur, comment l'utiliser pour `setTimeout()` ? La réponse est simple : en utilisant le `setTimeout()` dans la fonction contenant la variable. Essayons :

```
var divs = document.getElementsByTagName('div'),
    divsLen = divs.length;
```

```

for (var i = 0; i < divsLen; i++) {

    (function() {

        var currentI = i;

        setTimeout(function() {
            divs[currentI].style.display = 'block';
        }, 200 * i);

    })();

}
```

(Essayez le code : *http://course.oc-static.com/ftp-tutos/cours/javascript/annexe/chap2/ex4.html*)

Pratique, non ? Le fonctionnement peut paraître un peu absurde la première fois que l'on découvre ce concept, mais au final il est parfaitement logique.

Étudions le principe actuel de notre code : à chaque tour de boucle, une IIFE est créée. À l'intérieur de cette dernière, une variable `currentI` est déclarée. Nous lançons ensuite l'exécution différée d'une fonction anonyme faisant appel à cette même variable. Cette dernière fonction va utiliser la première (et la seule) variable `currentI` qu'elle connaît, celle déclarée dans notre IIFE, car elle n'a pas accès aux autres variables `currentI` déclarées dans d'autres IIFE.

Ici nous avons un cas parfait illustrant ce que nous avons étudié précédemment au sujet des variables : `currentI` est déclarée dans une IIFE, sa référence est donc détruite à la fin de l'exécution de l'IIFE. Cependant, nous y avons toujours accès dans notre fonction anonyme exécutée en différé, car nous possédons une référence vers cette variable, ce qui évite sa suppression.

Une dernière chose, vous risquez de rencontrer assez fréquemment des closures écrites de cette manière :

```
var divs = document.getElementsByTagName('div'),
    divsLen = divs.length;

for (var i = 0; i < divsLen; i++) {

    (function(currentI) {

        setTimeout(function() {
            divs[currentI].style.display = 'block';
        }, 200 * i);

    })(i);

}
```

Ici, nous avons tout simplement créé un argument `currentI` pour notre IIFE et nous lui passons en paramètre la valeur de `i`. Cette modification fait gagner un peu d'espace (suppression de la ligne 8) et permet de mieux organiser le code, on distingue plus facilement ce qui constitue la closure ou non.

Nous pouvons apporter une modification supplémentaire à la ligne 6 :

```
var divs = document.getElementsByTagName('div'),
    divsLen = divs.length;

for (var i = 0; i < divsLen; i++) {

    (function(i) {

        setTimeout(function() {
            divs[i].style.display = 'block';
        }, 200 * i);

    })(i);

}
```

(Essayez le code final : *http://course.oc-static.com/ftp-tutos/cours/javascript/annexe/chap2/ex5.html*)

Ainsi, même dans la closure, nous utilisons une variable nommée `i`. Cela est bien plus pratique à gérer et prête moins à confusion pour peu qu'on ait compris que dans la closure, nous utilisons une variable `i` différente de celle située en dehors de la closure.

Vous savez maintenant vous servir des closures dans leur cadre général (elles existent aussi sous d'autres formes et pour plusieurs cas d'utilisation).

Une autre utilité, les variables statiques

Nous venons de voir un cas d'utilisation des closures. Cependant, leur utilisation ne se limite pas uniquement à ce cas de figure. Elles permettent en effet de résoudre de nombreux casse-têtes en JavaScript. Un cas posant souvent problème est l'inexistence d'un système natif de variables statiques.

Si vous avez déjà codé dans d'autres langages, vous connaissez probablement les variables statiques. En C, elles se présentent sous cette forme :

```
void myFunction() {       static int myStatic = 0; }
```

Ces variables particulières sont déclarées à la première exécution de la fonction, mais ne sont pas supprimées à la fin des exécutions. Elles sont conservées pour les prochaines utilisations de la fonction.

Ainsi, dans ce code en C, la variable `myStatic` est déclarée et initialisée à 0 lors de la première exécution de `myFunction()`. La prochaine exécution de la fonction ne déclarera cette variable une nouvelle fois, mais elle la réutilisera avec la dernière valeur qui lui a été affectée.

C'est comme si vous déclariez une variable globale en JavaScript et que vous l'utilisiez dans votre fonction : la variable et sa valeur ne seront jamais détruites. En revanche, la variable globale est accessible par toutes les fonctions, tandis qu'une variable statique n'est accessible que pour la fonction qui a fait sa déclaration.

En JavaScript, nous pouvons faire ceci :

```
var myVar = 0;

function display(value) {

    if (typeof value != 'undefined') {
        myVar = value;
    }

    alert(myVar);

}

display(); // Affiche : 0
display(42); // Affiche : 42
display(); // Affiche : 42
```

Alors que nous voudrions arriver à ceci afin d'éviter l'accès à `myVar` par une fonction autre que `display()` :

```
function display(value) {

    static var myVar = 0;

    if typeof value != 'undefined') {
        myVar = value;
    }

    alert(myVar);

}

display(); // Affiche : 0
display(42); // Affiche : 42
display(); // Affiche : 42
```

Le mot-clé `static` existe en JavaScript, pourquoi ne pas l'utiliser ? Il s'agit d'une petite incohérence (de plus) en JavaScript. Il faut savoir que ce langage a réservé de nombreux mots-clés alors qu'ils lui sont inutiles, dont `static`. Autrement dit, il est réservé, mais ne sert à rien et n'a donc aucune influence sur votre code (mis à part le fait de générer une erreur).

La solution consiste donc à utiliser les closures. En respectant le schéma classique d'une closure, une IIFE avec une fonction anonyme à l'intérieur, nous pouvons déclarer une variable dans l'IIFE. Ainsi, elle ne sera utilisable que par la fonction anonyme et ne sera jamais supprimée :

```
(function() {

    var myVar = 0;

    function() {
        // Du code...
    }

})();
```

Cependant, comment accéder à notre fonction anonyme ? La solution est simple : en la retournant avec le mot-clé `return` et en passant sa référence à une variable :

```
var myFunction = (function() {

    var myVar = 0;

    return function() {
        // Du code...
    };

})();
```

Si nous reprenons notre exemple, adapté de manière à ce qu'il possède une variable statique, nous obtenons ceci :

```
var display = (function() {

    var myVar = 0; // Déclaration de la variable pseudo-statique

    return function(value) {

        if (typeof value != 'undefined') {
            myVar = value;
        }

        alert(myVar);

    };

})();

display(); // Affiche : 0
display(42); // Affiche : 42
display(); // Affiche : 42
```

(Essayez le code : *http://course.oc-static.com/ftp-tutos/cours/javascript/annexe/chap2/ex6.html*)

Voici donc une fonction avec une variable statique nommée `myVar`. Cela pourra vous être utile par moment (bien que cela soit assez rare).

En résumé

- Une variable peut posséder plusieurs références. Elle ne sera jamais supprimée tant qu'elle possédera encore une référence active.
- Les closures ont été inventées dans le but de répondre à plusieurs problématiques concernant la gestion de données.
- Une closure peut être écrite de manières différentes, à vous de choisir celle qui convient le mieux à votre code.

Quatrième partie

L'échange de données avec Ajax

De nos jours, il n'est pas rare de voir une page web collecter de nouvelles informations auprès d'un serveur sans nécessiter le moindre rechargement (comme le site OpenClassrooms). Dans cette partie, nous allons étudier Ajax, ses avantages et sa mise en place. Vous constaterez rapidement qu'il devient difficile de se passer de ce genre de technologies.

27

Qu'est-ce que l'Ajax ?

Ajax offre de vastes possibilités que n'allons pas étudier intégralement, mais uniquement les aspects principaux, les avantages et les inconvénients. Nous verrons aussi quelles sont les technologies employées pour le transfert de données, qui vous permettront d'étendre les utilisations de vos scripts.

Introduction au concept

Présentation

Ajax signifie *Asynchronous JavaScript and XML*, soit « JavaScript et XML asynchrones ». Derrière ce nom se cache un ensemble de technologies destinées à réaliser de rapides mises à jour du contenu d'une page web, sans qu'elles nécessitent le moindre rechargement visible par l'utilisateur de la page web. Les technologies employées sont diverses et dépendent du type de requête que nous souhaitons utiliser, mais d'une manière générale, le JavaScript est constamment présent.

D'autres langages sont bien entendu pris en compte comme le HTML et le CSS, qui servent à l'affichage, mais ceux-ci ne sont pas inclus dans le processus de communication. Le transfert de données est géré exclusivement par le JavaScript, et utilise certaines technologies de formatage de données comme le XML ou le JSON.

L'Ajax est un vaste domaine, dans le sens où les manières de charger un contenu sont nombreuses. Nous verrons les techniques les plus courantes dans les chapitres suivants, mais tout ne sera pas abordé.

Fonctionnement

À quoi peut bien servir l'Ajax ? Le rafraîchissement complet de la page n'est-il pas plus simple ? Eh bien, cela dépend des cas d'applications !

Prenons l'exemple d'OpenClassrooms ! Ce site utilise l'Ajax pour plusieurs de ses technologies. Nous étudierons deux d'entre elles et nous verrons pourquoi nous avons besoin de l'Ajax pour les faire fonctionner correctement.

- L'autocomplétion. Lorsque vous recherchez un membre et que vous tapez les premières lettres de son pseudo dans le formulaire prévu à cet effet, vous obtenez une liste des membres dont le pseudo commence par les caractères que vous avez spécifiés. Ce système requiert de l'Ajax pour la simple et bonne raison qu'il faut demander au serveur de chercher les membres correspondant à la recherche, et ce sans recharger la page, car les caractères entrés seraient alors perdus et l'ergonomie serait plus que douteuse.
- La sauvegarde automatique des textes. OpenClassrooms intègre un outil très pratique : tout texte écrit sur un cours, une news, ou même un simple message sur le forum, est sauvegardé à intervalles réguliers dans une sorte de bloc-notes. Cette sauvegarde doit se faire de manière transparente afin de ne pas gêner le rédacteur. Le rechargement complet d'une page web n'est donc pas envisageable. C'est donc là qu'intervient l'Ajax en permettant à votre navigateur d'envoyer tout votre texte au serveur sans vous gêner.

Dans ces deux cas, les requêtes ne sont pas superflues, elles contiennent juste les données à faire transiter, rien de plus. Et c'est là que réside l'intérêt de l'Ajax : les requêtes doivent être rapides. Par exemple, pour obtenir la liste des membres, la requête Ajax ne va pas recevoir une page complète d'OpenClassrooms (bannière, menu, contenu, etc.). Elle va juste obtenir une liste des membres formatée de manière à pouvoir l'analyser facilement.

Les formats de données

Présentation

L'Ajax est donc un ensemble de technologies visant à effectuer des transferts de données. Pour ce faire, il convient de savoir structurer les données. Il existe de nombreux formats pour transférer des données, nous allons voir ici les quatre principaux.

- Le format texte est le plus simple car il ne possède aucune structure prédéfinie. Il sert essentiellement à transmettre une phrase à afficher à l'utilisateur (par exemple, un message d'erreur). Bref, il s'agit d'une chaîne de caractères, rien de plus.
- Le HTML est aussi une manière de transférer facilement des données. Généralement, il a pour but d'acheminer des données qui sont déjà formatées par le serveur, puis affichées directement dans la page sans aucun traitement préalable de la part du JavaScript.
- Un autre format de données proche du HTML est le XML (pour *eXtensible Markup Language*). Il permet de stocker les données dans un langage de balisage semblable

au HTML. Il est très pratique pour stocker de nombreuses données ayant besoin d'être formatées, tout en fournissant un moyen simple d'y accéder.

- Le plus courant est le JSON (pour *JavaScript Object Notation*). Il a pour particularité de segmenter les données dans un objet JavaScript. Il est très avantageux pour de petits transferts de données segmentées et est de plus en plus utilisé dans de très nombreux langages.

Utilisation

Les formats classiques

Il s'agit ici du format texte et du HTML. Ces deux formats ne nécessitent aucun traitement, vous récupérez le contenu et vous l'affichez à l'emplacement souhaité. Par exemple, si vous recevez le texte suivant :

```
Je suis une alerte à afficher sur l'écran de l'utilisateur.
```

Que faire de plus que l'afficher cela à l'endroit approprié ? Il en va de même pour le HTML :

```
<p>Je suis un paragraphe <strong>inintéressant</strong> qui doit être copié
quelque part dans le DOM.</p>
```

Que peut-on faire, à part copier ce code HTML là où il devrait être ? Le texte étant déjà formaté sous sa forme finale, il n'y a aucun traitement à effectuer, il est prêt à l'emploi en quelque sorte.

Le XML

Le format XML est déjà plus intéressant car il permet de structurer des données de la même manière qu'en HTML, mais avec des balises personnalisées. Si vous ne connaissez pas du tout le XML, il est conseillé de jeter un coup d'œil au cours d'OpenClassrooms intitulé « Le point sur XML » (*https://openclassrooms.com/courses/le-point-sur-xml*) et rédigé par Tangui (*https://openclassrooms.com/membres/tangui-94820*) avant de continuer.

Le XML vous permet de structurer un document comme bon vous semble, tout comme en HTML, mais avec des noms de balises personnalisés. Il est donc possible de réduire drastiquement le poids d'un transfert, simplement en utilisant des noms de balises plutôt courts. Par exemple, nous avons ici la représentation d'un tableau grâce au XML :

```
<?xml version="1.0" encoding="utf-8"?>
<table>

    <line>
        <cel>Ligne 1 - Colonne 1</cel>
        <cel>Ligne 1 - Colonne 2</cel>
```

```
        <cel>Ligne 1 - Colonne 3</cel>
    </line>

    <line>
        <cel>Ligne 2 - Colonne 1</cel>
        <cel>Ligne 2 - Colonne 2</cel>
        <cel>Ligne 2 - Colonne 3</cel>
    </line>

    <line>
        <cel>Ligne 3 - Colonne 1</cel>
        <cel>Ligne 3 - Colonne 2</cel>
        <cel>Ligne 3 - Colonne 3</cel>
    </line>

</table>
```

L'utilisation du XML est intéressante dans la mesure où lorsque vous utilisez la requête appropriée, vous pouvez parcourir le code XML avec les mêmes méthodes que celle employées pour le DOM HTML, comme `getElementsByTagName()`.

En effet, suite à votre requête, le code JavaScript va recevoir une chaîne de caractères contenant un code comme celui du tableau précédent. À ce stade, il n'est pas encore possible de parcourir ce code, car il ne s'agit que d'une chaîne de caractères. Cependant, une fois la requête terminée et toutes les données reçues, un parseur (*http://fr.wikipedia.org/wiki/Analyse_syntaxique*), ou analyseur syntaxique, va se déclencher pour analyser le code reçu, le décomposer et enfin le reconstituer sous forme d'arbre DOM qu'il sera possible de parcourir.

Ainsi, nous pouvons très bien compter le nombre de cellules (les balises `<cel>`) qui existent et voir leur contenu grâce aux méthodes que nous sommes habitués à utiliser avec le DOM HTML. Nous verrons cela dans le chapitre suivant.

Le JSON

Le JSON (*JavaScript Object Notation*) est le format le plus utilisé et le plus pratique pour nous. Comme son nom l'indique, il s'agit d'une représentation des données sous forme d'objet JavaScript. Essayons, par exemple, de représenter une liste de membres ainsi que leurs informations respectives :

```
{

    Membre1: {
        posts: 6230,
        inscription: '22/08/2003'
    },

    Membre2: {
        posts: 200,
        inscription: '04/06/2011'
     }

}
```

Cela ne vous dit rien ? Il s'agit pourtant d'un objet classique, comme ceux auxquels vous êtes habitués ! Tout comme avec le XML, vous recevez ce code sous forme de chaîne de caractères. Cependant, le parseur ne se déclenche pas automatiquement pour ce format. Il faut utiliser l'objet nommé `JSON`, qui possède deux méthodes bien pratiques.

- La première, `parse()`, prend en paramètre la chaîne de caractères à analyser et retourne le résultat sous forme d'objet JSON.
- La seconde, `stringify()`, permet de faire l'inverse : elle prend en paramètre un objet `JSON` et retourne son équivalent sous forme de chaîne de caractères.

Voici un exemple d'utilisation de ces deux méthodes :

```
var obj = {
        index: 'contenu'
    },
    string;

string = JSON.stringify(obj);

alert(typeof string + ' : ' + string); // Affiche : « string :
{"index":"contenu"} »

obj = JSON.parse(string);

alert(typeof obj + ' : ' + obj); // Affiche : « object : [object
Object] »
```

Le JSON est très pratique pour recevoir des données, mais aussi pour en envoyer, surtout depuis que le PHP 5.2 permet le support des fonctions `json_decode()` (*http://fr2.php.net/manual/fr/function.json-decode.php*) et `json_encode()` (*http://fr2.php.net/manual/fr/function.json-encode.php*).

En résumé

- L'Ajax est un moyen de charger des données sans recharger la page en utilisant le JavaScript.
- Dans une requête Ajax, les deux formats de données plébiscités sont le XML et le JSON, mais les données au format texte sont permises.
- Les données reçues au format XML ont l'avantage de pouvoir être traitées avec des méthodes DOM, comme `getElementById()`. L'inconvénient est que le XML peut se révéler assez verbeux, ce qui alourdit la taille du fichier.
- Les données reçues au format JSON ont l'avantage d'être très concises, mais ne sont pas toujours très lisibles pour un humain. Un autre avantage est que les données sont accessibles en tant qu'objets littéraux.

28

XMLHttpRequest

Il est temps de mettre le principe de l'Ajax en pratique avec l'objet `XMLHttpRequest`. Cette technique Ajax est la plus courante et est définitivement incontournable.

Au cours de ce chapitre nous allons étudier deux versions de cet objet. Les bases seront tout d'abord étudiées avec la première version : nous verrons comment réaliser de simples transferts de données, puis nous aborderons la résolution des problèmes d'encodage. La seconde version fera office d'étude avancée des transferts de données : les problèmes liés au principe de la *same origin policy* seront levés et nous étudierons l'usage d'un nouvel objet nommé `FormData`.

À partir de ce chapitre, il est nécessaire d'avoir quelques connaissances en PHP afin de bien tout comprendre. Les deux premières parties du cours PHP disponible sur OpenClassrooms (*https://openclassrooms.com/courses/concevez-votre-site-web-avec-php-et-mysql*) et rédigé par M@teo21 (*https://openclassrooms.com/membres/mateo21*) suffisent amplement pour ce que nous allons voir.

L'objet XMLHttpRequest

Présentation

L'objet `XMLHttpRequest` a été initialement conçu par Microsoft et implémenté dans Internet Explorer et Outlook sous forme d'un contrôle ActiveX (*http://en.wikipedia.org/wiki/ActiveX*). Nommé à l'origine `XMLHTTP` par Microsoft, il a été par la suite repris par de nombreux navigateurs sous le nom que nous lui connaissons actuellement : `XMLHttpRequest`. Sa standardisation viendra par la suite par le biais du W3C.

Le principe même de cet objet est classique : une requête HTTP est envoyée à l'adresse spécifiée, une réponse est alors attendue en retour de la part du serveur. Une fois la réponse obtenue, la requête s'arrête et peut éventuellement être relancée.

XMLHttpRequest, versions 1 et 2

L'objet que nous allons étudier dans ce chapitre possède deux versions majeures. La première version est celle issue de la standardisation de l'objet d'origine et son support est assuré par tous les navigateurs. L'utilisation de cette première version est extrêmement courante, mais les fonctionnalités paraissent maintenant bien limitées étant donné l'évolution des technologies.

La seconde version introduit de nouvelles fonctionnalités intéressantes, comme la gestion du *cross-domain* (nous reviendrons sur ce terme plus tard), ainsi que l'introduction de l'objet `FormData`. Comment choisir la bonne version ? Les versions d'Internet Explorer antérieures à la version 11 ne supportenent pas ou peu la version 2. Si vous pouvez ignorer les vieux navigateurs, utilisez la version 2.

Première version : les bases

L'utilisation de l'objet `xhr` se fait en deux étapes bien distinctes :

- préparation et envoi de la requête ;
- réception des données.

Nous allons donc étudier l'utilisation de cette technologie au travers de ces deux étapes.

> Vous avez sûrement pu constater que nous avons abrégé `XMLHttpRequest` par XHR. Il s'agit d'une abréviation courante pour tout développeur JavaScript, ne soyez donc pas étonnés de la voir sur de nombreux sites.

Préparation et envoi de la requête

Pour commencer à préparer notre requête, il nous faut tout d'abord instancier un objet `xhr` :

```
var xhr = new XMLHttpRequest();
```

La préparation de la requête se fait par le biais de la méthode `open()`, qui prend en paramètres cinq arguments différents, dont trois facultatifs.

- Le premier argument contient la méthode d'envoi des données, les trois principales étant `GET`, `POST` et `HEAD`.
- Le deuxième argument est l'URL à laquelle vous souhaitez soumettre votre requête, par exemple : `'http://mon_site_web.com'`.
- Le troisième argument est un booléen facultatif dont la valeur par défaut est `true`. À `true`, la requête sera de type asynchrone, à `false` elle sera synchrone (voir plus loin).

Les deux derniers arguments sont à spécifier en cas d'identification nécessaire sur le site web (à cause d'un fichier .htaccess (https://openclassrooms.com/courses/concevez-votre-site-web-avec-php-et-mysql/proteger-un-dossier-avec-un-htaccess), par exemple). Le premier contient le nom de l'utilisateur, tandis que le second contient le mot de passe.

Voici une utilisation basique et courante de la méthode open() :

```
xhr.open('GET', 'http://mon_site_web.com/ajax.php');
```

Cette ligne de code prépare une requête pour qu'elle contacte la page ajax.php sur le nom de domaine mon_site_web.com par le biais du protocole http (vous pouvez très bien utiliser d'autres protocoles, comme HTTPS ou FTP). Tout paramètre spécifié à la requête sera transmis par le biais de la méthode GET.

Après préparation de la requête, il ne reste plus qu'à l'envoyer avec la méthode send(). Cette dernière prend en paramètre un argument obligatoire que nous étudierons plus tard. Dans l'immédiat, nous lui spécifions la valeur null :

```
xhr.send(null);
```

Après exécution de cette méthode, l'envoi de la requête commence. Cependant, nous n'avons spécifié aucun paramètre ni aucune solution pour vérifier le retour des données, l'intérêt est donc quasi nul.

Si vous travaillez avec des requêtes asynchrones (ce que vous ferez dans 99 % des cas), sachez qu'il existe une méthode abort() permettant de stopper toute activité. La connexion au serveur est alors interrompue et votre instance de l'objet xhr est remise à zéro. Son utilisation est très rare, mais elle peut servir si vous avez des requêtes qui prennent trop de temps.

Synchrone ou asynchrone ?

Vous connaissez probablement la signification de ces termes dans la vie courante, mais que peuvent-ils donc désigner ici ? Une requête synchrone va bloquer votre script tant que la réponse n'aura pas été obtenue, tandis qu'une requête asynchrone laissera continuer l'exécution de votre script et vous préviendra de l'obtention de la réponse par le biais d'un événement.

Quelle est la solution la plus intéressante ? Il s'agit sans conteste de la requête asynchrone. Il est bien rare que vous ayez besoin que votre script reste inactif simplement parce qu'il attend une réponse à une requête. La requête asynchrone vous permet de gérer votre interface pendant que vous attendez la réponse du serveur, vous pouvez donc indiquer au client de patienter ou vous occuper d'autres tâches en attendant.

Transmission des paramètres

Intéressons-nous à un point particulier de ce cours. Les méthodes d'envoi GET et POST vous sont sûrement familières, mais qu'en est-il de HEAD ? En réalité, HEAD n'est pas une méthode d'envoi, mais de réception : en spécifiant cette méthode, vous ne recevrez pas le contenu du fichier dont vous avez spécifié l'URL, mais son en-tête (son *header*, d'où le nom HEAD). Cette utilisation est pratique quand vous souhaitez simplement vérifier, par exemple, l'existence d'un fichier sur un serveur.

Revenons maintenant aux deux autres méthodes, qui sont quant à elles conçues pour l'envoi de données. Comme dit précédemment, il est possible de transmettre des paramètres par le biais de la méthode GET. La transmission de ces paramètres se fait de la même manière qu'avec une URL classique, il faut les spécifier avec les caractères ? et & dans l'URL que vous passez à la méthode open() :

```
xhr.open('GET', 'http://mon_site_web.com/ajax.
php?param1=valeur1&param2=valeur2');
```

Il est conseillé, quelle que soit la méthode utilisée (GET ou POST), d'encoder toutes les valeurs que vous passez en paramètres grâce à la fonction encodeURIComponent(), afin d'éviter d'écrire d'éventuels caractères interdits dans une URL :

```
var value1 = encodeURIComponent(value1),
    value2 = encodeURIComponent(value2);

xhr.open('GET', 'http://mon_site_web.com/ajax.php?param1=' + value1 +
'&param2=' + value2);
```

Votre requête est maintenant prête à envoyer des paramètres par le biais de la méthode GET.

En ce qui concerne la méthode POST, les paramètres ne sont pas à spécifier avec la méthode open() mais avec la méthode send() :

```
xhr.open('POST', 'http://mon_site_web.com/ajax.php');
xhr.send('param1=' + value1 + '&param2=' + value2);
```

Cependant, la méthode POST consiste généralement à envoyer des valeurs contenues dans un formulaire, il faut donc modifier les en-têtes d'envoi des données afin de préciser qu'il s'agit de données provenant d'un formulaire (même si, à la base, ce n'est pas le cas) :

```
xhr.open('POST', 'http://mon_site_web.com/ajax.php');
xhr.setRequestHeader("Content-Type", "application/x-www-form-urlencoded");
xhr.send('param1=' + value1 + '&param2=' + value2);
```

La méthode `setRequestHeader()` permet l'ajout ou la modification d'un en-tête, elle prend en paramètres deux arguments : le premier est l'en-tête concerné, le second est la valeur à lui attribuer.

Réception des données

La réception des données d'une requête se fait par le biais de nombreuses propriétés. Cependant, les propriétés à utiliser diffèrent selon que la requête est synchrone ou non.

Requête asynchrone : spécifier la fonction de callback

Dans le cas d'une requête asynchrone, il nous faut spécifier une fonction de *callback* afin de savoir quand la requête s'est terminée. Pour cela, l'objet `xhr` possède un événement nommé `readystatechange` auquel il suffit d'attribuer une fonction :

```
xhr.addEventListener('readystatechange', function() {
    // Votre code...
});
```

Cependant, cet événement ne se déclenche pas seulement lorsque la requête est terminée mais plutôt, comme son nom l'indique, à chaque changement d'état. Il existe cinq états différents représentés par des constantes spécifiques à l'objet `XMLHttpRequest` :

Constante	Valeur	Description
`UNSENT`	0	L'objet `xhr` a été créé, mais pas initialisé (la méthode `open()` n'a pas encore été appelée).
`OPENED`	1	La méthode `open()` a été appelée, mais la requête n'a pas encore été envoyée par la méthode `send()`.
`HEADERS_RECEIVED`	2	La méthode `send()` a été appelée et toutes les informations ont été envoyées au serveur.
`LOADING`	3	Le serveur traite les informations et a commencé à renvoyer les données. Tous les en-têtes des fichiers ont été reçus.
`DONE`	4	Toutes les données ont été réceptionnées.

L'utilisation de la propriété `readyState` est nécessaire pour connaître l'état de la requête. L'état qui nous intéresse est le cinquième (la constante `DONE`), car nous voulons simplement savoir quand notre requête est terminée. Il existe deux manières pour vérifier que la propriété `readyState` contient bien une valeur indiquant que la requête est terminée, la première (que nous utiliserons pour une question de lisibilité) consiste à utiliser la constante elle-même :

```
xhr.addEventListener('readystatechange', function() {
    if (xhr.readyState === xhr.DONE) {
    // La constante DONE appartient à l'objet XMLHttpRequest et n'est pas globale
        // Votre code…
    }
}, false);
```

La seconde et la plus courante consiste à utiliser directement la valeur de la constante, soit `4`, pour la constante `DONE` :

```
xhr.addEventListener('readystatechange', function() {
    if (xhr.readyState === 4) {
        // Votre code…
    }
}, false);
```

De cette manière, notre code ne s'exécutera que lorsque la requête aura terminé son travail. Cela ne veut pas forcément dire qu'elle l'a mené à bien. Pour nous en assurer, nous allons devoir consulter le statut de la requête grâce à la propriété `status`. Cette dernière renvoie le code correspondant à son statut, comme le fameux 404 pour les fichiers non trouvés. Le statut qui nous intéresse est le statut 200, qui signifie que tout s'est bien passé :

```
xhr.addEventListener('readystatechange', function() {
    if (xhr.readyState === XMLHttpRequest.DONE && xhr.status === 200) {
        // Votre code…
    }
});
```

À noter qu'il existe aussi une propriété nommée `statusText` contenant une version au format texte du statut de la requête, en anglais seulement. Par exemple, un statut 404 vous donnera le texte suivant : « Not Found ».

Si vous souhaitez tester votre requête `xhr` sur votre ordinateur sans même utiliser de serveur de test (WampServer, par exemple), vous n'obtiendrez jamais de statut équivalent à 200 puisque c'est normalement le rôle du serveur HTTP (Apache par exemple, fourni avec WampServer) de fournir cette valeur. Vérifiez alors si le statut équivaut à 0, cela suffira.

Nous avons ici traité le cas d'une requête asynchrone, mais sachez que pour une requête synchrone, il suffit de vérifier le statut de votre requête, tout simplement.

Traitement des données

Une fois la requête terminée, il faut récupérer les données obtenues. Pour cela, nous avons deux possibilités.

- Les données sont au format XML, vous avez alors la possibilité d'utiliser la propriété `responseXML`, qui permet de parcourir l'arbre DOM des données reçues.
- Les données sont dans un autre format que le XML, il faut alors utiliser la propriété `responseText`, qui fournit toutes les données sous la forme d'une chaîne de caractères. C'est à vous qu'incombe la tâche de faire d'éventuelles conversions, par exemple avec un objet JSON : `var response = JSON.parse(xhr.responseText);`.

Les deux propriétés nécessaires à l'obtention des données sont `responseText` et `responseXML`. Cette dernière est particulière, dans le sens où elle contient un arbre DOM que vous pouvez facilement parcourir. Par exemple, si vous recevez l'arbre DOM suivant :

```
<?xml version="1.0" encoding="utf-8"?>
<table>

    <line>
        <cel>Ligne 1 - Colonne 1</cel>
        <cel>Ligne 1 - Colonne 2</cel>
        <cel>Ligne 1 - Colonne 3</cel>
    </line>

    <line>
        <cel>Ligne 2 - Colonne 1</cel>
        <cel>Ligne 2 - Colonne 2</cel>
        <cel>Ligne 2 - Colonne 3</cel>
    </line>

    <line>
        <cel>Ligne 3 - Colonne 1</cel>
        <cel>Ligne 3 - Colonne 2</cel>
        <cel>Ligne 3 - Colonne 3</cel>
    </line>

</table>
```

Vous pouvez récupérer toutes les balises `<cel>` de la manière suivante :

```
var cels = xhr.responseXML.getElementsByTagName('cel');
```

Une précision est nécessaire concernant l'utilisation de la propriété `responseXML`. Sur de vieux navigateurs (notamment avec de vieilles versions de Firefox), celle-ci peut ne pas être utilisée si le serveur n'a pas renvoyé une réponse avec un en-tête spécifiant qu'il s'agit bel et bien d'un fichier XML. La propriété pourrait alors être inutilisable, bien que le contenu soit pourtant un fichier XML. Pensez donc bien à spécifier l'en-tête `Content-type` avec la valeur `text/xml` pour éviter les mauvaises surprises. Le JavaScript reconnaîtra alors le type MIME XML. En PHP, cela se fait de la manière suivante :

```
<?php header('Content-type: text/xml'); ?>
```

Récupération des en-têtes de la réponse

Il se peut que vous ayez parfois besoin de récupérer les valeurs des en-têtes fournis avec la réponse de votre requête. Pour cela, vous pouvez utiliser deux méthodes. La première se nomme `getAllResponseHeaders()` et retourne tous les en-têtes de la réponse en vrac. Voici ce que cela peut donner :

```
Date: Sat, 17 Sep 2011 20:09:46 GMT Server: Apache Vary: Accept-Encoding
Content-Encoding: gzip Content-Length: 20 Keep-Alive: timeout=2, max=100
Connection: Keep-Alive Content-Type: text/html; charset=utf-8
```

La seconde méthode, `getResponseHeader()`, permet la récupération d'un seul en-tête. Il suffit d'en spécifier le nom en paramètre et la méthode retournera sa valeur :

```
var xhr = new XMLHttpRequest();

xhr.open('HEAD', 'http://mon_site_web.com/', false);
xhr.send(null);

alert(xhr.getResponseHeader('Content-type')); // Affiche :
                                              // « text/html; charset=utf-8 »
```

Mise en pratique

La présentation de cet objet étant assez segmentée, nous n'avons pas encore eu l'occasion d'étudier un quelconque exemple. Nous allons donc créer une page qui va charger le contenu de deux autres fichiers selon le choix de l'utilisateur.

Commençons par le plus simple et créons notre page HTML qui va récupérer le contenu des deux fichiers :

```
<p>
    Veuillez choisir quel est le fichier dont vous souhaitez voir le contenu :
</p>

<p>
     <input type="button" value="file1.txt" />
     <input type="button" value="file2.txt" />
</p>

<p id="fileContent">
     <span>Aucun fichier chargé</span>
</p>
```

Comme vous pouvez le constater, le principe est très simple. Nous allons pouvoir passer au code JavaScript. Créons tout d'abord une fonction qui sera appelée lorsque l'utilisateur cliquera sur l'un des deux boutons. Elle sera chargée de s'occuper du téléchargement et de l'affichage du fichier passé en paramètre :

```
function loadFile(file) {

    var xhr = new XMLHttpRequest();

    // On souhaite juste récupérer le contenu du fichier, la méthode GET
    // suffit amplement :
    xhr.open('GET', file);

    xhr.addEventListener('readystatechange', function() {
    // On gère ici une requête asynchrone

        if (xhr.readyState === XMLHttpRequest.DONE && xhr.status === 200)
{ // Si le fichier est chargé sans erreur

            document.getElementById('fileContent').innerHTML = '<span>' +
xhr.responseText + '</span>'; // Et on affiche !

        }

    });

    xhr.send(null); // La requête est prête, on envoie tout !

}
```

Il ne nous reste plus qu'à mettre en place les événements qui déclencheront tout le processus.

```
(function() { // Comme d'habitude, une IIFE pour éviter les variables globales

    var inputs = document.getElementsByTagName('input'),
        inputsLen = inputs.length;

    for (var i = 0; i < inputsLen; i++) {

        inputs[i].addEventListener('click', function() {
            loadFile(this.value); // À chaque clique, un fichier sera
                                  // chargé dans la page
        });

    }

})();
```

(Essayez le code complet : *http://user.oc-static.com/ftp/javascript/part4/chap2/ex1.html*)

On ne se rend même pas compte qu'on utilise de l'Ajax tellement le résultat est rapide. Mais nous n'allons pas nous en plaindre !

Si ce code ne fonctionne pas chez vous c'est parce qu'il ne fonctionne pas en local mais sur le serveur. Voyons pourquoi.

XHR et les tests locaux

Nous avons vu précédemment qu'il fallait utiliser la propriété `status` pour savoir si la requête HTTP avait abouti. Dans ce cas, la valeur de `status` est `200`. Oui, mais… si vous testez en local, il n'y a pas de requête HTTP et donc, status vaudra `0`. Pour qu'un code `xhr` fonctionne en local, il faut donc gérer le cas où `status` peut valoir `0` :

```
if (xhr.readyState === XMLHttpRequest.DONE && (xhr.status === 200 || xhr.
status === 0)) {}
```

Mais attention, évitez de laisser cette condition lorsque votre script sera sur le serveur, car la valeur `0` est une valeur d'erreur. Autrement dit, si une fois en ligne votre requête rencontre un problème, `0` sera peut-être également retourné. Je dis peut-être, car `0` n'est pas une valeur autorisée comme code HTTP. C'est toutefois documenté par le W3C comme étant une valeur retournée dans certains cas, mais c'est un peu complexe.

Gestion des erreurs

Cet exercice vous a sûrement permis d'y voir plus clair sur l'utilisation de cet objet, mais il reste un point qui n'a pas été abordé. Bien qu'il ne soit pas complexe, mieux vaut l'aborder ici, notamment afin de ne jamais l'oublier : la gestion des erreurs !

Le code de l'exercice que nous venons de réaliser ne sait pas prévenir en cas d'erreur, ce qui est assez gênant car l'utilisateur pourrait ne pas savoir si ce qui se passe est normal. Nous allons donc mettre en place un petit code pour prévenir en cas de problème, et nous allons aussi faire en sorte de provoquer une erreur afin que vous n'ayez pas à faire de nombreux chargements de fichiers avant d'obtenir une erreur.

Commençons par fournir un moyen de générer une erreur en chargeant un fichier inexistant (nous aurons donc une erreur 404) :

```
<p>
    <input type="button" value="file1.txt" />
    <input type="button" value="file2.txt" />
    <br /><br />
    <input type="button" value="unknown.txt" />
</p>
```

Maintenant, occupons-nous de la gestion de l'erreur dans notre événement `readystatechange` :

```
xhr.addEventListener('readystatechange', function() {
// On gère ici une requête asynchrone

    if (xhr.readyState === XMLHttpRequest.DONE && xhr.status === 200) {
    // Si le fichier est chargé sans erreur

        document.getElementById('fileContent').innerHTML = '<span>' + xhr.
responseText + '</span>'; // On l'affiche !
```

```
    } else if (xhr.readyState === XMLHttpRequest.DONE && xhr.status
!= 200) { // En cas d'erreur !

        alert('Une erreur est survenue !\n\nCode :' + xhr.status +
'\nTexte : ' + xhr.statusText);

    }

});
```

(Essayez le code complet : *https://user.oc-static.com/ftp/javascript/part4/chap2/ex2.html*)

C'est terminé ! Vous pouvez d'ores et déjà commencer à vous servir de l'Ajax comme bon vous semble sans trop de problèmes !

Résoudre les problèmes d'encodage

Dans cette section, nous allons aborder un problème qui gêne un grand nombre d'apprentis développeurs web : l'encodage des caractères. Nous allons toutefois essayer de présenter les choses le plus efficacement possible afin que vous cerniez le problème facilement.

L'encodage pour les débutants

Nombreux sont les développeurs débutants qui préfèrent ignorer le principe de l'encodage des caractères, car le sujet est un peu difficile à assimiler. Il est utile de l'étudier afin de comprendre certaines erreurs assez étranges rencontrées avec l'Ajax.

L'encodage est une manière de représenter les caractères en informatique. Lorsque vous tapez un caractère sur votre ordinateur, il est enregistré au format binaire dans la mémoire de l'ordinateur. Ce format binaire est un code qui représente votre caractère. Ce code ne correspond qu'à un seul caractère, mais il peut très bien désigner des caractères très différents selon les normes utilisées.

> Si l'encodage des caractères, nous vous conseillons de jeter un coup d'œil à l'article disponible sur Wikipédia (*http://fr.wikipedia.org/wiki/Codage_des_caract%C3%A8res*) qui explique plutôt bien le concept et l'histoire des normes d'encodage.

Une histoire de normes

Chaque caractère est représenté par un code binaire, qui n'est au final qu'un simple nombre. Ainsi, lorsque l'informatique a fait ses débuts, il a fallu attribuer un nombre à chaque caractère utilisé, ce qui donna naissance à la norme ASCII (*http://fr.wikipedia.org/wiki/American_Standard_Code_for_Information_Interchange*). Cette norme présentait l'inconvénient d'être codée sur seulement 7 bits, ce qui limitait le nombre de caractères représentables par cette norme à 128. Cela peut paraître suffisant pour notre alphabet de 26 lettres, mais cela serait sans tenir compte des autres caractères. En effet, les trois lettres suivantes sont bien trois caractères différents : *e*, *é* et *è*. À cela viennent également s'ajouter les différents caractères spéciaux comme les multiples points de ponctuation, les tirets, etc. La norme ASCII pouvait donc convenir pour un Américain, mais de nombreuses autres langues que l'anglais ne pouvaient pas s'en servir en raison de son manque de « place ».

La solution à ce problème s'est alors imposée avec l'arrivée des normes ISO 8859 (*https://fr.wikipedia.org/wiki/ISO/CEI_8859*) dont le principe est simple : la norme ASCII utilisait 7 bits, alors que de nos jours les informations sont stockées par octets ; or 1 octet équivaut à 8 bits, il reste donc 1 bit non utilisé. Les normes ISO 8859 exploitent cet octet afin de pouvoir ajouter les caractères nécessaires à d'autres langues. Cependant, il n'est pas possible de stocker tous les caractères de toutes les langues dans seulement 8 bits (qui ne font que 256 caractères après tout), c'est pourquoi il existe une norme 8859 (voire plusieurs) pour chaque langue. La norme française est l'ISO 8859-1 (*https://fr.wikipedia.org/wiki/ISO/CEI_8859-1*).

Avec ces normes, n'importe qui peut maintenant rédiger un document dans sa langue maternelle. Elles sont encore utilisées de nos jours et rendent de fiers services. Cependant, un problème majeur persiste : comment faire pour utiliser deux langues radicalement différentes (le français et le japonais, par exemple) dans un même document ? Une solution serait de créer une nouvelle norme utilisant plus de bits afin d'y stocker tous les caractères existants dans le monde, mais cela n'est pas envisageable car en passant à plus de 8 bits, le stockage d'un seul caractère ne se fait plus sur 1 octet mais sur 2, ce qui multiplie le poids des fichiers texte par deux, chose totalement inconcevable !

La solution se nomme UTF-8 (*http://fr.wikipedia.org/wiki/UTF-8*). Cette norme est très particulière, dans le sens où elle stocke les caractères sur un nombre variable de bits. Autrement dit, un caractère classique, comme la lettre *A*, sera stocké sur 8 bits (1 octet donc), mais un caractère plus exotique comme le *A* en japonais (あ) est stocké sur 24 bits (3 octets), le maximum de bits utilisables par l'UTF-8 étant 32, soit 4 octets. L'UTF-8 est donc une norme qui sait s'adapter aux différentes langues et est probablement la norme d'encodage la plus aboutie actuellement.

L'encodage et le développement web

Comprendre l'encodage des caractères est une chose, savoir s'en servir en est une autre. Nous allons faire simple et rapide, et étudier quelles sont les étapes nécessaires pour bien définir l'encodage des caractères sur le Web.

Pour afficher correctement une page, il convient de spécifier l'encodage utilisé pour vos fichiers. Prenons l'exemple d'un fichier PHP contenant du HTML et listons les différentes manières pour définir le bon encodage sur la machine du client.

- Il est indispensable de bien encoder ses fichiers, ce qui se fait dans les paramétrages de l'éditeur de texte que vous utilisez.
- Le serveur HTTP (généralement Apache) peut indiquer quel est l'encodage utilisé par les fichiers du serveur. Cela est généralement paramétré par défaut, mais vous pouvez redéfinir ce paramétrage avec un fichier `.htaccess` contenant la ligne :

`AddDefaultCharset UTF-8`. N'hésitez pas à lire le cours intitulé « Le .htaccess et ses fonctionnalités » (*https://openclassrooms.com/courses/le-htaccess-et-ses-fonctionnalites*) rédigé par kozo (*https://openclassrooms.com/membres/kozo-62916*) si vous ne savez pas ce que c'est.

- Le langage serveur (généralement le PHP) peut aussi définir l'encodage utilisé dans les en-têtes du fichier. Si un encodage est spécifié par le PHP, il va remplacer celui indiqué par Apache. Cela se fait grâce à la ligne suivante : `<?php header('Content-Type: text/html; charset=utf-8'); ?>`.
- Le HTML permet de spécifier l'encodage de votre fichier, mais cela n'est généralement que peu nécessaire, car les encodages spécifiés par Apache ou le PHP font que le navigateur ignore ce qui est spécifié par le document HTML. Cela dit, mieux vaut le spécifier pour le support des très vieux navigateurs. Cela se fait dans la balise `<head>` avec la ligne suivante : `<meta http-equiv="Content-Type" content="text/html; charset=utf-8" />`.

Il existe donc beaucoup de manières de faire pour pas grand-chose, un bon paramétrage du serveur HTTP (Apache dans notre cas) est généralement suffisant, à condition d'avoir des fichiers encodés avec la norme spécifiée par le serveur, bien sûr.

Nous vous avons présenté ces différentes manières car vous risquez de rencontrer des problèmes d'encodage avec Ajax et ce petit récapitulatif pourra sûrement vous aider à les résoudre.

> Dans votre éditeur de texte, lorsque vous voudrez spécifier l'encodage, il se peut que deux types d'encodages UTF-8 vous soient proposés : « UTF-8 avec BOM » et « UTF-8 sans BOM ». Utilisez systématiquement l'encodage sans BOM. Il s'agit de l'indication de l'ordre des octets qui est ajoutée au tout début du fichier. Ainsi, si vous souhaitez appeler la fonction `header()` en PHP, vous ne pourrez pas car des caractères auront déjà été envoyés, en l'occurrence les caractères concernant le BOM.

L'Ajax et l'encodage des caractères

Entrons immédiatement dans le vif du sujet et voyons ce qui ne va pas !

Le problème

Le problème est de taille, mais vous verrez qu'il peut aisément être résolu une fois le concept intégré. Le problème est donc le suivant : lorsque vous effectuez une requête Ajax, toutes les données sont envoyées avec un encodage UTF-8, quel que soit l'encodage du fichier HTML qui contient le script pour la requête Ajax.

Ceci pose problème si vous travaillez avec un autre encodage que l'UTF-8 côté serveur. En effet, si le fichier PHP appelé par la requête Ajax est encodé, par exemple, en ISO 8859-1, alors il se doit de travailler avec des données ayant le même encodage, ce que ne fournira pas une requête Ajax.

Dans le cas contraire, vous allez vous retrouver avec des caractères étranges en lieu et place de certains caractères situés dans le texte d'origine, tout particulièrement pour les caractères accentués.

Comme dit précédemment, l'ISO 8859-1 n'utilise que 8 bits pour l'encodage des caractères, tandis que l'UTF-8 peut aller jusqu'à 32 bits. À première vue, ces deux normes ne se ressemblent pas, et pourtant si ! Leurs 7 premiers bits respectifs assignent les mêmes valeurs aux caractères concernés. Ainsi la lettre *A* est représentée par ces 7 bits quelle que soit la norme utilisée (ISO ou l'UTF-8) : 100 0001.

La différence se situe en fait pour les caractères que nous allons qualifier « d'exotiques », comme les caractères accentués. Ainsi, un *e* avec accent circonflexe (*ê*) a la valeur binaire suivante en ISO 8859-1 : 1110 1010, ce qui en UTF-8 équivaut à un caractère impossible à afficher.

Mais les choses se corsent encore plus lorsque la conversion est faite depuis l'UTF-8 vers une autre norme, comme l'ISO 8859-1 car l'UTF-8 utilisera parfois 2 octets (voire plus) pour stocker un seul caractère, ce que les autres normes interpréteront comme étant deux caractères. Par exemple, la même lettre *ê* encodée en UTF-8 donne le code binaire suivant : 1100 0011 1010 1010. L'ISO 8859-1 va y voir 2 octets puisqu'il y a 16 bits : la première séquence de 8 bits (1100 0011) va donc être traduite par le caractère *Ã*, et la seconde séquence (1010 1010) par le caractère *ª*.

Cela signifie que si votre fichier HTML client est en ISO 8859-1 et qu'il envoie par Ajax le caractère *ê* à une page PHP encodée elle aussi en ISO 8859-1, les données qui seront lues par le serveur seront les suivantes : *Ãª*.

Comprendre la démarche de l'Ajax

Afin que vous compreniez encore mieux le problème posé par Ajax, il est bon de savoir quelles sont les étapes d'encodage d'une requête avec des fichiers en ISO 8859-1 (que nous allons abréger ISO).

- La requête est envoyée, les données sont alors converties proprement de l'ISO à l'UTF-8. Ainsi, le *ê* en ISO est toujours un *ê* en UTF-8, Ajax sait faire la conversion d'encodage sans problème.
- Les données arrivent sur le serveur, c'est là que se pose le problème : elles arrivent en UTF-8, alors que le serveur attend des données ISO. Cette erreur d'encodage n'étant pas détectée, le caractère *ê* n'est plus du tout le même vis-à-vis du serveur, il s'agit alors des caractères *Ãª*.
- Le serveur renvoie des données au format ISO, mais celles-ci ne subissent aucune modification d'encodage lors du retour de la requête. Les données renvoyées par le serveur en ISO seront bien réceptionnées en ISO.

Ces trois points doivent vous faire comprendre qu'une requête Ajax n'opère en UTF-8 que lors de l'envoi des données. Le problème d'encodage ne survient donc que lorsque les données sont réceptionnées par le serveur, et non pas quand le client reçoit les données renvoyées par le serveur.

Deux solutions

Il existe deux solutions pour éviter ce problème d'encodage sur vos requêtes Ajax.

La première, qui est de loin la plus simple et la plus pérenne, consiste à encoder votre site entièrement en UTF-8. Ainsi, les requêtes Ajax envoient des données en UTF-8 qui seront reçues par un serveur demandant à traiter de l'UTF-8, donc sans aucun problème. Un site en UTF-8 implique que tous vos fichiers texte soient encodés en UTF-8, que le serveur indique au client le bon encodage, et que vos ressources externes, comme les bases de données, soient aussi en UTF-8.

Cette solution est vraiment la meilleure, mais elle est difficile à mettre en place sur un projet web déjà bien avancé. Si vous souhaitez vous y mettre (et c'est fortement conseillé), vous pouvez lire le cours intitulé « Passer du latin1 à l'unicode » (*https://openclassrooms.com/courses/passer-du-latin1-a-l-unicode*) écrit par vyk12 (*https://openclassrooms.com/membres/vyk12-68874*)..

La seconde solution, encore bien souvent rencontrée, est plus adaptée si votre projet est déjà bien avancé et que vous ne pouvez pas faire une conversion complète de son encodage. Il s'agit de décoder les caractères reçus par le biais d'une requête Ajax avec la fonction PHP `utf8_decode()`.

Admettons que vous envoyiez une requête Ajax à la page suivante :

```
<?php

    header('Content-Type: text/plain; charset=iso-8859-1');
    // On précise bien qu'il s'agit d'une page en ISO 8859-1

    echo $_GET['parameter'];

?>
```

Si la requête Ajax envoie en paramètre la chaîne de caractères « Drôle de tête », le serveur va alors vous renvoyer ceci :

```
DrÃ´le de tÃªte
```

La solution consiste donc à décoder l'UTF-8 reçu pour le convertir en ISO 8859-1, la fonction `utf8_decode()` intervient donc ici :

```
<?php

    header('Content-Type: text/plain; charset=iso-8859-1');
    // On précise bien qu'il s'agit d'une page en ISO 8859-1

    echo utf8_decode($_GET['parameter']);

?>
```

Ce qui donne :

```
Drôle de tête
```

Lorsque vous renvoyez les données du serveur au client, il est inutile de les encoder en UTF-8 car Ajax applique une conversion UTF-8 uniquement à l'envoi des données, comme vu précédemment. Donc si vous affichez des données en ISO 8859-1, elles arriveront chez le client avec le même encodage.

Si vous travaillez dans un encodage autre que l'ISO 8859-1, servez-vous de la fonction `mb_convert_encoding()` (*http://php.net/manual/fr/function.mb-convert-encoding.php*).

Seconde version : usage avancé

La seconde version du `xhr` ajoute de nombreuses fonctionnalités intéressantes. Pour ceux qui se posent la question, le `xhr2` ne fait pas partie de la spécification du HTML 5. Cependant, cette deuxième version utilise de nombreuses technologies liées au HTML 5. Nous allons donc nous limiter à ce qui est utilisable (et intéressant) et nous verrons le reste plus tard, dans la partie consacrée au HTML 5.

Tout d'abord, une petite clarification :

- l'objet utilisé pour la seconde version est le même que celui utilisé pour la première, à savoir `XMLHttpRequest` ;
- toutes les fonctionnalités présentes dans la première version sont présentes dans la seconde.

Maintenant que tout est clair, entrons dans le vif du sujet : l'étude des nouvelles fonctionnalités.

Les requêtes cross-domain

Les requêtes cross-domain sont des requêtes effectuées depuis un nom de domaine A vers un nom de domaine B. Elles sont pratiques, mais absolument inutilisables avec la première version du `xhr` en raison de la présence d'une sécurité basée sur le principe de la same origin policy (*http://en.wikipedia.org/wiki/Same_origin_policy*). Cette sécurité est appliquée aux différents langages utilisables dans un navigateur web, le JavaScript est donc concerné. Il est important de comprendre en quoi elle consiste et comment elle peut-être « contournée », car les requêtes cross-domain sont au cœur du `xhr2`.

Une sécurité bien restrictive

Bien que la same origin policy soit une sécurité contre de nombreuses failles, elle est un véritable frein pour le développement web, car elle a pour principe d'autoriser les requêtes `xhr` uniquement entre les pages web possédant le même nom de domaine. Par exemple, si vous vous trouvez sur votre site personnel dont le nom de domaine est `mon_site_perso.com` et que vous tentez de faire une requête `xhr` vers le célèbre nom de domaine `google.com`, vous allez rencontrer une erreur et la requête ne sera pas exécutée car les deux noms de domaines sont différents.

Cette sécurité s'applique aussi dans d'autres cas, comme deux sous-domaines différents. Afin de vous présenter rapidement et facilement les différents cas concernés ou non par cette sécurité, voici un tableau largement réutilisé sur le Web. Il illustre différents cas où les requêtes `xhr` sont possibles ou non. Les requêtes sont exécutées depuis la page *http://www.example.com/dir/page.html*.

URL appelée	Résultat	Raison
http://www.example.com/dir/page.html	Succès	Même protocole et même nom de domaine
http://www.example.com/dir2/other.html	Succès	Même protocole et même nom de domaine, seul le dossier diffère
http://www.example.com:81/dir/other.html	Échec	Même protocole et même nom de domaine, mais le port est différent (80 par défaut)
https://www.example.com/dir/other.html	Échec	Protocole différent (HTTPS au lieu de HTTP)
http://en.example.com/dir/other.html	Échec	Sous-domaine différent
http://example.com/dir/other.html	Échec	Si l'appel est fait depuis un nom de domaine dont les « www » sont spécifiés, alors il faut faire de même pour la page appelée

Cette sécurité est certes impérative, mais il peut arriver parfois que nous possédions deux sites web dont les noms de domaines sont différents, mais dont la connexion doit se faire par le biais des requêtes `xhr`. La seconde version du `xhr` introduit donc un système simple et efficace permettant l'autorisation des requêtes cross-domain.

Autoriser les requêtes cross-domain

Il existe une solution implémentée dans la seconde version du `xhr`, qui consiste à ajouter un simple en-tête dans la page appelée par la requête pour autoriser le cross-domain. Cet en-tête se nomme `Access-Control-Allow-Origin` et permet de spécifier un ou plusieurs domaines autorisés à accéder à la page par le biais d'une requête `xhr`.

Pour spécifier un nom de domaine, il suffit d'écrire :

```
Access-Control-Allow-Origin: http://example.com
```

Ainsi, le domaine `example.com` (*http://example.com/*) aura accès à la page qui retourne cet en-tête. Il est impossible de spécifier plusieurs noms de domaines mais il est possible d'autoriser tous les noms de domaines à accéder à votre page. Pour cela, vous utiliserez l'astérisque `*` :

```
Access-Control-Allow-Origin: *
```

Ensuite, il ne vous reste plus qu'à ajouter cet en-tête aux autres en-têtes de votre page web, comme ici en PHP :

```
<?php
    header('Access-Control-Allow-Origin: *');
?>
```

Cependant, n'utilisez l'astérisque qu'en dernier recours, car lorsque vous autorisez un nom de domaine à effectuer des requêtes cross-domain sur votre page, cela revient à désactiver une sécurité contre le piratage de ce domaine.

Nouvelles propriétés et méthodes

Le `xhr2` fournit de nombreuses propriétés supplémentaires, mais une seule nouvelle méthode.

Éviter les requêtes trop longues

Il arrive que certaines requêtes soient excessivement longues. Pour éviter ce problème, il est parfaitement possible d'utiliser la méthode `abort()` couplée à `setTimeout()`. Cependant, le `xhr2` fournit une solution bien plus simple à mettre en place : la propriété `timeout`, qui prend pour valeur un temps en millisecondes. Une fois ce temps écoulé, la requête se terminera.

```
xhr.timeout = 10000;
// La requête se terminera si elle n'a pas abouti au bout de 10 secondes
```

Il est possible que le support de cette propriété soit partiel, car elle fut longtemps absente de tous les navigateurs. Testez et renseignez-vous avant d'utiliser cette propriété.

Forcer le type de contenu

Nous avons mentionné précédemment qu'il fallait bien spécifier le type MIME des documents pour éviter que les fichiers XML soient parsés. Si vous n'avez pas la possibilité de le faire (par exemple, si vous n'avez pas accès au code de la page que vous appelez), vous pouvez réécrire le type MIME reçu afin de parser correctement le fichier. Cette astuce se réalise avec la nouvelle méthode `overrideMimeType()`, qui prend en paramètre un seul argument contenant le type MIME exigé :

```
var xhr = new XMLHttpRequest();

xhr.open('GET', 'http://example.com');

xhr.overrideMimeType('text/xml');

// L'envoi de la requête puis le traitement des données reçues peuvent se faire
```

Cette méthode ne peut être utilisée que lorsque la propriété readyState possède les valeurs 1 ou 2. Autrement dit, lorsque la méthode open() vient d'être appelée ou lorsque les en-têtes viennent d'être reçus, ni avant, ni après.

Accéder aux cookies et aux sessions avec une requête cross-domain

Cela n'a pas été présenté plus tôt, mais il est effectivement possible pour une page appelée par le biais d'une requête xhr (versions 1 et 2) d'accéder aux cookies ou aux sessions du navigateur. Cela se fait sans contrainte, vous pouvez par exemple accéder aux cookies comme vous le faites d'habitude :

```
<?php

    echo $_COOKIE['cookie1']; // Aucun problème !

?>
```

Cependant, cette facilité d'utilisation est loin d'être présente lorsque vous souhaitez accéder à ces ressources avec une requête cross-domain, car aucune valeur ne sera retournée par les tableaux $_COOKIE et $_SESSION.

En effet, les cookies et les sessions ne sont pas envoyés. Il ne s'agit pas d'une fonctionnalité conçue pour vous embêter, mais bien d'une sécurité, car vous allez devoir autoriser le navigateur et le serveur à gérer ces données.

Quand nous parlons du serveur, nous voulons surtout parler de la page appelée par la requête. Vous allez devoir y spécifier l'en-tête suivant pour autoriser l'envoi des cookies et des sessions :

```
Access-Control-Allow-Credentials: true
```

Mais, côté serveur, cela ne suffira pas si vous avez spécifié l'astérisque * pour l'en-tête Access-Control-Allow-Origin. Il vous faut absolument spécifier un seul nom de domaine, ce qui est malheureusement très contraignant dans certains cas d'applications (bien qu'ils soient rares).

Vous devriez maintenant avoir une page PHP commençant par un code de ce type :

```
<?php

    header('Access-Control-Allow-Origin: http://example.com');
    header('Access-Control-Allow-Credentials: true');

?>
```

Cependant, vous pourrez toujours tenter d'accéder aux cookies ou aux sessions, vous obtiendrez en permanence des valeurs nulles. La raison est simple : le serveur est configuré pour permettre l'accès à ces données, mais le navigateur ne les envoie pas.

Pour pallier ce problème, il suffit d'indiquer à notre requête que l'envoi de ces données est nécessaire. Cela se fait après initialisation de la requête et avant son envoi (autrement dit, entre l'utilisation des méthodes `open()` et `send()`) avec la propriété `withCredentials` :

```
xhr.open( … );

xhr.withCredentials = true; // Avec « true », l'envoi des cookies
                            //et des sessions est bien effectué

xhr.send( … );
```

Une question technique maintenant : imaginons une page web nommée `client.php` située sur un nom de domaine A. Depuis cette page, nous appelons `server.php` située sur le domaine B grâce à une requête cross-domain. Les cookies et les sessions reçus par la page `server.php` sont-ils ceux du domaine A ou ceux du domaine B ?

La réponse est simple et logique : il s'agit de ceux du domaine B. Si vous effectuez une requête cross-domain, les cookies et les sessions envoyés seront constamment ceux qui concernent le domaine de la page appelée. Cela s'applique aussi si vous utilisez la fonction PHP `setcookie()` dans la page appelée : les cookies modifiés seront ceux du domaine de cette page, et non pas ceux du domaine d'où provient la requête.

Une dernière précision, rappelez-vous bien que tout ce qui a été étudié ne vous concerne que lorsque vous effectuez une requête cross-domain. Dans le cas d'une requête dite « classique », vous n'avez pas à faire ces manipulations, tout fonctionne sans cela, même pour une requête `xhr1`.

Quand les événements s'affolent

La première version du `xhr` ne comportait qu'un seul événement, la seconde en comporte maintenant huit si nous comptons l'événement `readystatechange`. Ces événements ont été ajoutés car le `xhr1` ne permettait pas de faire un suivi correct de l'état d'une requête.

Les événements classiques

Commençons par trois événements bien simples : `loadstart`, `load` et `loadend`. Le premier se déclenche lorsque la requête démarre (lorsque vous appelez la méthode `send()`). Les deux derniers se déclenchent lorsque la requête se termine, mais avec une petite différence : si la requête s'est correctement terminée (pas d'erreur 404 ou autre), alors `load` se déclenche, tandis que `loadend` se déclenche dans tous les cas. L'utilisation de `load` et `loadend` permet de s'affranchir de la vérification de l'état de la requête avec la propriété `readyState`, comme vous le feriez pour l'événement `readystatechange`.

Les deux événements suivants sont `error` et `abort`. Le premier se déclenche en cas de non-aboutissement de la requête (quand `readyState` n'atteint même pas la valeur finale : 4), tandis que le second s'exécutera en cas d'abandon de la requête avec la méthode `abort()` ou avec le bouton ***Arrêt*** de l'interface du navigateur web.

Vous souvenez-vous de la propriété `timeout` ? Sachez qu'il existe un événement du même nom qui se déclenche quand la durée maximale spécifiée dans la propriété associée est atteinte.

Le cas de l'événement progress

Pour finir, nous allons voir l'utilisation d'un événement un peu plus particulier nommé `progress`. Son rôle est de se déclencher à intervalles réguliers pendant le rapatriement du contenu exigé par votre requête. Bien entendu, son utilisation n'est nécessaire que dans les cas où le fichier rapatrié est assez volumineux. Cet événement a pour particularité de fournir un objet en paramètre à la fonction associée. Cet objet contient deux propriétés nommées `loaded` et `total`. Elles indiquent respectivement le nombre d'octets actuellement téléchargés et le nombre d'octets total à télécharger. Leur utilisation se fait de cette manière :

```
xhr.addEventListener('progress', function(e) {

    element.innerHTML = e.loaded + ' / ' + e.total;

});
```

Au final, l'utilité de cet événement est assez quelconque, ce dernier a bien plus d'intérêt dans le cas d'un upload (cela sera abordé dans la partie consacrée au HTML 5). Cela dit, il peut avoir son utilité dans le cas de préchargements de fichiers assez lourds. Ainsi, le préchargement de plusieurs images avec une barre de progression peut être une utilisation qui peut commencer à avoir son intérêt (mais, nous vous l'accordons, cela n'a rien de transcendant).

Cet événement n'étant pas très important, nous ne présenterons pas un exercice détaillé. Toutefois, vous trouverez le lien suivant vers un exemple en ligne dont le code est commenté, n'hésitez pas à y jeter un coup d'œil.

(Essayez une adaptation de cet événement : *https://user.oc-static.com/ftp/javascript/part4/chap2/ex3.html*)

L'objet FormData

Cet objet consiste à faciliter l'envoi des données par le biais de la méthode `POST` des requêtes `xhr`. Comme dit précédemment, l'envoi des données par le biais de `POST` est une chose assez fastidieuse, car il faut spécifier un en-tête dont on ne se souvient que très rarement, et on perd alors du temps à le chercher sur le Web.

Au-delà de son côté pratique en termes de rapidité d'utilisation, l'objet `FormData` est aussi un formidable outil permettant d'envoyer des données binaires au serveur. Ceci signifie qu'il est possible de charger des fichiers par le biais des requêtes `xhr`.

Cependant, l'upload de fichiers nécessite des connaissances approfondies sur le HTML 5, comme nous le verrons dans le chapitre qui lui est consacré. Nous allons tout d'abord nous contenter d'une utilisation relativement simple.

Pour commencer, l'objet `FormData` doit être instancié :

```
var form = new FormData();
```

Vous pouvez ensuite vous servir de son unique méthode : `append()`, qui ne retourne aucune valeur et prend en paramètres deux arguments obligatoires : le nom d'un champ (qui correspond à l'attribut `name` des éléments d'un formulaire) et sa valeur. Son utilisation est donc très simple :

```
form.append('champ1', 'valeur1');
form.append('champ2', 'valeur2');
```

Cet objet est intéressant car il est inutile de spécifier un en-tête particulier pour indiquer que nous envoyons des données sous forme de formulaire. Il suffit de passer l'objet de type `FormData` à la méthode `send()`, ce qui donne ceci sur un code complet :

```
var xhr = new XMLHttpRequest();

xhr.open('POST', 'script.php');

var form = new FormData();
form.append('champ1', 'valeur1');
form.append('champ2', 'valeur2');

xhr.send(form);
```

Côté serveur, vous pouvez récupérer les données tout aussi simplement que vous le faites d'habitude :

```
<?php

    echo $_POST['champ1'] . ' - ' . $_POST['champ2'];
    // Affiche : « valeur1 - valeur2 »

?>
```

Revenons rapidement sur le constructeur de cet objet, car il possède un argument bien pratique : passez donc en paramètre un élément de formulaire et votre objet `FormData` sera alors prérempli avec toutes les valeurs de votre formulaire. Voici un exemple simple :

```
<form id="myForm">
```

```
    <input id="myText" name="myText" type="text" value="Test ! Un, deux,
un, deux !" />

</form>

<script>

    var xhr = new XMLHttpRequest();

    xhr.open('POST', 'script.php');

    var myForm = document.getElementById('myForm'),
        form = new FormData(myForm);

    xhr.send(form);
</script>
```

Ce qui, côté serveur, donne ceci :

```
<?php

    echo $_POST['myText']; // Affiche : « Test ! Un, deux, un, deux ! »

?>
```

Cet objet est donc bien pratique, même si vous ne savez pas encore uploader des fichiers car il facilite les choses !

En résumé

- L'objet `XMLHttpRequest` est l'objet le plus utilisé pour l'Ajax. Deux versions de cet objet existent, la seconde étant plus complète mais pas toujours disponible au sein de tous les navigateurs.
- Deux modes sont disponibles : synchrone et asynchrone. Une requête de mode asynchrone sera exécutée en parallèle et ne bloquera pas l'exécution du script, tandis que la requête synchrone attendra la fin de la requête pour poursuivre l'exécution du script.
- Deux méthodes d'envoi sont utilisables : `GET` et `POST`. Dans le cas d'une méthode `GET`, les paramètres de l'URL doivent être encodés avec `encodeURIComponent()`.
- Il faut faire attention à l'encodage, car toutes les requêtes sont envoyées en UTF-8.
- La version 2 du `xhr` introduit les requêtes cross-domain ainsi que les objets `FormData` et de nouveaux événements.

29 Upload via une iframe

L'Ajax ne se limite pas à l'utilisation de l'objet XMLHttpRequest, il existe bien d'autres manières de communiquer avec un serveur. La balise <iframe> fait partie des diverses autres solutions possibles.

Vous avez probablement déjà entendu parler de cette balise et, comme beaucoup de monde, vous pensez probablement qu'elle est à éviter. Disons que, dans l'ensemble, oui, mais il existe certains cas où elle s'avère très efficace, notamment pour l'upload de fichiers !

Manipulation des iframes

Les iframes

L'élément HTML <iframe> permet d'insérer une page web dans une autre. Voici un petit rappel de la syntaxe d'une iframe :

```
<iframe src="file.html" name="myFrame" id="myFrame"></iframe>
```

Accéder au contenu

Pour accéder au contenu de l'iframe, il faut tout d'abord accéder à l'iframe elle-même, puis passer par la propriété contentDocument :

```
var frame = document.getElementById('myFrame').contentDocument
```

Une fois que nous avons accédé au contenu de l'iframe, c'est-à-dire à son document, nous pouvons naviguer dans le DOM comme s'il s'agissait d'un document « normal » :

```
var frame_links = frame.getElementsByTagName('a').length;
```

La règle de sécurité same origin policy s'applique aussi aux iframes, ce qui signifie que si vous êtes sur une page d'un domaine A et que vous appelez une page d'un domaine B par le biais d'une iframe, vous ne pourrez pas accéder au contenu de la page B depuis la page A.

Chargement de contenu

Il existe deux techniques pour charger une page dans une iframe : la première consiste à changer l'attribut `src` de l'iframe via le JavaScript, la seconde consiste à ouvrir un lien dans l'iframe. Cette action est rendue possible via l'attribut `target` (standardisé en HTML 5) que nous pouvons utiliser sur un lien ou sur un formulaire. C'est cette dernière technique que nous utiliserons pour la réalisation du système d'upload.

Charger une iframe

En changeant l'URL

Il s'agit ici de simplement modifier l'URL de l'iframe en changeant sa propriété `src`. Cette technique est simple et permet de transmettre des paramètres directement dans l'URL. Voici un exemple :

```
document.getElementById('myFrame').src = 'request.php?nick=Thunderseb';
```

Avec target et un formulaire

L'intérêt d'utiliser un formulaire est que nous allons pouvoir envoyer des données via la méthode `POST`. Cette dernière va nous permettre d'envoyer des fichiers, ce qui nous sera utile pour un upload de fichiers !

Cette technique n'utilise pas le JavaScript, le code n'est que du HTML pur :

```
<form id="myForm" method="post" action="request.php" target="myFrame">
    <div>
        <!-- formulaire -->

        <input type="submit" value="Envoyer" />
    </div>
</form>

<iframe src="#" name="myFrame" id="myFrame"></iframe>
```

L'attribut `target` indique au formulaire que son contenu doit être envoyé au sein de l'iframe dont l'attribut `name` est `myFrame` (l'attribut `name` est donc obligatoire ici). De cette manière, le contenu du formulaire y sera envoyé et la page courante ne sera pas rechargée.

Le JavaScript pourra être utilisé comme méthode alternative pour envoyer le formulaire. Pour rappel, la méthode à utiliser pour cela est `submit()` :

```
document.getElementById('myForm').submit();
```

Détecter le chargement

Avec l'événement load

Les iframes possèdent un événement `load`, déclenché une fois que leur contenu est chargé. À chaque contenu chargé, `load` est déclenché. C'est un moyen efficace pour savoir si le document est chargé, et ainsi pouvoir le récupérer. Voici un petit exemple :

```
<iframe src="file.html" name="myFrame" id="myFrame" onload="trigger()"></iframe>

<script>

    function trigger() {
        var frame = document.getElementById('myFrame').contentDocument;

        alert(frame.body.textContent);
    }
</script>
```

Avec une fonction de callback

Quand une page web est chargée dans l'iframe, son contenu est affiché et les scripts sont exécutés. Il est également possible, depuis l'iframe, d'appeler une fonction présente dans la page « mère », c'est-à-dire la page qui contient l'iframe.

Pour appeler une fonction depuis l'iframe, il suffit d'utiliser :

```
window.top.window.nomDeLaFonction();
```

L'objet `window.top` pointe vers la fenêtre « mère », ce qui nous permet ici d'atteindre la page qui contient l'iframe.

Voici un exemple qui illustre ce mécanisme :

```
<iframe src="file.html" name="myFrame" id="myFrame"></iframe>

<script>
    function trigger() {
        var frame = document.getElementById('myFrame').contentDocument;
```

```
            alert('Page chargée !');
      }
</script>
<script>
    window.top.window.trigger(); // On appelle ici notre fonction de callback
</script>

<p>Lorem ipsum dolor sit amet, consectetuer adipiscing elit. Suspendisse
molestie suscipit arcu.</p>
```

(Essayez le code : *http://learn.sdlm.be/js/part4/chap3/ex1.html*)

Récupération du contenu

Le chargement de données via une iframe présente un avantage important : il est possible de charger n'importe quel type de donnée (une page web complète, du texte brut ou même du JavaScript, comme le format JSON).

Récupérer des données JavaScript

Si nous reprenons l'exemple précédent, avec le callback, il est possible de récupérer facilement des données JavaScript, comme un objet. Dans ce cas, il suffit d'utiliser du PHP pour construire un objet qui sera transmis en paramètre de la fonction de callback, comme ceci :

```
<?php
    $fakeArray = array('Sébastien', 'Laurence', 'Ludovic');
?>

<script>
    window.top.window.trigger(['<?php echo implode("','", $fakeArray) ?>']);
</script>
```

Ici, un tableau JavaScript est construit via le PHP et envoyé à la fonction `trigger()` en tant que paramètre.

Exemple complet

```
<form id="myForm" method="post" action="request.php" target="myFrame">
    <div>
        <label for="nick">Votre pseudo :</label>
        <input type="text" id="nick" name="nick" />

        <input type="button" value="Envoyer" onclick="sendForm();" />
    </div>
</form>
```

```
<iframe src="#" name="myFrame" id="myFrame"></iframe>

<script>

    function sendForm() {
        var nick = document.getElementById("nick").value;

        if (nick) { // Si c'est OK
        document.getElementById("myForm").submit(); // On envoie le formulaire
        }
    }

    function receiveData(data) {
        alert('Votre pseudo est "' + data + '"');
    }
</script>
```

Et maintenant la page PHP :

```
<script>
  window.top.window.receiveData("<?php echo htmlentities($_POST['nick']); ?>");
</script>
```

(Essayez le code : *http://learn.sdlm.be/js/part4/chap3/ex2.html*)

Ce script ne fait que récupérer la variable `$_POST['nick']`, pour ensuite appeler la fonction `receiveData()` en lui passant le pseudo en paramètre. La fonction PHP `htmlentities()` (*http://php.net/htmlentities*) permet d'éviter que l'utilisateur insère d'éventuelles balises HTML potentiellement dangereuses telles que la balise `<script>`. Ici, l'insertion de balises ne pose pas de problème puisque nous affichons le pseudo dans une fenêtre `alert()`.

Le système d'upload

Par le biais d'un formulaire et d'une iframe, créer un système d'upload est relativement simple ! Les éléments `<form>` possèdent un attribut `enctype` qui doit absolument contenir la valeur `multipart/form-data`. Pour faire simple, cette valeur indique que le formulaire est prévu pour envoyer de grandes quantités de données (les fichiers sont des données volumineuses).

Notre formulaire d'upload peut donc être écrit comme ceci :

```
<form id="uploadForm" enctype="multipart/form-data" action="upload.php"
target="uploadFrame" method="post">
    <label for="uploadFile">Image :</label>
    <input id="uploadFile" name="uploadFile" type="file" />
    <br /><br />
    <input id="uploadSubmit" type="submit" value="Upload !" />
</form>
```

Nous plaçons ensuite l'iframe, ainsi qu'un autre petit <div> que nous utiliserons pour afficher le résultat de l'upload :

```
<div id="uploadInfos">
    <div id="uploadStatus">Aucun upload en cours</div>
    <iframe id="uploadFrame" name="uploadFrame"></iframe>
</div>
```

Et pour finir, un peu de JavaScript :

```
function uploadEnd(error, path) {
    if (error === 'OK') {
        document.getElementById('uploadStatus').innerHTML = '<a href="'
+ path + '">Upload done !</a><br /><br /><a href="' + path + '">
<img src="' + path + '" /></a>';
    } else {
        document.getElementById('uploadStatus').innerHTML = error;
    }
}

document.getElementById('uploadForm').addEventListener('submit', function() {
    document.getElementById('uploadStatus').innerHTML = 'Loading...';
});
```

Quelques explications sont nécessaires. Dès que le formulaire est envoyé, la fonction anonyme de l'événement submit est exécutée. Celle-ci va remplacer le texte du <div>#uploadStatus pour indiquer que le chargement est en cours, car en fonction de la taille du fichier à envoyer, l'attente peut être longue. L'argument error contiendra soit « OK », soit une explication sur une erreur éventuelle. L'argument path contiendra l'URL du fichier venant d'être uploadé. L'appel vers la fonction uploadEnd() sera fait via l'iframe, comme nous le verrons plus loin.

Le code côté serveur : upload.php

Maintenant que le JavaScript est mis en place, il ne reste plus qu'à nous occuper de la page upload.php qui va réceptionner le fichier uploadé. Il s'agit d'un simple script d'upload :

```
<?php

    $error    = NULL;
    $filename = NULL;

    if (isset($_FILES['uploadFile']) && $_FILES['uploadFile']['error'] === 0) {

        $filename = $_FILES['uploadFile']['name'];
        $targetpath = getcwd() . '/' . $filename;
        // On stocke le chemin où enregistrer le fichier
```

```
        // On déplace le fichier depuis le répertoire temporaire vers
        //$targetpath
        if (@move_uploaded_file($_FILES['uploadFile']['tmp_name'],
$targetpath)) { // Si ça fonctionne
            $error = 'OK';
        } else { // Si ça ne fonctionne pas
            $error = "Échec de l'enregistrement !";
        }
    } else {
        $error = 'Aucun fichier réceptionné !';
    }

// Et pour finir, on écrit l'appel vers la fonction uploadEnd :
?>

<script>
    window.top.window.uploadEnd("<?php echo $error; ?>",
"<?php echo $filename; ?>");
</script>
```

Avec ce code, le fichier uploadé est analysé, puis enregistré sur le serveur. Si vous souhaitez obtenir plus d'informations sur le fonctionnement de ce code PHP, n'hésitez pas à consulter le tutoriel « Upload de fichiers par formulaire » (*https://openclassrooms.com/courses/upload-de-fichiers-par-formulaire*) écrit par DHKold (*https://openclassrooms.com/membres/dhkold-23596*) sur OpenClassrooms.

Avec ce script tout simple, il est donc possible de mettre en place un upload de fichiers sans « rechargement ». Il ne reste plus qu'à améliorer le système, notamment en sécurisant le script PHP (détecter le type MIME du fichier pour autoriser uniquement les images, par exemple) ou en arrangeant le code JavaScript pour afficher à la suite les fichiers uploadés s'il y en a plusieurs…

Si vous souhaitez essayer ce script en ligne, une version en ligne est disponible mais elle n'enregistre pas les fichiers sur le serveur. Cela implique donc que l'affichage de l'image ne soit pas effectué. En revanche, vous êtes prévenus lorsque l'upload du fichier est terminé, ce qui est l'objectif principal de notre script.

(Essayez la version « light » : *http://learn.sdlm.be/js/part4/chap3/ex3.html*)

En résumé

- L'utilisation d'une iframe est une technique Ajax assez répandue et facile à mettre en œuvre pour réaliser un upload de fichiers compatible avec tous les navigateurs.
- Il suffit d'utiliser l'événement `load` sur une iframe pour savoir si la page qu'elle contient vient d'être chargée. Il ne reste plus qu'à accéder à cette page et à récupérer ce qui nous intéresse.
- Depuis une iframe, il faut utiliser `window.top` pour accéder à la page qui contient l'iframe. C'est utile dans le cas d'un callback.

30

Dynamic Script Loading

Comme nous l'avons vu précédemment, un des fondements d'Ajax est l'objet XMLHttpRequest. Même si nous n'avons pas attendu cet objet pour pouvoir dialoguer avec un serveur, vous allez maintenant découvrir une manière astucieuse de le faire. Elle possède un avantage considérable par rapport à l'objet XMLHttpRequest : elle n'est pas limitée par le principe de la same origin policy !

Un concept simple

Avec le DOM, il est possible d'insérer n'importe quel élément HTML au sein d'une page web, et cela vaut également pour un élément <script>. Il est donc possible de lier et d'exécuter un fichier JavaScript après le chargement de la page :

```
window.addEventListener('load', function() {

    var scriptElement = document.createElement('script');
    scriptElement.src = 'url/du/fichier.js';

    document.body.appendChild(scriptElement);

});
```

Avec ce code, un nouvel élément <script> sera inséré dans la page une fois que cette dernière aura été chargée. Mais s'il est possible de charger un fichier JavaScript à la demande, pourquoi ne pas s'en servir pour charger des données et « faire de l'Ajax » ?

Un premier exemple

Nous allons commencer par quelque chose de très simple : dans une page HTML, nous allons charger un fichier JavaScript qui exécutera une fonction. Cette fonction se trouve dans la page HTML :

```
<script>
    function sendDSL() {
        var scriptElement = document.createElement('script');
        scriptElement.src = 'dsl_script.js';

        document.body.appendChild(scriptElement);
    }

    function receiveMessage(message) {
        alert(message);
    }
</script>

<p><button type="button" onclick="sendDSL()">Exécuter le script</button></p>
```

(Essayez le code : *http://learn.sdlm.be/js/part4/chap4/ex1.html*)

Voici maintenant le contenu du fichier `dsl_script.js` :

```
receiveMessage('Ce message est envoyé par le serveur !');
```

Décortiquons tout cela. Dès que nous cliquons sur le bouton, la fonction `sendDSL()` charge le fichier JavaScript contenant un appel vers la fonction `receiveMessage()`, tout en prenant soin de lui passer un message en paramètre. Ainsi, nous pouvons récupérer du contenu via la fonction `receiveMessage()`. Évidemment, cet exemple n'est pas très intéressant puisque nous savons à l'avance ce que le fichier JavaScript va renvoyer. Nous allons alors créer le fichier JavaScript via du PHP.

Avec des variables et du PHP

Au lieu d'appeler un fichier JavaScript, nous allons à présent appeler une page PHP. Si nous reprenons le code vu précédemment, nous pouvons modifier l'URL du fichier JavaScript :

```
scriptElement.src = 'dsl_script.php?nick=' + prompt('Quel est votre pseudo ?');
```

En ce qui concerne le fichier PHP, il va falloir utiliser la fonction `header()` pour indiquer au navigateur que le contenu du fichier PHP est en réalité du JavaScript. Nous introduirons ensuite la variable `$_GET['nick']` au sein du script JavaScript :

```
<?php header("Content-type: text/javascript"); ?>

var string = 'Bonjour <?php echo $_GET['nick'] ?> !';

receiveMessage(string);
```

(Essayez le code complet : http://learn.sdlm.be/js/part4/chap4/ex2.html)

Si nous testons le tout, nous constatons que le script retourne bien le pseudo que l'utilisateur a entré.

Le DSL et le format JSON

Le gros avantage du *Dynamic Script Loading* (pour « chargement dynamique de script », abrégé DSL) est qu'il permet de récupérer du contenu sous forme d'objets JavaScript, comme un tableau ou tout simplement un objet littéral, et donc le fameux JSON. Si nous récupérons des données JSON via `XMLHttpRequest`, elles seront livrées sous la forme de texte brut (récupéré via la propriété `responseText`). Il faut donc utiliser la méthode `parse()` de l'objet `JSON` pour pouvoir les interpréter. Avec le DSL, ce petit souci n'existe pas puisque c'est du JavaScript qui est transmis, et non du texte.

Charger du JSON

Comme dans l'exemple précédent, nous allons utiliser une page PHP pour générer le contenu du fichier JavaScript, et donc notre JSON. Les données JSON contiennent une liste d'éditeurs et pour chacun une liste de programmes qu'ils éditent :

```
<?php

header("Content-type: text/javascript");

echo 'var softwares = {
     "Adobe": [
          "Acrobat",
          "Dreamweaver",
          "Photoshop",
          "Flash"
     ],
     "Mozilla": [
          "Firefox",
          "Thunderbird",
          "Lightning"
     ],
     "Microsoft": [
          "Office",
          "Visual C# Express",
          "Azure"
     ]
};';
```

```
?>

receiveMessage(softwares);
```

Au niveau de la page HTML, pas de gros changements… Nous allons seulement coder une meilleure fonction `receiveMessage()` de manière à afficher, dans une alerte, les données issues du JSON. Nous utilisons une boucle `for in` pour parcourir le tableau associatif, et une seconde boucle `for` imbriquée pour chaque tableau :

```
<script>

    function sendDSL() {
        var scriptElement = document.createElement('script');
        scriptElement.src = 'dsl_script_json.php';

        document.body.appendChild(scriptElement);
    }

    function receiveMessage(json) {
        var tree = '',
            nbItems, i;

        for (node in json) {
            tree += node + "\n";
            nbItems = json[node].length;

            for (I = 0; i < nbItems; i++) {
                tree += '\t' + json[node][i] + '\n';
            }
        }

        alert(tree);
    }
</script>

<p><button type="button" onclick="sendDSL()">Charger le JSON</button></p>
```

(Essayez le code complet : *http://learn.sdlm.be/js/part4/chap4/ex3.html*)

Il est inutile de parser le JSON, le code est opérationnel tel quel. Cette notion est souvent désignée par l'abréviation JSONP (*http://en.wikipedia.org/wiki/JSONP*).

Petite astuce pour le PHP

Le PHP dispose de deux fonctions pour manipuler du JSON :

- `json_encode()` (*http://fr2.php.net/json_encode*), qui permet de convertir une variable (un tableau associatif, par exemple) en une chaîne de caractères au format JSON ;
- `json_decode()` (*http://fr2.php.net/json_decode*), qui fait le contraire, c'est-à-dire qu'elle recrée une variable à partir d'une chaîne de caractères au format JSON. Ceci peut s'avérer utile dans le cas de manipulation de JSON avec du PHP.

En résumé

- Il est possible de charger un fichier `.js` en ajoutant un élément `<script>` via le JavaScript. On appelle cela le Dynamic Script Loading.
- Cette technique est particulièrement efficace pour charger des données au format JSON.
- Comme pour les iframes vues précédemment, il faut utiliser un système de callback pour transmettre les données une fois le fichier JavaScript chargé.

31 Déboguer le code

Tout comme pour le DOM, il est tout à fait possible de déboguer vos requêtes grâce aux kits de développement. Ce chapitre vous montre comment analyser les données envoyées et reçues par le biais de vos requêtes, vérifier les paramètres utilisés pour chacune d'entre elles et consulter leurs temps d'exécution.

L'analyse des requêtes

Afin de consulter les requêtes, ouvrez votre kit de développement, puis cliquez sur l'onglet ***Network*** pour Chrome ou ***Réseau*** pour Firefox. Normalement, la liste des requêtes devrait être vide, car le kit de développement ne les enregistre que lorsqu'il est ouvert afin de ne pas impacter sur les performances du navigateur. Pour afficher les requêtes d'une page web, vous devez recharger la page en gardant le kit ouvert.

Lister les requêtes

Plutôt que de prendre un exemple sans intérêt, nous allons ici utiliser un site déjà en ligne afin de consulter un maximum de requêtes différentes : le moteur de recherche DuckDuckGo (*https://duckduckgo.com/*). Rendez-vous sur sa page d'accueil, ouvrez le kit de développement et effectuez une recherche. Vous verrez alors apparaître une liste de requêtes concernant aussi bien des chargements d'images que des requêtes `xhr`, et bien d'autres encore :

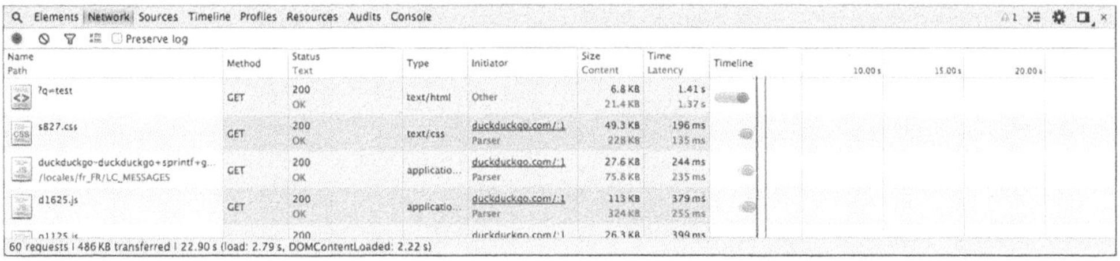

Affichage des requêtes sous Chrome

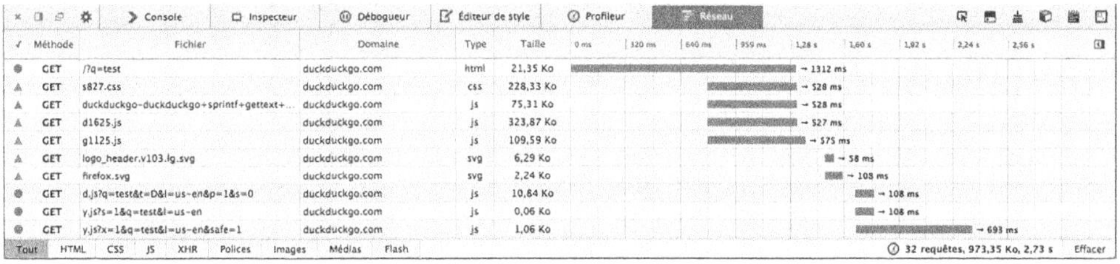

Affichage des requêtes sous Firefox

La plupart du temps, votre phase de débogage concernera avant tout une ou plusieurs requêtes `xhr`, mais rarement les autres requêtes. Afin de mieux vous y retrouver dans une liste relativement longue, il est possible d'appliquer un filtre. Sous Chrome, cliquez sur le bouton situé en haut à gauche et choisissez un type de requête (par exemple `xhr`).

Sous Firefox, vous trouverez tout simplement la liste des filtres en bas à gauche .

Analyser une requête

Chaque requête affichée peut être consultée en détail, il suffit pour cela de cliquer sur son adresse. Vous verrez alors apparaître un panneau comportant plusieurs onglets.

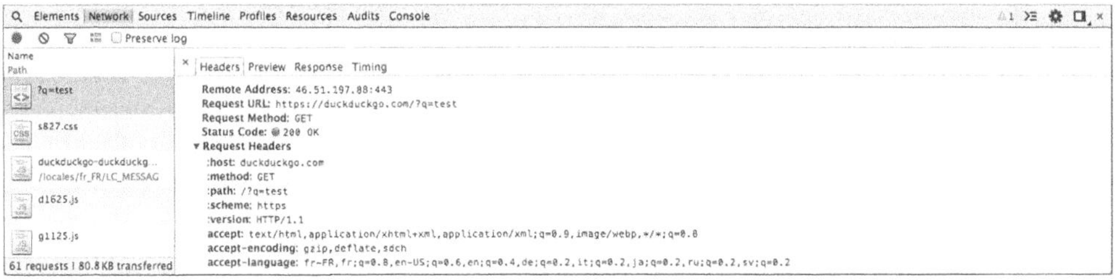

Une requête sous Chrome

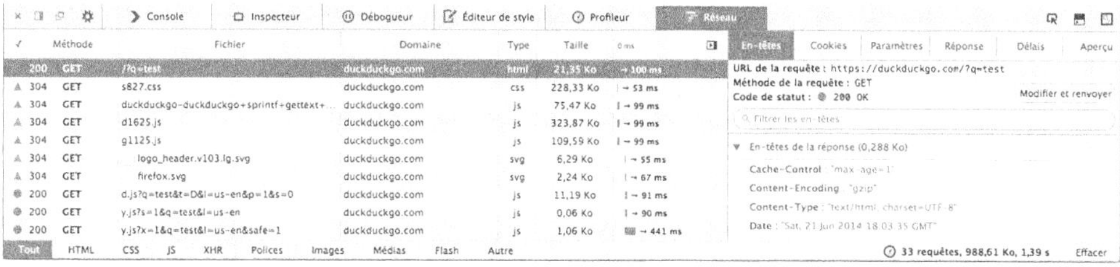

Une requête sous Firefox

L'onglet ***Headers*** sous Chrome, ou ***En-têtes*** sous Firefox, permet de vérifier les headers d'une requête mais aussi de la réponse, ce qui peut être extrêmement utile dans le cas d'un bogue lié à la configuration des headers, tel que la mise en cache. Il est aussi possible d'y consulter les cookies ou les paramètres de la requête (les paramètres dans une URL ou bien les données d'un formulaire). À noter que sous Firefox, cette consultation se fait dans les onglets ***Paramètres*** et ***Cookies***.

Le panneau que vous utiliserez le plus souvent sera celui permettant d'obtenir les données d'une réponse à une requête. Il s'agit de l'onglet ***Response*** sous Chrome et ***Réponse*** sous Firefox. Dans le cas de données JSON, elles seront présentées sous forme d'arborescence avec Firefox. Cet affichage est aussi disponible avec Chrome mais il faut pour cela se rendre dans l'onglet ***Preview***.

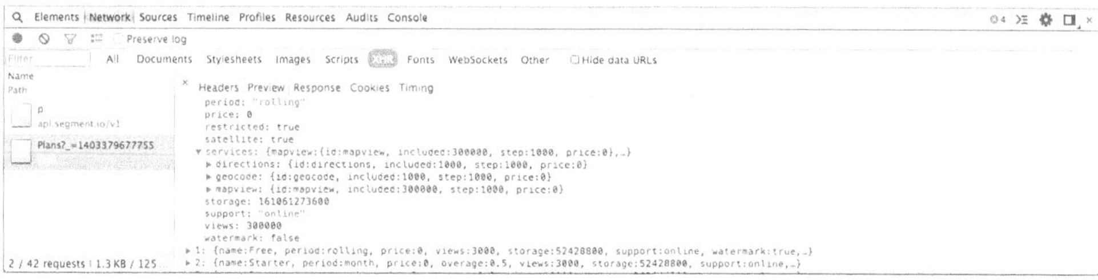

Aperçu des données JSON sous forme d'arborescence avec Chrome

Enfin, il est possible d'analyser le temps d'exécution d'une requête, ce qui peut-être particulièrement utile en cas de lenteurs. Si, par exemple, votre page web met du temps à charger pour une raison inconnue, ne blâmez pas immédiatement votre site web, la cause vient peut-être d'ailleurs. Par exemple, si vous chargez un script externe à votre site, tel que Google Analytics, la lenteur vient peut-être de là.

Pour vérifier ce point, ouvrez l'onglet ***Timing*** sous Chrome, ***Délais*** sous Firefox. Les valeurs qui vous intéressent avant tout sont ***Sending/Envoi***, ***Waiting/Attente*** et ***Receiving/Réception***, qui correspondent respectivement :

- au temps d'envoi de la requête ;
- au temps d'attente entre la fin de l'envoi de la requête et le début de l'envoi de la réponse, ce qui définit donc le temps de traitement du serveur ;
- au temps de réception de la réponse.

32 TP : un système d'autocomplétion

Il est temps à présent de mettre en pratique une bonne partie des connaissances acquises au cours des chapitres précédents. Ce TP sera consacré à la création d'un système d'autocomplétion capable d'aller chercher dans un fichier les villes de France commençant par les lettres que vous aurez commencé à écrire dans le champ de recherche. Le but ici est d'accélérer et de valider la saisie des mots-clés.

Ce TP n'utilisera Ajax que par le biais de l'objet `XMLHttpRequest` afin de rester dans des dimensions raisonnables. Cependant, il s'agit, et de loin, de la méthode la plus en vogue de nos jours, l'utilisation d'iframes et de DSL étant réservée à des cas bien plus particuliers.

Présentation de l'exercice

Les technologies à employer

Avant de commencer, nous devons déterminer le type de technologie dont nous avons besoin, car nous allons ici employer le JavaScript avec d'autres langages.

Généralement, un système d'autocomplétion fait appel à trois technologies différentes :

- un langage client ayant la capacité de dialoguer avec un serveur ;
- un langage serveur capable de fournir les données au client ;
- une base de données qui stocke toutes les données.

Dans notre cas, nous allons utiliser le JavaScript ainsi que le PHP (bien que n'importe quel autre langage serveur puisse le remplacer). Nous allons faire une petite entorse au troisième point en utilisant un fichier de stockage plutôt qu'une base de données, cela pour une raison bien simple : simplifier notre code, surtout que nous n'avons pas besoin d'une base de données pour le peu de données à enregistrer.

Principe de l'autocomplétion

Un système d'autocomplétion se présente de la manière suivante.

Google a mis en place un système d'autocomplétion sur son moteur de recherche.

Le principe est simple mais efficace : dès qu'un utilisateur tape un caractère dans le champ, une recherche est immédiatement effectuée et retournée au navigateur. Ce dernier affiche alors les résultats dans un petit cadre, généralement situé sous le champ de recherche. Les résultats affichés peuvent alors être parcourus à l'aide des touches fléchées du clavier (haut et bas) ou de la souris. Lorsque nous choisissons l'un des résultats listés, celui-ci apparaît automatiquement dans le champ de recherche à la place de ce qui avait été saisi par l'utilisateur. Il ne reste plus qu'à lancer la recherche.

L'avantage de ce type de script est qu'il permet de faire gagner beaucoup de temps : la recherche peut être effectuée en tapant seulement quelques caractères. Cela est aussi très utile lorsqu'une partie seulement du terme recherché est connue ou en cas de faute de frappe.

Conception

Nous connaissons à présent le principe de l'autocomplétion et les technologies nécessaires. Cependant, nous ne savons toujours pas comment tout cela doit être utilisé. Nous allons donc vous guider pour vous permettre de vous lancer sans trop d'appréhension dans ce vaste projet.

L'interface

L'autocomplétion étant généralement affiliée à tout ce qui est du domaine de la recherche, nous aurons besoin d'un champ de texte pour écrire les mots-clés. Cependant, ce dernier va nous poser problème, car le navigateur enregistre habituellement ce qui a été saisi dans les champs de texte afin de vous le proposer plus tard sous forme d'autocomplétion. Cela sera redondant avec notre système… Heureusement, il est possible de désactiver cette autocomplétion en utilisant l'attribut `autocomplete` de cette manière :

```
<input type="text" autocomplete="off" >
```

À cela, nous allons devoir ajouter un élément capable d'englober les suggestions de recherche. Celui-ci sera composé d'une balise `<div>` contenant autant de `<div>` que de résultats, comme ceci :

```
<div id="results">
    <div>Résultat 1</div>
    <div>Résultat 2</div>
</div>
```

Chaque résultat dans les suggestions devra changer d'aspect lorsque celui-ci sera survolé ou sélectionné à l'aide des touches fléchées.

En ce qui concerne un éventuel bouton de type ***Submit***, nous allons nous en passer, car notre but n'est pas de lancer la recherche, mais seulement d'afficher une autocomplétion.

> À titre d'information, puisque vous allez devoir gérer les touches fléchées, voici les valeurs respectives de la propriété `keyCode` pour les touches ***Haut***, ***Bas*** et ***Entrée*** : `38`, `40` et `13`.

La communication client/serveur

Cette partie sera assez simple car nous allons simplement effectuer une requête à chaque caractère écrit afin de proposer une liste de suggestions. Il nous faudra donc une fonction liée à l'événement `keyup` de notre champ de recherche, qui permettra d'effectuer une nouvelle requête à chaque caractère tapé.

Cependant, admettons que nous tapions deux caractères dans le champ de recherche, que la première requête réponde en 100 ms et la deuxième en 65 ms : nous allons alors obtenir les résultats de la première requête après ceux de la deuxième et donc afficher des suggestions qui ne seront plus du tout en accord avec les caractères saisis dans le champ de recherche. La solution à cela est simple : il suffit d'utiliser la méthode `abort()` sur la première requête si celle-ci n'est pas terminée. Ainsi, elle ne risque pas de renvoyer des informations obsolètes par la suite.

Le traitement et le renvoi des données

Côté serveur, nous allons créer un script de recherche basique sur lequel nous ne nous attarderons pas trop, le PHP n'étant pas notre priorité. Le principe consiste ici à rechercher les villes qui correspondent aux lettres saisies dans le champ de recherche. Nous avons créé une archive ZIP dans laquelle vous trouverez un tableau PHP linéarisé contenant les plus grandes villes de France, il ne vous restera plus qu'à l'analyser.

(Télécharger l'archive : *http://www.openclassrooms.com/uploads/fr/ftp/javascript/part4/chap5/towns.zip*)

> La linéarisation d'une variable en PHP permet de sauvegarder des données sous forme de chaîne de caractères. Cela est pratique lorsqu'on souhaite sauvegarder un tableau dans un fichier, c'est ce que nous avons fait pour les villes. Les fonctions à utiliser se nomment `(serialize()` (*http://fr2.php.net/serialize*) et `unserialize()` (*http://fr2.php.net/unserialize*).

Le PHP n'étant peut-être pas votre point fort, nous allons détailler suffisamment les différentes étapes pour que vous puissiez mener à bien votre recherche.

Tout d'abord, vous devez récupérer les données contenues dans le fichier `towns.txt`. Pour cela, vous allez lire ce fichier avec la fonction `file_get_contents()` (*http://fr.php.net/file_get_contents*), puis convertir son contenu en tant que tableau PHP, grâce à la fonction `unserialize()` (*http://fr2.php.net/unserialize*).

Après avoir fait cela, le tableau obtenu doit être passé au filtre de la recherche de résultats en cohérence avec les caractères saisis par l'utilisateur dans le champ de recherche. Pour cela, vous aurez besoin d'une boucle ainsi que de la fonction `count()` (*http://fr.php.net/count*) pour obtenir le nombre d'éléments contenus dans le tableau.

Pour vérifier si un index du tableau correspond à votre recherche, vous utiliserez la fonction `stripos()` (*http://fr.php.net/stripos*), qui permet de vérifier si une chaîne de caractères contient certains caractères, sans tenir compte de la casse. Si vous trouvez un résultat en cohérence avec la recherche, il sera ajouté à un tableau (que vous aurez préalablement créé) grâce à la fonction `array_push()` (*http://fr.php.net/array_push*).

Une fois le tableau parcouru, il ne vous reste plus qu'à trier les résultats avec la fonction `sort()` (*http://fr2.php.net/sort*), puis à renvoyer les données au client sous sous forme de texte brut, et non aux formats XML ou JSON. Les formats XML et JSON sont utiles pour renvoyer des données qui ont besoin d'être structurées. Si nous avions eu besoin de renvoyer, en plus des noms de ville, le nombre d'habitants, de commerces et d'administrations françaises, alors nous aurions pu envisager l'utilisation du XML ou du JSON afin de structurer les données. Mais dans notre cas, cela n'est pas utile car nous ne faisons que renvoyer le nom de chaque ville trouvée.

Comment renvoyer les données au client sous forme de texte brut ? Nous pourrions faire un saut de ligne entre chaque ville retournée, mais ce n'est pas très pratique à analyser pour le JavaScript. Il faut donc choisir un caractère de séparation qui n'est jamais utilisé dans le nom d'une ville. Dans ce TP, nous utiliserons la barre verticale `|`, ce qui devrait nous permettre de retourner du texte brut sous cette forme :

```
Paris|Perpignan|Patelin-Paumé-Sur-Toise|Etc.
```

Tout comme `join()` en JavaScript, il existe une fonction PHP qui permet de concaténer toutes les valeurs d'un tableau dans une chaîne de caractères avec un ou plusieurs caractères de séparation : il s'agit de la fonction `implode()` (*http://fr2.php.net/implode*). Une fois la fonction utilisée, il suffira de tout renvoyer au client avec un simple `echo` sans oublier d'analyser cela côté JavaScript.

> L'exemple ici étant relativement simple, nous nous permettons de nous passer d'une structuration de données. Cependant, dans la plupart des situations, vous utiliserez le JSON.

C'est à vous !

Maintenant que vous avez toutes les cartes en main, à vous de jouer ! N'hésitez pas à consulter le corrigé du fichier PHP si besoin.

Mais alors, par où commencer ? Le serveur ou le client ? Il est préférable que vous commenciez par le code PHP afin de vous assurer que celui-ci fonctionne correctement, cela vous évitera bien des inconvénients de débogage.

En cas de dysfonctionnements dans votre code, consultez la console d'erreurs (*https://openclassrooms.com/courses/dynamisez-vos-sites-web-avec-javascript*) et vérifiez ce que vous a renvoyé le serveur, car l'erreur ne provient pas forcément du client.

Corrigé

Que votre système d'autocomplétion soit fonctionnel ou non, il est important d'essayer et de comprendre le cas échéant d'où proviennent les erreurs. Ce n'est pas très grave si vous n'êtes pas allés jusqu'au bout.

Le corrigé complet

Vous trouverez ici le corrigé des différentes parties nécessaires à l'autocomplétion. Commençons tout d'abord par le code PHP du serveur, car nous vous avions conseillé de commencer par celui-ci :

```
<?php

    $data = unserialize(file_get_contents('towns.txt'));
    // Récupération de la liste complète des villes
    $dataLen = count($data);

    sort($data); // On trie les villes dans l'ordre alphabétique

    $results = array(); // Le tableau où seront stockés les résultats de
                        // la recherche

    // La boucle ci-dessous parcourt tout le tableau $data, jusqu'à un
    // maximum de 10 résultats

    for ($i = 0 ; $i < $dataLen && count($results) < 10 ; $i++) {
        if (stripos($data[$i], $_GET['s']) === 0) {
        // Si la valeur commence par les mêmes caractères que la recherche

            array_push($results, $data[$i]);
            // On ajoute alors le résultat à la liste à retourner

        }
    }

    echo implode('|', $results);
    // Et on affiche les résultats séparés par une barre verticale |

    ?>
```

Vient ensuite la structure HTML, qui est on ne peut plus simple :

```
<!DOCTYPE html>
 <html>
<head>
    <meta charset="utf-8" />
    <title>TP : Un système d'auto-complétion</title>
</head>

<body>

    <input id="search" type="text" autocomplete="off" />

    <div id="results"></div>

</body>
</html>
```

Et pour finir, voici le code JavaScript :

```
(function() {

    var searchElement = document.getElementById('search'),
        results = document.getElementById('results'),
        selectedResult = -1, // Permet de savoir quel résultat est
                             // sélectionné : -1 signifie "aucune sélection"
         previousRequest, // On stocke notre précédente requête dans
                          // cette variable
        previousValue = searchElement.value; // On fait de même avec la
                                             // précédente valeur



    function getResults(keywords) { // Effectue une requête et récupère
                                    // les résultats

         var xhr = new XMLHttpRequest();
        xhr.open('GET', './search.php?s='+ encodeURIComponent(keywords));

        xhr.addEventListener('readystatechange', function() {
            if (xhr.readyState == 4 && xhr.status == 200) {

                displayResults(xhr.responseText);

            }
        });

        xhr.send(null);

        return xhr;

    }

   function displayResults(response) { // Affiche les résultats d'une requête
```

```
    results.style.display = response.length ? 'block' : 'none';
    // On cache le conteneur si on n'a pas de résultats

    if (response.length) {
    // On ne modifie les résultats que si on en a obtenu

        response = response.split('|');
        var responseLen = response.length;

        results.innerHTML = ''; // On vide les résultats

        for (var i = 0, div ; i < responseLen ; i++) {

            div = results.appendChild(document.createElement('div'));
            div.innerHTML = response[i];

            div.addEventListener('click', function(e) {
                chooseResult(e.target);
            });

        }

    }

}

function chooseResult(result) {
// Choisit un des résultats d'une requête et gère tout ce qui y est attaché

    searchElement.value = previousValue = result.innerHTML;
    // On change le contenu du champ de recherche et on enregistre en tant
    // que précédente valeur
    results.style.display = 'none'; // On cache les résultats
    result.className = ''; // On supprime l'effet de focus
    selectedResult = -1; // On remet la sélection à "zéro"
    searchElement.focus(); // Si le résultat a été choisi par le biais
                           // d'un clique alors le focus est perdu, donc
                           // on le réattribue

}



searchElement.addEventListener('keyup', function(e) {

    var divs = results.getElementsByTagName('div');

    if (e.keyCode == 38 && selectedResult > -1) {
    // Si la touche pressée est la flèche "haut"

        divs[selectedResult--].className = '';

        if (selectedResult > -1) {
        // Cette condition évite une modification de childNodes[-1],
        // qui n'existe pas
            divs[selectedResult].className = 'result_focus';
        }
```

```
        }

        else if (e.keyCode == 40 && selectedResult < divs.length - 1) {
// Si la touche pressée est la flèche "bas"

            results.style.display = 'block'; // On affiche les résultats

            if (selectedResult > -1) {
            // Cette condition évite une modification de childNodes[-1],
            // qui n'existe pas
                divs[selectedResult].className = '';
            }

            divs[++selectedResult].className = 'result_focus';

        }

        else if (e.keyCode == 13 && selectedResult > -1) {
        // Si la touche pressée est "Entrée"

             chooseResult(divs[selectedResult]);

        }

        else if (searchElement.value != previousValue) {
        // Si le contenu du champ de recherche a changé

            previousValue = searchElement.value;

    if (previousRequest && previousRequest.readyState < XMLHttpRequest.DONE) {
                previousRequest.abort();
                // Si on a toujours une requête en cours, on l'arrête
            }

            previousRequest = getResults(previousValue);
            // On stocke la nouvelle requête

            selectedResult = -1;
            // On remet la sélection à "zéro" à chaque caractère écrit

        }

    });

})();
```

(Essayez le code complet : *http://learn.sdlm.be/js/part4/chap5/tp.html*)

Les explications

Ce TP n'est pas compliqué en soi mais il aborde de nouveaux concepts. Il se peut donc que vous soyez un peu perdus à la lecture des codes fournis. Laissez-nous vous expliquer comment tout cela fonctionne.

Le serveur : analyser et retourner les données

Comme indiqué précédemment, il est préférable de commencer par coder le script serveur, cela évite bien des désagréments par la suite. En effet, il est possible d'analyser manuellement les données retournées par le serveur et ce, sans avoir déjà codé le script client. On peut donc s'assurer du bon fonctionnement du serveur avant de s'attaquer au client.

Tout d'abord, nous devons définir comment le serveur va recevoir les mots-clés de la recherche. Nous avons choisi la méthode `GET` et un nom de champ `s`, ce qui nous donne la variable PHP `$_GET['s']`.

> Les codes qui vont suivre utilisent diverses fonctions que vous ne connaissez peut-être pas. Si c'est le cas, n'hésitez pas à retourner au début de ce chapitre, vous y trouverez de plus amples informations.

Avant de commencer notre analyse des données, il nous faut précharger le fichier, convertir son contenu en tableau PHP et enfin trier ce dernier. À cela s'ajoutent le calcul de la taille du tableau généré ainsi que la création d'un tableau pour sauvegarder les résultats en cohérence avec la recherche :

```
<?php

    $data = unserialize(file_get_contents('towns.txt'));
    // Récupération de la liste complète des villes
    $dataLen = count($data);

    sort($data); // On trie les villes dans l'ordre alphabétique

    $results = array();
    // Le tableau où seront stockés les résultats de la recherche

    ?>
```

Maintenant que toutes les données sont accessibles, nous devons les analyser. De façon basique, il s'agit de la même opération qu'en JavaScript : une boucle pour parcourir le tableau et une condition pour déterminer si le contenu est valide. Voici ce que cela donne en PHP :

```
<?php
    // La boucle ci-dessous parcourt tout le tableau $data, jusqu'à un maximum
    // de 10 résultats

    for ($i = 0 ; $i < $dataLen && count($results) < 10 ; $i++) {
        if (stripos($data[$i], $_GET['s']) === 0) {
        // Si la valeur commence par les mêmes caractères que la recherche

        // Du code...

        }
    }

?>
```

La boucle `for` possède une condition un peu particulière qui stipule qu'elle doit continuer à tourner tant qu'elle n'a pas lu tout le tableau `$data` et qu'elle n'a pas atteint le nombre maximal de résultats à retourner. Cette limite de résultats est nécessaire, car une autocomplétion ne doit pas afficher tous les résultats sous peine de provoquer des ralentissements dus au nombre élevé de données, sans compter qu'un trop grand nombre de résultats serait difficile à parcourir (et à analyser) pour l'utilisateur.

La fonction `stripos()` retourne la première occurrence de la recherche détectée dans la valeur actuellement analysée. Il est nécessaire de vérifier que la valeur retournée est bien égale à 0, car nous ne souhaitons obtenir que les résultats qui commencent par notre recherche. La triple équivalence (===) s'explique par le fait que la fonction `stripos()` retourne `false` en cas d'échec de la recherche, ce que la double équivalence (==) aurait confondu avec un `0`.

Une fois qu'un résultat cohérent a été trouvé, il ne reste plus qu'à l'ajouter à notre tableau `$results` :

```
<?php

    for ($i = 0 ; $i < $dataLen && count($results) < 10 ; $i++) {
        if (stripos($data[$i], $_GET['s']) === 0) {
        // Si la valeur commence par les mêmes caractères que la recherche

            array_push($results, $data[$i]);
            // On ajoute alors le résultat à la liste à retourner

        }
    }

?>
```

Une fois que la boucle a terminé son exécution, il ne reste plus qu'à retourner le contenu de notre tableau de résultats sous forme de chaîne de caractères. Lors de la présentation de ce TP, nous avons évoqué le fait de retourner les résultats séparés par une barre verticale, c'est donc ce que nous appliquons dans le code suivant :

```
<?php
    echo implode('|', $results);
    // On affiche les résultats séparés par une barre verticale |
?>
```

Ainsi, notre script côté client n'aura plus qu'à faire un `split('|')` sur la chaîne de caractères obtenue grâce au serveur pour avoir un tableau listant les résultats obtenus.

Le client : préparer le terrain

Une fois le code du serveur écrit et testé, il ne nous reste « plus que » le code client à écrire. Cela commence par le code HTML, qui se veut extrêmement simple avec un champ de texte sur lequel nous avons désactivé l'autocomplétion, ainsi qu'une balise `<div>` destinée à accueillir la liste des résultats obtenus :

```
<input id="search" type="text" autocomplete="off" />

<div id="results"></div>
```

Voilà pour la partie HTML. Concernant le JavaScript, nous devons tout d'abord déclarer les variables dont nous allons avoir besoin, avant de créer les événements. Nous allons les déclarer dans une IIFE (pour un rappel sur les IIFE, consultez le chapitre 6 sur les fonctions.

```
(function() {

    var searchElement = document.getElementById('search'),
        results = document.getElementById('results'),
        selectedResult = -1, // Permet de savoir quel résultat est sélectionné :
                             // -1 signifie « aucune sélection »
        previousRequest, // On stocke notre précédente requête dans cette
                         // variable
        previousValue = searchElement.value; // On fait de même avec la
                                              // précédente valeur

})();
```

Si l'utilité de la variable `previousValue` vous semble douteuse, ne vous en faites pas, vous allez vite comprendre à quoi elle sert.

Le client : gérer les événements

L'événement `keyup` va se charger de gérer les interactions entre l'utilisateur et la liste de suggestions. Il doit permettre, par exemple, de naviguer dans la liste de résultats et d'en choisir un avec la touche ***Entrée***, mais il doit aussi détecter quand le contenu du champ de recherche change et alors faire appel au serveur pour obtenir une nouvelle liste de résultats.

Commençons tout d'abord par initialiser l'événement en question ainsi que les variables nécessaires :

```
searchElement.addEventListener('keyup', function(e) {

    var divs = results.getElementsByTagName('div');
    // On récupère la liste des résultats

});
```

Nous allons nous intéresser à la gestion des touches fléchées ***Haut*** et ***Bas***. Pour ce faire, nous utiliserons la variable `selectedResult` qui stocke la position actuelle de la sélection des résultats. La valeur `-1` indique qu'il n'y a aucune sélection et le curseur se trouve donc sur le champ de recherche ; la valeur `0` indique que le curseur est positionné sur le premier résultat, la valeur `1` désigne le deuxième résultat, etc.

Pour chaque déplacement de la sélection, vous devez appliquer un style sur le résultat sélectionné afin de le distinguer des autres. Il existe plusieurs solutions pour cela, cependant nous avons retenu celle qui utilise les classes CSS. Autrement dit, lorsqu'un résultat est sélectionné, vous n'avez qu'à lui attribuer une classe CSS qui modifiera son style. Cette classe doit bien sûr être retirée dès qu'un autre résultat est sélectionné. Cette solution donne ceci pour la gestion de la flèche ***Haut*** :

```
1. if (e.keyCode == 38 && selectedResult > -1) {
  // Si la touche pressée est la flèche « haut »
2.
3.     divs[selectedResult--].className = ''; // On retire la classe de l'élément
                  // inférieur et on décrémente la variable « selectedResult »
4.
5.      if (selectedResult > -1) { // Cette condition évite une modification de
                                   // childNodes[-1], qui n'existe pas
6.          divs[selectedResult].className = 'result_focus';
            // On applique une classe à l'élément actuellement sélectionné
7.      }
8.
9. }
```

Vous constaterez que la première condition doit vérifier deux règles :

- la première concerne uniquement la touche frappée ;
- la seconde règle consiste à vérifier que la sélection n'est pas déjà positionnée sur le champ de texte, afin d'éviter de sortir de notre « champ d'action », qui s'étend du champ de texte jusqu'au dernier résultat suggéré par l'autocomplétion.

Curieusement, nous retrouvons une seconde condition (ligne 5) effectuant la même vérification que la première : `selectedResult > -1`. Ceci est en fait logique, car si on regarde bien la troisième ligne, la valeur de `selectedResult` est décrémentée, il faut alors effectuer une nouvelle vérification.

Concernant la flèche ***Bas***, les changements sont assez peu flagrants. Ajoutons donc la gestion de cette touche à notre code :

```
else if (e.keyCode == 40 && selectedResult < divs.length - 1) {
// Si la touche pressée est la flèche « bas »

    results.style.display = 'block'; // On affiche les résultats « au cas où »

     if (selectedResult > -1) { // Cette condition évite une modification de
                                // childNodes[-1], qui n'existe pas
         divs[selectedResult].className = '';
     }

     divs[++selectedResult].className = 'result_focus';

}
```

Ici, les changements portent surtout sur les valeurs à analyser ou à modifier. Nous ne décrémentons plus `selectedResult`, nous l'incrémentons. La première condition est modifiée afin de vérifier que nous ne nous trouvons pas à la fin des résultats au lieu du début, etc.

Par ailleurs, une nouvelle ligne (la troisième) est ajoutée, elle permet d'afficher les résultats dans tous les cas. L'utilisation de notre script sera ainsi simplifiée. Vous le constaterez plus tard, mais lorsque vous choisirez un résultat (en cliquant dessus ou en appuyant sur la touche ***Entrée***), cela entraînera la disparition de la liste des résultats. Grâce à l'ajout de notre ligne de code, vous pourrez les réafficher très simplement en appuyant sur la flèche ***Bas*** !

Venons-en maintenant à la gestion de cette fameuse touche ***Entrée*** :

```
else if (e.keyCode == 13 && selectedResult > -1) {
// Si la touche pressée est « Entrée »

    chooseResult(divs[selectedResult]);

}
```

La fonction `chooseResult()` est l'une des trois fonctions que nous allons créer plus tard. Pour le moment, retenez seulement qu'elle permet de choisir un résultat (et donc de gérer tout ce qui s'ensuit) et qu'elle prend en paramètre l'élément à choisir. Nous nous intéresserons à son code ultérieurement.

Maintenant, il ne nous reste plus qu'à détecter quand le champ de texte a été modifié. Nous pourrions penser que cela se produit à chaque fois que l'événement `keyup` se déclenche, mais pas tout à fait en réalité. Cet événement se déclenche quelle que soit la touche relâchée, et cela inclut les touches fléchées, les touches de fonctions, etc. Tout cela nous pose problème car nous souhaitons savoir quand la valeur du champ de recherche est modifiée et non pas quand une touche quelconque est relâchée. Une solution serait alors de vérifier que la touche enfoncée fournit bien un caractère, mais il s'agit d'une vérification assez fastidieuse et pas forcément simple à mettre en place pour être compatible avec Internet Explorer.

Nous allons donc recourir à la variable `previousValue`, dans laquelle nous enregistrerons la dernière valeur du champ de recherche. Ainsi, dès que notre événement se déclenche, il suffit de comparer la variable `previousValue` à la valeur actuelle du champ de recherche. Si elles sont différentes, nous enregistrons la nouvelle valeur du champ dans la variable, nous poursuivons l'exécution de la suite de notre programme et c'est reparti pour un tour. Simple, mais efficace !

Une fois que nous savons que la valeur de notre champ de texte a été modifiée, il ne nous reste plus qu'à lancer une nouvelle requête effectuant la recherche auprès du serveur :

```
else if (searchElement.value != previousValue) {
// Si le contenu du champ de recherche a changé

    previousValue = searchElement.value;
    // On change la valeur précédente par la valeur actuelle

    getResults(previousValue); // On effectue une nouvelle requête

   selectedResult = -1; // On remet la sélection à zéro à chaque caractère écrit

}
```

La fonction `getResults()` sera étudiée en détail ultérieurement. Elle est chargée d'effectuer une requête auprès du serveur, puis d'en afficher ses résultats. Elle prend en paramètre le contenu du champ de recherche.

Il est nécessaire de remettre la sélection des résultats à `-1` car la liste des résultats va être actualisée. Sans cette modification, nous pourrions être positionnés sur un résultat inexistant. La valeur `-1` étant celle qui désigne le champ de recherche, nous sommes sûrs que cette valeur ne posera jamais de problème.

En théorie, notre code fonctionne plutôt bien, mais il manque cependant une chose : nous ne nous sommes pas encore servis de la variable `previousRequest`. Rappelez-vous, elle est supposée contenir une référence vers le dernier objet `xhr` créé, afin que sa requête puisse être annulée dans le cas où nous aurions besoin de lancer une nouvelle requête alors que la précédente n'est pas encore terminée. Mettons donc son utilisation en pratique :

```
1. else if (searchElement.value != previousValue) {
  // Si le contenu du champ de recherche a changé
2.
3.     previousValue = searchElement.value;
4.
5.   if (previousRequest && previousRequest.readyState < XMLHttpRequest.DONE) {
6.         previousRequest.abort(); // Si on a toujours une requête en cours,
                                   // on l'arrête
7.     }
8.
9.     previousRequest = getResults(previousValue);
       // On stocke la nouvelle requête
10.
11.    selectedResult = -1;
       // On remet la sélection à zéro à chaque caractère écrit
12.
13. }
```

La fonction `getResults()` est censée retourner l'objet `xhr` initialisé, nous profitons donc de cela pour stocker ce dernier dans la variable `previousRequest` (ligne 9).

Ligne 5, vous pouvez voir une condition qui vérifie si la variable `previousRequest` est bien initalisée et surtout si l'objet `xhr` qu'elle référence a bien terminé son travail. Si l'objet existe mais que son travail n'est pas terminé, alors on utilise la méthode `abort()` sur cet objet avant de faire une nouvelle requête.

Le client : déclarer des fonctions

Une fois la mise en place des événements effectuée, il faut passer aux fonctions car nous faisons appel à elles sans les avoir déclarées. Ces dernières sont au nombre de trois :

- `getResults()` : effectue une recherche sur le serveur ;
- `displayResults()` : affiche les résultats d'une recherche ;
- `chooseResult()` : choisit un résultat.

Effectuons les étapes dans l'ordre et commençons par la première, `getResults()`. Cette fonction doit s'occuper de contacter le serveur, de lui communiquer les lettres de la recherche, puis de récupérer la réponse. C'est donc elle qui va se charger de gérer les requêtes `xhr`. Voici la fonction complète :

```
function getResults(keywords) {
// Effectue une requête et récupère les résultats

    var xhr = new XMLHttpRequest();
    xhr.open('GET', './search.php?s='+ encodeURIComponent(keywords));

    xhr.addEventListener('readystatechange', function() {
        if (xhr.readyState == XMLHttpRequest.DONE && xhr.status == 200) {

            // Le code une fois la requête terminée et réussie…

        }
    });

    xhr.send(null);

    return xhr;

}
```

Nous avons donc une requête `xhr` banale qui envoie les termes de la recherche à la page `search.php`, le tout dans une variable `GET` nommée `s`. N'oubliez pas d'utiliser la fonction `encodeURIComponent()` afin d'éviter tout caractère indésirable dans l'URL de la requête.

Le mot-clé `return` en fin de fonction retourne l'objet `xhr` initialisé afin qu'il puisse être stocké dans la variable `previousRequest` pour effectuer une éventuelle annulation de la requête grâce à la méthode `abort()`.

Une fois la requête terminée et réussie, il ne reste plus qu'à afficher les résultats. Nous allons donc passer ces derniers en paramètres à la fonction `displayResults()` :

```
xhr.addEventListener('readystatechange', function() {
    if (xhr.readyState == 4 && xhr.status == 200) {

        displayResults(xhr.responseText);

    }
});
```

Passons maintenant à la fonction `displayResults()`. Elle permet d'afficher les résultats de la recherche à l'utilisateur. Son but est donc de parser la réponse de la requête, puis de créer les éléments HTML nécessaires à l'affichage, et enfin de leur attribuer à chacun l'un des résultats de la recherche. Ce qui nous donne donc ceci :

```
function displayResults(response) { // Affiche les résultats d'une requête

    results.style.display = response.length ? 'block' : 'none';
    // On cache le conteneur si on n'a pas de résultats

    if (response.length) {
    // On ne modifie les résultats que si on en a obtenu

        response = response.split('|');
        // On parse la réponse de la requête pour obtenir les résultats dans un tableau
        var responseLen = response.length;

        results.innerHTML = ''; // On vide les anciens résultats

        for (var i = 0, div ; i < responseLen ; i++) {
        // On parcourt les nouveaux résultats

            div = results.appendChild(document.createElement('div'));
            // Ajout d'un nouvel élément <div>
            div.innerHTML = response[i];

            div.addEventListener('click', function(e) {
                chooseResult(e.target);
            });

        }

    }

}
```

Cette fonction crée un nouvel élément pour chaque résultat trouvé et lui attribue un contenu et un événement.

Il ne nous reste plus qu'à étudier la fonction `chooseResult()`. Son but est évident : choisir un résultat, ce qui signifie qu'un résultat a été sélectionné et doit venir remplacer le contenu de notre champ de recherche. Du point de vue de l'utilisateur, l'opération semble simple, mais du point de vue du développeur, il faut penser à gérer pas mal de choses, comme la réinitialisation des styles des résultats. Voici la fonction :

```
function chooseResult(result) {
// Choisit un des résultats d'une requête et gère tout ce qui y est attaché

    searchElement.value = previousValue = result.innerHTML; // On change le
// contenu du champ de recherche et on enregistre en tant que précédente valeur
    results.style.display = 'none'; // On cache les résultats
    result.className = ''; // On supprime l'effet de focus
    selectedResult = -1; // On remet la sélection à zéro
    searchElement.focus(); // Si le résultat a été choisi par le biais d'un
                           // clic, alors le focus est perdu, donc on le réattribue

}
```

Rien de bien compliqué pour cette fonction, mais il fallait penser à tous ces petits détails pour éviter d'éventuels bogues.

Le corrigé de ce TP est maintenant terminé, n'hésitez pas à l'améliorer selon vos envies, les possibilités sont multiples.

Idées d'amélioration

Avant de passer au chapitre suivant, nous vous proposons deux idées d'amélioration.

La première est de faciliter la saisie des caractères dans le champ de texte. Il s'agit ici d'écrire dans le champ le premier résultat et de surligner la partie qui n'a pas été mentionnée par l'utilisateur. Voir par exemple la figure suivante.

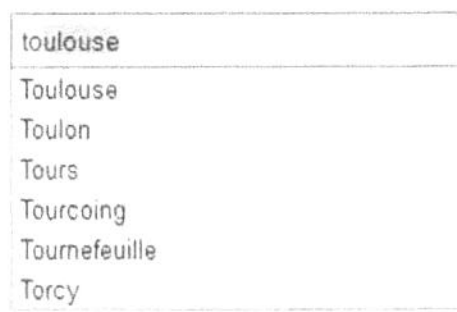

Le premier résultat est écrit dans le champ et une partie est grisée.

Comme vous pouvez le constater, nous avons commencé à écrire les lettres « to ». Les résultats sont apparus et surtout le script a rajouté les derniers caractères du premier résultat tout en les surlignant afin que nous puissions réécrire par-dessus sans être gêné dans notre saisie. Ce n'est pas très compliqué à mettre en place, mais cela vous demandera un petit approfondissement du JavaScript, notamment grâce au cours « Insertion de balises dans une zone de texte » (*https://openclassrooms.com/courses/insertion-de-balises-dans-une-zone-de-texte*) écrit par Sébastien de la Marck (*https://openclassrooms.com/membres/thunderseb-14765*). Vous y apprendrez à surligner seulement une partie d'un texte contenu dans un champ.

La seconde amélioration consiste à vous faire utiliser un format de structuration afin d'afficher davantage de données. Par exemple, vous pouvez très bien ajouter des données pour quelques villes (pas toutes quand même), tout transférer de manière structurée grâce au JSON et afficher le tout dans la liste des résultats, comme ceci par exemple :

Il est possible d'afficher des données sur les villes grâce au JSON.

Cela fait un bon petit défi, n'est-ce pas ? À vous de choisir si vous souhaitez vous lancer dans cette aventure. Nous nous retrouvons à la prochaine partie, qui traitera du HTML 5.

Cinquième partie

JavaScript et HTML 5

Cette partie va enfin aborder HTML 5. Vous découvrirez ici de nouvelles technologies qui vous permettront d'augmenter les possibilités d'interactions entre l'utilisateur et votre site web. Attendez-vous à voir germer de nombreuses idées dans votre cerveau, car les nouvelles possibilités qui vont s'offrir à vous sont immenses.

Rappelons tout de même que HTML 5 est une technologie encore récente, si bien que certains navigateurs ne le supportent pas, ou partiellement.

33

Qu'est-ce que le HTML 5 ?

Le HTML 5, en plus de fournir de nouveaux éléments, il propose aussi de nombreuses API JavaScript, pour des applications assez intéressantes qui étaient difficiles à réaliser auparavant.

Dans ce chapitre, nous allons faire le tour des nouveautés apportées par HTML 5, puis nous aborderons l'étude de certaines API JavaScript comme Audio et Video, mais aussi Drag & Drop et bien d'autres.

Rappel des faits

Le HTML 5 n'est pas uniquement le successeur du HTML 4, il est bien plus que ça ! Alors que les langages HTML 4 et autres XHTML se focalisaient juste sur le contenu des pages web, le HTML 5 met l'accent sur les applications web et l'interactivité, sans toutefois délaisser l'accessibilité et la sémantique. Le HTML 5 se positionne également comme concurrent des technologies Flash et Silverlight.

HTML

5

Le logo du HTML 5

Accessibilité et sémantique

Le HTML 5 apporte dès lors de nouveaux éléments comme `<nav>`, `<header>`, `<article>`, `<figure>`, etc., qui améliorent l'accessibilité, ainsi que des éléments comme `<mark>` ou `<data>` qui améliorent la sémantique (c'est-à-dire le sens qu'on donne aux textes).

Applications web et interactivité

Mais ce qui nous intéresse surtout, c'est ce qui concerne les applications web et l'interactivité ! Le HTML 5 apporte de nombreux éléments comme `<video>`, `<datagrid>`, `<meter>`, `<progress>`, `<output>`, etc., ainsi que de nouveaux types pour les éléments `<input>`, comme `tel`, `url`, `date`, `number`...

Et ce n'est pas tout, le HTML 5 spécifie aussi un certain nombre d'API JavaScript. Ces dernières sont des techniques que nous allons pouvoir utiliser pour développer des applications web et ajouter de l'interactivité. Parmi ces API JavaScript, nous trouvons par exemple l'API Drag & Drop, qui va nous permettre de réaliser des glisser-déposer de façon assez simple.

Il est question d'API depuis le début de ce chapitre, mais cet acronyme est peut être nouveau pour vous. API signifie *Application Programming Interface*. Dans le cadre d'une utilisation en JavaScript, une API est un ensemble d'objets, de méthodes et de propriétés réunis sous un même thème. Si nous considérons l'API Drag & Drop, il s'agit d'un ensemble d'objets, de propriétés, de méthodes et même d'attributs HTML qui permettent de réaliser des glisser-déposer (*drag and drop* en anglais).

Concurrencer Flash (et Silverlight)

Le Flash a souvent été décrié car peu accessible, lourd et nécessitant un plug-in appelé Flash Player. Mais le Flash avait le gros avantage de faciliter la lecture de contenus multimédias, de façon quasi multi-plates-formes et sur tous les navigateurs, ce que ne permettait pas le HTML. En HTML, il a toujours été possible d'insérer du contenu multimédia avec l'élément `<embed>`, mais l'utilisateur devait disposer de certains plug-ins en fonction du format de la vidéo lue (QuickTime, Windows Media Player, RealPlayer...). Au niveau du multimédia, le Flash mettait tout le monde d'accord !

Le HTML 5 se place en concurrent du Flash, en fournissant des outils analogues de façon native : `<video>`, `<audio>` et surtout `<canvas>`. Il est donc possible dès à présent de lire des vidéos en HTML 5 sans nécessiter ni Flash ni un autre plug-in contraignant. L'élément `<canvas>` permettra de dessiner et donc de réaliser des animations, comme on le ferait avec Flash et Silverlight.

Les API JavaScript

Nous allons rapidement faire le tour des différentes API apportées par le HTML 5. Certaines seront vues plus en détail par la suite, comme les API Drag & Drop et File, ainsi que Audio et Video.

Anciennes API désormais standardisées ou améliorées

History : gérer l'historique

Avec le JavaScript, il a toujours été possible d'avancer et de reculer dans l'historique de navigation, c'est-à-dire simuler l'effet des boutons ***Précédent*** et ***Suivant*** du navigateur. L'API History permet désormais de faire plus, notamment en stockant des données lors de la navigation. Cela est utile pour les applications basées sur Ajax, où il est rarement possible de revenir en arrière :

- Ajax, historique et navigation (*http://devlint.fr/blog/ajax-historique-et-navigation*) ;
- Pushing and Popping with the History API (*http://html5doctor.com/history-api/*) ;
- documentation MDN (*https://developer.mozilla.org/en/DOM/Manipulating_the_browser_history*).

Sélecteurs CSS : deux nouvelles méthodes

Le HTML 5 apporte les méthodes `querySelector()` et `querySelectorAll()`, qui permettent d'atteindre des éléments (*https://openclassrooms.com/courses/dynamisez-vos-sites-web-avec-javascript#ss_part_2*) sur base de sélecteurs CSS, dont les nouveaux sélecteurs CSS3 !

Timers : rien ne change, mais c'est standardisé

Le HTML 5 standardise enfin les fonctions temporelles (*https://openclassrooms.com/courses/dynamisez-vos-sites-web-avec-javascript#ss_part_2*), comme `setInterval()`, `clearInterval()`, `setTimeout()` et `clearTimeout()`.

Les nouvelles API

ContentEditable

`ContentEditable` est une technique inventée par Microsoft, pour Internet Explorer, qui permet de rendre éditable un élément HTML. L'utilisateur peut alors entrer du texte dans un `<div>` ou créer une interface WYSIWYG (*http://fr.wikipedia.org/wiki/WYSIWYG*, *What You See Is What You Get*, c'est-à-dire « ce que vous voyez est ce que vous obtenez »), comme Word :

- démonstration (*http://html5demos.com/contenteditable*) ;
- aperçu de l'attribut `ContentEditable` en HTML 5 (*http://www.valhalla.fr/2010/04/19/contenteditable-html5/*).

Web Storage

Le Web Storage est, d'une certaine manière, le successeur des fameux *cookies*. Cette API permet de conserver des informations dans la mémoire du navigateur, pendant votre navigation ou pour une durée beaucoup plus longue. Les cookies fournissent plus ou moins 4 Ko de stockage, alors que le Web Storage en propose 5 Mo pour la plupart des navigateurs et 10 Mo pour Internet Explorer. Cependant, le Web Storage n'est pas accessible par les serveurs web, les cookies sont donc toujours de rigueur.

Pour enregistrer une valeur, il suffit d'écrire :

```
localStorage.setItem('nom-de-ma-cle', 'valeur de la clé');
```

Il faut donc donner un nom à la clé pour pouvoir récupérer la valeur plus tard :

```
alert(localStorage.getItem('nom-de-ma-cle'));
```

Si les données ne doivent être gardées en mémoire que pendant le temps de la navigation (elles seront perdues si l'utilisateur ferme son navigateur), il convient d'utiliser `sessionStorage` au lieu de `localStorage` :

- HTML 5 – Les API JavaScript (*http://blog.xebia.fr/2010/03/18/html5-les-api-javascript/ #WebStorage*) ;
- Web storage sur Wikipedia (*http://en.wikipedia.org/wiki/Web_Storage*, en anglais) ;
- Documentation MDN (*https://developer.mozilla.org/en/DOM/Storage*).

Web SQL Database

C'est en quelque sorte une évolution du Web Storage : ce dernier ne permet de stocker que des valeurs sous forme de clé, alors que le Web SQL Database fournit une base de données complète. C'est aussi plus complexe à utiliser, d'autant plus que Firefox ne l'implémente pas et utilise un autre type de base de données :

- IndexedDB (*https://developer.mozilla.org/en/IndexedDB/Using_IndexedDB*) ;
- HTML 5 – Les API JavaScript (*http://blog.xebia.fr/2010/03/18/html5-les-api-javascript/ #WebSQLDatabase*).

WebSocket

Le WebSocket permet à une page web de communiquer avec le serveur web de façon bidirectionnelle, ce qui signifie que le serveur peut envoyer des informations à la page et inversement. C'est en quelque sorte une API approfondie du `XMLHttpRequest`, plus complexe, car cela nécessite un serveur adapté :

- HTML 5 et les WebSockets (*http://blog.zenika.com/index.php?post/2011/02/25/ Html5-et-les-webSockets*) ;
- HTML 5 – Les API JavaScript (*http://blog.xebia.fr/2010/03/18/html5-les-api-javascript/ #WebSocket*) ;
- documentation MDN (*https://developer.mozilla.org/en/WebSockets*).

Geolocation

L'API de géolocalisation permet de détecter la position géographique du visiteur. Attention, cela ne fonctionne que si l'utilisateur donne son accord, en réglant les paramètres de navigation de son navigateur :

- tutoriel de géolocalisation en HTML 5 (*http://www.html5-css3.fr/html5/tutoriel-geolocalisation-html5*) ;
- l'API géolocalisation en HTML 5 (*http://debray-jerome.developpez.com/articles/l-api-geolocalisation-en-html5/*) ;
- HTML 5 – Les API JavaScript (*http://blog.xebia.fr/2010/03/18/html5-les-api-javascript/#Geolocation*) ;
- documentation MDN (*https://developer.mozilla.org/En/Using_geolocation*).

Workers et Messaging

L'API Workers permet d'exécuter du code en tâche de fond. Ce code est alors exécuté parallèlement à celui de la page. Si le code de la page rencontre une erreur, cela n'affecte pas le code de l'API Workers et inversement.

L'API Workers peut envoyer des messages au script principal via l'API Messaging. Le script principal peut envoyer des messages à l'API Workers. L'API Messaging peut aussi être utilisée pour envoyer et recevoir des messages entre une `<iframe>` et sa page mère, même si elles ne sont pas hébergées sur le même domaine.

> L'API Messaging est notamment utilisée pour les extensions de certains navigateurs tels que Opera ou Google Chrome. Ainsi, pour ce dernier, les scripts peuvent communiquer avec une page spéciale appelée « page d'arrière-plan », qui permet d'enregistrer des préférences ou d'exécuter des actions spéciales, comme ouvrir un nouvel onglet.

- *Using Web Workers* (*https://developer.mozilla.org/En/Using_web_workers*).
- HTML 5 – Les API JavaScript (*http://blog.xebia.fr/2010/03/18/html5-les-api-javascript/#WorkersetMessaging*).
- Documentation MDN (*https://developer.mozilla.org/En/Using_web_workers*).

Offline Web Application

Cette API sert à rendre disponible une page web même si la connexion n'est pas active. Pour cela, il suffit de spécifier une liste de fichiers que le navigateur doit garder en mémoire.

Quand la page est hors ligne, il convient d'utiliser une API comme Web Storage pour garder en mémoire des données, comme des e-mails à envoyer une fois la connexion rétablie, dans le cas d'un webmail :

- application web offline HTML 5 avec le cache `manifest` (*http://www.html5-css3.fr/html5/tutoriel-application-web-offline-html5-cache-manifest*) ;
- HTML 5 – Les API JavaScript (*http://blog.xebia.fr/2010/03/18/html5-les-api-javascript/#OfflineWebApplication*).

Les nouvelles API que nous allons étudier

Dans les chapitres suivants, nous allons porter notre attention sur quatre API.

- Canvas : introduite par Apple au sein de son navigateur Safari, elle permet de « dessiner » en JavaScript. Pour cela, il faut utiliser le nouvel élément HTML 5 `<canvas>`. Nous consacrerons un chapitre entier à cette API.
- Drag & Drop : issue d'Internet Explorer, elle permet de réaliser des glisser-déposer de façon relativement simple. Nous y reviendrons en détail.
- File : cette API va permettre de manipuler les fichiers de manière standard, sans passer par une quelconque extension du navigateur. Nous allons également y revenir en détail.
- Audio/Video : rien de bien sorcier ici, ces API servent à manipuler les fichiers audio et vidéo. C'est d'ailleurs le sujet du prochain chapitre !

En résumé

- HTML 5 est la nouvelle mouture du langage de balisage HTML. Il a été conçu afin d'améliorer l'accessibilité, la sémantique et augmenter l'interactivité avec l'utilisateur.
- Cette nouvelle version n'est pas qu'un amas de nouvelles balises. Elle apporte aussi de nouvelles technologies utilisables au sein du JavaScript.
- Parmi les nouvelles API apportées par le HTML 5, nous en étudierons quatre : Canvas, Drag & Drop, File et Audio/Video.

34 L'audio et la vidéo

Une des grandes nouveautés du HTML 5 est l'apparition des éléments <audio> et <video>, qui permettent de jouer des sons et d'exécuter des vidéos, le tout nativement, c'est-à-dire sans plug-ins tels que Flash, QuickTime ou même Windows Media Player. Nous allons voir ici comment interagir avec ces deux éléments via le JavaScript.

Pour bien comprendre ce chapitre, il serait bon que vous ayez quelques notions sur ces deux éléments HTML. Nous vous invitons donc à lire sur OpenClassrooms le chapitre « La vidéo et l'audio » (*https://openclassrooms.com/courses/apprenez-a-creer-votre-site-web-avec-html5-et-css3/la-video-et-l-audio*) du tutoriel de M@teo21 sur le HTML 5. C'est important, car nous ne reviendrons que très sommairement sur l'utilisation « HTML » de ces deux éléments dans la mesure où nous nous intéressons ici au JavaScript.

L'audio

Les éléments <audio> et <video> se ressemblent fortement. Ils sont même représentés par le même objet, à savoir HTMLMediaElement. Ils en possèdent donc les propriétés et méthodes.

L'insertion d'un élément <audio> est très simple.

```
<audio id="audioPlayer" src="hype_home.mp3"></audio>
```

Ce bout de code suffit à insérer un lecteur audio qui lira le son hype_home.mp3. Mais, nous n'allons pas utiliser l'attribut src, nous lui préférerons deux éléments <source> :

```
<audio id="audioPlayer">
    <source src="hype_home.ogg">
    <source src="hype_home.mp3">
</audio>
```

De cette manière, si le navigateur est capable de lire le format `.ogg`, il le fera, sinon il lira le format `.mp3`. Ceci permet une plus grande interopérabilité (compatibilité entre les navigateurs et les plates-formes).

Pour afficher un contrôleur de lecteur, il faut utiliser l'attribut booléen `controls`, comme ceci : `<audio controls="controls"></audio>`. Mais nous allons créer notre propre contrôleur de lecture en JavaScript.

Contrôles simples

Pour commencer, voyons comment créer les boutons ***Play***, ***Pause*** et ***Stop***. Nous accédons tout d'abord à l'élément :

```
var player = document.querySelector('#audioPlayer');
```

Si nous voulons lancer la lecture, nous utilisons la méthode `play()` :

```
player.play();
```

Pour faire une pause, nous utilisons la méthode `pause()` :

```
player.pause();
```

En revanche, il n'y a pas de méthode `stop()`. Si nous appuyons sur un bouton ***Stop***, la lecture s'arrête et repart au début. Pour cela, il suffit de cliquer sur ***Pause*** et d'indiquer que la lecture doit repartir au début, avec la propriété `currentTime`, exprimée en secondes :

```
player.pause();
player.currentTime = 0;
```

Nous allons créer un petit lecteur, dont voici le code HTML de base :

```
<audio id="audioPlayer">
    <source src="hype_home.ogg">
    <source src="hype_home.mp3">
</audio>

<button class="control" onclick="play('audioPlayer', this)">Play</button>
<button class="control" onclick="resume('audioPlayer')">Stop</button>
```

Deux boutons ont été placés : le premier est un bouton ***Play*** et ***Pause*** en même temps (comme sur la plupart des lecteurs modernes), le second permet de stopper et de rembobiner la lecture. Voici les fonctions `play` et `resume` :

```
function play(idPlayer, control) {
    var player = document.querySelector('#' + idPlayer);

    if (player.paused) {
        player.play();
        control.textContent = 'Pause';
    } else {
        player.pause();
        control.textContent = 'Play';
    }
}

function resume(idPlayer) {
    var player = document.querySelector('#' + idPlayer);

    player.currentTime = 0;
    player.pause();
}
```

Le fonctionnement du bouton ***Play*** est simple : avec la méthode `paused`, nous vérifions si la lecture est en pause. En fonction du résultat, nous utilisons `play()` ou `pause()`, et nous modifions le libellé du bouton.

(Essayez le code : *http://course.oc-static.com/ftp-tutos/cours/javascript/part5/chap2/ex1.html*)

Contrôle du volume

L'intensité sonore se règle avec la propriété `volume` sur une échelle allant de 0 à 1. Si le volume est à 0, il est muet ; s'il est à 1, il est au maximum. Pour le diminuer de moitié, nous indiquerons 0,5. Nous allons réaliser un système très simple : cinq barres verticales cliquables qui permettront de choisir un niveau sonore prédéfini :

```
<span class="volume">
    <a class="stick1" onclick="volume('audioPlayer', 0)"></a>
    <a class="stick2" onclick="volume('audioPlayer', 0.3)"></a>
    <a class="stick3" onclick="volume('audioPlayer', 0.5)"></a>
    <a class="stick4" onclick="volume('audioPlayer', 0.7)"></a>
    <a class="stick5" onclick="volume('audioPlayer', 1)"></a>
</span>
```

Et la fonction associée :

```
function volume(idPlayer, vol) {
    var player = document.querySelector('#' + idPlayer);

    player.volume = vol;
}
```

(Essayez le code : *http://course.oc-static.com/ftp-tutos/cours/javascript/part5/chap2/ex2.html*)

Barre de progression et timer

Un lecteur sans barre de progression n'est pas un lecteur ! Le HTML 5 introduit un nouvel élément destiné à afficher une progression : l'élément `<progress>`. Il n'est toutefois utilisable qu'avec Firefox, Chrome et Internet Explorer 11. Nous n'allons pas l'utiliser ici, car cet élément n'est pas facilement personnalisable avec du CSS. Nous nous en servirons dans le chapitre consacré à l'API File.

Nous allons donc créer une barre de progression « à la main », avec des `<div>` et quelques calculs de pourcentages.

Ajoutons ce code HTML après l'élément `<audio>` :

```
<div>
     <div id="progressBarControl">
          <div id="progressBar">Pas de lecture</div>
     </div>
</div>
```

Analyse de la lecture

Un élément `HTMLMediaElement` possède toute une série d'événements pour analyser et agir sur le lecteur. L'événement `ontimeupdate` va nous être utile pour détecter quand le média est en train d'être joué par le lecteur. Cet événement est déclenché continuellement pendant la lecture.

Ajoutons donc cet événement sur notre élément `<audio>` :

```
<audio id="audioPlayer" ontimeupdate="update(this)">
```

Et commençons à coder la fonction `update()` :

```
function update(player) {
     var duration = player.duration;     // Durée totale
     var time     = player.currentTime; // Temps écoulé
     var fraction = time / duration;
     var percent  = Math.ceil(fraction * 100);

     var progress = document.querySelector('#progressBar');

     progress.style.width = percent + '%';
     progress.textContent = percent + '%';
}
```

L'idée est de récupérer le temps écoulé et de calculer un pourcentage de manière à afficher la barre de progression (qui fait 100 % de large). Par conséquent, si la chanson dure dix minutes et que nous en sommes à une minute de lecture, nous avons lu 10 %.

La propriété `duration` sert à récupérer la durée totale du média. Le calcul est simple : nous divisons le temps écoulé par la durée totale et nous multiplions par 100. Comme ça ne tombera certainement pas juste, nous arrondissons avec `Math.ceil()`. Une fois le pourcentage récupéré, nous définissons la largeur de la barre de progression et nous affichons le pourcentage à l'intérieur.

Le petit lecteur est désormais terminé !

(Essayez le code : *http://course.oc-static.com/ftp-tutos/cours/javascript/part5/chap2/ex3.html*)

Améliorations

L'interface réalisée précédemment est fonctionnelle, mais rudimentaire. Deux améliorations principales sont possibles :

- afficher le temps écoulé ;
- rendre la barre de progression cliquable.

Afficher le temps écoulé

Pour afficher le temps écoulé, il suffit d'utiliser la propriété `currentTime`. Le souci est que `currentTime` retourne le temps écoulé en secondes avec ses décimales. Il est donc possible de voir s'afficher un temps de lecture de 4,133968 secondes. Il convient donc de faire quelques opérations pour rendre ce nombre compréhensible. Voici la fonction `formatTime()` :

```
function formatTime(time) {
    var hours = Math.floor(time / 3600);
    var mins  = Math.floor((time % 3600) / 60);
    var secs  = Math.floor(time % 60);

    if (secs < 10) {
        secs = "0" + secs;
    }

    if (hours) {
        if (mins < 10) {
            mins = "0" + mins;
        }

        return hours + ":" + mins + ":" + secs; // hh:mm:ss
    } else {
        return mins + ":" + secs; // mm:ss
    }
}
```

Nous effectuons quelques divisions et arrondissements afin d'extraire le nombre d'heures, de minutes et de secondes. Nous complétons ensuite avec des 0 pour un affichage plus élégant. Nous pouvons donc ajouter ceci à notre fonction `update()` :

```
document.querySelector('#progressTime').textContent = formatTime(time);
```

Nous modifions la barre de progression pour y ajouter un `<span>` dans lequel s'affichera le temps écoulé :

```
<div id="progressBarControl">
     <div id="progressBar">Pas de lecture</div>
</div>
<span id="progressTime">00:00</span>
```

Rendre la barre de progression cliquable

Les choses se compliquent un peu ici. Si nous cliquons sur la barre de progression, le comportement attendu est la lecture du fichier audio à partir de cet endroit. Il va donc falloir calculer l'endroit où nous avons cliqué et positionner la lecture en conséquence, avec la propriété `currentTime`.

Pour savoir où nous avons cliqué au sein d'un élément, il faut connaître deux choses : les coordonnées de la souris et les coordonnées de l'élément. Ces coordonnées sont calculées à partir du coin supérieur gauche de la page. Voici une explication plus imagée.

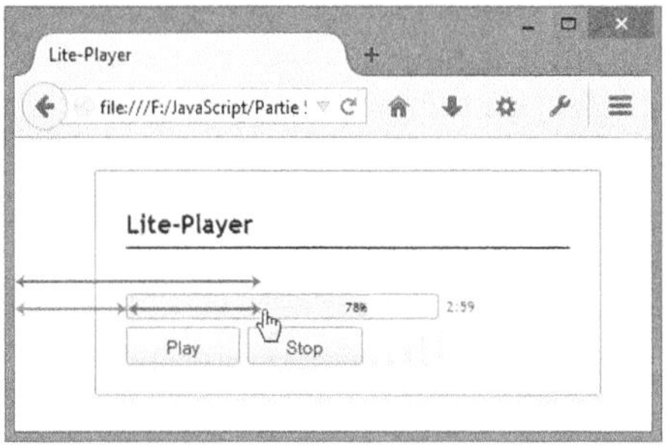

Les coordonnées sont calculées à partir du coin supérieur gauche de la page.

Pour connaître la distance représentée par la flèche turquoise, il suffit de soustraire la distance représentée par la flèche rouge (la position de la barre sur l'axe des X) à la distance représentée par la flèche bleue (la position X du curseur de la souris). C'est simple, mais la récupération des coordonnées n'est pas évidente.

Cet exemple ne permet que de reculer dans la lecture, puisque seule la barre de progression est cliquable. Il est bien évidemment possible de coder un système pour avancer dans la lecture, en rendant cliquable le conteneur de la barre de progression.

Récupérer les coordonnées du curseur de la souris

Nous allons créer la fonction `getMousePosition()` qui recevra comme paramètre un événement et qui retournera les positions X et Y du curseur :

```
function getMousePosition(event) {
     return {
          x: event.pageX,
          y: event.pageY
     };
}
```

Les propriétés `pageX` et `pageY` de l'objet `event` permettent respectivement de récupérer les positions sur l'axe des X et sur l'axe des Y.

(Essayez le code : *http://course.oc-static.com/ftp-tutos/cours/javascript/part5/chap2/ex4.html*)

Récupérer les coordonnées d'un élément

Comme l'élément n'est pas positionné de façon absolue, il n'est pas possible de connaître les coordonnées de son coin supérieur gauche via le CSS. Il va donc falloir calculer le décalage entre cet élément et son élément parent, puis le décalage entre cet élément parent et son parent… et ainsi de suite, jusqu'à aboutir à l'élément racine, c'est-à-dire `<html>` :

```
function getPosition(element){
    var top = 0, left = 0;

    do {
        top  += element.offsetTop;
        left += element.offsetLeft;
    } while (element = element.offsetParent);

    return { x: left, y: top };
}
```

Si vous ne connaissez plus le rôle des propriétés `offsetLeft`, `offsetTop` et `offsetParent`, nous vous conseillons de revenir sur la partie consacrée à ce sujet dans le chapitre sur la manipulation du CSS (*https://openclassrooms.com/informatique/cours/dynamisez-vos-sites-web-avec-javascript/manipuler-le-css#r-1925306*).

On clique !

Maintenant que nous avons nos fonctions `getMousePosition()` et `getPosition()`, nous pouvons écrire la fonction `clickProgress()`, qui sera exécutée dès que l'internaute cliquera sur la barre de progression :

```
function clickProgress(idPlayer, control, event) {
    var parent = getPosition(control);     // La position absolue de la
                                           //progressBar
    var target = getMousePosition(event); // L'endroit de la progressBar
                                           // où on a cliqué
    var player = document.querySelector('#' + idPlayer);

    var x = target.x - parent.x;
    var wrapperWidth = document.querySelector('#progressBarControl').
offsetWidth;

    var percent = Math.ceil((x / wrapperWidth) * 100);
    var duration = player.duration;

    player.currentTime = (duration * percent) / 100;
}
```

Nous récupérons la distance `x`, qui est la distance entre le bord gauche de la barre et l'endroit où nous avons cliqué. Nous divisons `x` par la largeur totale du conteneur de la barre de progression (avec `offsetWidth`) et nous multiplions par 100 pour obtenir un pourcentage. Ensuite, nous calculons le `currentTime` en multipliant le temps total de la chanson par le pourcentage, le tout divisé par 100.

Et n'oublions pas de modifier le code HTML en conséquence :

```
<div id="progressBar" onclick="clickProgress('audioPlayer', this,
event)">Pas de lecture</div>
```

Et ça marche !

(Essayez le code : *http://course.oc-static.com/ftp-tutos/cours/javascript/part5/chap2/ex5.html*)

La vidéo

Il n'y a pas grand-chose à ajouter sur les lecteurs vidéo. Le principe de fonctionnement est exactement le même que pour les lecteurs audio. L'élément `<video>` possède toutefois quelques propriétés supplémentaires.

Propriété	Description
`height`	Hauteur de la zone de lecture
`width`	Largeur de la zone de lecture
`poster`	Récupère l'attribut poster
`videoHeight`	Hauteur de la vidéo
`videoWidth`	Largeur de la vidéo

Ces spécificités mises à part, la création et la personnalisation de la lecture d'une vidéo est rigoureusement identique à celle d'une piste audio.

Il peut être utile d'utiliser un framework JavaScript destiné à la lecture d'éléments `<audio>` et `<video>` afin se faciliter la vie. De plus, ce genre de framework propose généralement une solution en Flash si le navigateur n'est pas à la hauteur du HTML 5.

Voici quelques frameworks qu'il peut être intéressant de considérer :

- Popcorn.js (*http://popcornjs.org/*) ;
- Video.js (*http://videojs.com/*) ;
- Projekktor (*http://www.projekktor.com/*).

En résumé

- Les éléments `<audio>` et `<video>` possèdent tous les deux de nombreux attributs et méthodes afin que chacun puisse créer un lecteur entièrement personnalisé.
- La différence entre les deux éléments est minime. Ils sont tous les deux basés sur le même objet. L'élément `<video>` n'apporte que quelques attributs supplémentaires permettant de gérer l'affichage.
- Contrairement au Flash, la protection du contenu n'existe pas (encore) avec ces deux éléments. Réfléchissez donc bien avant d'écarter définitivement toute solution avec Flash !

35 L'élément Canvas

L'élément <canvas> est une zone dans laquelle il va être possible de dessiner grâce au JavaScript. Cet élément fait son apparition dans la spécification HTML 5, mais il existe depuis plusieurs années déjà. Il a été développé par Apple pour son navigateur Safari. Firefox a été un des premiers navigateurs à l'implémenter, suivi par Opera et Chrome. Les dernières versions d'Internet Explorer supportent également cet élément.

L'API Canvas est un gros sujet qui mériterait un livre à lui tout seul. Tout au long de ce chapitre d'initiation, nous allons découvrir les bases de ce nouvel élément !

Premières manipulations

Pour commencer, nous insérons le canvas :

```
<canvas id="canvas" width="150" height="150">
    <p>Désolé, votre navigateur ne supporte pas Canvas. Mettez-vous à
jour</p>
</canvas>
```

Puis nous y accédons :

```
var canvas  = document.querySelector('#canvas');
var context = canvas.getContext('2d');
```

Une fois que nous avons le canvas, il faut accéder à ce qu'on appelle son contexte, avec getContext(). Il n'y a pour l'instant qu'un seul contexte disponible : la deux dimensions (2D). Il est prévu que les navigateurs gèrent un jour la 3D, mais ça reste expérimental à l'heure actuelle.

Principe de fonctionnement

Dessiner avec Canvas se fait par le biais de coordonnées. Le coin supérieur gauche du canvas est de coordonnées (0,0). Si nous descendons ou que nous allons vers la droite, nous augmentons les valeurs. Cela ne change finalement pas trop de ce que nous connaissons, par exemple pour le positionnement absolu en CSS.

Nous allons utiliser les méthodes pour tracer des lignes et des formes géométriques. Traçons un rectangle de 50 × 80 pixels :

```
context.fillStyle = "gold";
context.fillRect(0, 0, 50, 80);
```

Nous avons tracé un rectangle en JavaScript.

Dans un premier temps, nous choisissons une couleur avec `fillStyle`, comme un peintre qui trempe son pinceau avant de commencer son tableau. Puis, avec `fillRect()`, nous traçons un rectangle. Les deux premiers paramètres sont les coordonnées du sommet supérieur gauche du rectangle que nous voulons tracer. Le troisième paramètre est la largeur du rectangle, et le quatrième est la hauteur. Autrement dit : `fillrect(x, y, largeur, hauteur)`.

(Essayez le code : *http://course.oc-static.com/ftp-tutos/cours/javascript/part5/chap3/ex1.html*)

Si nous voulons centrer ce rectangle, quelques calculs sont nécessaires pour spécifier les coordonnées :

```
context.fillRect(50, 35, 50, 80);
```

Nous recommençons tout et nous centrons le rectangle. Nous ajoutons un carré de 40 pixels d'une couleur semi-transparente :

```
context.fillStyle = "gold";
context.fillRect(50, 35, 50, 80);

context.fillStyle = "rgba(23, 145, 167, 0.5)";
context.fillRect(40, 25, 40, 40);
```

La propriété `fillStyle` peut recevoir diverses valeurs : le nom de la couleur, un code hexadécimal (préfixé du caractère #), une valeur RGB, HSL ou HSLA ou, comme ici, une valeur RGBA. Dans le cas d'une valeur RGBA, le quatrième paramètre est l'opacité, définie sur une échelle de 0 à 1, le 0 étant transparent et le 1 opaque. Comme nous pouvons le voir, le carré a été dessiné par-dessus le rectangle :

Un carré transparent apparaît sur le rectangle.

(Essayez le code : http://course.oc-static.com/ftp-tutos/cours/javascript/part5/chap3/ex2.html)

Le fond et les contours

Nous avons créé des formes pleines, mais il est également possible de créer des formes creuses, avec un contour seulement. Canvas considère deux types de formes : `fill` et `stroke`. Une forme `fill` est une forme remplie, comme celle créée précédemment, et une forme `stroke` est une forme vide pourvue d'un contour. Si nous utilisons `fillRect()` pour créer un rectangle `fill`, nous utiliserons `strokeRect()` pour créer un rectangle `stroke`.

```
context.strokeStyle = "gold";
context.strokeRect(50, 35, 50, 80);

context.fillStyle = "rgba(23, 145, 167, 0.5)";
context.fillRect(40, 25, 40, 40);
```

Le rectangle est désormais matérialisé par un cadre jaune.

Comme il s'agit d'un contour, il est possible de choisir l'épaisseur à utiliser avec la propriété `lineWidth` :

```
context.lineWidth = "5";
context.strokeStyle = "gold";
context.strokeRect(50, 35, 50, 80);

context.fillStyle = "rgba(23, 145, 167, 0.5)";
context.fillRect(40, 25, 40, 40);
```

(Essayez le code : http://course.oc-static.com/ftp-tutos/cours/javascript/part5/chap3/ex3.html)

Effacer

Une dernière méthode existe en ce qui concerne les rectangles : `clearRect(x, y, largeur, hauteur)`. Cette méthode agit comme une gomme, c'est-à-dire qu'elle va effacer du canvas les pixels délimités par le rectangle. Tout comme `fillRect()`, nous lui fournissons les coordonnées des quatre sommets. `clearRect()` est utile pour faire des découpes au sein des formes, ou tout simplement pour effacer le contenu du canvas.

```
context.strokeStyle = "gold";
context.strokeRect(50, 35, 50, 80);

context.fillStyle = "rgba(23, 145, 167, 0.5)";
context.fillRect(40, 25, 40, 40);

context.clearRect(45, 40, 30, 10);
```

Formes géométriques

Canvas fournit très peu de formes géométriques, à savoir le rectangle et les arcs. Pour pallier ce manque, Canvas dispose de chemins ainsi que de courbes de Bézier cubiques et quadratiques.

Les chemins simples

Les chemins vont nous permettre de créer des lignes et des polygones. Pour ce faire, nous disposons de plusieurs nouvelles méthodes : `beginPath()` et `closePath()`, `moveTo()`, `lineTo()`, `stroke()` et son équivalent `fill()`.

Comme pour la création de rectangles, la création de chemins se fait par étapes successives. Pour commencer, nous traçons un nouveau chemin avec `beginPath()`. Ensuite, avec `moveTo()`, nous déplaçons le « crayon » à l'endroit où nous souhaitons commencer le tracé : c'est le point de départ du chemin. Puis, nous utilisons `lineTo()` pour indiquer un deuxième point, un troisième, etc. Une fois tous les points du chemin définis, nous appliquons au choix `stroke()` ou `fill()` :

```
context.strokeStyle = "rgb(23, 145, 167)";
context.beginPath();
context.moveTo(20, 20);  // 1er point
context.lineTo(130, 20); // 2e point
context.lineTo(130, 50); // 3e
context.lineTo(75, 130); // 4e
context.lineTo(20, 50);  // 5e
context.closePath();      // On relie le 5e au 1er
context.stroke();
```

`closePath()` n'est pas nécessaire ; il termine le chemin pour nous, en reliant le dernier point au tout premier. Obtenir une forme fermée, via `stroke()`, est assez simple. En revanche, si nous voulons remplir la forme avec `fill()`, elle sera fermée automatiquement, `closePath()` est donc inutile.

(Essayez le code : *http://course.oc-static.com/ftp-tutos/cours/javascript/part5/chap3/ex4.html*)

Les arcs

En plus des lignes droites, il est possible de tracer des arcs de cercle, avec la méthode `arc(x, y, rayon, angleDepart, angleFin, sensInverse)`. Les angles sont exprimés en radians (oui, rappelez-vous vos cours de trigonométrie !), `x` et `y` sont les coordonnées du centre de l'arc. Les paramètres `angleDepart` et `angleFin` définissent les angles de début et de fin de l'arc.

> Pour obtenir des radians, il suffit de multiplier les degrés par π divisé par 180 : `(Math.PI / 180) * degrees`.

```
context.beginPath(); // Le cercle extérieur
context.arc(75, 75, 50, 0, Math.PI * 2); // Ici le calcul est simplifié
context.stroke();

context.beginPath(); // La bouche, un arc de cercle
context.arc(75, 75, 40, 0, Math.PI); // Ici aussi
context.fill();

context.beginPath(); // L'œil gauche
context.arc(55, 70, 20, (Math.PI / 180) * 220, (Math.PI / 180) * 320);
context.stroke();

context.beginPath(); // L'œil droit
context.arc(95, 70, 20, (Math.PI / 180) * 220, (Math.PI / 180) * 320);
context.stroke();
```

Un smiley dessiné avec JavaScript

(Essayez le code : *http://course.oc-static.com/ftp-tutos/cours/javascript/part5/chap3/ex5.html*)

Pour chaque arc, il est plus propre et plus facile de commencer un nouveau chemin avec `beginPath()`.

Utilisation de moveTo()

moveTo() permet de déplacer le « crayon » à l'endroit où nous souhaitons commencer un chemin. Mais cette méthode peut aussi être utilisée pour effectuer des « levées de crayon » au sein d'un même chemin :

```
context.beginPath(); // La bouche, un arc de cercle
context.arc(75, 75, 40, 0, Math.PI);
context.fill();

context.beginPath(); // Le cercle extérieur
context.arc(75, 75, 50, 0, Math.PI * 2);

context.moveTo(41, 58); // L'œil gauche
context.arc(55, 70, 20, (Math.PI / 180) * 220, (Math.PI / 180) * 320);

context.moveTo(81, 58); // L'œil droit
context.arc(95, 70, 20, (Math.PI / 180) * 220, (Math.PI / 180) * 320);
context.stroke();
```

(Essayez le code : *http://course.oc-static.com/ftp-tutos/cours/javascript/part5/chap3/ex6.html*)

Si nous supprimons les deux moveTo(), nous obtenons quelque chose de ce type :

Sans moveTo(), le résultat n'est pas celui attendu.

Les courbes de Bézier

Il est également possible de réaliser des courbes à l'aide des courbes de Bézier. Deux types de courbes sont disponibles : cubique et quadratique. Ce genre de courbes est relativement connu, surtout si vous avez déjà utilisé des logiciels de traitement d'images comme Adobe Photoshop ou The Gimp. Les courbes sont définies par les coordonnées des tangentes qui servent à leur construction. Voici les deux types de courbes, les tangentes apparaissent en gris :

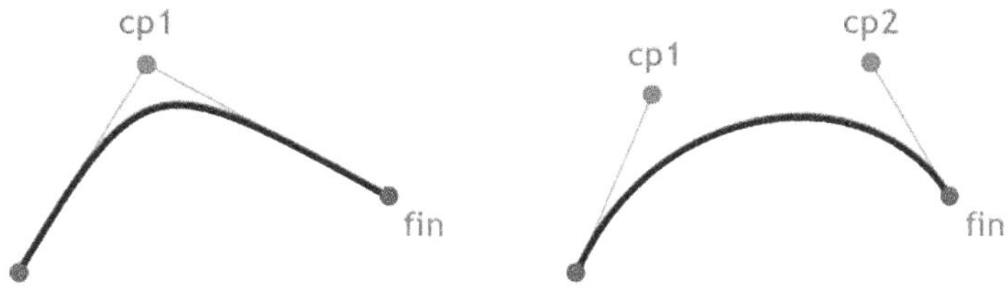

Bézier quadratique　　　　Bézier cubique

Les tangentes définissent les courbes.

Une courbe quadratique sera dessinée par `quadraticCurveTo()`, alors qu'une courbe cubique le sera par `bezierCurveTo()` :

```
quadraticCurveTo(cp1X, cp1Y, x, y)

bezierCurveTo(cp1X, cp1Y, cp2X, cp2Y, x, y)
```

Les courbes sont définies par leurs points d'arrivée (`x` et `y`) et par les points de contrôle. Dans le cas d'une courbe de Bézier cubique, deux points sont nécessaires. La difficulté des courbes de Bézier est de connaître les valeurs utiles pour les points de contrôle. C'est d'autant plus complexe que nous ne voyons pas en temps réel ce que nous faisons.

Il existe toutefois des plug-ins qui permettent de convertir des dessins vectoriels en instructions Canvas. C'est le cas de Ai2Canvas (*http://visitmix.com/labs/ai2canvas/index.html*), un plug-in pour Adobe Illustrator.

Voici une variante du logo JavaScript à partir d'un rectangle arrondi :

```
context.beginPath();
context.moveTo(131, 119);
context.bezierCurveTo(131, 126, 126, 131, 119, 131);
context.lineTo(30, 131);
context.bezierCurveTo(23, 131, 18, 126, 18, 119);
context.lineTo(18, 30);
context.bezierCurveTo(18, 23, 23, 18, 30, 18);
context.lineTo(119, 18);
context.bezierCurveTo(126, 18, 131, 23, 131, 30);
context.lineTo(131, 119);
context.closePath();
context.fillStyle = "rgb(23, 145, 167)";
context.fill();

context.font = "68px Calibri,Geneva,Arial";
context.fillStyle = "white";
context.fillText("js", 84, 115);
```

Le logo JavaScript dessiné… en JavaScript

(Essayez le code : *http://course.oc-static.com/ftp-tutos/cours/javascript/part5/chap3/ex7.html*)

Le principe est ici le même que pour `arc()`. La difficulté est de ne pas se perdre dans les coordonnées.

Images et textes

Les images

Il est possible d'insérer des images au sein d'un canvas. Pour ce faire, nous utiliserons la méthode `drawImage(image, x, y)`, mais attention : pour qu'une image puisse être utilisée, elle doit au préalable être accessible via un objet `Image` ou un élément `<img />`. Il est également possible d'insérer un canvas dans un canvas. En effet, le canvas que nous allons insérer est considéré comme une image.

Insérons l'âne Zozor du Site du Zéro (qui figurait sur le logo du site, aujourd'hui renommé OpenClassrooms), au sein du canvas :

```
var zozor = new Image();
    zozor.src = 'zozor.png'; // Image de 80x80 pixels

context.drawImage(zozor, 35, 35);
```

Nous aurions pu récupérer une image déjà présente dans la page : `<img id="myZozor" src="zozor.png" alt="Zozor assis" />`

```
var zozor = document.querySelector('#myZozor');

context.drawImage(zozor, 35, 35);
```

Prenez garde à ne pas insérer des images trop grandes : si le temps de chargement est trop long, leur affichage sera saccadé au sein du canvas. Une solution est d'utiliser `onload` pour déclencher le dessin de l'image une fois qu'elle est chargée :

```
var zozor = new Image();
    zozor.src = 'zozor.png';
    zozor.addEventListener('load', function() {
        context.drawImage(zozor, 35, 35);
    });
```

L'âne Zozor est affiché dans le canvas.

(Essayez le code : http://course.oc-static.com/ftp-tutos/cours/javascript/part5/chap3/ex8.html)

Mise à l'échelle

`drawImage(image, x, y, largeur, hauteur)` possède deux paramètres supplémentaires facultatifs, `largeur` et `hauteur`, qui permettent de définir la largeur et la hauteur que l'image occupera une fois incrustée dans le canvas. Si la diminution de la taille des images ne pose pas de problèmes, évitez toutefois de les agrandir, au risque de voir vos images devenir floues.

```
context.drawImage(zozor, 35, 35, 40, 40);
```

Ici, l'image est réduite de moitié (sa taille originale est de 80 × 80 pixels).

Recadrage

Quatre paramètres supplémentaires et optionnels s'ajoutent à `drawImage()`. Ils permettent de recadrer l'image, c'est-à-dire de prélever une zone rectangulaire afin de la placer dans le canvas :

```
drawImage(image, sx, sy, sLargeur, sHauteur, dx, dy, dLargeur, dHauteur)
```

Les paramètres commençant par `s` indiquent la source, c'est-à-dire l'image ; ceux commençant par `d` indiquent la destination, autrement dit le canvas :

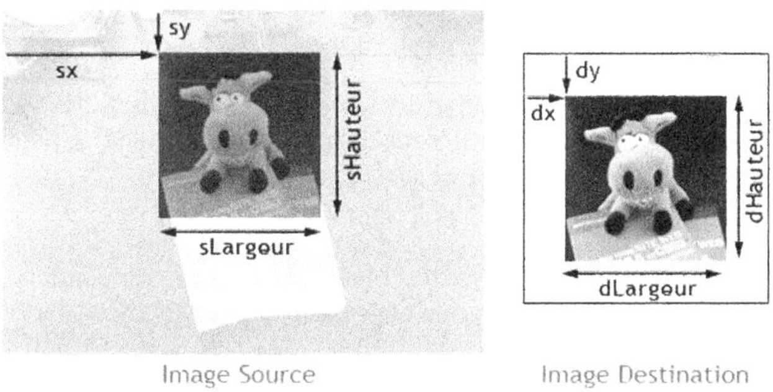

Il est possible de recadrer une image.

Toute la difficulté est donc de ne pas s'emmêler les pinceaux dans les paramètres :

```
var zozor = document.querySelector('#plush');

context.drawImage(zozor, 99, 27, 100, 100, 25, 25, 100, 100);
```

(Essayez le code : *http://course.oc-static.com/ftp-tutos/cours/javascript/part5/chap3/ex9.html*)

Les patterns

Imaginons que vous souhaitiez répéter une image pour créer un fond. Vous pourriez utiliser une double boucle `for` et insérer plusieurs fois la même image. Mais il y a plus simple : vous pouvez utiliser les *patterns*, ou « motifs » en français. Un pattern est une image qui se répète comme un papier peint. Pour en créer un, il suffit de recourir à la méthode `createPattern(image, type)`. Le premier argument est l'image à utiliser, le second est le type de pattern. Différents types existent, mais seul `repeat` semble reconnu par la plupart des navigateurs :

```
var zozor = new Image();
    zozor.src = 'zozor.png';
    zozor.addEventListener('load', function() {
        var pattern = context.createPattern(zozor, 'repeat');
        context.fillStyle = pattern;
        context.fillRect(0, 0, 150, 150);
    });
```

L'âne Zozor se répète grâce aux patterns.

(Essayez le code : *http://course.oc-static.com/ftp-tutos/cours/javascript/part5/chap3/ex10.html*)

La façon de procéder est un peu étrange, puisqu'il faut passer le pattern à `fillStyle`, et ensuite créer un rectangle plein qui recouvre tout le canvas. En clair, il s'agit de créer un rectangle avec une image qui se répète comme fond.

Vous devez absolument passer par l'événement `load` car sinon le pattern ne s'affichera pas correctement si l'image n'est pas chargée.

Le texte

Pour ajouter du texte au sein d'un canvas, vous pourrez utiliser les méthodes `fillText()` et `strokeText()`, secondées par la propriété `font`, qui permet de définir le style du texte :

```
context.fillStyle = "rgba(23, 145, 167, 1)";
context.fillRect(50, 50, 50, 50);

context.font = "bold 22pt Calibri,Geneva,Arial";
context.fillStyle = "#fff";
context.fillText("js", 78, 92);
```

Un logo JavaScript textuel créé... en JavaScript

(Essayez le code : *http://course.oc-static.com/ftp-tutos/cours/javascript/part5/chap3/js.html*)

Les propriétés `fillStyle` et `strokeStyle` sont toujours utilisables, puisque les textes sont considérés comme des formes au même titre que les rectangles ou les arcs.

La propriété `font` reçoit des informations sur la police à utiliser, à l'exception de la couleur, qui est gérée par `strokeStyle` et `fillStyle`. Dans l'exemple qui va suivre, nous allons spécifier la police Calibri, en 22 points et en gras. Cette mise en forme ressemble à du CSS en fait.

`fillText()` reçoit trois paramètres : le texte et les positions `x` et `y` de la ligne d'écriture du texte :

Un texte écrit en JavaScript

Un quatrième paramètre peut être ajouté : la largeur maximale que le texte doit utiliser.

Lignes et dégradés

Les styles de lignes

Les extrémités

La propriété `lineCap` permet de définir la façon dont les extrémités des chemins sont affichées. Trois valeurs sont admises : `butt` (celle par défaut), `round` et `square`. Une image vaut mieux qu'un long discours, voici donc trois lignes, chacune avec un `lineCap` différent :

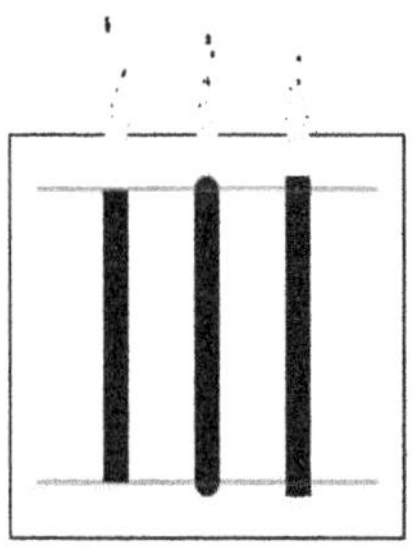

Les trois types d'extrêmités des chemins : butt, round et square
(*http://course.oc-static.com/ftp-tutos/cours/javascript/part5/chap3/linecap.html*)

`lineCap` s'utilise de la même façon que `lineWidth`, par exemple :

```
context.beginPath();
context.lineCap = 'round';
context.moveTo(75, 20);
context.lineTo(75, 130);
context.stroke();
```

Les intersections

Pour gérer l'affichage des angles des chemins, vous utiliserez `lineJoin`. Cette propriété reçoit elle aussi trois valeurs différentes : `round`, `bevel` et `miter` (celle par défaut). Comme précédemment, une image sera plus explicite :

Les trois types d'angles des chemins : round, bevel et miter
(*http://course.oc-static.com/ftp-tutos/cours/javascript/part5/chap3/linejoin.html*)

Les dégradés

Canvas propose deux types de dégradés : linéaire et radial. Pour créer un dégradé, il convient tout d'abord de créer un objet `canvasGradient` que nous assignerons à `fillStyle`. Pour créer un tel objet, nous utiliserons `createLinearGradient()` ou `createRadialGradient()`, au choix.

Dégradés linéaires

Quatre paramètres sont nécessaires pour créer un dégradé linéaire :

```
createLinearGradient(debutX, debutY, finX, finY)
```

`debutX` et `debutY` sont les coordonnées du point de départ du dégradé, `finX` et `finY` sont les coordonnées de fin. Voici un exemple de dégradé :

```
var linear = new context.createLinearGradient(0, 0, 150, 150);

context.fillStyle = linear;
```

Cela n'est pas suffisant puisqu'il manque les informations sur les couleurs. Nous allons les ajouter avec `addColorStop(position, couleur)`. Le paramètre `position` est une valeur comprise entre 0 et 1. C'est la position relative de la couleur par rapport au dégradé. Si nous indiquons `0.5`, la couleur commencera au milieu :

```
var linear = context.createLinearGradient(0, 0, 0, 150);
linear.addColorStop(0, 'white');
linear.addColorStop(1, '#1791a7');

context.fillStyle = linear;
context.fillRect(20, 20, 110, 110);
```

Il faut modifier les paramètres de `createLinearGradient()` pour modifier l'inclinaison du dégradé. Par exemple, si nous spécifions `createLinearGradient(0, 0, 150, 150)`, la fin du dégradé sera dans le coin inférieur droit, et l'angle sera de 45 degrés.

Il est possible d'ajouter plus de deux `addColorStop()`. Voici un exemple avec quatre :

```
var linear = context.createLinearGradient(0, 0, 0, 150);
linear.addColorStop(0, 'white');
linear.addColorStop(0.5, '#1791a7');
linear.addColorStop(0.5, 'orange');
linear.addColorStop(1, 'white');

context.fillStyle = linear;
context.fillRect(10, 10, 130, 130);
```

Un dégradé linéaire avec Canvas

(Essayez le code : http://course.oc-static.com/ftp-tutos/cours/javascript/part5/chap3/ex11.html)

Dégradés radiaux

Du côté des dégradés radiaux, six paramètres sont nécessaires :

```
createRadialGradient(centreX, centreY, centreRayon, finX, finY, finRayon)
```

Un dégradé radial est défini par deux choses : un premier cercle (le centre), qui fait office de point de départ, et un second, qui fait office de fin. Les deux cercles n'ont pas besoin d'avoir la même origine, ce qui permet d'orienter le dégradé :

```
var radial = context.createRadialGradient(75, 75, 0, 130, 130, 150);
radial.addColorStop(0, '#1791a7');
radial.addColorStop(1, 'white');

context.fillStyle = radial;
context.fillRect(10, 10, 130, 130);
```

Un dégradé radial avec Canvas

(Essayez le code : http://course.oc-static.com/ftp-tutos/cours/javascript/part5/chap3/ex12.html)

Ici, le cercle du centre est… au centre du canvas, et celui de fin en bas à droite. Grâce aux dégradés radiaux, il est possible de créer des bulles assez facilement. La seule condition est que la couleur de fin du dégradé soit transparente, ce qui nécessite l'utilisation d'une couleur RGBA ou HSLA :

```
var radial1 = context.createRadialGradient(0, 0, 10, 100, 20, 150); // fond
radial1.addColorStop(0, '#ddf5f9');
radial1.addColorStop(1, '#ffffff');

var radial2 = context.createRadialGradient(75, 75, 10, 82, 70, 30);
// bulle orange
radial2.addColorStop(0, '#ffc55c');
radial2.addColorStop(0.9, '#ffa500');
radial2.addColorStop(1, 'rgba(245,160,6,0)');

var radial3 = context.createRadialGradient(105, 105, 20, 112, 120, 50);
// bulle turquoise
radial3.addColorStop(0, '#86cad2');
radial3.addColorStop(0.9, '#61aeb6');
radial3.addColorStop(1, 'rgba(159,209,216,0)');

context.fillStyle = radial1;
context.fillRect(10, 10, 130, 130);
context.fillStyle = radial2;
context.fillRect(10, 10, 130, 130);
context.fillStyle = radial3;
context.fillRect(10, 10, 130, 130);
```

Ce qui donne un dégradé de fond avec deux bulles de couleur :

Deux bulles créées grâce au dégradé radial

(Essayez le code : http://course.oc-static.com/ftp-tutos/cours/javascript/part5/chap3/ex13.html)

Opérations

L'état graphique

La méthode `save()` a pour fonction de sauvegarder l'état graphique du canvas, c'est-à-dire les informations concernant les styles appliqués au canvas. Ces informations sont `fillStyle`, `strokeStyle`, `lineWidth`, `lineCap`, `lineJoin`, `translate()` et `rotate()`, que nous allons découvrir par la suite.

À chaque appel de la méthode `save()`, l'état graphique courant est sauvegardé dans une pile. Pour restaurer l'état précédent, il faut utiliser `restore()`.

Les translations

La translation permet de déplacer le repère d'axes du canvas. L'idée est de placer le point (0,0) à l'endroit où nous souhaitions dessiner une forme. De cette manière, nous la dessinons sans nous soucier des calculs de son emplacement, ce qui peut se révéler utile pour l'insertion de formes complexes. Une fois que les formes sont dessinées, nous replaçons les axes à leur point d'origine. Et bonne nouvelle, `save()` et `restore()` prennent en compte les translations !

Les translations se font avec la méthode `translate(x, y)`. `x` correspond à l'ampleur du déplacement sur l'axe des abscisses et `y` sur l'axe des ordonnées : les valeurs peuvent donc être négatives.

```
context.save();
context.translate(40, 40);

context.fillStyle = "teal";
context.fillRect(0, 0, 50, 50);
context.restore();

context.fillStyle = "orange";
context.fillRect(0, 0, 50, 50);
```

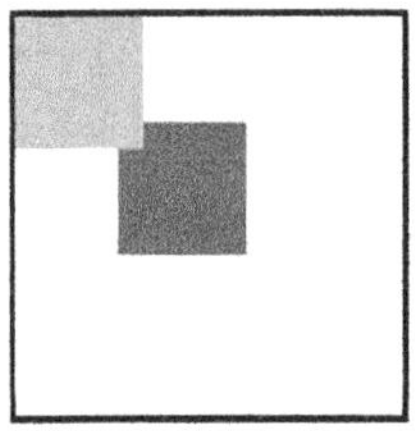

La translation permet de déplacer le repère d'axes du canvas.

(Essayez le code : *http://course.oc-static.com/ftp-tutos/cours/javascript/part5/chap3/ex14.html*)

Pour commencer, nous sauvegardons l'état du canvas. Ensuite, nous déplaçons l'origine des axes au point `(40,40)` et nous y dessinons un carré bleu-gris (au milieu de la figure ci-dessus). Nous restaurons alors l'état, ce qui a pour conséquence de replacer l'origine des axes au point `(0,0)` du canvas. Là, nous dessinons le carré orange. Grâce à la translation, nous avons pu laisser `(0,0)` comme coordonnées de `fillRect()`.

Les rotations

Les rotations permettent de faire pivoter les axes du canvas. Ce dernier tourne alors autour de son point d'origine (0,0). La méthode `rotate()` reçoit un seul paramètre : l'angle de rotation spécifié en radians. Il est possible de combiner une rotation et une translation, comme le montre l'exemple suivant :

```
context.translate(75,75);

context.fillStyle = "teal";
context.rotate((Math.PI / 180) * 45);
context.fillRect(0, 0, 50, 50);

context.fillStyle = "orange";
context.rotate(Math.PI / 2);
context.fillRect(0, 0, 50, 50);

context.fillStyle = "teal";
context.rotate(Math.PI / 2);
context.fillRect(0, 0, 50, 50);

context.fillStyle = "orange";
context.rotate(Math.PI / 2);
context.fillRect(0, 0, 50, 50);
```

Il est possible de combiner une rotation et une translation.

(Essayez le code : *http://course.oc-static.com/ftp-tutos/cours/javascript/part5/chap3/ex15.html*)

Nous plaçons l'origine des axes au centre du canvas avec `translate()`. Nous effectuons une première rotation de 45 degrés et nous dessinons un carré bleu-gris (en bas sur la figure). Ensuite, nous faisons pivoter de 90 degrés et nous dessinons un carré orange (à gauche). Nous continuons de tourner les axes de 90 degrés et nous dessinons un nouveau carré bleu-gris. Nous effectuons une dernière rotation et nous dessinons un carré orange.

Animations

La gestion des animations avec Canvas est quasi inexistante ! En effet, Canvas ne propose rien pour animer les formes, les déplacer, les modifier… Pour pouvoir néanmoins créer une animation avec Canvas, il faut :

- dessiner une image ;
- effacer tout ;
- redessiner une image légèrement modifiée ;
- effacer tout ;
- redessiner une image légèrement modifiée ;
- et ainsi de suite.

Ainsi, il suffit d'appeler une fonction qui va redessiner le canvas toutes les x secondes,. Il est également possible d'exécuter des fonctions à la demande de l'utilisateur, ce qui est assez simple.

Une question de « framerate »

Framerate est un terme anglais utilisé pour évoquer le nombre d'images affichées par seconde. Les standards actuels définissent que chaque animation est censée afficher un framerate de 60 images par seconde pour paraître fluide pour l'œil humain. Parfois, ces 60 images peuvent ne pas être toutes affichées en une seconde à cause d'un manque de performances, on appelle cela une baisse de framerate et cela est généralement perçu par l'œil humain comme un ralenti saccadé. Ce problème est peu appréciable et malheureusement trop fréquent avec les fonctions `setTimeout()` et `setInterval()`, qui n'ont pas été conçues à l'origine pour ce genre d'utilisation…

Une solution à ce problème a été développée : il s'agit de `requestAnimationFrame()`. À chacune de ses exécutions, cette fonction va déterminer à quel moment elle doit se redéclencher de manière à garder un framerate de 60 images par seconde. En clair, elle s'exécute de manière à afficher quelque chose de fluide.

Cette fonction étant relativement nouvelle, elle n'est pas forcément implémentée par tous les navigateurs (*http://caniuse.com/#feat=requestanimationframe*).

Un exemple concret

Reprenons le canvas que nous venons de réaliser :

Le canvas que nous venons de réaliser.

En nous basant sur son code, nous allons faire tourner le dessin dans le sens des aiguilles d'une montre. Pour commencer, il faut créer une fonction qui sera appelée par `window.requestAnimationFrame()`. Il s'agira de la fonction `draw(angle)`, qui efface le canvas et le redessine avec un angle de rotation incrémenté de quelques degrés.

```
window.addEventListener('load', function() {
    var canvas  = document.querySelector('#canvas');
    var context = canvas.getContext('2d');

    function draw(angle) {
        context.save();
        context.clearRect(0, 0, 150, 150);
        context.translate(75,75);

        context.fillStyle = "teal";
        context.rotate((Math.PI / 180) * (45 + angle));
        context.fillRect(0, 0, 50, 50);

        context.fillStyle = "orange";
        context.rotate(Math.PI / 2);
        context.fillRect(0, 0, 50, 50);

        context.fillStyle = "teal";
        context.rotate(Math.PI / 2);
        context.fillRect(0, 0, 50, 50);

        context.fillStyle = "orange";
        context.rotate(Math.PI / 2);
        context.fillRect(0, 0, 50, 50);

        context.restore();

        angle = angle + 2;

        if (angle >= 360) angle = 0;

        window.requestAnimFrame(function() { draw(angle) });
    }

    draw(0);
});
```

La variable `angle` représente le décalage. Lors du premier appel de `draw()`, le décalage vaut 0. Après le premier appel, nous incrémentons `angle` de 2 degrés. Lors du prochain appel, tout le canvas sera donc dessiné avec un décalage de 2 degrés. Nous incrémentons à nouveau de 2 dégrés et nous redessinons. Nous procédons ainsi à plusieurs reprises pour donner l'illusion que toute la forme bouge, alors que nous avons uniquement spécifié un angle de rotation de départ qui va croissant.

(Essayez le code : *http://course.oc-static.com/ftp-tutos/cours/javascript/part5/chap3/an1.html*)

Les possibilités d'animation de Canvas sont toutes basées sur le même principe : `window.requestAnimationFrame()`. Ici, il s'agissait de créer un effet de rotation, mais il est possible de créer une courbe qui s'étire (une courbe de Bézier pour laquelle nous incrémentons les valeurs), d'animer une balle qui rebondit… Les possibilités sont nombreuses. Une fois que vous aurez compris le principe, vous vous débrouillerez facilement.

Ce chapitre d'introduction à Canvas est désormais terminé. Toutes les ficelles de ce nouvel élément n'ont pas été étudiées, mais nous vous avons présenté le principal. Il ne tient qu'à vous de vous exercer et d'approfondir vos connaissances.

En résumé

- L'élément `<canvas>` est une zone de la page dans laquelle il est possible de dessiner des formes via le JavaScript. Canvas supporte également un système basique pour créer des animations.
- Le dessin se fait par l'intermédiaire de coordonnées dont l'origine des axes (le point `(0,0)`) est le coin supérieur gauche du canvas.
- Une fois dessinée, une forme n'est plus manipulable. Il est nécessaire d'effacer le contenu du canvas, puis de redessiner.
- Canvas ne supporte que quelques formes : le rectangle, l'arc de cercle et les courbes de Bézier quadratiques et cubiques.
- Il est également possible d'insérer des images au sein du canvas, de créer des dégradés ou d'ajouter du texte.
- L'utilisation des rotations et des translations facilite les calculs des coordonnées et donc la création du dessin.

Si Canvas vous intéresse, sachez qu'il existe des frameworks qui permettent de simplifier le dessin, et même d'ajouter des événements aux « formes ». C'est le cas de KineticJS, dont l'utilisation est expliquée dans ce tutoriel (*https://openclassrooms.com/informatique/cours/piloter-canvas-avec-kineticjs*) de Maurice Chavelli.

36

L'API File

Auparavant, la gestion des fichiers était extrêmement limitée avec le JavaScript. Les actions possibles étaient peu intéressantes, à la fois pour le développeur et l'utilisateur. Avec l'API File, le HTML 5 offre désormais davantage de fonctionnalités. Il est maintenant possible de manipuler un ou plusieurs fichiers afin de les uploader ou d'obtenir des informations les concernant (par exemple, leur poids).

Dans ce chapitre, nous vous proposons un tour d'horizon de l'API File.

Première utilisation

L'API que nous allons découvrir ne peut pas être utilisée seule. En effet, elle nécessite d'être appelée par diverses technologies permettant son accès et lui fournissant les fichiers qu'elle peut manipuler. Cette API a été conçue de cette manière afin d'éviter que ce ne soit vous, développeurs, qui choisissiez quel fichier lire sur l'ordinateur du client. Si cette sécurité n'existait pas, les conséquences pourraient être désastreuses.

Sachez qu'à l'heure actuelle, l'API File ne vous permet pas d'écrire un fichier stocké sur l'ordinateur d'un client ! Vous ne pourrez que le lire ou bien l'uploader pour le modifier sur un serveur. L'écriture d'un fichier sur l'ordinateur du client est encore en cours d'étude à l'heure où nous écrivons ces lignes.

Afin de pouvoir utiliser notre API, nous allons devoir définir comment les fichiers vont être choisis par l'utilisateur. La solution la plus simple pour commencer est l'utilisation d'une balise `<input type="file" />`, qui va nous permettre d'accéder aux propriétés des fichiers sélectionnés par l'utilisateur. Ces propriétés constituent une partie de l'API File.

Prenons donc une balise toute simple :

```
<input id="file" type="file" />
```

Et ajoutons-lui un événement :

```
document.querySelector('#file').addEventListener('change', function() {

    // Du code...

});
```

Pour accéder au fichier, nous allons passer par la propriété `files` de notre balise `<input>`. Celle-ci va nous permettre d'accéder à une collection d'objets utilisables de la même manière qu'un tableau, chaque objet représentant un fichier.

Pourquoi utilisons-nous une collection d'objets, alors que notre `input` ne nous permet de sélectionner qu'un seul fichier ? Parce que le HTML 5 a ajouté la possibilité de choisir plusieurs fichiers pour un seul et même `input` ! Il vous suffit d'y ajouter l'attribut `multiple` pour que cela soit autorisé au client :

```
<input id="file" type="file" multiple />
```

La propriété `files` est la même pour tous, que la sélection de fichiers soit multiple ou non. Si vous voulez lire le fichier d'un `<input>` ne gérant qu'un seul fichier, vous utiliserez `files[0]`et non pas `file`.

Maintenant que ce point est éclairci, essayons d'obtenir le nom du fichier sélectionné grâce à la propriété `name` contenue dans chaque objet de type `File` :

```
document.querySelector('#file').addEventListener('change', function() {

    alert(this.files[0].name);

});
```

(Essayez le code : *http://course.oc-static.com/ftp-tutos/cours/javascript/part5/chap4/ex1.html*)

Cela n'est pas vraiment utile ici, mais vous allez vite découvrir de nombreuses possibilités d'utilisation au cours des paragraphes suivants.

Les objets Blob et File

Actuellement, notre utilisation de l'API File s'est limitée à l'obtention du nom du fichier. Cependant, il est possible de récupérer davantage d'informations grâce aux objets `Blob` et `File`.

Si vous jetez un coup d'œil à la spécification HTML 5 du W3C (http://dev.w3.org/html5/spec/Overview.html), vous constaterez que plutôt que de parler d'un « objet », le terme « interface » est employé. Afin d'éviter toute confusion, il est bon de savoir qu'une interface désigne la structure de base de toutes les instanciations d'un seul et même objet. Ainsi, si nous parlons par exemple d'une interface `Blob`, cela désigne une présentation des propriétés et des méthodes que nous pouvons trouver dans les objets de type `Blob`. Le terme « interface » est très fréquemment utilisé par le W3C, donc souvenez-vous de sa signification le jour où vous irez lire des spécifications HTML rédigées par cet organisme.

L'objet Blob

Un objet de type `Blob` est une structure représentant des données binaires disponibles uniquement en lecture seule. La plupart du temps, vous rencontrerez ces objets uniquement lorsque vous manipulerez des fichiers, car ils représentent les données binaires du fichier ciblé.

Concrètement, que pouvons-nous faire avec un `Blob` ? La réponse est pas grand-chose au final… Enfin, pas en l'utilisant seul tout du moins, car bien que nous ayons la possibilité de créer un `Blob` avec l'objet `BlobBuilder` (https://developer.mozilla.org/en/Document_Object_Model_%28DOM%29/BlobBuilder), nous ne le ferons quasiment jamais puisque nous utiliserons ceux créés lors de la manipulation de fichiers.

Les objets `Blob` possèdent deux propriétés nommées `size` et `type` qui permettent respectivement de récupérer la taille en octets des données manipulées par le `Blob` ainsi que leur type MIME (http://fr.wikipedia.org/wiki/Type_MIME).

Il existe également une méthode nommée `slice()`, mais c'est un sujet bien trop avancé et peu utile. Si vous souhaitez en savoir plus sur cette fonction, nous vous invitons à consulter la documentation du MDN (https://developer.mozilla.org/en/DOM/Blob).

L'objet File

Les objets `File` possèdent un nom bien représentatif puisqu'ils permettent de manipuler les fichiers. Leur particularité est qu'ils héritent des propriétés et méthodes des objets `Blob`, voilà pourquoi nous ne créerons quasiment jamais ces derniers.

Ainsi, en plus des propriétés et méthodes des objets `Blob`, les objets `File` possèdent deux propriétés supplémentaires qui sont `name` pour obtenir le nom du fichier et `lastModifiedDate` pour obtenir la date de la dernière modification du fichier (sous forme d'objet `Date` bien évidemment).

Mais ça n'est pas tout. Bien que les objets `File` ne soient pas intéressants en termes d'informations, ils le sont davantage lorsque nous commençons à aborder leur lecture, grâce aux objets de type `FileReader`.

Lire les fichiers

Comme précisé précédemment, nous allons aborder la lecture des fichiers grâce à l'objet `FileReader` (*https://developer.mozilla.org/en/DOM/FileReader*). Son instanciation s'effectue sans aucun argument :

```
var reader = new FileReader();
```

Cet objet permet la lecture asynchrone de fichiers grâce à trois méthodes différentes :

Nom	Description
`readAsArrayBuffer()`	Stocke les données dans un objet de type `ArrayBuffer`. Ces objets ont été conçus pour permettre l'écriture et la lecture de données binaires directement dans leur forme native. Ils sont surtout utilisés dans des domaines exigeants tels que le WebGL (*https://developer.mozilla.org/en/WebGL*). C'est peu probable que vous utilisiez un jour cette méthode.
`readAsDataURL()`	Les données sont converties dans un format nommé `DataURL` (*http://en.wikipedia.org/wiki/Data_URI_scheme*), qui convertit toutes les données binaires d'un fichier en base64 (*http://fr.wikipedia.org/wiki/Base64*) pour ensuite stocker le résultat dans une chaîne de caractères. Cette dernière est complétée par la spécification du type MIME du fichier concerné. Les `DataURL` permettent donc de stocker un fichier sous la forme d'une URL lisible par les navigateurs récents, leur utilisation est de plus en plus fréquente sur le Web.
`readAsText()`	Les données ne subissent aucune modification, elles sont tout simplement lues puis stockées sous forme d'une chaîne de caractères.

Si vous consultez la documentation du MDN au sujet de l'objet `FileReader`, vous constaterez qu'il existe une méthode supplémentaire `readAsBinaryString()`. Nous n'en avons pas parlé, car elle est déjà dépréciée par le W3C.

Ces trois méthodes prennent chacune en paramètre un argument de type `Blob` ou `File`. La méthode `readAsText()` possède un argument supplémentaire (et facultatif) permettant de spécifier l'encodage du fichier, qui s'utilise comme ceci :

```
reader.readAsText(file, 'UTF-8');
reader.readAsText(file, 'ISO-8859-1');
```

Avant d'utiliser l'une de ces méthodes, rappelez-vous que nous avons bien précisé que la lecture d'un fichier est asynchrone. Il faut donc partir du principe que vous allez avoir plusieurs événements à votre disposition. Ceux-ci diffèrent peu de ceux que nous rencontrons avec la seconde version de l'objet `XMLHttpRequest` :

Nom	Description
`loadstart`	La lecture vient de commencer.
`progress`	Tout comme avec les objets `XHR`, l'événement `progress` se déclenche à intervalles réguliers lors de la progression de la lecture. Il fournit, lui aussi, un objet en paramètre possédant deux propriétés, `loaded` et `total`, indiquant respectivement le nombre d'octets lus et le nombre d'octets à lire en tout.
`load`	La lecture vient de se terminer avec succès.
`loadend`	La lecture vient de se terminer (avec ou sans succès).
`abort`	Se déclenche quand la lecture est interrompue (avec la méthode `abort()`, par exemple).
`error`	Se déclenche quand une erreur a été rencontrée. La propriété `error` contiendra alors un objet de type `FileError` (*https://developer.mozilla.org/en/DOM/FileError*) pouvant vous fournir plus d'informations.

Une fois les données lues, il ne vous reste plus qu'à les récupérer dans la propriété `result`. Ainsi, afin de lire un fichier texte, vous pouvez écrire ceci :

```
<input id="file" type="file" />

<script>
    var fileInput = document.querySelector('#file');

    fileInput.addEventListener('change', function() {

        var reader = new FileReader();

        reader.addEventListener('load', function() {
            alert('Contenu du fichier "' + fileInput.files[0].name +
'" :\n\n' + reader.result);
        });

    reader.readAsText(fileInput.files[0]);

    });
</script>
```

(Essayez le code : *http://course.oc-static.com/ftp-tutos/cours/javascript/part5/chap4/ex2.html*)

Pour finir sur la lecture des fichiers, sachez que l'objet `FileReader` possède aussi une propriété `readyState` permettant de connaître l'état de la lecture. Il existe trois états différents représentés par des constantes spécifiques aux objets `FileReader` :

Constante	Valeur	Description
EMPTY	0	Aucune donnée n'a encore été chargée.
LOADING	1	Les données sont en cours de chargement.
DONE	2	Toutes les données ont été chargées.

Tout comme avec un objet `xhr`, vous pouvez vérifier l'état de la lecture, soit avec la constante :

```
if(reader.readyState === reader.LOADING) {
  // La lecture est en cours...
}
```

soit directement avec la valeur de la constante :

```
if(reader.readyState === 1) {
  // La lecture est en cours...
}
```

Mise en pratique

L'étude de l'API File est maintenant terminée. Il est probable que vous vous demandiez encore ce que nous lui trouvons d'exceptionnel... Il est vrai que si nous l'utilisons uniquement avec des balises `<input>`, nous sommes assez limités dans son utilisation.

Dans ce chapitre, nous avons abordé les bases de l'API File, à savoir son utilisation seule, mais il faut savoir que le principal intérêt de cette API réside dans son utilisation avec d'autres ressources. Nous allons donc étudier comment l'utiliser conjointement avec l'objet `XMLHttpRequest` afin d'effectuer des uploads. Et nous verrons au chapitre 37 comment l'utiliser efficacement avec le Drag & Drop.

Pour le moment, nous vous proposons une mise en pratique plutôt sympathique : la création d'un site d'hébergement d'images interactif. Le principe est simple : l'utilisateur sélectionne les images qu'il souhaite uploader, elles sont alors affichées en prévisualisation sur la page et l'utilisateur n'a plus qu'à cliquer sur le bouton d'upload après avoir vérifié qu'il a sélectionné les bonnes images.

Notre objectif ici est de créer la partie concernant la sélection et la prévisualisation des images, l'upload ne nous intéresse pas. Afin d'obtenir le résultat escompté, nous allons devoir utiliser l'API File, qui va nous permettre de lire le contenu des fichiers avant même d'effectuer un quelconque upload.

Commençons par construire la page HTML qui va accueillir notre script :

```
<input id="file" type="file" multiple />

<div id="prev"></div>
```

Rien d'autre n'est nécessaire, nous avons notre balise `<input>` pour sélectionner les fichiers (avec l'attribut `multiple` afin de permettre la sélection de plusieurs fichiers) ainsi qu'une balise `<div>` pour y afficher les images à uploader.

Il nous faut maintenant passer au JavaScript. Commençons par mettre en place la structure principale de notre script :

```
(function() {

    var allowedTypes = ['png', 'jpg', 'jpeg', 'gif'],
        fileInput = document.querySelector('#file'),
        prev = document.querySelector('#prev');

    fileInput.addEventListener('change', function() {

        // Analyse des fichiers et création des prévisualisations

    });

})();
```

Ce code déclare les variables et les événements nécessaires. Vous constaterez qu'il existe une variable `allowedTypes`, qui contient un tableau listant les extensions d'images dont nous autorisons l'upload. L'analyse des fichiers peut maintenant commencer. Sachant que nous avons autorisé la sélection multiple de fichiers, nous allons devoir utiliser une boucle afin de parcourir les fichiers sélectionnés. Il nous faudra aussi vérifier quels sont les fichiers à autoriser :

```
fileInput.addEventListener('change', function() {

    var files = this.files,
        filesLen = files.length,
        imgType;

    for (var i = 0 ; i < filesLen ; i++) {

        imgType = files[i].name.split('.');
        imgType = imgType[imgType.length - 1].toLowerCase();
        // On utilise toLowerCase() pour éviter les extensions en majuscules

        if (allowedTypes.indexOf(imgType) != -1) {

            // Le fichier est bien une image supportée, il ne reste plus
            // qu'à l'afficher

        }

    }

});
```

Les fichiers sont parcourus, puis analysés. Sur les lignes 9 et 10, nous procédons à l'extraction de l'extension du fichier en découpant la chaîne de caractères grâce à un `split('.')`, et nous récupérons le dernier élément du tableau après l'avoir passé en minuscules. Une fois l'extension obtenue, nous vérifions sa présence dans le tableau des extensions autorisées (ligne 12).

Il nous faut maintenant afficher l'image. En HTML, cela se fait grâce à la balise `<img>`, or celle-ci n'accepte qu'une URL en guise de valeur pour son attribut `src`. Nous pourrions lui fournir l'adresse du fichier à afficher, mais nous ne connaissons que son nom, pas son chemin. Nous allons donc utiliser les `DataURL`, qui permettent de stocker des données dans une URL. Avant de commencer cet affichage, nous plaçons un appel vers une fonction `createThumbnail()` à la 14e ligne de notre code :

```
If (allowedTypes.indexOf(imgType) != -1) {
    createThumbnail(files[i]);
}
```

Nous pouvons maintenant passer à la création de notre fonction `createThumbnail()` :

```
function createThumbnail(file) {

    var reader = new FileReader();

    reader.addEventListener('load', function() {

        // Affichage de l'image

    });

    reader.readAsDataURL(file);

}
```

Comme vous pouvez le constater, il n'y a rien de compliqué. Nous instancions un objet `FileReader`, nous lui attribuons un événement `load`, puis nous lançons la lecture du fichier pour une `DataURL`. Une fois la lecture terminée, l'événement `load` se déclenche si tout s'est terminé correctement, il ne nous reste donc plus qu'à afficher l'image :

```
reader.addEventListener('load', function() {

    var imgElement = document.createElement('img');
    imgElement.style.maxWidth = '150px';
    imgElement.style.maxHeight = '150px';
    imgElement.src = this.result;
    prev.appendChild(imgElement);

});
```

Et voilà, notre script est terminé !

(Essayez le code en ligne : *http://course.oc-static.com/ftp-tutos/cours/javascript/part5/chap4/ex3.html*)

Voici les codes complets :

```
<input id="file" type="file" multiple />

<div id="prev"></div>
(function() {

    function createThumbnail(file) {

        var reader = new FileReader();

        reader.addEventListener('load', function() {

            var imgElement = document.createElement('img');
            imgElement.style.maxWidth = '150px';
            imgElement.style.maxHeight = '150px';
            imgElement.src = this.result;
            prev.appendChild(imgElement);

        });

        reader.readAsDataURL(file);

    }

    var allowedTypes = ['png', 'jpg', 'jpeg', 'gif'],
        fileInput = document.querySelector('#file'),
        prev = document.querySelector('#prev');

    fileInput.addEventListener('change', function() {

        var files = this.files,
            filesLen = files.length,
            imgType;

        for (var i = 0; i < filesLen; i++) {

            imgType = files[i].name.split('.');
            imgType = imgType[imgType.length - 1];

            if (allowedTypes.indexOf(imgType) != -1) {
                createThumbnail(files[i]);
            }

        }

    });

})();
```

Upload de fichiers avec l'objet XMLHttpRequest

Il était auparavant impossible d'uploader des données binaires avec l'objet `XMLHttpRequest`, car celui-ci ne supportait pas l'utilisation de l'objet `FormData` (qui, de toute manière, n'existait pas à cette époque). Cependant, depuis l'arrivée de ce nouvel objet ainsi que de la seconde version du `XMLHttpRequest`, cette « prouesse » est maintenant réalisable facilement.

Ainsi, il est désormais très simple de créer des données binaires (grâce à un `Blob`) pour les envoyer sur un serveur. En revanche, il est bien probable que créer vos propres données binaires ne vous intéresse pas, l'upload de fichiers est nettement plus utile, non ? Alors ne tardons pas et voyons cela !

Pour effectuer un upload de fichiers, nous devons tout d'abord récupérer un objet de type `File`. Nous avons donc besoin d'un `<input>` :

```
<input id="file" type="file" />
```

Ajoutons à cela un code JavaScript qui récupère le fichier spécifié et s'occupe de créer une requête `XMLHttpRequest` :

```
var fileInput = document.querySelector('#file');

fileInput.addEventListener('change', function() {

    var xhr = new XMLHttpRequest();

    xhr.open('POST', 'http://exemple.com'); // Rappelons qu'il est
// obligatoire d'utiliser la méthode POST quand on souhaite utiliser un FormData

    xhr.addEventListener('load', function() {
        alert('Upload terminé !');
    });

    // Upload du fichier…

});
```

À présent, il suffit de passer notre objet `File` à un objet `FormData` et d'uploader ce dernier :

```
var form = new FormData();

form.append('file', fileInput.files[0]);

xhr.send(form);
```

(Essayez le code complet : *http://course.oc-static.com/ftp-tutos/cours/javascript/part5/chap4/ex5.html*)

Uploadez un petit fichier (inférieur à 100 Ko) si vous voulez ne pas avoir un résultat trop long à l'affichage.

L'upload de fichiers par le biais d'un objet `xhr` ne va pas révolutionner votre façon de coder. Il permet de simplifier les choses puisque nous n'avons plus à nous embêter à passer par le biais d'une `<iframe>`.

Il nous reste une dernière chose à étudier : l'affichage de la progression de l'upload. L'objet `xhr` est déjà nettement plus intéressant, n'est-ce pas ?

Nous n'en avons pas encore parlé car vous n'auriez pas pu vous en servir efficacement. Mais sachez que l'objet `xhr` possède une propriété `upload` donnant accès à plusieurs événements dont l'événement `progress`. Ce dernier fonctionne exactement de la même manière que l'événement `progress` étudié dans le chapitre consacré à l'objet `xhr` :

```
xhr.upload.addEventListener('progress', function(e) {

    e.loaded; // Nombre d'octets uploadés
    e.total;  // Total d'octets à uploader

});
```

Ainsi, il est facile de créer une barre de progression avec cet événement et la balise HTML 5 `<progress>` :

```
<input id="file" type="file" />
<progress id="progress"></progress>
var fileInput = document.querySelector('#file'),
    progress = document.querySelector('#progress');

fileInput.addEventListener('change', function() {

    var xhr = new XMLHttpRequest();

    xhr.open('POST', 'upload.html');

    xhr.upload.addEventListener('progress', function(e) {
        progress.value = e.loaded;
        progress.max = e.total;
    });

    xhr.addEventListener('load', function() {
        alert('Upload terminé !');
    });

    var form = new FormData();
    form.append('file', fileInput.files[0]);

    xhr.send(form);

});
```

(Essayez le code : *http://course.oc-static.com/ftp-tutos/cours/javascript/part5/chap4/ex6.html*)

Ici, utilisez plutôt un fichier de taille moyenne (2 à 3 Mo) si vous voulez voir un affichage de la progression.

En résumé

- L'API File permet de manipuler les fichiers au travers d'un objet `File` qui hérite lui-même de l'objet `Blob`, conçu pour manipuler les données binaires.
- Il est maintenant possible de lire le contenu d'un fichier sans avoir à passer par un quelconque serveur.
- Les fichiers peuvent être utilisés au travers de plusieurs autres technologies telles que l'Ajax ou la balise `<canvas>`.

37 Le drag & drop

Le *drag and drop* (plus communément écrit *drag & drop*, voire *drag'n'drop*) est l'un des principaux éléments d'une interface fonctionnelle. On parle de « glisser-déposer » en français. Il s'agit d'une manière de gérer une interface en permettant le déplacement de certains éléments vers d'autres conteneurs. Ainsi, dans l'explorateur de fichiers d'un système d'exploitation quelconque, vous pouvez très bien faire glisser un fichier d'un dossier à un autre d'un simple déplacement de souris. Ceci est possible grâce au concept du drag & drop.

Bien que le drag & drop ait longtemps existé sur les sites web grâce au JavaScript, aucun système standard n'avait été créé avant le HTML 5, grâce auquel il est maintenant possible de permettre un déplacement de texte, de fichier ou d'autres éléments depuis n'importe quelle application vers votre navigateur. Dans ce chapitre, nous verrons comment utiliser au mieux cette nouvelle API.

Aperçu de l'API

Comme pour les API précédentes, nous allons uniquement survoler l'API Drag & Drop. Il s'agit d'une simple initiation, qui vous permettra de découvrir les fonctionnalités les plus importantes. Certains aspects ne seront pas évoqués car ils ne vous seront que très peu utiles.

Rendre un élément déplaçable

En temps normal, un élément d'une page web ne peut pas être déplacé. En effet, seul son contenu peut être sélectionné. Certains éléments, comme les liens ou les images, peuvent être déplacés nativement, mais vous ne pouvez pas interagir avec ce mécanisme en JavaScript sans passer par la nouvelle API disponible dans la spécification HTML 5.

Afin de rendre un élément déplaçable, il vous suffit d'utiliser son attribut `draggable` et de le mettre à `true` (que ce soit en HTML ou en JavaScript). Vous pourrez alors déplacer l'élément sans problème.

(Essayez un exemple : *http://course.oc-static.com/ftp-tutos/cours/javascript/part5/chap5/ex1.html*)

Parmi les huit événements que l'API Drag & Drop fournit, l'élément déplaçable peut en utiliser deux : `dragstart` et `dragend`.

- L'événement `dragstart` se déclenche lorsque l'élément ciblé commence à être déplacé. Cet événement est particulièrement utile pour initialiser certains détails utilisés tout au long du processus de déplacement. Pour cela, il nous faudra utiliser l'objet `dataTransfer` que nous étudierons plus loin.
- L'événement `dragend` permet de signaler à l'objet déplacé que son déplacement est terminé, que le résultat soit un succès ou non.

Initialiser un déplacement avec l'objet dataTransfer

L'objet `dataTransfer` est généralement utilisé au travers de deux événements : `dragstart` et `drop`. Il peut toutefois être utilisé avec d'autres événements spécifiques au drag & drop.

Cet objet permet de définir et de récupérer les informations relatives au déplacement en cours d'exécution. Ici, nous n'allons aborder l'objet `dataTransfer` que dans le cadre de l'initialisation d'un déplacement, son utilisation pour la fin d'un processus de drag & drop sera étudiée plus tard.

L'objet `dataTransfer` permet de réaliser trois actions (toutes facultatives).

- Sauvegarder une chaîne de caractères qui sera transmise à l'élément HTML qui accueillera l'élément déplacé. La méthode à utiliser est `setData()`.
- Définir une image utilisée lors du déplacement. La méthode concernée est `setDragImage()`.
- Spécifier le type de déplacement autorisé avec la propriété `effectAllowed`. Cette propriété ayant un usage assez restreint, nous ne l'aborderons pas (tout comme `dropEffect`). Nous vous laissons vous documenter sur la manière dont elle doit être utilisée.

La méthode `setData()` prend deux arguments en paramètres. Le premier est le type MIME des données (sous forme de chaîne de caractères) que vous allez spécifier dans le second argument. Précisons que celui-ci est obligatoirement une chaîne de caractères, ce qui signifie que le type MIME qui sera spécifié n'a que peu d'intérêt. Vous utiliserez généralement le type `text/plain` pour des raisons de simplicité :

```
draggableElement.addEventListener('dragstart', function(e) {
    e.dataTransfer.setData('text/plain', "Ce texte sera transmis à
l'élément HTML de réception");
});
```

En temps normal, vous nous diriez probablement que cette méthode est inutile puisqu'il suffirait de stocker les données dans une variable plutôt que par le biais de `setData()`. Ceci est exact si vous travaillez sur la même page. Cependant, le drag & drop en HTML 5 possède la faculté de s'étendre bien au-delà de votre page web et donc de réaliser un glisser-déposer d'une page à une autre, d'un onglet à un autre ou même d'un navigateur à un autre. Le transfert de données entre les pages web n'étant pas possible (tout du moins pas sans « tricher »), il est utile d'utiliser la méthode `setData()`.

> **!** L'utilisation de la méthode `setData()` est obligatoire avec Firefox bien que nous n'ayons pas toujours quelque chose à y stocker. Utilisez donc le type MIME de votre choix et passez-lui une chaîne de caractères vide, comme ceci : `setData('text/plain', '');`.

La méthode `setDragImage()` est extrêmement utile pour qui souhaite personnaliser l'affichage de sa page web. Elle permet de définir une image qui se placera sous le curseur pendant le déplacement de l'élément concerné. La méthode prend trois arguments en paramètres. Le premier est un élément `<img>` contenant l'image souhaitée, le deuxième est la position horizontale de l'image et le troisième est la position verticale :

```
var dragImg = new Image(); // Il est conseillé de précharger l'image, sinon elle
                           // risque de ne pas s'afficher pendant le déplacement
    dragImg.src = 'drag_img.png';

document.querySelector('*[draggable="true"]').addEventListener('dragstart',
function(e) {

    e.dataTransfer.setDragImage(dragImg, 40, 40); // Une position de
        // 40x40 pixels centrera l'image (de 80x80 pixels) sous le curseur

});
```

(Essayez le code : *http://course.oc-static.com/ftp-tutos/cours/javascript/part5/chap5/ex2.html*)

Définir une zone de « drop »

Un élément en cours de déplacement ne peut pas être déposé n'importe où, il convient de définir une zone de « drop » (zone qui va permettre de déposer des éléments) qui ne sera, au final, qu'un simple élément HTML.

Les zones de drop prennent généralement en charge quatre événements :

- `dragenter`, qui se déclenche lorsqu'un élément en cours de déplacement entre dans la zone de drop ;
- `dragover`, qui se déclenche lorsqu'un élément en cours de déplacement se déplace dans la zone de drop ;
- `dragleave`, qui se déclenche lorsqu'un élément en cours de déplacement quitte la zone de drop ;
- `drop`, qui se déclenche lorsqu'un élément en cours de déplacement est déposé dans la zone de drop.

Par défaut, le navigateur interdit de déposer un quelconque élément où que ce soit dans la page web. Nous devons annuler cette action par défaut via `preventDefault()`. Cette méthode devra être utilisée au travers de l'événement `dragover`.

Prenons un exemple simple :

```
<div id="draggable" draggable="true">Je peux être déplacé !</div>
<div id="dropper">Je n'accepte pas les éléments déplacés !</div>
```

(Essayez le code : *http://course.oc-static.com/ftp-tutos/cours/javascript/part5/chap5/ex3.html*)

Comme vous pouvez le constater, cet exemple ne fonctionne pas : le navigateur affiche un curseur montrant une interdiction lorsque vous survolez le deuxième `<div>`. Afin d'autoriser cette action, nous allons ajouter un code JavaScript très simple :

```
document.querySelector('#dropper').addEventListener('dragover', function(e) {
    e.preventDefault(); // Annule l'interdiction de drop
});
```

(Essayez le code : *http://course.oc-static.com/ftp-tutos/cours/javascript/part5/chap5/ex4.html*)

Avec ce code, le curseur n'affiche plus d'interdiction en survolant la zone de drop. Cependant, il ne se passe rien si nous relâchons notre élément sur la zone de drop. Ceci est parfaitement normal, car c'est à nous de définir la manière dont la zone de drop doit gérer les éléments qu'elle reçoit.

Pour agir après un drop d'élément, il convient tout d'abord de détecter ce drop. Nous allons donc utiliser l'événement `drop` comme ceci :

```
document.querySelector('#dropper').addEventListener('drop', function(e) {
    e.preventDefault(); // Cette méthode est toujours nécessaire pour éviter
                        // une éventuelle redirection inattendue
    alert('Vous avez bien déposé votre élément !');
});
```

(Essayez le code : *http://course.oc-static.com/ftp-tutos/cours/javascript/part5/chap5/ex5.html*)

Tant que nous y sommes, essayons les événements `dragenter`, `dragleave` et un petit oublié qui se nomme `dragend` :

```
var dropper = document.querySelector('#dropper');

dropper.addEventListener('dragenter', function() {
    dropper.style.borderStyle = 'dashed';
});

dropper.addEventListener('dragleave', function() {
    dropper.style.borderStyle = 'solid';
});

// Cet événement détecte n'importe quel drag & drop qui se termine, autant
// le mettre sur « document » :
```

```
document.addEventListener('dragend', function() {
    alert("Un Drag & Drop vient de se terminer mais l'événement dragend ne
sait pas si c'est un succès ou non.");
});
```

Avant d'essayer ce code, il nous faut réfléchir à une chose : nous appliquons un style lorsque l'élément déplacé entre dans la zone de drop, puis nous le retirons lorsqu'il en sort. Cependant, que se passe-t-il si nous relâchons notre élément dans la zone de drop ? Le style ne disparaît pas puisque l'élément n'a pas déclenché l'événement `dragleave`. Il nous faut donc retirer le style en modifiant notre événement `drop` :

```
dropper.addEventListener('drop', function(e) {
    e.preventDefault(); // Cette méthode est toujours nécessaire pour
                        // éviter une éventuelle redirection inattendue
    alert('Vous avez bien déposé votre élément !');

    // Il est nécessaire d'ajouter cela car sinon le style appliqué par
    // l'événement « dragenter » restera en place même après un drop :
    dropper.style.borderStyle = 'solid';
});
```

Voilà tout, essayez donc maintenant de déplacer l'élément approprié à la fois dans la zone de drop et en-dehors de cette dernière.

(Essayez le code : *http://course.oc-static.com/ftp-tutos/cours/javascript/part5/chap5/ex6.html*)

Terminer un déplacement avec l'objet dataTransfer

L'objet `dataTransfer` a deux rôles importants à la fin d'un drag & drop.

- Récupérer, grâce à la méthode `getData()`, le texte sauvegardé par `setData()` lors de l'initialisation du drag & drop.
  Voici un exemple :

```
dropZone.addEventListener('drop', function(e) {
    alert(e.dataTransfer.getData('text/plain'));
    // Affiche le contenu du type MIME « text/plain »
});
```

- Récupérer les éventuels fichiers qui ont été déposés par l'utilisateur, le drag & drop de fichiers étant désormais possible en HTML 5. Cela fonctionne plus ou moins de la même manière qu'avec une balise `<input type="file" />`. Il nous faut toujours accéder à une propriété `files`, sauf que celle-ci est accessible dans l'objet `dataTransfer` dans le cadre d'un drag & drop. Exemple :

```
dropZone.addEventListener('drop', function(e) {
    e.preventDefault();
```

```
    var files = e.dataTransfer.files,
        filesLen = files.length,
        filenames = "";

    for (var i = 0 ; i < filesLen ; i++) {
        filenames += '\n' + files[i].name;
    }

    alert(files.length + ' fichier(s) :\n' + filenames);
});
```

(Essayez une adaptation de ce code : *http://course.oc-static.com/ftp-tutos/cours/javascript/part5/chap5/ex7.html*)

Imaginez maintenant ce qu'il est possible de faire avec ce que vous avez appris dans ce chapitre et le précédent ! Vous pouvez très bien créer un hébergeur de fichiers avec support du drag & drop, prévisualisation des images, upload des fichiers avec une barre de progression, etc. Les possibilités deviennent maintenant extrêmement nombreuses et ne sont pas forcément très compliquées à mettre en place !

Mise en pratique

Nous voulons ici créer une page web avec deux zones de drop et quelques éléments que nous pourrons déplacer d'une zone à l'autre.

Afin de vous faire gagner du temps, voici le code HTML à utiliser et le CSS associé :

```
<div class="dropper">

    <div class="draggable">#1</div>
    <div class="draggable">#2</div>

</div>

<div class="dropper">

    <div class="draggable">#3</div>
    <div class="draggable">#4</div>

</div>
.dropper {
    margin: 50px 10px 10px 50px;
    width: 400px;
    height: 250px;
    background-color: #555;
    border: 1px solid #111;

    border-radius: 10px;
    transition: all 200ms linear;
}

.drop_hover {
    box-shadow: 0 0 30px rgba(0, 0, 0, 0.8) inset;
```

```
}

.draggable {
    display: inline-block;
    margin: 20px 10px 10px 20px;
    padding-top: 20px;
    width: 80px;
    height: 60px;
    color: #3D110F;
    background-color: #822520;
    border: 4px solid #3D110F;
    text-align: center;
    font-size: 2em;
    cursor: move;

    transition: all 200ms linear;
    user-select: none;
}
```

Rien de bien compliqué, le code HTML est extrêmement simple et la seule chose à comprendre au niveau du CSS est que la classe `.drop_hover` sera appliquée à une zone de drop lorsque celle-ci sera survolée par un élément HTML déplaçable.

Pour commencer, nous avons ensuite besoin d'une structure pour notre code :

```
(function() {

    var dndHandler = {

        // Cet objet est conçu pour être un namespace et va contenir les
        // méthodes que nous allons créer pour notre système de drag & drop

    };

    // Ici se trouvera le code qui utilisera les méthodes de notre namespace
    // « dndHandler »

})();
```

Pour exploiter notre structure, nous avons besoin d'une méthode permettant de déplacer les éléments concernés. Ceux-ci sont ceux qui possèdent une classe `.draggable`. Afin de les paramétrer, nous allons créer une méthode `applyDragEvents()` dans notre objet `dndHandler` :

```
var dndHandler = {

    applyDragEvents: function(element) {

        element.draggable = true;

    }

};
```

Ici, notre méthode s'occupe de rendre déplaçables tous les objets qui lui seront passés en paramètres. Cependant, cela ne suffit pas pour deux raisons.

- Nos zones de drop devront savoir quel est l'élément qui sera déposé, nous allons utiliser une propriété `draggedElement` pour sauvegarder cette information.
- Firefox nécessite l'envoi de données avec `setData()` pour autoriser le déplacement d'éléments.

Ces deux ajouts sont simples à mettre en place :

```
var dndHandler = {

    draggedElement: null, // Propriété pointant vers l'élément en cours de
                          // déplacement

    applyDragEvents: function(element) {

        element.draggable = true;

         var dndHandler = this; // Cette variable est nécessaire pour que
// l'événement « dragstart » accède facilement au namespace « dndHandler »

        element.addEventListener('dragstart', function(e) {
            dndHandler.draggedElement = e.target;
            // On sauvegarde l'élément en cours de déplacement
         e.dataTransfer.setData('text/plain', ''); // Nécessaire pour Firefox
        });

    }

};
```

Ainsi, nos zones de drop n'auront qu'à lire la propriété `draggedElement` pour savoir quel est l'élément qui a été déposé.

Passons maintenant à la création de la méthode `applyDropEvents()` qui, comme son nom l'indique, va se charger de gérer les événements des deux zones de drop. Nous allons commencer par gérer les deux événements les plus simples : `dragover` et `dragleave`.

```
var dndHandler = {

    // [...]

    applyDropEvents: function(dropper) {

        dropper.addEventListener('dragover', function(e) {
            e.preventDefault(); // On autorise le drop d'éléments
                this.className = 'dropper drop_hover'; // Et on applique
// le style adéquat à notre zone de drop quand un élément la survole
        });
```

```
        dropper.addEventListener('dragleave', function() {
                this.className = 'dropper'; // On revient au style
                    // de base lorsque l'élément quitte la zone de drop
        });

    }

};
```

Notre but maintenant est de gérer le drop d'éléments. Notre système doit fonctionner de la manière suivante :

- un élément est « droppé » ;
- notre événement `drop` va alors récupérer l'élément concerné grâce à la propriété `draggedElement` ;
- l'élément déplacé est cloné ;
- le clone est alors ajouté à la zone de drop concernée ;
- l'élément d'origine est supprimé ;
- le clone se voit réattribuer les événements qu'il aura perdus du fait que la méthode `cloneNode()` ne conserve pas les événements.

Ce système est simple à réaliser, voici ce que nous vous proposons comme solution :

```
dropper.addEventListener('drop', function(e) {

    var target = e.target,
        draggedElement = dndHandler.draggedElement,
        // Récupération de l'élément concerné
        clonedElement = draggedElement.cloneNode(true);
        // On crée immédiatement le clone de cet élément

    target.className = 'dropper'; // Application du style par défaut

    clonedElement = target.appendChild(clonedElement);
    // Ajout de l'élément cloné à la zone de drop actuelle
    dndHandler.applyDragEvents(clonedElement);
    // Nouvelle application des événements perdus lors du cloneNode()

    draggedElement.parentNode.removeChild(draggedElement);
    // Suppression de l'élément d'origine

});
```

Nos deux méthodes sont maintenant terminées, il ne nous reste plus qu'à les appliquer aux éléments concernés :

```
(function() {

    var dndHandler = {
```

```
        // [...]

    };

    var elements = document.querySelectorAll('.draggable'),
        elementsLen = elements.length;

    for (var i = 0 ; i < elementsLen ; i++) {
        dndHandler.applyDragEvents(elements[i]);
        // Application des paramètres nécessaires aux éléments déplaçables
    }

    var droppers = document.querySelectorAll('.dropper'),
        droppersLen = droppers.length;

    for (var i = 0 ; i < droppersLen ; i++) {
        dndHandler.applyDropEvents(droppers[i]);
        // Application des événements nécessaires aux zones de drop
    }

})();
```

(Essayez le code complet : *http://course.oc-static.com/ftp-tutos/cours/javascript/part5/chap5/ex8.html*)

Notre code est terminé, cependant il a un bogue majeur que vous avez sûrement pu constater si vous avez essayé de déplacer un élément directement sur un autre élément plutôt que sur une zone de drop. Essayez par exemple de déplacer l'élément `#1` sur l'élément `#4`, vous devriez alors voir quelque chose qui ressemble à l'image suivante.

Le code présente un bogue majeur
(*http://user.oc-static.com/files/370001_371000/370006.png*)

Le code présente un bogue majeur

Cela s'explique par le simple fait que l'événement `drop` est hérité par les éléments enfants, ce qui signifie que les éléments possédant la classe `.draggable` se comportent alors comme des zones de drop.

Une solution serait d'appliquer un événement drop aux éléments déplaçables refusant tout élément HTML déposé, mais cela obligerait alors l'utilisateur à déposer son élément en faisant bien attention à ne pas se retrouver au-dessus d'un élément déplaçable. Essayez donc pour voir, vous allez rapidement constater que cela peut être vraiment pénible :

```
applyDragEvents: function(element) {

    // [...]

    element.addEventListener('drop', function(e) {
        e.stopPropagation(); // On stoppe la propagation de l'événement
                             // pour empêcher la zone de drop d'agir
    });

},
```

(Essayez une adaptation de ce code : http://course.oc-static.com/ftp-tutos/cours/javascript/part5/chap5/ex9.html)

Nous n'avions pas encore étudié la méthode stopPropagation(), car celle-ci nécessite un cas concret d'utilisation, comme celui étudié ici.
Cette méthode sert à stopper la propagation des événements. Souvenez-vous des phases de capture et de bouillonnement étudiées dans le chapitre sur les événements. Dans une phase de bouillonnement, si un élément enfant possède un événement du même type qu'un de ses éléments parents, alors son événement se déclenchera en premier, puis viendra celui de l'élément parent. La méthode stopPropagation() sert à brider ce fonctionnement.
Dans le cadre d'une phase de bouillonnement, en utilisant cette méthode dans l'événement de l'élément enfant, vous empêcherez alors l'élément parent d'exécuter son événement. Dans le cadre d'une phase de capture, en utilisant cette méthode sur l'élément parent, vous empêcherez alors l'élément enfant de déclencher son événement.

La solution la plus pratique pour l'utilisateur serait donc de faire en sorte de « remonter » les éléments parents (avec parentNode) jusqu'à tomber sur une zone de drop. Cela est très simple et se fait en trois lignes de code (lignes 7 à 9) :

```
1. dropper.addEventListener('drop', function(e) {
2.
3.     var target = e.target,
4.         draggedElement = dndHandler.draggedElement,
           // Récupération de l'élément concerné
5.         clonedElement = draggedElement.cloneNode(true);
           // On crée immédiatement le clone de cet élément
6.
7.     while (target.className.indexOf('dropper') == -1) {
       // Cette boucle permet de remonter jusqu'à la zone de drop parente
8.         target = target.parentNode;
9.     }
10.
```

```
    target.className = 'dropper'; // Application du style par défaut

    clonedElement = target.appendChild(clonedElement);
    // Ajout de l'élément cloné à la zone de drop actuelle
    dndHandler.applyDragEvents(clonedElement);
    // Nouvelle application des événements perdus lors du cloneNode()

    draggedElement.parentNode.removeChild(draggedElement);
    // Suppression de l'élément d'origine

});
```

(Essayez le code complet : *http://course.oc-static.com/ftp-tutos/cours/javascript/part5/chap5/ex10.html*)

Si `target` (qui représente l'élément ayant reçu un élément déplaçable) ne possède pas la classe `.dropper`, alors la boucle va passer à l'élément parent et va continuer comme cela jusqu'à tomber sur une zone de drop. Vous pouvez d'ailleurs constater que cela fonctionne à merveille !

Voici le code JavaScript complet de cette mise en pratique du Drag & Drop :

```
(function() {

    var dndHandler = {

        draggedElement: null, // Propriété pointant vers l'élément en
                              // cours de déplacement

        applyDragEvents: function(element) {

            element.draggable = true;

            var dndHandler = this; // Cette variable est nécessaire pour
// que l'événement « dragstart » ci-dessous accède facilement au namespace
                                                          // « dndHandler »

            element.addEventListener('dragstart', function(e) {
                dndHandler.draggedElement = e.target;
                // On sauvegarde l'élément en cours de déplacement
                e.dataTransfer.setData('text/plain', '');
                // Nécessaire pour Firefox
            });

        },

        applyDropEvents: function(dropper) {

            dropper.addEventListener('dragover', function(e) {
                e.preventDefault(); // On autorise le drop d'éléments
                this.className = 'dropper drop_hover'; // Et on applique
    // le style adéquat à notre zone de drop quand un élément la survole
            });

            dropper.addEventListener('dragleave', function() {
```

```
                this.className = 'dropper'; // On revient au style de base
                                    // lorsque l'élément quitte la zone de drop
            });

            var dndHandler = this; // Cette variable est nécessaire pour que
// l'événement « drop » ci-dessous accède facilement au namespace « dndHandler »

            dropper.addEventListener('drop', function(e) {

                var target = e.target,
                    draggedElement = dndHandler.draggedElement,
                    // Récupération de l'élément concerné
                    clonedElement = draggedElement.cloneNode(true);
                    // On crée immédiatement le clone de cet élément

                while (target.className.indexOf('dropper') == -1) {
                // Cette boucle permet de remonter jusqu'à la zone de drop parente
                    target = target.parentNode;
                }

                target.className = 'dropper';
                // Application du style par défaut

                clonedElement = target.appendChild(clonedElement);
                // Ajout de l'élément cloné à la zone de drop actuelle
                dndHandler.applyDragEvents(clonedElement);
                // Nouvelle application des événements perdus lors du cloneNode()

                draggedElement.parentNode.removeChild(draggedElement);
                // Suppression de l'élément d'origine

            });

        }

    };

    var elements = document.querySelectorAll('.draggable'),
        elementsLen = elements.length;

    for (var i = 0; i < elementsLen; i++) {
        dndHandler.applyDragEvents(elements[i]);
        // Application des paramètres nécessaires aux éléments déplaçables
    }

    var droppers = document.querySelectorAll('.dropper'),
        droppersLen = droppers.length;

    for (var i = 0; i < droppersLen; i++) {
        dndHandler.applyDropEvents(droppers[i]);
        // Application des événements nécessaires aux zones de drop
    }

})();
```

En résumé

- Le drag & drop est une technologie conçue pour permettre un déplacement natif d'éléments en tous genres (texte, fichiers, etc.).
- Une action de drag & drop nécessite généralement un transfert de données entre l'élément émetteur et l'élément récepteur, cela se fait généralement par le biais de l'objet `dataTransfer`.
- Il est parfaitement possible de déplacer un élément depuis n'importe quel logiciel de votre système d'exploitation (par exemple, l'explorateur de fichiers) jusqu'à une zone d'une page web prévue à cet effet.

Sixième partie

Annexe

Aller plus loin

Nous allons aborder ici des notions plus ou moins ignorées dans la structure principale du cours.

Ainsi, après un petit récapitulatif rapide de certaines notions étudiées, nous vous présenterons les bibliothèques et les frameworks et ce qu'ils peuvent vous apporter. Nous parlerons aussi des environnements (autres qu'un navigateur web) qui sont capables d'exploiter une partie du potentiel du JavaScript.

Récapitulatif express

Ce qu'il vous reste à faire

Avant de nous plonger dans de nouvelles possibilités offertes par le JavaScript, il serait bien de situer votre niveau. Vous n'êtes pas encore des experts du JavaScript, vous devrez acquérir davantage d'expérience pour cela ! Si nous avions voulu couvrir toutes les particularités du JavaScript, ce livre aurait été au moins deux fois plus long, ce qui n'est pas vraiment envisageable. Vous découvrirez donc ces particularités en programmant !

Il est important pour vous de programmer, de trouver quelques idées pour des projets un peu fous. Vous devez coder et vous confronter à quelques problèmes pour pouvoir progresser ! Vous serez ainsi capables de déboguer vos propres codes, vous commencerez à éviter certaines erreurs autrefois habituelles, vous réfléchirez de manière différente et plus optimisée. Ce sont toutes ces petites choses qui feront de vous un programmeur hors pair utilisant à bon escient tous les outils présentés ici.

Puisque nous n'avons pas pu aborder toutes les notions dans cet ouvrage, vous devrez consulter de la documentation afin d'approfondir des sujets encore méconnus. Dans tout le livre, nous avons tâché de vous fournir, quand l'occasion se présentait, des liens vers la documentation du MDN (*https://developer.mozilla.org/fr/*) afin que vous preniez l'habitude de vous en servir. Elles vous seront probablement indispensables tout au long de votre apprentissage du JavaScript.

Ce que vous ne devez pas faire

L'obfuscation de code

Comme vous avez sûrement pu le constater à travers ce livre, le JavaScript n'est pas un langage compilé. Il est donc extrêmement simple pour quiconque de lire votre code.

Cependant, il existe une méthode permettant de rendre votre code moins facilement accessible : l'obfuscation. Cette méthode consiste à noyer une information au sein d'un flot inutile de données. Dans le cadre de la programmation, cela signifie que vous allez augmenter la taille de votre code pour y ajouter des instructions inutiles et ainsi perdre la personne qui voudra tenter de lire votre code.

Mais l'obfuscation de code ne vous apportera vraiment rien mis à part une perte de performances, d'autant plus qu'un code JavaScript pourra toujours être lu sans trop de problèmes grâce à divers outils, notamment jsbeautifier.org (*http://jsbeautifier.org/*).

En revanche, n'hésitez pas à utiliser des outils comme UglifyJS 2 pour minifier vos codes afin d'éviter de faire télécharger de trop gros fichiers à vos utilisateurs.

Le JavaScript intrusif

Tout au long de ce cours nous avons tenté de vous faire comprendre une notion très importante : ne faites pas de JavaScript intrusif ! Une page web doit pouvoir fonctionner sans vos codes JavaScript. Il y a quelques années, ce principe était de rigueur, car certains navigateurs ne savaient pas encore lire le JavaScript. Les utilisateurs se retrouvaient donc bloqués sur certaines pages. De nos jours, tous les navigateurs supportent le JavaScript, mais il est quand même important de garder ce principe de base à l'esprit afin d'éviter des problèmes de ce genre :

```
<a href="#" onclick="if(confirm('Êtes-vous sûr ?')) { location =
'http://sitelambda.com'; }">Lien</a>
```

Dans cet exemple, nous préférons demander confirmation avant que l'utilisateur ne soit redirigé. Tout naturellement, nous créons donc une condition faisant appel à la fonction `confirm()`. Si l'utilisateur est d'accord, nous procédons à la redirection avec l'objet `location` (pour plus d'informations sur cet objet, consultez la documentation le concernant (*https://developer.mozilla.org/fr/*)).

Mais cette redirection est gênante et ne devrait pas exister. En effet, il est impossible d'ouvrir le lien cliqué dans un nouvel onglet avec le raccourci ***Ctrl+clic*** gauche car c'est le JavaScript qui définit comment ouvrir la page. Voici un bel exemple de JavaScript intrusif ! Si vous aviez élaboré votre page web pour qu'elle fonctionne sans vos codes

JavaScript, vous n'auriez pas rencontré ce problème, car vous auriez probablement codé quelque chose de ce genre :

```
<a href="http://sitelambda.com" onclick="return confirm('Êtes-vous
sûr ?');">Lien</a>
```

Ici, le JavaScript peut être désactivé sans empêcher le fonctionnement de la page web. De plus, il ne perturbe pas les fonctionnalités natives du navigateur comme le raccourci ***Ctrl+clic*** gauche.

Bien entendu, il existe certains codes qui ne peuvent pas se passer du JavaScript pour fonctionner (un jeu, par exemple). Il y aura donc certains cas où vous serez obligés de faire du JavaScript intrusif.

Ce qu'il faut retenir

Plus vous coderez, plus vous adopterez de bonnes habitudes et mieux vous apprendrez à corriger vos erreurs. Vous devrez vous remettre en question et accepter de vous tromper parfois.

Étendre le JavaScript

Jusqu'à présent, nous n'avons abordé que le JavaScript dit « pur », c'est-à-dire celui où vous avez tout développé vous-même, ce qui peut rapidement se révéler fastidieux. Les animations sont un bon exemple de JavaScript pur : il n'existe aucune fonction native capable de nous aider dans nos animations, nous devons donc les développer.

Heureusement, le JavaScript est un langage extrêmement utilisé et sa communauté est immense. Vous trouverez très facilement des scripts adaptés à vos besoins. Ces scripts sont de deux types : les frameworks et les bibliothèques.

Les frameworks

Le terme « framework » est abusivement utilisé en JavaScript. Ceux que nous allons vous présenter ne sont pas des frameworks au sens propre du terme, mais il est courant de les nommer de cette manière.

Un framework a pour but de fournir une « surcouche » au JavaScript afin de simplifier l'utilisation des domaines les plus utilisés de ce langage tout en facilitant la compatibilité de vos codes entre les navigateurs web. Par exemple, quelques frameworks disposent d'une fonction `$()` s'utilisant de la même manière que la méthode `querySelector()` sur tous les navigateurs web, facilitant ainsi la sélection d'éléments HTML. Pour faire simple, un framework est une grosse boîte à outils contenant une multitude de fonctions permettant de subvenir aux besoins des développeurs !

L'atout numéro un d'un framework est sa capacité à s'adapter à toutes les utilisations du JavaScript et à fournir un système performant de plug-ins afin qu'il puisse être étendu à des utilisations non envisagées par son système de base. Grâce à ces deux points, un framework permet de simplifier et d'accélérer considérablement le développement d'applications web.

Il existe de nombreux frameworks en JavaScript en raison de la pauvreté de ce langage en termes de fonctions natives. Nous ne vous présenterons ici que les plus connus.

- **jQuery** (*http://jquery.com/*) : il s'agit du framework JavaScript le plus connu. Réputé pour sa simplicité d'utilisation et sa communauté gigantesque, il est incontournable ! Cependant, il n'est pas toujours apprécié en raison de sa volonté de s'écarter de la syntaxe de base du JavaScript grâce au chaînage de fonctions, que vous pouvez constater dans l'exemple qui suit : `$("p.neat").addClass("ohmy").show("slow");`.
- **MooTools** (*http://mootools.net/*) : un framework puissant et presque tout aussi connu que jQuery, bien qu'énormément moins utilisé. Il est réputé pour sa modularité et son approche différente, plus proche de la syntaxe de base du JavaScript. En revanche, bien que ce framework soit « segmentable » (vous ne téléchargez que ce dont vous avez besoin), il reste nettement plus lourd que jQuery.
- **Dojo** (*http://dojotoolkit.org/*) : connu pour sa capacité à permettre la conception d'interfaces web extrêmement complètes, il possède des atouts indéniables face aux plus grands frameworks et tout particulièrement jQuery UI (*http://jqueryui.com/*), une extension de jQuery conçue pour créer des interfaces web. Ce framework est l'un des plus modulaires que l'on puisse trouver sur Internet, ce qui fera la joie des fans d'optimisation.
- **YUI** (*http://yuilibrary.com/*) : il est souvent oublié par les développeurs web, mais l'entreprise Yahoo! n'a pourtant pas dit son dernier mot avec des projets ambitieux parmi lesquels nous trouvons YUI. Ce framework est pour le moins complet, ne vous fiez pas aux fausses idées que vous pourriez avoir concernant Yahoo!. Il est modulable et relativement performant, bien qu'il bénéficie d'une communauté assez restreinte.
- **Prototype** (*http://prototypejs.org/*) : l'un des pionniers des frameworks JavaScript ! Nous le citons seulement en tant qu'exemple car malgré ses qualités, il se fait vieux. Son déclin s'explique par le simple fait qu'il étendait les objets natifs liés au DOM, rendant le tout assez lent et peu compatible. Vous ne vous en servirez jamais, mais au moins vous saurez de quoi veulent parler certaines personnes lorsqu'elles parleront de Prototype avec un « P » majuscule.

Les bibliothèques

Contrairement aux frameworks, les bibliothèques (*libraries* en anglais) ont un but bien plus précis. Même si un framework vous fournit déjà tout ce dont vous avez besoin, il sera judicieux d'utiliser une bibliothèque pour deux raisons : le poids du fichier JavaScript à utiliser (une bibliothèque sera généralement plus légère qu'un framework) et la spécialisation des bibliothèques. Ces dernières ont souvent tendance à aller plus loin que les frameworks, vu qu'elles n'agissent que sur un domaine bien précis, ce qui simplifie d'autant plus votre développement dans le domaine concerné par la bibliothèque.

Par ailleurs, il existe un principe important dans le développement (web ou logiciel) : l'optimisation. Utiliser un framework uniquement pour faire une malheureuse animation n'est vraiment pas conseillé, c'est un peu comme si vous cherchiez à tuer une mouche avec un tank… Préférez alors les bibliothèques, en voici d'ailleurs quelques-unes qui pourraient vous servir.

- **Sizzle** (*http://sizzlejs.com/*) et **Qwery** (*https://github.com/ded/qwery*) : ces deux bibliothèques sont conçues pour fonctionner de la même manière que la méthode `querySelector()`, ce type de bibliothèque est d'ailleurs à l'origine de l'implémentation officielle de la méthode en question. La première est le moteur de sélection du framework jQuery mais elle est relativement lourde, la seconde a l'avantage d'être particulièrement légère et sensiblement plus rapide en termes d'exécution.
- **Popcorn.js** (*http://popcornjs.org/*) : cette bibliothèque permet une manipulation aisée des balises `<audio>` et `<video>`, il devient ainsi très simple d'interagir avec ces balises afin de mettre en place des sous-titres, des commentaires placés à un moment précis de la piste audio ou vidéo, etc.
- **Raphaël** (*http://raphaeljs.com/*) et **Three.js** (*http://threejs.org/*) : ces deux bibliothèques sont spécialisées dans le graphisme. La première fonctionne exclusivement avec les images SVG (*http://fr.wikipedia.org/wiki/Scalable_Vector_Graphics*) tandis que la seconde s'est spécialisée dans la 3D et gère à la fois SVG, `<canvas>` et surtout la bibliothèque WebGL (*http://fr.wikipedia.org/wiki/WebGL*), qui sait tirer parti du moteur OpenGL (*http://fr.wikipedia.org/wiki/OpenGL*).
- **Modernizr** (*http://modernizr.com/*) : comme vous le savez, les langages web sont plus ou moins bien supportés selon les navigateurs, surtout quand il s'agit de fonctionnalités récentes. Cette bibliothèque a pour but de vous aider à détecter la présence de telle ou telle fonctionnalité, il ne vous restera alors plus qu'à fournir un script résolvant ce problème (un polyfill) ou exploitant une solution alternative.

Il n'est malheureusement pas possible de dresser la liste complète de toutes les bibliothèques, elles sont bien trop nombreuses.

> Voici un site bien utile qui vous permettra de savoir quels navigateurs supportent telle ou telle fonctionnalité du HTML ou du JavaScript : *http://caniuse.com/*. À utiliser sans modération !

Diverses applications du JavaScript

Comme son nom l'indique, le JavaScript est un langage de scripts, c'est-à-dire un langage interprété (et non compilé) qui peut être exécuté dans divers environnements. Votre navigateur web est un environnement, mais votre système d'exploitation aussi ! Ainsi, par exemple, Windows supporte l'exécution de fichiers JavaScript au sein même de son système.

Des extensions codées en JavaScript

Par conséquent, le JavaScript n'est pas limité au Web, bien qu'il s'agisse de sa principale utilisation. Ce langage se retrouve notamment dans le code des extensions des navigateurs web tels que Firefox ou Chrome. Cela permet de coder facilement et rapidement des extensions basées sur le HTML et le JavaScript avec des droits bien plus étendus que ceux d'une page web classique. Vous pouvez, par exemple, gérer les onglets et les fenêtres grâce à une API fournie par le navigateur et utilisable en JavaScript.

Si vous êtes intéressés par le développement d'extensions pour navigateurs, nous vous invitons à consulter la page suivante concernant leur développement sous Firefox (*https://developer.mozilla.org/en/Extensions*), ainsi que son homologue pour leur développement sous Chrome (*http://code.google.com/chrome/extensions/docs.html*).

Des logiciels développés en JavaScript

Le logo d'Adobe Air

Dans un tout autre domaine que le Web, ces dernières années ont vu fleurir différentes technologies permettant de développer des logiciels en JavaScript, reposant sur HTML et CSS pour l'interface. On peut citer Adobe AIR qui fut une des premières solutions aboutie pour exécuter une application JavaScript sous de multiples environnements. On peut également citer XULRunner, qui sert de base aux logiciels développés par Mozilla tels que Firefox et le client de messagerie Thunderbird. Depuis, d'autres solutions ont émergé, les plus notables étant Electron.js (*http://electron.atom.io*) et NW.js (*http://nwjs.io*).

Ces différentes solutions permettent toutes un accès à des API supplémentaires telles que celles permettant de manipuler des fichiers, d'accéder au disque dur et tout ce qui permet de créer de vrais logiciels.

Grâce à ces solutions, la création de logiciels en n'utilisant que des technologies « web » est désormais possible !

Des applications pour smartphones en JavaScript

Du côté des smartphones existe Adobe PhoneGap, qui propose de réaliser une application (Android, iOS…) en utilisant des technologies web (HTML, CSS, JavaScript + API) et de la compiler avec PhoneGap pour en faire une application exécutable !

Du JavaScript sur le serveur

Le logo de Node.js

Revenons au domaine du Web, mais côté serveur cette fois-ci ! Il se peut que vous ayez déjà entendu parler de Node.js (*http://nodejs.org/*), de quoi s'agit-il ? Node.js est une plate-forme permettant l'exécution du langage JavaScript côté serveur afin de remplacer ou venir en complément de langages serveurs plus traditionnels tels que le PHP. L'intérêt de ce projet réside essentiellement dans son système non bloquant. Prenez le PHP par exemple, pour lire un fichier en entier, vous serez obligés d'attendre la lecture complète avant de pouvoir passer à la suite du code. Avec Node.js, vous utilisez un langage (le JavaScript) conçu pour gérer tout ce qui est événementiel. Vous n'êtes donc pas d'attendre la fin de la lecture du fichier pour passer à autre chose.

Bien entendu, il ne s'agit pas du seul avantage du projet. Nous vous conseillons de consulter le site officiel (*http://nodejs.org/*) pour plus d'informations.

En résumé

- Il vous reste encore beaucoup à faire pour être réellement à l'aise en JavaScript. Pour cela, vous allez devoir coder afin d'acquérir de l'expérience et gagner en assurance.
- Évitez au maximum toute obfuscation de code ou tout code intrusif. Cela ne vous amènera qu'à de mauvaises pratiques et n'aidera pas vos utilisateurs.
- Afin de travailler plus vite, vous trouverez de nombreux frameworks ou bibliothèques qui vous faciliteront la tâche lors de vos développements. Connaître un ou deux frameworks sera un avantage pour vous lors d'un entretien d'embauche.
- N'oubliez pas que le JavaScript ne se résume pas à une simple utilisation au sein des navigateurs web, il existe bien d'autres plates-formes qui s'en servent, tels que Adobe Air et Node.js.

Ce tutoriel est maintenant terminé ! Nous espérons qu'il aura répondu à vos attentes.

Index

Symboles

A

B

C

D

E

F

H

I

Formaté typographiquement par DESK (www.desk53.com.fr)

Troisième tirage 2018

Dépôt légal : octobre 2018
IMPRIMÉ EN FRANCE

Achevé d'imprimer le 2 octobre 2018
sur les presses de l'imprimerie *La Source d'Or*
63039 Clermont-Ferrand
Imprimeur n° 13740N

Dans le cadre de sa politique de développement durable,
La Source d'Or a été référencée IMPRIM'VERT® par son organisme consulaire de tutelle.
Cet ouvrage est imprimé - pour l'intérieur - sur papier offset standard 90 g,
provenant de la gestion durable des forêts.